이   폭풍의   전개

이 폭풍의 전개 : 뜨거워지는 세계 속의 자연과 사회
The Progress of This Storm : Nature and Society in a Warming World

지은이 안드레아스 말름	초판 인쇄 2025년 6월 16일
옮긴이 김효진	초판 발행 2025년 6월 19일
펴낸이 조정환	ISBN 978-89-6195-388-7 93300
책임운영 신은주	도서분류 1. 생태학 2. 기후위기 3. 자본주의와 환경 4. 정치철학 5. 철학
편집 김정연	
디자인 조문영	카테고리 카이로스총서 114 Mens
홍보 김하은	값 28,000원
프리뷰 김상철·신현준	펴낸곳 도서출판 갈무리 1994. 3. 3. 등록 제17-0161호 서울 마포구 동교로18길 9-13 2층 T. 02-325-1485 F. 070-4275-0674 www.galmuri.co.kr galmuri94@gmail.com
종이 타라유통	
인쇄 예원프린팅	
라미네이팅 금성산업	Andreas Malm, *The Progress of This Storm : Nature and Society in a Warming World.* First published by Verso 2018 ⓒ Andreas Malm 2018 Korean edition is published by arrangement with Verso.
제본 바다제책	

일러두기

1. 이 책은 Andreas Malm, *The Progress of This Storm : Nature and Society in a Warming World* (London, UK : Verso, 2018)을 완역한 것이다.

2. 외국 인명과 지명은 원어 발음에 가깝게 표기하려고 하였으며, 널리 쓰이는 인명과 지명은 그에 따라 표기하였다.

3. 인명, 지명, 책 제목, 논문 제목 등 고유명사의 원어는 맥락을 이해하는 데 원어가 꼭 필요하다고 생각되는 경우를 제외하고는 본문에서 원어를 병기하지 않았으며 찾아보기에 수록하였다.

4. 영어판에서 이탤릭체로 강조된 것은 고딕체로 표기하였다. 단, 영어판에서 영어가 아니라서 이탤릭으로 강조한 것은 한국어판에서 강조하지 않았다.

5. 단행본과 정기간행물에는 겹낫표(『 』)를, 논문에는 홑낫표(「 」)를, 영화 제목, 악곡 제목에는 가랑이표(〈 〉)를 사용하였다.

6. 글쓴이 주석과 옮긴이 주석은 같은 일련번호를 가지며, 옮긴이 주석에는 *라고 표시했다.

7. 원서의 대괄호는 ( )를 사용하였고, 옮긴이가 덧붙인 내용은 [ ] 속에 넣었다.

8. 각 텍스트의 본문 속 인용문 중 기존 번역이 있는 경우 가능한 한 기존 번역을 참고하였으나 전후 맥락에 따라 번역을 수정했다.

차례

이 폭풍의 전개

서론: 온난화 조건에 대한 이론 6

1장 자연의 구축에 관하여: 구성주의를 반대하며 39
2장 결합 발전에 관하여: 혼종주의를 반대하며 77
3장 물질이 행하는 것에 관하여: 신유물론을 반대하며 137
4장 일각수와 개코원숭이에 관하여: 기후 실재론을 지지하며 209
5장 소유의 위험에 관하여: 폭풍을 추적하기에 대한 소묘 273
6장 대립쌍의 효용에 관하여: 양극화를 찬양하며 307
7장 통제하기 어려운 자연에 관하여: 생태자율주의의 한 가지 실험 341
8장 결론: 한 걸음 후퇴, 두 걸음 전진 377

감사의 글 402
옮긴이 후기 404
참고문헌 411
인명 찾아보기 433
용어 찾아보기 437

두 개의 대가리는 벌써 하나가 되었으니
이때 두 개의 몰골이 섞이어 하나의 얼굴로
되었기에 둘 다 없어진 것이나 마찬가지였다
...
이전의 모든 용모는 이제 말끔히 지워졌다.
그것은 둘로 보이기도 하고, 또 아무것도 아니게도
보였다 — 이 기형의 형상.
단테, 지옥의 8번째 원에서 [1]

자연이 한편으로 화폐 혹은 상품의 소유주들을 낳고 다른 한편으로 자신의 노동력만 소유하고 있을 뿐인 사람들을 낳는 것은 아니다. 이런 관계는 자연 역사에 아무 근거를 두지 않고, 또한 인간 역사의 모든 시기에 공통적인 사회적 근거를 지니고 있지 않다. 그것은 분명히 과거 역사적 발전의 결과이고, 수많은 경제적 혁명의 산물이며, 과거의 모든 다양한 사회적 생산구성체의 소멸의 산물이다.
칼 맑스, 『자본』, 1권, 6장 [2]

하늘이 변하고 있다.
노호하는 폭풍이 다가오고 있다.
윙윙거리는 안개,
으르렁거리는 폭우.
...
자신의 눈을 감는 돈 많은 사람들은 모두
이 굉음이
낮게 나는 비행기임이 틀림없는
척한다.
케이트 템페스트, <혼돈을 먹게 해>

1. * 단테 알리기에리, 『신곡』, 한형곤 옮김, 서해문집, 2005, 256쪽.
2. * 카를 마르크스, 『자본론 I-상』, 김수행 옮김, 비봉출판사, 2015, 223쪽 참조.

:: 서론

온난화 조건에 대한 이론

결코 현재의 열기가 아닌

 이 세계에 어떤 시간이 남아 있을까? 2015년 『뉴 레프트 리뷰』에 발표된 한 시론에서 프레드릭 제임슨은 "시간에 대한 공간의 우위"로서의 포스트모더니티에 대한 삼십 년 묵은 자신의 진단을 다시 진술한다.[1] 우리는 현재만 존재할 뿐인 단계에서 계속 살아간다. 과거와 미래는 공히 영구적인 지금으로 용해되었는데, 그리하여 우리는 뒤로도 앞으로도 연계되지 않은 국면에 갇히게 되었다. 공간의 차원만이 모든 방향으로, 모든 것이 무수히 많은 실을 통해서 여타의 모든 것과 연결되어 있는 지구화된 세계의 매끈한 표면을 가로질러 펼쳐진다 — 그

---

1. Fredric Jameson, "The Aesthetics of Singularity," 105. 제임슨의 테제와 삼십 년에 걸친 그 운명의 요약은 『소셜 텍스트』의 특별호(*Social Text*, vol. 34, no. 2)를 보라.

런데 시간은 더는 흐르지 않는다. 또는, 『포스트모더니즘, 혹은 후기자본주의 문화 논리』에서 제임슨이 애초에 서술했듯이, "지금 우리는 통시적 세계라기보다는 오히려 공시적 세계에 살고 있으며, 그리고 나는 오늘날 우리의 일상적 삶, 우리의 심리적 경험, 우리의 문화적 언어가 시간의 범주들에 의해 지배받기보다는 오히려 공간의 범주들에 의해 지배받는다는 점이 최소한 경험적으로 거의 확실하다고 생각한다."[2] 그 밖의 어떤 것보다도 이런 차원의 이행이 포스트모더니티의 개시를 특징짓는다. 그리고 우리는 여전히 여기에 있다.

이와 같은 진단은 '자연의 삭제'에 의거한다. 제임슨의 논증은 다음과 같이 전개된다. 근대 시대에는 오래된 자연의 방대한 분야들이 공장과 시장의 새로운 중심들 사이에 여전히 펼쳐져 있었다. 자동차를 잠깐 운전하면 모더니스트는 자신이 태어났던 시골 마을로 다시 가게 될 것이다. 옛날의 생활방식들은 모든 지평에 산재했고, 풍경 속에서 가속되는 근대적 양식은 태고의 자연적인 것들과 결부되어 있었다. 모더니스트들로 하여금, 그들의 문화를 근본적으로 조직한 시간의 움직임 – 옛 것에서 새것으로, 미래를 향한 움직임 – 을 느끼게 한 것은 이런 대

---

[2] Fredric Jameson, *Postmodernism, or, The Cultural Logic of Late Capitalism*, 16 [프레드릭 제임슨, 『포스트모더니즘, 혹은 후기자본주의 문화 논리』]; 추가적으로 Fredric Jameson, "The End of Temporality"를 보라.

조이다. 이제는 그 외피가 사라져 버렸다. 농노, 영주, 직인, 행상인은 보이지 않게 되었고, 그들과 더불어 "자연은 완벽하게 지워졌다."[3] 마을 대신에 교외가 존재한다. 포스트모더니스트는 아무리 멀리 운전하고 가더라도 동일한 문화적 현재의 거주민을 마주칠 것인데, 동일한 프로그램을 시청하거나 또는 (분석을 갱신하면) 동일한 네트워크에 사진을 올린다. 새로운 것이 고려할 가치가 있는 유일한 것이고, 이런 취지에서 자연은 자체의 의미와 윤기를 상실하며, 우리는 전진하는 대신에 단조롭게 참신한 것들의 자동화된 시장에 영원히 갇혀 있는 것처럼 보인다. 그렇다면 포스트모더니티는 "근대화 과정이 완결되고 자연이 영원히 사라질 때 나타나는 것이다."[4] "어떤 궁극적인 내용 또는 지시대상으로서의 자연과 자연적인 것에 관한 관념"이 없다면 시간 감각은 전혀 있을 수 없으며, 우리는 유리 표면들이 서로 비추는 메가시티, 이미지와 환영이 밤과 낮을 지배하는 메가시티, 어떤 실재적인 물질적 실체도 없이 가면과 역할의 자유로운 놀이가 끊임없이 벌어지는 메가시티에 갇혀 있다.[5]

---

3. Jameson, *Postmodernism, or, The Cultural Logic of Late Capitalism*, 309. [제임슨, 『포스트모더니즘, 혹은 후기자본주의 문화 논리』.]
4. 같은 책, ix. [같은 책.]
5. 같은 책, 392 [같은 책]. 시간성과 역사성의 종말로서의 자연의 종말에 대한 이 분석은 추가적으로, 예를 들면, 같은 책, 35, 49, 307~11, 365~6 [같은

그런데 이 도시를 향해 폭풍이 움직이고 있다.

제임슨의 포스트모더니티의 조건은 벤 러너의 훌륭한 소설 『10:04』에서 묘사된 뉴욕시에서 영위되는 삶에서 알아볼 수 있다. 조작과 가상이 주인공의 일거수일투족을 관장하는 것처럼 보인다. 그는 저명한 저자들과의 소통을 구축하기 위해 일하고 있다. 한 친구가 그에게 성적 교접 과정을 거치지 않은 채로 자기 아이의 아버지가 되어달라고 요청한다. 그리하여 그는 포르노 영화를 시청하면서 자위행위를 한 다음에 자신의 정액을 인공 수정용으로 건네준다. 그의 머리는 "더 클록"The Clock으로 일컬어지는, 하루 종일 작동하는 장치 주위를, 수천 편의 영화에서 잘라낸 영상들이 순서대로 돌아가도록 통합된 몽타주 주위를 맴돈다. 그리하여 〈백 투 더 퓨처〉에서 10시 4분에 번개가 내리치는 장면은 관객의 실시간에서 정확히 바로 그 순간에 재연되고 밤낮으로 온종일 계속 그러한데, 요컨대 "허구적 시간의 실재적 시간으로의 궁극적인 붕괴"를 수행한다.[6]

그런데 러너의 뉴욕은 포위 공격을 받고 있다. 그 소설은 "이례적으로 규모가 큰 저기압 시스템"이 접근하는 장면으로

책]; Jameson, "The End of Temporality," 699; Fredric Jameson, *Late Marxism*, 95~6 [프레드릭 제임슨, 『후기 마르크스주의』]; Fredric Jameson, *The Cultural Turn*, 54~70을 보라.

6. Ben Lerner, *10:04*, 54.

시작하여 대재앙을 초래할 또 다른 저기압 시스템이 상륙하는 장면으로 끝난다.[7] "해안선을 따라 세워진 주택들은 날아가 버렸고, 물에 잠겨 버렸으며, 곧 퀸스Queens 인근 지역은 불타오를 것이었다. 비상사태 작업자들은 폭풍 해일 동안 익사한 사람들의 유해를 끄집어내고 있었다. 얼마나 많은 노숙자가 죽었는지 누가 알았겠는가?"[8] 반박할 수 없는 현실의 한 국면이 그 서사를 관통한다. 그 국면으로 인해 주인공은 매우 구체적인 시간의 흐름에 빠져들게 된다. 그는 "뜨거워지는 행성에서 걸어다닌 육 년"을 뒤돌아본다.[9] 유니언 스퀘어Union Square가 "수증기를, 뉴욕에 고유하지 않은 열대 습도를, 불길한 매체를 가득" 머금게 될 때,[10] 일상적 시간은 중단되고, "패배한 시간 그 자체 같은" 공기가 "하늘에서 떨어진다."[11] 주인공은 자신이 이 모든 폭풍의 원천이라고 믿고 있는 것, 즉 기후변화를 곰곰이 생각하면서 시간성에 대한 강박에 빠져든다.

"사건의 원인을 찾기 위해" 기울인 최근의 노력은 그 믿음을 확증한다.[12] 모든 특수한 폭풍은 날씨 요소들의 혼란스러

---

7. 같은 책, 16.
8. 같은 책, 231.
9. 같은 책, 7.
10. 같은 책, 18.
11. 같은 책, 220.
12. Kevin E. Trenberth, John T. Fasullo, and Theodore G. Shepherd, "Attri-

운 혼합의 독특한 결과물이지만, 지구온난화는 이것들이 형성되는 기준선을 변경한다. "기후가 변화하고 있고, 뉴노멀이 나타났다"라는 의견을 한 연구팀이 제시하는데, "모든 날씨 사건이 생겨나는 환경은 예전의 것이 아니다. 모든 폭풍은 예외 없이 달라졌다."[13] 그러므로 2012년 10월에 뉴욕의 대부분을 강타한 허리케인 샌디는 해수면을 대략 19센티미터 상승시키면서 몰아쳤다. 높은 해양 표면 온도로 인해 특별히 많은 양의 수증기가 대기에 배출됨으로써 구름 형성이 촉진되었다.[14] 비슷한 요인들이 초강력 태풍 하이옌 – 그 시점까지 역사상 육지를 강타한 가장 강한 태풍 – 을 촉발했는데, 하이옌은 2013년 11월에 필리핀을 강타하여 6천 명 이상의 사람이 죽게 만들고 시체들이 여러 주 동안 해양에서 아래위로 흔들리게 내버려두었다.[15] 대중 매체에서는 "어떤 단일한 사건도 기후변화에 귀인될 수 없다"라는 상투적인 말이 반복되지만, 현재 급증하는 관찰과 모델링은 기후변화가 없었다면 이 모든 극단적인 날씨가 생

---

bution of Climate Extreme Events."
13. 같은 글, 729.
14. Andrew R. Solow, "Extreme Weather, Made by Us?"; Friederike Otto, Geert Jan van Oldenborgh, Jonathan Eden et al., "The Attribution Question"; Peter Stott, "How Climate Change Affects Extreme Weather Events"를 참조.
15. Izuru Takayabu, Kenshi Hibino, Hidetaka Sasaki et al., "Climate Change Effects on Worst-Case Storm Surge: A Case Study of Typhoon Haiyan."

겨나지 않았을 것이라는 일반적인 직관을 확증하고 있다. 개별적인 우발사건들의 주요 원인은 매년 과학적으로 더 정확히 측정되고 있는 지구 온도 상승의 현상에 귀속될 것이다. 지구 온도가 기껏해야 섭씨 0.85도만큼 상승했을 때 이미 육지의 극단적인 열파의 네 가지 기록 중 세 가지의 원인이 일반적인 지구 온난화 추세에서 도출될 수 있었으며, 그리고 온도가 계속해서 상승함에 따라 그 추세는 인과관계의 훨씬 더 큰 몫을 차지할 것이다.[16] 그 경험은 거의 보편적인 것이 되고 있다. 다수의 인구가 지난 십 년에 걸쳐 비정상적으로 뜨거운 날씨에 노출되었다.[17] 그런데 그런 인위적 날씨는 결코 현재에 만들어지지 않는다.

지구온난화는 과거에 수행된 행위들의 결과물이다. 산업화 이전 수준을 넘어서는 모든 이산화탄소 분자가 대기 중에 존재하는 이유는 지금까지 사람들이 나무와 그 밖의 식물을 태웠고, 게다가 시간이 흐르면서 압도적으로 화석연료를 태웠기 때문이다. 처음에 석탄, 석유, 그리고 천연가스 속 탄소는 지각에 갇혀 있었다. 그다음에 어느 시점에 이 매장물들의 위치가

---

[16]. E. M. Fischer and R. Knutti, "Anthropogenic Contribution to Global Occurrence of Heavy-Precipitation and High-Temperature Extremes"; Peter Stott, "Weather Risks in a Warming World."

[17]. Flavior Lehner and Thomas F. Stocker, "From Local Perception to Global Perspective."

밝혀지고 채굴된 다음에 연료가 벽난로로 옮겨졌으며, 그리하여 탄소가 이산화탄소로 배출되었다. 모든 특정한 순간에 지구 시스템의 과잉 열기는 그와 같은 모든 역사적 불의 총합, 누적적 배출, 서로의 꼭대기 위에 쌓인 이산화탄소 맥동들의 총합이다. 기후변화라는 폭풍은 자신의 힘을, 정확히 말하자면, 지난 두 세기에 걸친 연소 행위에서 끌어낸다. 우리는 결코 순간의 열기 속에 있을 수 없는데, 단지 이런 진행 중인 과거의 열기 속에 있을 수 있을 뿐이다. 극단적인 날씨가 기저 온난화에 의해 형성되는 한, 그것은 사람들이 행한 것의 유산, 해로운 캡슐에서 가장 최근에 누출된 것이다 — 사실상 공기는 시간으로 가득 차 있다.[18]

발터 벤야민이 전간기 유럽의 도시들을 돌아다닐 때 그는 후속 탐구를 위한 이정표 — "프랑스어로 temps이라는 용어의 이중 의미에 관하여" — 를 간단히 메모했다. 날씨와 시간으로서의 temps에 관하여 말이다.[19] 그런 의미론적 중첩은 태양, 구름, 비, 그리고 눈이 사냥하기와 씨뿌리기, 수확하기, 온갖 종류의 다른 활동의 리듬을 설정한 옛날에 노동의 달력을 낳은 계절

---

18. 누적적 배출과 기후변화의 관련된 시간성과 더불어 참고문헌에 대해서는 추가적으로 Andreas Malm, *Fossil Capital* [안드레아스 말름, 『화석 자본』]을 보라.
19. Walter Benjamin, *The Arcades Project*, 106. [발터 벤야민, 『아케이드 프로젝트』.]

순환에 대한 원초적 경험에 뿌리들 두고 있을 개연성이 높다. 그다음에 (일부) 사람들이 날씨로부터 절연된 것처럼 살았던 시대가 나타났지만 — "우리의 계절은 포스트자연적이고 포스트천문학적인 텔레비전과 매체만큼 다양하다"라고 제임슨은 특히 언급한다 — 서서히 또는 갑자기 그 함의는 일상생활에 다시 삽입되고 있다.[20] 그렇지만 이번에는 날씨가 결코 믿음직한 시계를 제공하지 않는다. 그것은 자신이 짊어지고 있는 과거의 무게가 지닌 힘으로 계획과 일과를 뒤엎는 경향이 있다. 그 폭풍우는, 10월의 거리를 산책하며 "터무니없이 뜨거운" 날들을 어쩔 수 없이 보고하는 러너의 주인공에 의해 기록되었듯이, 우여곡절의 다중적 시간성을 갖추고 있다.[21]

> 이례적인 더위로 인해 여름처럼 느껴졌지만 햇빛은 뚜렷이 가을을 생각나게 하며, 계절의 혼란은 주변 사람들의 의복에 반영되었다. 일부 사람들은 티셔츠와 짧은 바지를 입고 있었고, 다른 사람들은 겨울 코트를 입고 있었다. 그 상황은 그로 하여금 이중 노출 사진 또는 필름의 물질화 효과를 떠올리게 했는데, 요컨대 두 가지 시간성이 단일한 이미지로 융합되었다.[22]

---

20. Jameson, *The Cultural Turn*, 59.
21. Lerner, *10:04*, 63.
22. 같은 곳. 예를 들어 같은 책, 107, 153, 206, 231을 참조. 여기서 tempest(폭

훨씬 더 적절한 것은 "시간을 거슬러 여행했다"라는 감각, "또는 중첩된 각기 다른 시간들, 서로 삽입된 시간성들에 대한" 감각일 것이다.[23] 왜냐하면 기후변화의 모든 영향은 물리적 정의상 인간의 과거와의 소통이기 때문이다.

그런데 그 연계는 뒤로 나아가는 것만은 아니다. 인위적 이산화탄소의 그늘은 예견 가능한 것들을 가리고 가늠할 수 없는 미래로 뻗어 간다. 이런 특별한 양태에 관해 연구하는 가장 저명한 과학자들의 한 집단은 대다수 시나리오와 예측이 갑자기 끝나는 해인 2100년 – 2100년까지 이만큼 또는 저만큼의 해수면 상승이, 이만큼 또는 저만큼의 극단적인 열파가 있을 것이다 – 이 어떤 실제적인 최종 지위도 갖고 있지 않다고 지적한다. 이러한 벤치마크의 광범위한 사용은 컴퓨터 기술의 우연한 결과물인데, 초기 모형들은 과학자들을 더 멀리 데리고 갈 수 없었다. 그 집단의 주장에 따르면, 이해할 수 있고 편리하게도, 그것은 지금 중대한 국면에 직면해 있는 미래가 비교적 짧은 것, 즉 21세기의 골칫거리라는 환상을 창출한다. 적어도 다음 10,000년 동안에 어떤 특정한 양의 누적적 배출로 산출되는 지구 온도 상승의 사실상 대부분과 실질적으로 모든 해수면 상승 – 해

풍우)와 temporality(시간성)의 어원학적 관련성은 Bronislaw Szerszynski, "Reading and Writing the Weather," 24를 보라.

23. Lerner, *10:04*, 67.

양은 잠재적으로 오늘날보다 대략 50미터 더 높은 수준에 이를 것이다 — 이 지속되는데도 말이다. 이런 기후변화 사태의 많은 부분은 여전히 회피될 수 있다. 그런 가능성이 우리의 국면을 시간으로 가득 채운다. "다음 몇십 년은 인간 문명의 역사 전체보다 더 길게 펼쳐질 잠재적으로 파국적인 대규모의 기후변화를 최소화할 기회의 단기적인 창을 제공한다"라고 그 집단은 결론짓는다.[24] 영속적인 것이 지금 결정된다.

(배출량이 일정하거나 증가하는 매해는 말할 것도 없이) 세계 경제의 전면적인 탈탄소화가 연기되는 해마다 지속적인 온난화의 그늘은 미래로 더욱더 뻗어 간다.[25] 그런 해마다 불가피하게도 더 많은 영향이 나타난다. 그런 종류의 해는 이미 많이 있었다. 그러므로 2014년과 2015년에 발표된 일련의 과학 논문은, 서남극 빙상의 주요 부분이 자체의 급변점을 넘어서게 되었기에 비가역적인 용해를 겪을 수밖에 없는 한편으로, 훨씬 더 극적이게도, (온난화에서 안전하다고 오랫동안 믿어진) 남극 대륙 동부 지역의 마찬가지로 큰 빙하도 해양으로 미끄러져 들어갈 수 있음을 시사한다.[26] "우리가 지금 무슨 일을 하든 간

---

24. Peter U. Clark, Jeremy D. Shakun, Shaun A. Marcott et al., "Consequences of Twenty-First-Century Policy for Multi-Millennial Climate and Sea-Level Change," 360~1.
25. 예를 들어 Patrik L. Pfister and Thomas F. Stocker, "Earth System Commitments Due to Delayed Mitigation"을 보라.

에 해양은 최소한 5미터 상승할 것이다"라고 대중잡지 『뉴 사이언티스트』는 확실히 얼마간 과장된 어조로 공표했다.27 주지하다시피 빙하의 움직임은 느리기에 그런 규모의 해수면 상승이 구체화되기까지는 수천 년이 걸릴 것으로 생각하는 과학적 합의가 이루어진 지는 오래되었지만, 최근에 발표된 가장 자극적인 논문 중 하나는 최악의 시나리오에 따르면, 지금 해안선 근처의 거리를 걷고 있는 많은 젊은이가 평생의 대부분을 보낼 금세기에 이미, '수 미터'에 해당하는 얼음이 해양에 빠져들 수 있다고 주장한다.28 끊임없이 수정되고 갱신되는 이 모든 숫자를 사용함으로써 과학자들은 어느 때보다 피하기가 더 어려운 어떤 과거의 저주 또는 조상의 죄에서 비롯되는 습격을 나타내고자 한다. 러너의 주인공은 도시가 곧 물에 잠기리라 상상한다.29

---

26. E. Rignot, J. Mouginot, M. Morlighem et al., "Widespread, Rapid Grounding Line Retreat of Pine Island, Thwaites, Smith, and Kohler glaciers, West Antarctica, from 1992 to 2011"; Ian Joughin, Benjamin Smith, and Brooke Medley, "Marine Ice Sheet Collapse Potentially Under Way for the Thwaites Glacier Basin, West Antarctica"; J. S. Greenbaum, D. D. Blankenship, D. A. Young et al., "Ocean Access to a Cavity Beneath Totten Glacier in East Antarctica"; Fernando S. Paolo, Helen A. Fricker, and Laurie Padman, "Volume Loss from Antarctic Ice Shelves is Accelerating."

27. Michael Le Page, "Five Metres and Counting."

28. J. Hansen, M. Sato, P. Hearty et al., "Ice Melt, Sea Level Rise and Superstorms."

29. 예를 들면 Lerner, *10:04*, 40, 107~8, 153.

그때 어떤 역사가 귀환한다. 기후변화가 매우 쉽게 유발하는 공포는 사실상 그 역사를 직면했을 때 초래되는 공포, 즉 그들 – 예전에 화석연료에 불을 붙였고, 그 연료를 확산시켰으며, 그 연료를 계속해서 태우고 있는 사람들 – 이 우리와 우리 자식들에게 행한 짓을 깨닫게 될 때 우리가 나타내는 반응이다. 때때로 그 역사는 현재에 돌진한다. 2015년 12월 파리에서 개최된 제21차 유엔기후변화협약 당사국총회(이하 COP 21)를 마무리하면서 195개국의 지도자들은 그들이 지구 온도 상승을 "산업화 이전 수준보다 섭씨 2도를 훨씬 밑돌도록" 한정하고 그것이 섭씨 1.5도에서 멈추도록 "노력을 기울일" 것이라고 요란스럽게 선언했다.[30] 그 해는 섭씨 1도라는 중대한 표지에 이른 첫 번째 해였다.[31] 지도자들이 자신들이 이룬 성취에 기뻐하고 자축하는 것을 거의 멈추지 않은 채로 파리에서 고국으로 돌아간 다음에 온난화가 급증하는 사건이 발생했다. 2016년 2월에 지구 평균 온도는 산업화 이전 수준보다 섭씨 1.5도 높은 상태 – 두 달 전의 공약에 따르면 도달하지 말아야 할 바로 그 지점 – 에 있는 것으로 추정되었다.[32] 과학자들은 그 당혹스러운 날씨를 표현

---

30. United Nations Framework Convention on Climate Change, "Adoption of the Paris Agreement."
31. World Meteorological Organization, "2015 Is Hottest Year on Record."
32. Glen Peters, "The 'Best Available Science' to Inform 1.5 °C Policy Choices."

하기 위해 최상급 표현을 찾아 헤맬 수밖에 없었다. 최북단의 북극에서 섭씨 6도의 이상 현상이 탐지되었는데, 이는 기후 체계가 COP 21이 미연에 방지하기로 맹세한 열기 속으로 깊이 경도되고 있다는 인상을 강화했다.[33]

2016년 7월이 왔고, 『네이처』에는 파리 협약의 두 가지 목표가 달성되지 못할 가능성이 높다는 것을 예증한다고 주장하는 한 편의 논문이 실렸다. 대기 중 이산화탄소의 과잉으로 생성된 열기의 일부는 해양에 의해 흡수되어서 수십 년 동안 심해에 저장된 다음에 대기로 배출된다. 이런 시간 지연으로 인해 이산화탄소 농도에 부합하는 온난화의 완전한 실현은 연기된다. 이 특정한 연구에 따르면, 현행의 수준에서 (더 이상의 이산화탄소가 전혀 배출되지 않더라도) 지구는 이미 "육지의 평균 온난화가 섭씨 1.5도 이상이 되"고 필시 "섭씨 2.0도 이상이 될" 운명에 처해 있다.[34] 11월, 12월, 그리고 파리 협약 1주년이 왔고, 북극 기온은 평소보다 더는 1.5도 또는 2도 또는 6도 더 높지 않고 오히려 정말 믿기 힘들 정도로 20도 더 높았다.[35] 2016년은

---

33. Chris Mooney, "Scientists Are Floored by What's Happening in the Arctic Right Now."
34. Chris Huntingford and Lina M. Mercado, "High Chance that Current Atmospheric Greenhouse Concentrations Commit to Warmings Greater than 1.5°C Over Land."
35. John Vidal, " 'Extraordinarily Hot' Arctic Temperatures Alarm Scientists."

기록상 또 하나의 가장 더운 해로 밝혀졌는데, 한 추정에 따르면 산업화 이전 수준보다 섭씨 1.3도 높았고 다른 한 추정에 따르면 섭씨 1.1도 높았다.[36] 그 당시에 이미 세계는 일 년 전에 파리에서 설정한 문턱을 스치듯 지나가고 있었음이 분명하다. 그런데 이런 전개 상황 중 어느 것도 결코 COP 21 직후에 일어났던 일의 산물이 아니었다. 2016년의 아연실색게 하는 열파 기록은 그동안에 이루어진 배출 때문이 아니라 오히려 훨씬 이전에 연소된 연료의 지연된 폭발 때문이었다. 파리 공약이, 이 책을 저술하고 있는 순간에 그렇듯이, 매우 빨리 먼지가 되어 흩어졌다면, 오히려 뉴노멀처럼 보이는 방식으로 현재를 압도한 것은 사실상 과거였다. 이 책이 출판될 무렵에 이 기록들은 거의 틀림없이 과거지사가 될 것이다.

그렇다면 더 많은 폭풍이 예상될 수 있다. E. 앤 카플란의 사려 깊은 연구서 『기후 트라우마: 디스토피아적 영화에서 미래를 예견하기』의 표지에서는 붉은 머리의 한 여인이 수평선에서 몰려오는 거대한 저기압 시스템을 응시하고 있다. 최근에 스크린을 침수시키는 아포칼립스 영화들의 홍수를 살펴보기

---

36. Copernicus Climate Change Service, "Earth on the Edge"; WMO, "WMO confirms 2016 as hottest year on record, about 1.1°C above pre-industrial era"; Damian Carrington, "2016 Hottest Year Ever Recorded and Scientists Say Human Activity to Blame."

전에 카플란은 자신이 어떻게 해서 허리케인 샌디에 붙잡혔고 어두운 계단을 올라 자신의 아파트로 돌아가려고 하는 도중의 어느 시점에 공황 발작을 겪었는지에 관한 이야기를 서술한다. 그 경험으로 인해 카플란은 '프리트라우마'pretrauma 증후군을 나타내게 되는데, 이는 과거 상처를 겪는 일반적인 외상 후post-trauma 스트레스 장애가 아니라 오히려 "미래에 발생할 유사한 종류의 끔찍한 사건에 대한 두려움"을 겪는다.[37] 우리의 문화 전체는 이제 프리트라우마를 나타내고 있다고 카플란은 넌지시 주장한다. 더욱더 많은 영화, 텔레비전, 문학, 저널리즘이 파국적 기후변화가 다가오고 있다는 오싹한 통찰에 감염됨에 따라 대중문화 소비자들은 "불확실한 미래와 믿음직하지 않은 자연환경에 대한 감각과 더불어 살아가는, 프리트라우마 증후군에 걸린 인구"에 해당한다.[38] 그 표지 사진의 출처인 영화에서 주인공은 괴물 폭풍에 대한 일련의 악몽과 격렬한 환상을 겪고, 불안의 나선으로 내려가며, 자신의 친구들을 후려갈기려 든다. "'폭풍이 다가오고 있고 당신 중 누구도 그것을 맞을 준비가 되어 있지 않다."[39] 이 성장하는 장르가 미래에 사로잡혀 있다면, 그것은 다가올 시간에 불리한 상황을 만들어

---

37. E. Ann Kaplan, *Climate Trauma*, xix.
38. 같은 곳.
39. 같은 책, 53.

낸 "충격적인 과거에 대한 자각"에 기반을 두고서 그럴 따름이다.[40] 정의상 그것과 관련하여 아무것도 행할 수 없는 과거가 미래 폭풍의 원천이다.

이제 이것을 시간과 자연이 결여된 공시적 공간의 조건으로서의 포스트모더니티에 대한 제임슨의 진단과 대조하자. 기후변화에는 공시성이 전혀 없다. 그 어느 때보다 지금 우리는 통시적 시대, 불협화음의 시대, 어설픈 시대에 살고 있다. 수억 년 된 화석연료, 지난 두 세기 동안 전개된 대량 연소, 이것이 이미 생성한 극단적인 날씨, (지금 무언가 행해지지 않는다면) 무한히 더 극단적일 미래를 향한 여행, 저 멀리 뻗어 있는 현재 배출의 꼬리… 역사는 살아났는데, 마찬가지로 살아난 자연을 통해서 말이다. 우리는 매우 이른 단계에 있을 따름이지만, 이미 우리의 일상적 삶, 우리의 심리적 경험, 우리의 문화적 대응, 심지어 우리의 정치도 행성적 힘들에 의해 시간의 구멍으로 다시 빨려 들어가게 되는 징조를, 현재가 과거와 미래로 공히 용해되는 징조를 보여준다. 포스트모더니티는 그 안티테제, 즉 시간과 자연이 언제나 더 많은 공간을 정복하는 상황에 부닥치고 있는 것으로 보인다. 그것을 [지구] 온난화 조건이라고 일컫자.

---

40. 같은 책, 12.

이론을 위한 몇 가지 과업

온난화 조건에서 귀환하고 있는 역사는 자신감 넘치는 모더니즘적 종류의 것이 아니고, 목적과 방향에 의해 연계된 사건들의 활력 넘치는 흐름도 아니고, 올라탈 마차도 결코 아니다. 오히려 그것은 응결되어 있다. 또한, 현재 귀환하고 있는 자연은 제임슨이 모더니티의 틈새에서 찾아낸 원초적인 종류의 것이 아니다. 오히려 자연은 녹고 있는 것처럼 보인다. 그런데 그것들은 역사와 자연인 것처럼 보이고, 사회는 그것들 아래에서 비틀거리기 시작하는 것처럼 보인다. 그렇지만 온난화 조건은 아직 제임슨의 의미에서의 총체적인 '문화 논리'를 절대 구성하고 있지 않다. 사실상 영화와 문학 속 기후소설(또는 cli-fi)에도 불구하고 우리는 대다수 문화가 여전히 지구온난화에 관한 사실들을 무시한다고 주장할 수 있으며, 그리고 북극 온도가 도표를 완전히 벗어난 것과 마찬가지로, 현재 진행되고 있는 사태에 관한 지식의 일상적인 억압에서 사회적 삶의 지형학을 가로질러 2016년 11월에 치러진 미합중국 대통령 선거에서 당선된 남자에 이르기까지 뻗어 있는 [기후변화] 부인denial이 현재를 실제로 특징짓는 표식이라고 주장할 수 있을 것이다. 선진 자본주의 국가들에서 실행되는 정치의 경우에, 기후변화는 이민과 국민에 관한 쟁점들에 철저히 가려져 있다. 우선적으로 내세워지는 그런 쟁점들에 관해서는 나중에 몇 마디 언급할 것이다. 문화적 표현들의 집합의 경우에, 포스트모더니티와 관련하여 제임슨이 생각하듯이, 변화하는 기후가 우리가 글을 쓰고, 소통하고, 구축하고, 계획하고, 바라보고, 상상하는 방식을 심대하게 변경하고 있음을 보여주는 것은 어려운 과제일 것이다. 상승하는 온도와 접촉하게 될 때 포스트모더니티는 풍선처럼 폭발하지도 않는다 — 오히려 그것은 사실상 매우 강인하고 부풀 수 있는 것으로 판명되고 있다.

물론, 편재하는 스크린의 시대는 빛을 받은 표면들이 서로 반사하고, 어떤 외부도 그늘도 기억도 장기적인 예상도 없는, 언제나 확대하는 거울들의 집으로서 포스트모더니티의 전성기로 여겨질 수 있다. 항구적으로 연결되어 있는 상황은, 『24/7 : 잠의 종말』이라는 자극적인 책에서 조너선 크레리가 표현하듯이, "역사 이후의 최종적인 자본주의적 신기루"를 만들어낸다.[41] 그것은 균일한 현재의 완성, 과거가 삭제되고 요구되는 모든 것이 즉시 입수될 수 있는 공간의 완성이다. 그것은 잠의 필요성 같은 자연적 리듬을 부정할 뿐만 아니라, 또한 새로운 temps[시간/날씨]에서 벗어난 은둔처를 제공한다. "우리가 자신을 육체적 자아의 비실체적인 전자공학적 대리물과 동일시

---

41. Jonathan Crary, *24/7*, 9. [조너선 크레리, 『24/7』.]

하면 할수록 우리는 지구상 모든 곳에서 진행 중인 생명 파괴에서 자신은 면제된다는 환상에 더욱더 빠져드는 것처럼 보인다."[42] 우리가 가상고치로 물러서면 물러설수록 우리는 자연에서 일어나고 있는 사태로부터 더욱더 격리된다. 이런 평가가 올바르다면, 그리고 전자공학적 몰입 기술이 계속해서 진보한다면(이는 확실한 일처럼 보인다), 포스트모던적 조건은 여전히 탁월하게 자신의 영토를 방어하고 심지어 확대할 수 있을 것이다.

2016년 여름에 서양 세계를 습격한 역병을 적절한 사례로 해석하지 않기는 어렵다. 저녁에 공원을 산책하면서 거의 모든 사람이 오직 가상 영역에 현존할 뿐인 어떤 목표물을 좇아서 (아무 표정 없는 얼굴로, 휴대폰에서 눈을 떼지 않은 채로) 배회한다는 느낌이 어김없이 들었던 순간들이 있었다. 해수면 상승으로 위협받는 뉴욕과 그 밖의 도시들을 비롯하여 이 뜨거워지는 행성에서 얼마나 많은 걷기가 포켓몬을 찾아서 실행되었을까? 그때까지 디지털적 삶의 조건 – 시간도 자연도 없는 권역 – 이 공공 영역에 그토록 많이 침범한 적은 드물었는데, 그 조건은 실제 세계에 있지 않으면서도 세계 속에 존재함의 기쁨을 추구하는 행진, 돌발적인 대중 행동, 모임, 그리고 그

---

42. 같은 책, 100. [같은 책.]

밖의 형태들의 집단적 유사행위를 개시했다. 「미디어 모랄리아: 파괴된 환경과 디지털적 삶에 대한 성찰」이라는 제목의 테오도르 아도르노에 관한 난해하고 적절히 암담한 글에서 앤드루 맥머리는 "새로운 미디어 생태가 오래된 자연이 현존하면서 남긴 공백을 채우기 위해 굉음을 내며 돌진한다"라고 명기한다.[43] '몽유'에 새로운 의미를 부여함으로써 포스트모던적 조건은 온난화와 보조를 맞추어 그 어느 때보다 더 깊이 마음속에 스며들었다. 온난화가 일어나는 "외부 세계는 이제 불분명하고, 대체로 무관하며, 그리고 아무튼 감지될 때 원격으로 감지된다. 왜냐하면 외부 세계와 우리 사이에는 꿰뚫을 수 없는 '베일'로서 디지털 미디어가 자리하고 있기 때문이다"라고 맥머리는 계속해서 서술한다.[44] 또는, 케이트 템페스트의 표현에 따르면, "그렇게 스크린을 응시하라 / 우리는 지구가 죽어가는 것을 볼 필요가 없다."[45]

그런데 디지털 단계의 포스트모던적 조건이 사람들을 생명 파괴 현상과 접촉하지 못하게 막는 정신적 외피로 감쌀 수 있더라도, 그것은 강력한 적과의 싸움에서 헤어나지 못한다. 왜냐하면 온난화 조건은 일단의 모든 생물지구화학적 및 물리

---

43. Andrew McMurry, "Media Moralia," 493.
44. 같은 글, 497.
45. Kate Tempest, *Let Them Eat Chaos*, 67.

적 법칙을 자기편으로 두고 있기 때문이다. 이 법칙들은 온난화 조건이 시간이 흐름에 따라 더 깊어지고 더 빈번해질 것임을 보증한다. 그 과정의 본성이 지닌 힘에 의해 기후변화는 그 밖의 거의 모든 것을 악화하고 집어삼킬 경향을 내장하고 있다. 온도가 섭씨 6도 상승한 지구에서 얼마나 많은 증강현실 게임을 할 것인가? 더욱이 부인, 특히 억압적이고 강박적인 형태들의 부인은 부정적 확신이다. 그것은 바로 기후변화가 저곳에, 도처에, 단지 표면 바로 아래에 있음을, 집단 무의식에 고통스러운 존재로서 있음을 시사한다 ─ 어쩌면 지구온난화는, 제임슨의 또 다른 용어를 사용하면, 이미 문화에 스며들어 있는 정치적 무의식일 것이다. 어쩌면 온난화 조건이 내포하는 견딜 수 없는 의미들은 그 자체로 증강현실 같은 것으로 도피할 매우 다양한 동기가 될 것이다. 기후변화가 의식에 스며들 때 그것을 아무리 부인하더라도 ─ 그리고 우리는 부인 현상으로 돌아갈 것이다 ─ 부인은 **점점 더 나빠지고 있다는** 깨달음을 수반한다. 실제로 온난화 조건의 첨단은 『기후 트라우마』의 표지에 실린 여인처럼 미래를 향해 정향되어 있다. 그것은 그 자체로 느껴지게 될 것이다. 포스트모더니티가 (시간과 자연이 사실상 사라진 것처럼 간주하는) 망각과 전위^{轉位}의 병증이라면, 우리는 온난화 조건을 세계의 더 근본적인 질병 또는 그릇됨의 실현/깨달음 ─ 이중적 의미에서의 realization ─ 으로 간주할 수 있을 것이다.

그런 실현에 이르는 세 가지 경로가 경쟁하고 있다. (1) 평소와 다름없는 생활이 계속해서 분주하게 이루어지고, 지구 온도가 섭씨 1.5도뿐만 아니라 섭씨 2도의 목표치도 넘어서 금세기 안에 3, 4, 6도의 온난화를 향해 상승하며, 인간 문명의 물질적 토대는 잇따라 허물어진다. (2) 화석 경제가 되도록 몇십 년 안에 해체되고, 온난화가 감속된 다음에 멈추며, 문명이 신속히 진전된다. (3) 지구공학이 있다. 중간 경로와 혼합 경로 — 특히 (2)와 (3)의 조합 또는 (1)과 (3)의 조합 — 을 구상할 수 있지만, 지구 시스템에 풀려난 엄청난 힘들과 진정한 완화책의 오랜 지연으로 인해 갱신된 안정적인 기후로의 매끈한 이행은 이제 배제된다. 온건한 결과와 미봉책을 위한 공간은 사라졌다. 경로 (2)가 최대한의 전 지구적 결정에 의해 추구되고 최악의 시나리오들이 안전하게 회피되는 경우에, (기술적, 경제적, 정치적, 또한 확실하게도 문화적) 전환들은 인간 삶의 거의 모든 부분에 대한 기후의 승리를, 적어도 얼마 동안, 불안정한 기후가 하나의 기억이 될 때까지, 봉인할 정도의 규모로 이루어져야 할 것이다. 그런 것은 "이것이 모든 것을 바꾼다"라는 나오미 클라인의 정리가 전개하는 논리인데, 그것이 어떤 경로를 택하든 간에 말이다.

말할 필요도 없이 지구온난화는 생명 파괴의 한 가지 측면일 따름이지만, 진행 중인 다양한 환경위기의 과정에서 그것은 일반화된 파괴를 위한 특별한 내부 추진력과 잠재력을 갖추고 있다. 과거 및 미래 방향성에 의존함으로써 지구온난화의 시간적 논리는 초공간적 포스트모더니티와 정면으로 상충한다. 그것은 사회를 덮치는 역사와 자연을 나타낸다. 그것은 수평선을 흐린다. 현대에 대한 이론은 전개되는 경향으로서의 지구온난화로 곧장 나아가야 하고 이 폭풍을 추적할 방법을 알아내야 한다. 그것은 신흥 조건과 그 조건 내에서 행동하기 위한 기본적 매개변수들을 조사해야 한다. 우선, 지금 귀환하고 있는 이 자연은 무엇인가? 그것은 여전히 그렇게 불릴 자격이 있는가? 그것이 사실상 자연이라면, 그것은 어떻게 해서 결국 이런 끔찍한 형태로 귀결되었는가? 누가 또는 무엇이 이 폭풍 시스템을 촉발했는가 ─ 물질의 힘인가, 인류의 힘인가, 아니면 그 둘을 융합하거나 그 둘에 걸쳐 있는 어떤 작인인가? 어떤 경로를 거쳐 역사는 한때 지구 전체의 기후처럼 영원한 것으로 여겨진 무언가로 이행하는가?

거대한 혼합기이자 침입자인 기후변화는 '자연'과 '사회'라고 전통적으로 일컬어진 두 영역 사이에서 왔다갔다 하면서 휩쓴다. 공교롭게도, 현대 이론은 바로 그런 점증하는 해석에 열심히 골몰하면서 어떤 중대한 일반적 의문들 ─ 자연으로 일컬어지는 이것은 도대체 무엇인가? 그것은 사회와 어떤 관계를 맺는가? 그 둘을 함께 엮는 드라마에서 진정으로 강력한 행위자들은 누구인가? 인간은 물질적 객체에 어떻게 결부되는가? 기술 또는 관계가 좌우지하는가? 무엇이 생태위기를 구성하는가? 우리는 이 모든 것에 관하여 도대체 무엇을 알 수 있는가? – 에 관한 책, 논문, 특별호, 학술회의, 온갖 종류의 학술적 대화를 대량 생산한다. 여기서 우리는 다양한 형태의 구성주의, 행위자-네트워크 이론, 신유물론, 포스트휴머니즘, 물질대사 균열, 세계생태로서의 자본주의, 그리고 일단의 다른 개념적 장치를 마주치게 되는데, 그것들은 모두 사회적인 것과 자연적인 것의 혼합체를 파악하고자 한다. 그것들 중 어느 것이 그 폭풍이 취하고 있는 경로의 지도를 제공할 수 있을까? 이 시론은 자연/사회 접합에서 회자되는 이론 중 몇 가지를 기후변화의 견지에서 면밀히 검토하려고 시도한다.

그런데 이론은 빠르게 뜨거워지는 세계에서 가장 긴급한 과업인 것처럼 보이지 않는다. 지금 해야 할 유일하게 유의미한 것은, 다른 모든 것은 내버려두고 화석연료의 연소를 물리적으로 차단하고, 타이어의 바람을 빼고, 차도를 막고, 플랫폼을 포위하며, 광산을 공격하는 것이라는 몸이 근질거리는 느낌이 있다. 사실상 도널드 트럼프의 선출 사건과 관련하여 유일하게 좋은 점은 다음과 같다. 그 사건은 최소한, 세계를 무턱대고 최대한 빨리 파국적인 기후변화의 상태로 떨어지지 않게 하는 어떤 상태에 처하도록 추동하기 위해 싸울 기회가 있다는 환상,

조직된 집단적인 전투적 저항 이외의 어떤 기회가 우리에게 있다는 잔존하는 마지막 환상을 퇴치한다. 모든 것이 이미 언급되었다. 이제는 대결할 때이다. 이 시론은 그런 충동을 자제하는 것을 옹호하는 어떤 주장도 제기하지 않는다. 그런데 그것은, 어떤 이론들은 상황을 더 분명하게 할 수 있는 반면에 그 밖의 다른 이론들은 상황을 모호하게 할 수도 있다는 믿음을 품고서 저술된다. 행위는, 나중에 보게 되듯이, 전혀 부족하지 않은 모호한 도표와 흐릿한 사유에 의해 뒷받침되기보다는 오히려 충돌하는 힘들을 다소 정확히 규정하는 개념적 지도로 여전히 가장 잘 뒷받침된다. 이론은 문제의 일부일 수 있다. 뜨거워지는 세계에서의 재평가에 모든 것이 달려 있다면, 이것은 이론에도 마찬가지로 적용되어야 한다. 이론 역시 해명하도록 요구받게 되고, 자신의 적실성을 예증하고 자신이 이바지하는 바를 선언하도록 요구받게 되는데, 그것의 생산자와 소비자의 일부가 화석연료에 맞서는 어떤 직접 행동에 합류하는 것을 절대 고려하지 않을지라도 말이다.

이 시론은 이런 심판을 발명하지 않는다. 나중에 보게 되듯이, 검토되는 이론들은 공유되는 리트머스 시험으로서의 기후 쟁점, 각각의 이론이 자신의 가치를 입증하기 위해 응답해야 하는 구체적인 물음에 대해서는 동의하는 방향으로 움직이고 있다.[46] 그다음에 어떤 더 특정한 규준이 설정될 수 있을 것이다. 적절한 이론은 그 문제를 역사적인 것으로 파악할 수 있어야 한다. 왜냐하면 그것은 시간에 따른 변화 — 화석 경제의 탄생과 영구적인 팽창 — 를 통해서 생겨났고 지구에서 시간에 따른 변화를 유발하기 때문이다. 적절한 이론은 화석연료를 채굴하고 연소하는 바로 그 행위를 이해해야 한다. 그 이론이 자본주의 심장부에서 공식화되더라도 그것은, 특히 중요하게도, 지구온난화가 근대화 과정이 완결되지 않은 장소들에 일찍 상륙하는 환경에 유의해야 한다. 가장 기본적인 편의시설을 결여한 사람들, 거울들의 방 안에서 거주할 여유가 없는 사람들, 제임슨이 1980년대의 미국 도시들에서 완전히 지워졌다고 알아챈 그런 종류의 자연에서 계속 살아가는 사람들은 제일선의 선두에 서 있다. 상승하는 해양에서 끄집어내어진 대다수 신체는 그들의 것이다.

뉴욕시 같은 장소는 폭풍에서 회복할 수 있고 자신의 스크린들을 다시 켤 수 있지만, 필리핀에서는 온난화 조건을 떨쳐버리기 어렵다. 그러므로 2015년에 시행된 퓨 리서치 센터의 조사로부터 많이 보도된 결과에 따르면, 부르키나파소[47] 거주민의

---

46. 리트머스 시험으로서의 기후는, 예를 들면, McKenzie Wark, *Molecular Red*, 169, 180을 참조.
47. * 부르키나파소는 아프리카 사헬 지역(Sahel Region)에 위치한 나라로, 전 세계의 평균적인 기온 상승보다 1.5배 더 빠르게 기온이 상승함으로써 식량위기가 닥쳐 대규모 기후 난민이 발생했다.

79퍼센트가 기후변화에 대하여 "매우 우려한다"라고 주장한 것에 비해서 이슬람 국가를 더 두려워한(72퍼센트) 일본인은 단지 42퍼센트만이 기후변화에 대하여 매우 우려했다.[48] 부르키나파소는 이 순간에 기후변화에 의해 파괴되고 있는데, (지역적으로 '붉은 바람'으로 알려진) 먼지와 모래의 폭풍이 점점 더 간헐적으로 내리는 비로 인해 몹시 건조해진 땅에 남아 있는 곡물을 묻어버린다.[49] 개발도상국에서 나타나는 더 큰 우려의 패턴은 끊임없이 지속된다. GDP는 느낌과 부정적으로 상관된다. 미합중국 또는 영국에서 살아가는 인민보다 훨씬 더 높은 정도로 브라질과 방글라데시 같은 나라들의 인민은 그 문제를 매우 심각한 것으로 간주하는 경향이 있다. 국내적으로도 불편함은 계층에 따라 차별화되어 있음이 확실하지만 말이다.[50] 실현/깨달음으로서의 온난화 조건은 자본주의적 세계 경제의 주변부에서 주로 살아가는, 어떤 유의미한 재산도 소유하고 있

---

48. Laetitia van Eeckhout, "Winds of Climate Change Blast Farmers' Hopes of Sustaining a Livelihood in Burkina Faso."
49. Ami Sedghi, "Climate Change Seen as Greatest Threat by Global Population."
50. Hanno Sandvik, "Public Concern Over Global Warming Correlates Negatively with National Wealth"; So Young Kim and Yael Wolinsky-Nahmias, "Cross-National Public Opinion on Climate Change"; Alex Y. Lo and Alex T. Chow, "The Relationship Between Climate Change Concern and National Wealth."

지 않은 대중 사이에 먼저 도달한다. 인간 조건이 그런 대중 사이에서 가장 집중적이고 불길한 형태로 표현된다. 그러므로 모든 이론화는 그들을 향해 정향된 안테나를 갖추고 있어야 한다. 허리케인 샌디 같은 사건이 매우 중대한 이유는 그것이 신호를 정확히 송출하기 때문이다.

그렇다면 온난화 조건에 대한 이론은 절망 이외에 무엇을 고무하는가? 달리 서술하면, 섭씨 1.5도와 2도의 방어선이 모두 파괴된 것으로 판명되면 우리는 폭풍이 통제 불가능하게 맹위를 떨치고 있기에 바이올린을 켜기 시작하는 것이 더 나을 것이라고 결론지어야 하는가? 그렇지 않다. 우리는, 무엇보다도, 새로운 화력발전소를 건설하는 것, 또는 오래된 화력발전소를 계속해서 가동하는 것, 또는 석유를 채굴하는 것, 또는 공항을 확대하는 것, 또는 고속도로 건설을 계획하는 것이 현재 불합리한 폭력이라고 결론지어야 한다. 대규모의 화석연료 연소는 언제나 폭력에 해당한다는 주장이 제기될 수 있는데, 왜냐하면 그것은 다른 사람들과 종들에 해를 끼치기 때문이다. 그리고 기후과학의 기초가 널리 확산된 이래로 그것은 명백히 불합리한 행위였지만, 지구 온도가 섭씨 1.5도 상승했거나 수 미터의 해수면 상승이 지구 시스템에 고착되었을 때 그것은 새로운 수준의 실성한 공격 행위에 이르게 됨이 확실하다. 화석연료에 맞서는 저항이 그 시점까지 미약했다면, 그 이후에 그것은 격렬해져야만 한다. 이 모든 일이 있고 난 후에도 여전히 계속해야 한다. 그 투쟁은 손실을 최소화하고 생존 전망을 극대화하는 것이다. 더 구체적으로, 그것은 무엇을 성취할 수 있는가? 나는 이 책의 마무리 부분에서 이 물음에 대하여 어떤 간략하고 잠정적인 성찰들만을 제공하게 될 것이다. 당분간 우리는, 온난화 조건에 대한 모든 이론은 자신의 (단지 이상적일지라도) 실질적인 준거점으로서 기후를 안정화하려는 노력 – 화석 경제의 분쇄를 필요한 첫 번째 조치로 삼는 노력 – 을 기울여야 한다는 전제에서 시작할 것이다. 그것은 행동과 저항을 위한 공간을 마련해야 한다.

라부안에서 석탄을 발견하기

그런데 온난화 조건에 처한 현재를 이론화하려면 이 현재를 짓누르고 있는 과거에 대한 심상이 필요하다.

19세기의 두 번째 사반세기에 대영제국은 세계 전역에서 영토에 대한 자신의 통제권을 확대하고 자원의 전유를 가속하기 위해 증기선들을 배치했다. 그것들은 석탄이 필요했다. 제국 기계의 대리인들 – 관리들, 엔지니어들, 상인들 – 은 그들이 발을 디디는 곳마다 석탄층이 있는지 눈을 뜨고 지켜보도록 지시받았다. 1837년에 한 선교사가 노출된 석탄층을 우연히 맞닥뜨린

보르네오에서처럼 말이다. 그 선교사의 발견은 멀리 떨어진 그 섬, 인도와 중국 사이의 간선 해로에 바로 정위된 섬, 그것들의 해안을 자주 들락거리는 증기선들을 위한 잠재적으로 완벽한 연료 저장소로서의 섬에 있는 검은 금을 향한 급박한 움직임을 촉발했다. 가장 흥미로운 매장지는 라부안이라고 일컬어지는 작은 섬에 자리하고 있었다. 보르네오의 북단에 있는 가장 적절한 기항지인 라부안은 무성한 열대림으로 덮여 있었고, 바로 그 중심 지역에 두꺼운 석탄 광맥이 돌출되어 있었다.[51]

탐사대를 이끈 영국 왕립 해군 소속의 대위는 나중에 한 석판화에서 그 장면을 재구성했다. 그것은 높이 솟은 나무들과 개울 사이에서 눈에 확 띄는 석탄층을 가리키는 두 명의 아주 작은 백인을 보여준다. 오른쪽 구석에 있는 남자는 영국 왕립 해군 장교의 군복 차림을 하고 있는데, 그는 대영제국이 이 정글에 진출하게 한 군사력을 나타낸다. 경이롭게 곧추선 자세를 취하고서 그 장교를 바라보고 있는 나머지 다른 한 남자는 그 발견물을 거칠고 열렬한 몸짓으로 이야기한다. 거의 틀림없이, 그는 석탄을 부의 원천으로, 그의 기업이 채굴하여 증기선에, 특히 해군이 운영하는 증기선에 판매할 수 있는 물질로 간

---

51. 라부안에서 영국이 수행한 석탄 채굴의 세부내용은 Andreas Malm, "Who Lit this Fire? Approaching the History of the Fossil Economy"를 보라.

주한다.52 그 장면에서는 흥분이, 정복과 재산권에 대한 감각이 스며 나온다. 그것은 낯선 해안이 화석 경제에 통합되는 순간을 기록하는데, 영국의 발명품임이 분명한 화석 경제는 화석연료의 점증하는 소비에 근거를 두고 있기에 이산화탄소 배출량의 끊임없는 증가를 초래하는 자기 지속적인 성장의 경제로 가장 간단히 규정된다.53 라부안의 석탄은 결코 그 이전에

---

52. Andrew Francis, *Culture and Commerce in Conrad's Asian Fiction*, 1에 제시된 그 그림에 대한 해석을 참조하라.
53. 화석 경제와 영국에 의한 그것의 발명에 관한 더 많은 정보는 Malm, *Fossil*

는 그런 추구와 연결된 적이 전혀 없었다. 원주민은 그것에 관해 알고 있었지만 대부분을 손대지 않고 그대로 두었다. 영국인들이 도착하고 그것에 불을 붙이고 나서야 석탄은 확대된 회로에 편입되었다.

처음에 그 연료는 조용히 그리고 교란되지 않은 채로 땅속에 있었다. 그다음에 누군가가 현장에 오고, 이윤과 권력을 알아보며, 그것을 이용하기 시작했다. 이런 점에서 그 석판화는 화석 경제의 원형^{Urbild}을 제공한다. 말하자면, 그것은 타락^{Fall}에 대한 그림이다(그리고 폭포^{fall}처럼 아래로, 지하 갱도로 내려가는 것이 그 경제의 근본적인 움직임이다). 지난 두 세기에 걸쳐 이루어진 동일한 행위의 셀 수 없이 많은 반복은 지금 하늘에서 쏟아져 내리는 패배한 시간을 형성한다. 우리는 그 과정을 어떻게 파악할 수 있을까?

Capital[말름, 『화석 자본』]을 보라.

1장

자연의 구축에 관하여 :
구성주의를 반대하며

역사적으로 타이밍이 나쁜 역대급 사례

『이것이 모든 것을 바꾼다: 자본주의 대 기후』라는 책에서 나오미 클라인은 "역사적으로 타이밍이 나쁜 역대급 사례"를 간파하는데, 과학자들이 지구온난화의 정도를 깨닫게 되고 급격한 경로 변경을 요구했던 바로 그 당시에 신자유주의의 영향력 아래에 있던 정부들은 자기 추동적 시장에 간섭하기라는 바로 그 관념을 포기했다.[1] 또 하나의 사례가 추가될 수 있다. 생물권이 불타기 시작한 바로 그 당시에 사회 이론은 검댕 물질에서 텍스트의 순수한 대기로 더욱더 퇴각했다. 기후변화를 다룬 『시어리, 컬처 앤드 소사이어티』의 어떤 한 호의 서론은 뒤늦은 각성을 기록한다. "문화와 가상성의 세계는 자신과 버금가는 상대를 만났다. 물질적 세계는 명백히 물의를 일으키고 '반격할' 수 있다."[2] 거의 정부만큼 무장 해제된 채로 문화적 전회에 격리된 사회 이론은 담론 외적인 실재를 인식하기를 거부하는 고질적인 태도로 기후변화를 대면한 지가 오래되었다. 사회 이론이 기후변화를 외면한 것은 놀랍지 않다.

대기 중 이산화탄소 농도가 400ppm 수준을 향해 상승했

---

1. Naomi Klein, *This Changes Everything*, 201. [나오미 클라인, 『이것이 모든 것을 바꾼다』.]
2. Bronislaw Szerszynski and John Urry, "Changing Climates."

을 때, 포스트모더니즘 철학자들은 역사가들이 행하는 것은 과거의 이미지들을 발명하는 것에 불과하다는 견해를 개진했다. 실재적 과거는 "수사법적인 경우를 제외하고 사실상 역사 서술에 편입되지 않는다"라고 키스 젠킨스는 말한다.3 역사가들이 사건을 전달한다고 추정될 때, 그가 실제로 행하고 있는 것은 선별된 자료로 장식된 열정적인 연설을 하는 것이다. 과거에 대한 모든 해석은 "조작되"고, "발명되"고, "비유적"이고, "자기 준거적" — 자체의 외부에 아무 근거도 두지 않는 것 — 이기에 동등하게 타당하다.4 저것보다 이것을 선택할 유일한 근거는 개인적 취향이다.5 그런 역사서술학에 대하여 반박하는 『역사학을 위한 변론』이라는 이미 고전이 된 책에서 리처드 J. 에번스는 아우슈비츠를 압도적인 대표 사례로 사용한다.6 이에 준용하여 우리는 지구온난화가 비슷하게 사용되리라 예상할 수 있다. 에번스의 진술을 환언하면, 지구온난화는 담론이 아니다. 그것을 텍스트로 간주하는 것은 그것이 생성하는 고통을 사소한 것으로 만든다. 지구온난화는 사실상 본질적으로 비극이고, 따라서 희극으로도 소극으로도 여겨질 수 없다. 그리고 지

---

3. Keith Jenkins, *On 'What Is History?'*, 18.
4. 같은 책, 19~20, 37, 151, 178~9.
5. Keith Jenkins, *Refiguring History*, 41, 56~60.
6. * Richard J. Evans, *In Defence of History*. [리처드 J. 에번스, 『역사학을 위한 변론』.]

구온난화의 경우에 사정이 이러하다면, 과거에 일어난 그 밖의 우발사건들, 사건들, 제도들, 사람들의 경우에도 적어도 어느 정도는 사정이 그러해야 한다.7

포스트모더니즘 역사철학의 한 가지 전제는 명약관화하다. 과거는 영원히 사라졌고 감각적 지각을 위해 되살릴 수 없다. 역사가들은 시간의 화염에서 우연히 살아남은 조각들과 파편들에 접근할 수 있을 따름이고, 따라서 과거에 대한 그들의 표상들은 곧이곧대로 받아들일 수 없다. 라부안의 열대림 속에 있는 두 명의 영국 남자에 대한 그림을 고려하자. 한때 현실에서 일어났던 장면을 그렸다고 추정하더라도, 우리는 무슨 일이 일어났는지 올바르게 묘사하기 위하여 그것에 어떻게 의존할 수 있을까? 이런 회의적 태도 ─ 매우 많은 사람이 지적했듯이, 역사가들을 특징짓는 것 ─ 로부터 포스트모더니스트들은 이와 같은 문서들이 실재적 과거를 들여다보는 구멍을 전혀 제공하지 않는다는 기이한 결론을 도출한다. 왜냐하면 그것들에는 시야를 차단하는 담론의 힘이 충분히 배어들어 있기 때문이다. 그리고 확실히 그 그림은 일단의 담론적 구성물로 뒤덮여 있다. 순결한 자연 속에서 자신들에게 속하는 것을 골라내고, '야만인'들이 무시한 진보의 길을 발견하며, 천연의 것을 길들

---

7. 같은 책, 124. [같은 책.]

일 준비가 되어 있는 백인 남자들. 그런데 또한 그것은 물질적 기체基體를 갖추고 있는 것처럼 보인다. 우리는 그것이 다른 이미지들을 가리킬 뿐만 아니라 마찬가지로 대영제국의 대리인들에 의한 라부안의 석탄층의 실제적 식별도 가리킨다고 믿을 이유가 있다.[8] 무엇보다도 두드러진 이유는 지구온난화 자체이다. 지구 온도가 상승하면, 그 이유는 과거에 라우안 숲에서 나타났던 장면과 같은 그런 무수한 장면 때문임이 틀림없다. 왜냐하면 "실재적 효과의 원인은 비실재적일 수 없"기 때문이다.[9] 현재의 온난화는 영국 왕립 해군의 사령관들도 후대의 역사가들도 과거에 이루어진 화석연료의 소비에 대한 이 모든 증거의 산을 꾸며냈었을 수 없었음을 시사한다. 오히려, 화석 경제는 그것이 하나의 역사적 존재자로서 가시화되기 전에 상당 기간 존재했었음이, 그것에 관한 관념과 독립적으로 현존했었음이 틀림없다 – 그렇지 않다면 우리는 이런 뜨거워지는 행성에서 살고 있지 않을 것이다. 실재적 과거에 대한 일반화된 부정은 화석 경제의 역사가 쓰여질 수 없거나, 또는 거의 아무 도움도 되지 않을 자유분방한 허구로서 쓰여질 수 있을 따름임을 보증한다.

지구온난화는 신자유주의적인 정치 패러다임과 단절해야

---

8. 역사서술학적 실재론에 대한 대단히 효과적인 설명은 Murray G. Murphey, *Truth and History*를 보라.
9. 같은 책, 14.

하는 또 하나의 긴급한 이유인 동시에 반(反)실재론의 관 뚜껑에 박을 또 하나의 못이기도 하다. 그런데 포스트모더니즘적 부정은 완고하다. 대다수 사회 이론은 계속해서 과거의 실재성뿐만 아니라 자연의 실재성에 대해서도 이의를 제기한다. 수십 년의 연구를 요약한 『자연을 이해하기: 표상, 정치, 그리고 민주주의』에서 노엘 카스트리는 우선, 인간 행위성에 선행하고 인간 행위자들이 그것에 작용했을 때에도 변경된 형태이긴 하지만 존속하는 것으로서의 자연에 대한 상식적 정의에 동의한다.[10] 그다음에 카스트리는 자연의 현존을 거부하는 것을 옹호하는 정교한 논변을 구축한다. 자연에 관하여 생각하는 방식이 대단히 많고, 자연에 결부된 의미가 매우 다채롭고, (카스트리 같은 지리학자들을 비롯하여) 자연을 표상함으로써 생계를 유지하는 강력한 '인식적 공동체'가 매우 많이 있고, 자연에 대한 거짓 준거를 통해서 인민을 통치하는 전통이 매우 오래되었기에 자연은 사실상 마음과 독립적으로, 경험할 수 있게, "이해되기를 기다리면서 '저기에' (또는 '여기에', 우리 안에) 현존하지 않는다."[11] 또는, "자연은 우리가 집단적으로 그것이 현존한다고 믿는 한에서만 현존할 뿐이다."[12] 그것은 "하나의 환영이

---

10. Noel Castree, *Making Sense of Nature*, 10.
11. 같은 책, 6.
12. 같은 책, 12.

다"[13], "우리가 그러하다고 생각하는 것에 지나지 않는다"[14], 또는 간단히 "자연 같은 것은 없다."[15] 그것의 유일한 실재성은 담론의 허구물로서의 힘과 관련이 있다.

확대된 사례 연구 중 하나에서 카스트리는 어떤 한 목재 회사에서 발간한 소책자와 1980년대에 캐나다 브리티시컬럼비아주 클레이요쿼트 사운드의 숲을 벌목할 그 회사의 계획에 맞서 싸운 환경주의자들이 발간한 소책자를 읽는다. 전자는 숲을 채취되어야 할 자원으로 묘사하고, 후자는 그 자체로 보호되어야 할 야생생물 보호구역으로 묘사한다. 양쪽 중 어느 쪽이 숲을 상대편보다 더 정확하게 표상했는가? 대답할 수 없다. "다양한 방식으로 재-현될 수 있게 존재론적으로 입수 가능한 선재하는 존재자"는 전혀 없고,[16] " '외부적 자연' "도 없고,[17] 서술되기에 앞서 존재하는 본연의 숲도 없다. 클레이요쿼트 사운드가 정말 희귀한 생태계인지 묻는 것은 무의미한 의문을 제기하는 것이다. 모든 자연은 사회적 세계 속에서 구성된다. 이 줄거리는 저 줄거리와 마찬가지로 꾸며낸 것이다. 우리는 관념,

---

13. 같은 책, 282.
14. 같은 책, 318.
15. 같은 책, 320.
16. 같은 책, 114.
17. 같은 책, 142.

정동, 투사의 필터를 통과하여 나무와 이끼를 실제로 있는 그대로 접촉할 수도 없고 냄새 맡을 수도 없다.

이것은 지구온난화에 대해서 무엇을 의미할 수 있을까? 카스트리는 일관성이 있다. "전 지구적 기후변화는 단순히 그것에 대한 우리의 표상과 무관하게 일어나는 일단의 '실재적인 생물물리학적 과정'이라기보다는 오히려 하나의 관념이다."[18] 지구온난화의 존재론적 지위는 관념의 존재론적 지위이다. 그러므로 파키스탄의 계곡에 있는 마을들이 홍수에 휩쓸려 사라지거나, 또는 제왕나비 개체군이 소멸하거나, 또는 극단적인 가뭄으로 인해 콜롬비아의 도시들에서 물이 고갈될 때, 그것들에 타격을 가하는 것은 실재적인 생물물리학적 과정이 아니라 오히려 관념이다. 그렇다면 기후변화를 멈출 방법은 그 관념을 포기하는 것일 것이다. 어쩌면 우리는 그것을 지구냉각화로 바꿀 수 있을 것이다. 우리가 카스트리의 진술―기후변화는 그것에 대한 우리의 표상과 무관하게 생물물리학적 실재에서 일어나는 과정이 아니라 오히려 인간의 마음이 고안한 발명품인데, 왜냐하면 모든 자연이 그러하기 때문이다―을 곧이곧대로 받아들인다면, 그런 따름정리들이 필연적으로 도출된다. 그가 그것들을 승인할 가능성은 없는데, 이는 그가 가장 통속적인 형태의 인

---

18. 같은 책, 236.

식적 오류 – 우리가 측정과 비교와 개념과 연역을 통해서 지구온난화에 관해서 알게 된다는 바로 그 이유로 지구온난화는 **본질적으로** 측정과 비교와 개념과 연역들로 이루어져 있다고 간주하는 오류 – 에 빠져 버리기에 자연에 대한 그의 주장이 그다지 의미가 없음을 시사한다.[19] 우리가 그런 오류를 거부할 수 없고, 영국인들이 연소시킬 석탄 – 이런 연소는 자연에서와 마찬가지로 장차 언젠가는 실재적 결과를 초래한다 – 을 찾아낸 라부안에는 사실상 자연이 (관념으로서가 아니라 오히려 어떤 담론 외적인 객관적 실재로서) 존재했다고 확언할 수 없다면, 우리는 방법론적으로 심각하게 불리한 처지에 놓이게 될 것처럼 보인다. 그 역사적 현상을 이해하려면 과거 및 자연에 대한 실재론이 필요한 것처럼 보인다.

그런데 카스트리는 자연이 허구라는 견해를 표명하는 최초의 인물이 절대 아니다. 포스트모더니즘의 전성기인 1992년으로 거슬러 올라가면, 도나 해러웨이는 자연이 "강력한 담론적 구성물"이라고 공표했다.[20] 자연은 "전의trope이다. 그것은 형상, 구성물, 인공물, 움직임, 전위이다. 자연은 그 구성에 앞서

---

19. 인식적 오류는, 예를 들면 Roy Bhaskar, *A Realist Theory of Science*, 16, 30, 36~7, 38, 44, 250 ; Andrew Collier, *Critical Realism*, 76~85 [앤드류 콜리어, 『비판적 실재론』]를 보라.
20. Donna J. Haraway, "The Promises of Monsters," 298.

존재할 수 없"고, 담론에서 비롯되는 유기체도 신체도 마찬가지이다.21 이것은 포스트모더니즘의 주요 산물이었으며, 그리고 그것은 오늘날까지도 (말하자면, 몇몇 학자들 사이에서) 여전히 인기 있는 관념이다. 『자연의 종말을 겪기:미국 환경주의의 미래』에서 폴 와프너는 자연이 "자립적인 존재자가 아니"라 "맥락화된 관념", "관념적인 캔버스", "문화적 이해의 투사물", "사회적 구성물"이라고 단언한다 — 그가 "유아론적"이면서 "설득력이 있다"라고 깨닫는 견해이다.22 우리는 그 밖의 풍부한 사례를 마주칠 것이다.

지구온난화의 시대에 그런 자폐적인 신조가 존속하고 있다는 것은 주목할 만한 사실로 여겨져야 한다. 그 신조가 통렬한 반박을 겪었기에 더욱더 그러하다.23 자연에 관한 온갖 종류의 관념이 인간의 마음속에서 또 마음 주위를 맴돈다는 사실은

---

21. 같은 글, 296.
22. Paul Wapner, *Living Through the End of Nature*, 7, 126, 19.
23. 구성주의에 대한 이런 비판은 Kate Soper, *What is Nature?*에서 가장 탁월하게 전개된다. 추가적으로, 예를 들면, Holmes Rolston III, "Nature for Real"; Ian Hacking, *The Social Construction of What?*, 36, 66~7; David Kidner, "Fabricating Nature"; Val Plumwood, "The Concept of a Cultural Landscape"; Dave Elder-Vass, *The Reality of Social Construction*, 234~52를 보라. 자연의 사회적 구성을 둘러싸고 오랫동안 벌어진 논쟁에 대한 개관은 James D. Proctor, "The Social Construction of Nature"; David Demeritt, "What is the 'Social Construction of Nature'? A Typology and Sympathetic Critique"를 보라.

이 관념들이 그 대상과 구분될 수 없다는 결론을 정당화하지 않는다. 사실상, 자연에 관한 **구상**들은 문화적으로 결정되지만, 그렇다고 해서 그 지시대상이 유사하게 구성되는 것은 아니다. 열 명의 목동은 동일한 염소에 대하여 매우 상이한 초상을 그릴 수 있는데, 이것은 그 양이 그림임을 뜻하지 않는다. 세 명의 등산객이 상이한 인상들 - 첫 번째 등산객은 쉬운 등산이었다고 깨닫고, 두 번째 등산객은 임신 말기였고 제대로 등산할 수 없었으며, 세 번째 등산객은 참신한 눈雪에 가장 깊은 인상을 받았다 - 을 품고서 하나의 산에서 내려온다면, 그렇다고 해서 우리는 그들이 세 개의 상이한 산을 등반했었음이 틀림없다고 추론하지는 않는다. 우리는 그 산이 하나라는 것, 그것이 높이, 경사, 그리고 쌓인 눈의 양처럼 등산객들이 그것들을 지각한 방식들과 무관하게 그 자체로 현존하는 어떤 면모들을 갖추고 있다는 것을 믿는다. 인간으로서 우리는 어떤 한 폭풍이 어떠한지 언어를 사용하지 않고서는 말할 수 없지만, 그것은 그 폭풍이 하나의 언어적 존재자이거나 언어행위들로 구성된다는 것을 뜻하지는 않는다.[24]

사실상 그것은 자연에 관한 관념이 사회적 삶의 생산물이라는 사소한 주장 - 모든 관념이 그렇다 - 이며, 자연이 이 관념

---

24. Dale Jacquette, *The Philosophy of Mind*, 149에서 각색한 일례이다.

과 동일하고 그것이 바뀜에 따라 자연도 바뀐다는 불가사의한 명제이다. 예를 들면, 그것은 태양이 예전에 지구 주위를 공전했고 그다음에 서로 자리를 바꾸었음을 뜻할 것이다. 실제로 현존하는 숲은 풍성한 야생생명을 품고 있거나 아니면 품고 있지 않다. 생물권은 뜨거워지고 있거나 아니면 그렇지 않다 — 그리고 우리가 야생생명과 온난화를 어떻게 간주하는가는 전적으로 다른 문제이다. 카스트리가 옹호하는 것, 그리고 그와 더불어 다른 사람들이 옹호하는 것은 자연에 대한 일종의 구성주의이다. 그것은 우리가 자연에 대하여 생각하고 이야기할 때 바로 우리가 생각하고 이야기한다는 단순한 통찰에서 벗어남으로써, 자연이 구성되고 우리의 관념을 통해서 생성되며 그 밖의 어떤 자연도 현존하지 않는다는 명제로 미끄러져 들어간다.[25] 그것은 관념론적인, 신칸트주의적인, 분명히 포스트모더니즘적인 종류의 구성주의이다.[26]

그것은 우리에게 필요한 종류의 이론을 고무할 수 없는 것처럼 보인다. 사람들이 석탄에 대하여 생각했거나 또는 고속도로에 대한 심상을 품었기 때문에 지구 온도가 상승하고 있

---

25. 이런 미끄러짐은 Tim Newton, *Nature and Sociology*, 22~4를 참조.
26. 구성주의의 칸트주의적 뿌리에 대하여 노엘 카스트리는 Noel Castree, "The Return of Nature?," 549에서 그 뿌리를 명시적으로 환기시킨다. 그 계보학의 철저한 재구성은 Elder-Vass, *The Reality of Social Construction*, 244~7을 보라.

는 것은 아니다. 환경파괴는 그런 방식으로 일어나지 않는다. 케이트 소퍼의 유명한 공언에 따르면, "요컨대, 오존층에 구멍을 내는 것은 언어가 아니"고, 뜨거워지고 있는 것은 텍스트가 아니며, "그리고 우리가 기표의 층위에서 자신의 파괴적인 통찰을 개선할 때에도 '실재적' 사물은 계속해서 오염되고 파괴된다" — 어떤 사회 이론이 자연을 다룬다고 공언할 때에도 계속해서 고민해야 하는 것이다.[27] 자연에 대한 대안적 견해는 어떤 모습일까? 그 의문에 대하여 여태까지 저술된 가장 날카로운 논고임이 확실한 『자연이란 무엇인가?: 문화, 정치, 그리고 비인간』에서 소퍼는 다음과 같은 대답을 옹호한다. 자연은 "(그것들이 인간이 만들어낸 생산물이 아니라는 의미에서) 인간 활동과 독립적인 그런 물질적 구조들과 과정들이며, 그리고 그것들의 힘과 인과력은 인간의 모든 실천의 필요조건이고 그 실천이 취할 수 있는 가능한 형태들을 결정한다."[28] 그 정의는 거듭해서 읽고 기억할 만하다. 그 밖의 많은 사람이 제안했지만 — 나중에 우리는 그중 일부를 면밀히 검토할 것이다 — 우리는 이런 **실재론적** 정의를 우리가 자연으로 알고 있는 영역의 본질을 포착하는 것으로 간주할 것이다. 그렇지만 그렇게 정의된

---

27. Soper, *What is Nature?*, 151.
28. 같은 책, 132~3. 또한 Kate Soper, "Nature/'nature'"; Kate Soper, "Disposing Nature or Disposing of It"을 참조.

그런 영역의 바로 그 현존은 격렬한 논란의 대상이 된다.

자연의 생산?

우리는 행성 지구의 기후 – 자연의 주요한 구성요소이다 – 를 인간 활동과 독립적인 것, 인간에 의해 창출되지 않은 것이라고 정말로 말할 수 있을까? 지금 상황은 정반대가 아닌가? 이것은 '자연의 생산'에 관한 이론에 대한 사례인 것처럼 보일 것이다. 『불균등발전 : 자연, 자본, 공간의 생산』에서 닐 스미스가 개진했듯이, 그 이론은 자연이 결코 독립적이지 않다고 말한다.[29] 자연은 어떤 먼 인간 이전의 옛날에서는 독립적이었을지도 모르지만 더는 그렇지 않다. 오늘날 자연은 자본의 힘들이 그것들의 논리에 따라 물질을 재편하고 개편할 때 내부로부터, 총체적으로, 철저히 생산된다. 원시적 자연은 언제 그런 강력한 사회적 힘에 굴복하는가? 스미스는 이 점에 관해서 불분명하다. 어떤 구절들에서 그는 자연의 생산이 사실상 자본주의에 고유한 현상이라고 주장하는 것처럼 보인다. 다른 구절들에서 그는 인간의 합병이 훨씬 더 이전에 이루어졌음을 암시한다. 인간이라는 하나의 종이 발을 들여놓는 곳마다 생산되

---

29. * Neil Smith, *Uneven Development*. [닐 스미스, 『불균등발전』.]

지 않은 자연은 더는 현존하지 않게 된다. "인간은 무엇이든 그들이 접근할 수 있게 되는 자연을 생산했다" ― 지난 몇 세기에 걸쳐서 그러했을 뿐만 아니라 그들이 동굴에서 껴안고 숲에서 채집했던 시기에도 그러했다.[30] 여기서 그 이론의 목적은 어떤 역사적 이행을 추적하기보다는 오히려 자연적인 것을, 시기와 시대에 무관하게, 선험적으로 그랬던 것처럼, 사회적인 것으로 철저히 붕괴시키는 것인 듯 보인다. 사실상 스미스는 "자연의 사회적 우선성"을 상정하는데, "자연은 사회적이지 않다면 아무것도 아니다."[31] 그의 이론을 지지하는 한 지리학자, 즉 노엘 카스트리는 "바로 그 처음부터" 융합을 가정하는 그 이론이 "독립적인 비非사회적 자연에 관한 관념에 반대할 의도를 품고 있다"라고 진술한다.[32]

이런 조치로 얻게 되는 분석적 이점은 무엇인가? 1984년에 출판된 『불균등 발전』 초판에서 스미스는 조숙하게도 인위적 기후변화를 자연의 생산에 관한 일례로 언급하지만, 2008년에 출판된 3판의 후기에서 그는 무언가 다른 말을 한다. 우리는 기후가 인간 활동으로 인해 얼마나 변화하고 있는지 알 수 없

---

30. 같은 책, 81. [같은 책.]
31. 같은 책, 47. [같은 책.]
32. Noel Castree, "The Production of Nature," 278 ; Noel Castree, "Marxism and the Production of Nature," 25. Noel Castree, "Capitalism and the Marxist Critique of Political Ecology," 285~8을 참조.

다.³³ 시도하는 것조차도 그릇된 분리를 전제할 것이다.

> 기후변화에 대한 사회적 기여와 자연적 기여를 구분하려는 시도는 어리석은 논쟁일 뿐만 아니라 어리석은 철학이기도 하다. 그것은 '자연의 생산' 테제가 침식하고자 한 근대적 서양 사상의 바로 그 표식인 자연과 사회 사이의 신성불가침의 간극 — 이쪽에는 자연, 저쪽에는 사회 — 을 그대로 둔다.³⁴

이 구절은 그 이론이 결국 지구온난화에 관한 연구에 그다지 적절하지 않을 것이라는 점을 인정하는 것처럼 들린다. 지구온난화가 자연적 요인이 아니라 사회적 요인 — 그 둘을 구분하여 하나는 선택하고 나머지 다른 하나는 배제함으로써 — 에 의해 초래된다고 말하는 것을 삼가야 한다면, 그것을 역사의 결과로서 탐구하는 것은 말할 필요도 없고, 우리는 그것의 현존을 어떻게 인식할 수 있을까?

소퍼 이후로 환경철학 분야에서 출간된 가장 계몽적인 저서인 『환경철학에서 소외와 자연』에서 사이먼 헤일우드는 인

---

33. 초기 언급에 관해서는 Smith, *Uneven Development*, 80, 88 [스미스, 『불균등발전』]을 보라. Neil Smith, "The Production of Nature," 50을 참조.
34. Smith, *Uneven Development*, 244 [스미스, 『불균등발전』]. 추가적인 혼란스러운 논변은 245~7쪽을 보라.

위적 인과관계라는 바로 그 관념이 독립적인 자연이라는 관념을 필요로 한다고 강조한다.35 "인간이 이것을 만들었다, 저것을 초래했다, 이러이러한 사태에 대한 책임이 있다고 말하는 것이 중요하다면, 우리는 적어도 몇몇 우발사건들이 우리의 행위와 관련되어 있지 않은 것으로 여기는 생각을 견지해야 한다" ― 우리의 경우에는 화석 경제에 선행했고 화석 경제 없이 지속되었을 것, 즉 전형적인 충적세 기후가 있다.36 스미스가 자인하듯이, 우리는 비사회적 자연 배경을 제거한 상태에서 지구온난화를 포착할 수는 없다(그러므로 그의 논리에 따르면 오직 바보만이 그런 것을 시도할 것이다).37 이로부터 당연하게도 '사회'와 '자연' 사이의 어떤 종류의 구분이 화석 경제의 역사에 관한 연구뿐만 아니라 기후과학 자체를 위해서도 여전히 필수적이라는 점이 도출된다. 공교롭게도 사건의 원인을 추론하는 분야에서는 최근 발생한 폭풍들에 대한 시뮬레이션이 인간의 영향이 없었다면 날씨가 어떠했을지에 대한 모델들과 대조된

---

35. * Simon Hailwood, *Alienation and Nature in Environmental Philosophy*.
36. 같은 책, 39. Plumwood, "The Concept of a Cultural Landscape," 144를 참조.
37. 스미스의 진술에도 불구하고, 그의 이론을 신봉하는 학자들이 기후변화에 관하여 분별 있는 글을 쓰는 것은 명백히 가능하다. Susan W. S. Millar and Don Mitchell, "The Tight Dialectic"를 보라. 여기서는 그 이론의 문제적 함의가 단적으로 제거된다.

다.38 그렇게 해서 역사가 남긴 자국이 탐지된다.

그런데 여전히, 오늘날의 기후는 분명히 생산되지 않는가? 반사실적 컴퓨터 모델들에서 인간의 영향이 없는 자연을 유지하는 것은 그것의 지속적인 현존을 입증하는 방법이 아님이 확실하다. 과거 두 세기에 한정된다면 그 이론은 유용할까? 이런 가능성을 탐사하기 위해 우리는 현재 자연은 철저히 사회적이라는 직관을 밀고 나가고자 하는 몇 가지 다른 시도를 살펴봐야 한다.

자연의 종말?

제임슨의 『포스트모더니즘』이 출판된 지 일 년이 지난 1990년에 빌 맥키벤은 오늘날 기후변화에 관한 최초의 대중서로 여겨지는 『자연의 종말』이라는 책에서 그 제목대로 '자연의 종말'을 공표했다.39 그는 그 밖의 거의 모든 사람보다 먼저 대기를 구성하는 요소들의 변화가 날씨의 의미를 필두로 모든 것을 뒤집어 버린다는 사실을 감지했다. 갑작스러운 폭우는 더는 무시될 수 없고, 늦더위는 더는 자연의 변덕으로 향유될 수

---

38. Gabriele C. Hegerl, "Use of Models and Observations in Event Attribution." 추가적으로 주 7~14를 보라.
39. * Bill McKibben, *The End of Nature*. [빌 맥키벤, 『자연의 종말』.]

없다. 스발바르 산꼭대기 또는 아타카마 모래 언덕에서의 날씨, 멀리 떨어진 황야로 여겨지는 지역들에서의 날씨를 비롯하여 모든 날씨는 이제 '우리의 생활방식들'의 부산물로 의심받아야 한다. 이산화탄소와 더불어 인간의 지문은 도처에 존재한다. "우리는 이산화탄소를 생산했다 — 우리는 자연을 끝내 버렸다."[40] 또는, "날씨를 변화시킴으로써 우리는 지구의 모든 지점을 인공적이고 인위적인 것으로 만든다. 우리는 자연에서 그 독립성을 박탈했으며, 그 사태는 자연의 의미에 치명적이다. 자연의 독립성은 그것의 의미이다. 그것이 없다면 우리밖에 존재하지 않는다."[41]

어떤 정의 아래에서 자연은 사라져 버렸는가? 일견, 맥키벤은 ('독립성'이 핵심 용어인) 소퍼의 정의와 유사한 정의로 작업하고 있는 것처럼 보일 것이지만, 맥키벤은 그것을 결정적으로 한 단계 더 밀어붙인다. 맥키벤은 독자적인 인과력을 갖춘 일단의 물질적 구조와 과정으로서의 자연을 언급하고 있지 않다. 광합성의 종말도, 호흡의 종말도, 구름 형성의 종말도 언급하고 있지 않다. 그러한 모든 것은 앞으로도 계속될 것이라고 그는 단언한다. 오히려, "우리는 적어도 근대 시대에 우리에 대하여 자연

---

40. 같은 책, 43~4. [같은 책.]
41. 같은 책, 54. [같은 책.]

을 규정한 것 – 자연의 인간 사회로부터의 분리 – 을 끝내 버렸다."[42] 우리는 자연의 순수성을 뜻하는 것, 즉 사람의 손길이 닿지 않고 사람의 영향을 받지 않은 채로 철저히 깨끗함의 조건을 뜻하는 것을 끝내 버렸다. 오직 이런 정의 아래에서만 필시 자연은 끝나 버렸다고 할 수 있다. 그런데 그것은 합당한 정의인가?

내가 커피에 설탕을 섞는다고 해서 나는 커피가 끝나 버렸다고 믿게 되지는 않는다. 나는 그것이 하나의 조건에서 벗어나서 다른 하나의 조건에 귀속되었다고 믿는다. 그것은 더는 블랙커피가 아니라 달콤한 커피이다. 통상적으로, 우리의 일상적인 생활과 언어에서 우리는 A가 B와 접촉할 때 A가 더는 현존하지 않게 된다고 생각하지 않는다 – 어떤 민간기업은 그것이 국가와 교섭할 때도 여전히 민간기업이고, 어떤 호수는 그것에 수천 톤의 퇴적물이 쌓일 때도 여전히 호수이다. 이것은 맑스주의적 변증법에 친숙한 사람이라면 누구에게나 특히 평범한 생각이기 마련이다. 자본주의적 소유관계는 그것이 봉건적 소유관계 또는 사회주의적 소유관계와 얽히게 되는 순간 사라지지 않는다. 자본은 대립자들의 통일이 놀랍지 않은 사태로 여겨지는 세계 전체에 걸쳐 자신의 숙적인 노동 등과 끊임없이 관계를 맺음으로써 팽창할 수 있을 뿐이다. 자연의 경우에는

---

42. 같은 책, 60. [같은 책.]

상황이 다르게 진전되어야 하는가? 이 특별한 것의 정의 속에 어떤 조건 — 즉, 사회적 영향의 부재 — 을 그것의 **바로 그 현존**의 시금석으로서 내장시킬 어떤 이유가 존재하는가?

우리는 이것을 순수주의적 정의로 일컬을 수 있다. 맥키벤은 그것에 대한 어떤 정당화도 제시하지 않는다. 그는 그냥 그것을 당연시할 뿐이다. 그런데 우리가 약간 더 작은 규모에서 자연을 고찰한다면, 그 정의를 고수하기가 어려운 것처럼 보인다. 예를 들어 해양을 살펴보자. 현재 해양은 거대한 환류를 따라 선회하는 플라스틱 쓰레기, 산성화, 해산물 남획, 그리고 가장 어둡고 가장 깊은 곳까지 미치는 인간의 다른 영향들에 의해 엉망이 되어 버렸다 — 그래서 우리는 해양이 결과적으로 더는 해양이 아니라고 말할 수 있을까? 그럴 수는 없다. 해양은 다른 상태에 처해 있지만, 해양은 여느 때와 마찬가지로 우리와 함께 있다 — 그리고 우리가 '자연'으로 인식하는 것의 상당히 중요한 성분을 형성하는 해양의 경우에 사정이 이러하다면 그 장엄한 전체의 경우에도 사정은 마찬가지가 아닐까? 여기서 가능한 해결책은 두 가지가 있는 것처럼 보인다. 누군가는 자연의 정의에 신성함, 즉 어떤 형태의 (아이러니하게도) 초자연적인 가치를 주입하거나, 또는 누군가는 자연의 본질이 인간 사회로부터의 **절대적인 격리**라는 믿음을 허용할 극단적인 형태의 이원론을 고수한다.[43]

그런데 우리가 마땅하게도 순수주의적 정의가 분석적으로 옹호될 수 없다는 결론을 내리더라도, 이로부터 맥키벤이 자연의 어떤 조건의 종말을 한탄하는 것은 잘못이라는 점이 도출되지는 않는다.[44] 어쩌면 나는 누군가가 나의 커피에 설탕을 부을 때 질색하여 소리칠 이유가 있을 것이다. 어쩌면 지구에서 자연 그대로의 장소가 모두 사라진 사태를 애도할 더 설득력 있는 이유가 많이 있을 것이다. 그렇지만 여기서 논점은 맥키벤의 비보가 우리의 목적에 분석적으로 도움이 되지 않는다는 것이다. 순수주의적 정의에 따르면, 저 멀리 떨어진 해안에서 영국인들이 발견한 석탄은 그들이 도착하기에 앞서 자연에 속해 있었지만, 그들(더 정확히 말하자면 그들의 노동자들)이 석탄을 파내어 이동시키기 시작했을 때 그 물질은 아무튼 자연에서 빠져나와서 인간의 권역에 편입되었다. 그런데 석탄이 이미 자연에서 벗어났다면 이산화탄소가 어떻게 자연에 치명적인 영향을 미칠 수 있었을까? 이원론의 이율배반은 그런 역사의 매 단계에서 다시 나타날 것이다.

---

43. 순수주의적 정의와 자연의 종말에 관한 후속 선언에 대한 유사한 비판은 Keekok Lee, "Is Nature Autonomous?," 54~5 ; Val Plumwood, "Towards a Progressive Naturalism," 41~3 ; Mark Woods, "Ecological Restoration and the Renewal of Wildness and Freedom," 174 ; Plumwood, "The Concept of a Cultural Landscape," 135를 보라.
44. 이런 한탄에 대한 이유는 이어지는 시론에서 검토될 것이다.

모든 환경은 구축된 환경인가?

　기후변화가 자연의 종말을 뜻한다면 우리는 그것이 포스트 모던적 조건을 고착시킨다는 결론을 내릴 수밖에 없을 것이다. 시대의 또 다른 징표로, 맥키벤은 프랜시스 후쿠야마가 「역사의 종말?」이라는 시론을 발표한 지 일 년 후에 자신의 책을 출판했다. '역사의 종말' 테제는 이후에 웃음거리 이론이 된 반면에 '자연의 종말' 테제는 지극히 존중받고 있다. 어쩌면 전 지구적 기후운동의 가장 중요한 유일한 지도자로서 맥키벤 자신은 더 생산적인 추구로 이행하였지만, 자연의 죽음에 대한 그의 부고는, 우리가 이미 보았고 더 많이 보게 되듯이, 그 배후의 추리가 의심스러움에도 불구하고 지적 풍토에 정착되었다. 그것은 가장 최근에 선보인, 자연에 관한 구성주의를 옹호하려는 철학적으로 가장 선진적인 시도 – 스티븐 보걸의 시도 – 뿐만 아니라 환경주의의 딜레마에 관한 와프너의 논의를 위한 출발점으로서의 역할을 수행한다.

　『자연에 반대한다: 비판 이론의 자연 개념』이라는 자신의 첫 번째 저서에서 스티븐 보걸은 프랑크푸르트학파 표준문헌에 대한 독특한 독해로부터 어떤 구성주의적 프로그램을 만들어낸다.[45] 여기서 보걸은 "자연은 하나의 사회적 범주이다"라는 테제가 지닌 네 가지 의미를 지적한다. 우리는 결코 인간의 선입견을 벗어나서 자연에 진입할 수 없다. 과학자들이 연구한다고 주장하는 자연은 그들 자신의 실천의 생산물이다 — 지금까지는 포스트모더니즘의 상투 수단이다. 자연적 객체들은 사회적 삶에 통합되어 있다. 그리고 그것들은 노동에 의해 구축된다.[46] 그 네 가지 중 가장 독창적인 마지막 의미만이 『몰처럼 생각하기: 자연의 종말 이후 환경철학』에서 유지된다.[47] 자신의 초기 관념론을 철회하더라도 여기서 보걸은 구성주의를 예전의 어느 때보다 한층 더 진전시킨다. 그는 맥키벤이 옳았다는 단언에서 시작한다. 자연은 정말로 끝나 버렸는데, 가장 명백한 이유는 지구 온도의 상승 때문이다. 그렇지만 순수주의적 정의를 수용함으로써 보걸은 맥키벤의 테제를 그다음 단계로 진전시키고, 자연이 인간이 그것에 접촉하는 순간 끝난다면 그것은 굴뚝에서 이산화탄소가 분출하기 오래전에 죽어서 사라졌음이 틀림없다고 주장한다.[48] 지구온난화와 구체적으로 연계되지 않은 "자연의 종말은, 여기서 적절한 것처럼 보이는 하이데거주의적 어구로 표현하면, 언제나 이미 일어났던 것일지도 모른다."[49] 공리적 필연성에 의해 자연은 "최초의 인간이 현

---

45. * Steven Vogel, *Against Nature*.
46. 같은 책, 35~9.
47. * Steven Vogel, *Thinking Like a Mall*.
48. 같은 책, 1장.

장에 나타난 순간에 더는 현존하지 않게 되었다" – "매우 오래 전에 일어나서 우리는 그 기일조차 확인할 수 없다."[50]

그렇다면 현재 우리를 둘러싸고 있는 것처럼 보이는 것은 무엇인가? 담론도 아니고 인식적 공동체에서 스며 나오는 분비물도 아니다. 이것은 보걸이 말하고자 하는 바가 이미 아니다. 우리는 견고하게 실재적인 환경으로 둘러싸여 있지만, 그것은 **구축된** 환경으로, 인간이 문자 그대로, 물리적으로 철저히 구성한 환경이다. 인간이 "풍경을 변형시키지 않은 채로 마주칠" 수 있는 방법은 결코 없기에 지금까지 인간이 마주친 모든 풍경은 구축된 것, 넓게 펼쳐진 섬과 같은 광역 도시권, 사막 같은 고속도로, 그야말로 대기 같은 쇼핑몰 – 이것이 그 책의 핵심이다 – 로 분류되어야 한다.[51] 이것은 맥키벤이 염두에 두고 있었던 추론은 아닐지라도, 기발하지만 가차 없는 논리를 따른다. 대지에 더 가까이 다가가기 위해 "산처럼 생각하라"라는 알도 레오폴드의 고전적 명령을 환언함으로써 보걸은 환경주의자들에게 오히려 쇼핑몰처럼 생각하라고 권고하는데, 왜냐하면 쇼핑몰이라는 것은 그야말로 산만큼이나 환경의 일부이기

---

49. 같은 책, 8.
50. 같은 책, 29.
51. 같은 책, 8. 이런 추론은 그 책의 처음 장들에 걸쳐서 반복되는데, 예를 들면 44, 58, 90쪽을 보라.

에 마찬가지로 보호와 외경의 대상이 될 만하기 때문이다.[52]

여기서 구체화되는 다양한 구성주의는 관념론적 유형과는 다르다. 보걸이 거듭해서 강조하는 대로, 그는 '구성'이라는 낱말을 피라미드 앞에서 바로 그러할 것처럼 [인간이 피라미드를 실제로 또 온전히 구성했다는] 직서적인 의미로 사용하고 있다. 그러므로 우리는 자연에 관한 관념론적 구성주의와 직서주의적 구성주의를 구분할 수 있을 것인데, 보걸과 스미스는 둘 다 후자로 이행한 반면에 카스트리는 후자에서 전자로 서서히 빠져들었다.[53] 그 두 가지 입장은 모두 명목상의 것이 아님을 인식하는 것이 중요하다. 보걸은 자신이 말하는 바를 진심으로 믿는다. "우리의 환경에는 우리가, 이런저런 의미에서, 생산에 관여하지 않은 것은 전혀 없"고, 우리 주변에는 외부 노동에서 비롯되는 물리적인 것도 화학적인 것도 전혀 없으며, "그 자체

---

52. 같은 책, 특히 5장.
53. 관념론적 구성주의와 직서주의적 구성주의의 구분에 관해서는, 예를 들면 Anna Peterson, "Environmental Ethics and the Social Construction of Nature," 343를 참조. 1996년에 쓰여진 한 텍스트에서 스미스는 "물질과 개념적 구성을 결합한다"(Smith, "The Production of Nature," 50). 같은 해에 출판된 자신의 책에서 보걸은 "'자연'이 그 자체로 담론적으로 또 실천적으로 구성된 것으로 간주해야 한다"라고 말한다(Vogel, *Against Nature*, 170). 나중에 그 두 사람은 모두 개념적-담론적인 양태들을 제쳐놓고 물질적-실천적인 양태들에 집중하기로 결심했다. 사실상 그들은 둘 다 앞서 제시된 근거와 유사한 것에 기반을 두고서 관념론적 구성주의를 거부했다. Neil Smith, "Nature at the Millenium," 274~6; Vogel, *Thinking Like a Mall*, 34~6, 57을 참조.

로 이미 사전 구성 행위의 대상이 아니었던 원료, '천연자원'은 전혀 없다" — 이 언표들은 가장 최근의 저작 전체에 걸쳐 계속 반복된다.54 모든 징후는 보걸이 우리로 하여금 그 언표들을 진지하게 여기기를 원한다는 것을 나타낸다. 진지하게 살펴보자. 그것들은 사실이 아니다. 석탄이 충분한 반증이 되는데, 우리는 물 덕분에 산화가 방지되는 습지에 식물이 빠졌을 때 석탄이 형성되었음을 알고 있다. 죽은 식물이 더욱더 깊이 가라앉고 온도와 압력이 상승함에 따라 서서히, 점진적으로 그 물질은 석탄으로 응고되었는데, 어떤 인간도 그 과정에 관여할 수 없었을 대략 286~360백만 년 전 석탄기 동안 대체로 형성되었다. 보르네오 정글에서 석탄을 발견하는 것은 그런 과거에 이르는 지하 통로를 열어서 어떤 인간도 생산에 관여하지 않았던 것에 다가가는 것이며, 그리고 이 행성의 내장에서 화석연료를 조금이라도 채굴하는 경우에도 사정은 마찬가지이다.55

직서주의적 구성주의는 매우 쉽게 경험적으로 그릇된 것으로 입증될 수 있다 — 조롱을 초래할 만큼 매우 쉽게 그러하다는 것이 현재 이 이론의 상태이다. 화석연료는 우리 환경에

---

54. Vogel, *Thinking Like a Mall*, 41, 63. 예를 들면 같은 책, 61~2, 73, 94를 참조.
55. 예를 들면 Jeffrey S. Dukes, "Burning Buried Sunshine,"; Vaclav Smil, *The Earth's Biosphere*, 131~4; Vaclav Smil, *Energy in Nature and Society*, 206; David Beerling, *The Emerald Planet*, 42~52를 보라.

서 하찮은 물질이 아닌데, 태양도, 지각도, 불의 원소인 산소도 하찮은 물질이 아니다…. 우리는 이것들이 아무튼 인간에 의해 '구성되'었거나 '구축된' 것으로 주장하는 논변을 제시하려면 대단히 긴 궤변을 늘어놓아야 할 것이다. 그런데 그것들은 뜨거워지는 세계의 배경과 필수 조건 등을 구성한다. 그것들에 맞서 구성주의를 지지할 수 있는 유일한 방법은 극단적인 판본의 순수주의적 정의를 고수하는 것이다. 무엇이든 인간과의 **어떤** 접촉 — 인간에게 쏟아지든 또는 인간을 옮기든 또는 인간의 폐를 통과하든 — 에 의해 태양 복사와 퇴적암과 공기와 그 밖의 모든 것은 마법적으로 인간의 생산물이 된다. 그리고 보걸이 '구축'과 '구성'에 관해 이야기할 때 그는 이런 변형 같은 것을 전제하는 것처럼 보인다. 무언가에 영향을 미치는 것은 그것을 구축하는 것이다. "우리의 행함으로 환경을 바꾸고, 그리하여 **구축하지 않는 것은 전혀 없다**"라고 그 용어의 넉넉한 확장을 표명한다.[56] 이 용법을 통해서 나는 단순히 기자^{Giza}에 있는 어느 피라미드의 크기를 재고 그것에 흑색 페인트를 칠함으로써 그것을 구축했다는 올바른 주장을 제기할 수 있을 것이다.

인간이 어떤 한 풍경과 접촉할 때 그는 반드시 그것을 변화시키고, 그것을 변화시킴으로써 그는 그것을 구축하며, 그러므

---

56. Vogel, *Thinking Like a Mall*, 44. 강조가 첨가됨.

로 지금까지 인간은 지구의 모든 풍경을 구축했다(그리고 논리적으로 이것은 달과 화성 그리고 그 밖의 천체들에도 확장되어야 한다). 그 논변 전체를 지지하는 이런 삼단논법의 두드러지는 약점은 '구축하다'라는 낱말을 '영향을 미치다'라는 낱말 또는 '변화시키다'라는 낱말에 대한 동의어로 사용하는 것이다. 보겔은 "무언가를 구축하는 것은 어떤 물질적인 것에 '영향을 미쳐서 그것을 무언가 새로운 것으로 – 목재를 책꽂이로, 진흙을 토기로, 실리콘을 메모리칩으로 – 변환하는 것이다"라고 단언함으로써 그런 융합을 옹호한다.[57] 확실히 그러하지만, 이것은 여기서 쟁점이 되는 것이 아니다. 내가 목재를 잘라서 책꽂이로 만든다면 내가 그 책꽂이를 구축했음이 틀림없다 – 그런데 내가 어느 나무에서 나뭇가지 하나를 꺾는다면 내가 그 나무도 구축했을까? 이것이 보겔의 논변에 해당하는 것인데, 구축하는 것은 물질에 영향을 미치는 것이라고 주장하지 않고 오히려 물질에 영향을 미치는 것은 그것을 구축하는 것이라고 주장한다. 통상적인 용어법에 따르면 이것은 그 낱말이 가리키는 것이 아니다. 우리가 보겔이 제안한 재정의를 수용한다면 그 결과는 엄청날 것이다. 나의 아파트에 내가 남긴 자국을 바라

---

[57] 같은 책, 244. 동일한 추론이 Steven Vogel, "Why 'Nature' Has No Place in Environmental Philosophy"에서 제시된다.

보라 — 그렇다, 바로 내가 이 아파트를 구축했다. 또는, 발 플럼우드가 지적한 대로, 나는 가까이 있는 사람들에게 영향을 미치고, 사실상 그들의 삶을 꽤 철저히 변화시키며, 그러므로 나는 그들을 구축했거나 생산했거나 또는 구성했다는 주장을 제기할 수 있을 것이다.[58] 여기서 구성주의는 정말로 폭주한다.

그렇다면 무언가를 구축했다는 것 또는 생산했다는 것 — 문자 그대로 구성했다는 것 — 은 무엇을 뜻하는가? 또다시 케이트 소퍼는 가장 설득력 있는 답변을 제공한다. 중대한 규준은 "이전에 현존하지 않았던 생산물을 창시하는 것"이다.[59] 파라오 쿠푸가 기자의 거대한 피라미드를 구축했다고 말할 때 우리는 그것이 처음에는 현존하지 않았지만 대략 4,600년 전에 이 남자가 그 **구조물을 생성시킨** 건축 과정을 시행한 이후로 그곳에 서 있었음을 뜻한다. 인간 구성자는 존재자를 생성한다. 시계나 컴퓨터 같은 것은 실제로 구축되거나 생산되는데, 왜냐하면 그것은 자신의 현존을 인간의 행위들에 빚지고 있기 때문이다 — 선택된 물질들에 특정한 방식으로 영향을 미침으로써 인간은 새로운 것을 창출했다. 하지만 석탄과 해양과 탄소 순환은 다른 범주에 속한다. 기후가 그런 것처럼 보인다. 지구

---

58. Plumwood, "The Concept of a Cultural Landscape," 137.
59. Soper, *What is Nature?*, 135. 추가적으로 136~7, 141~2를 보라.

는 인간이 출현하기 이전에 기후를 갖추고 있었다.

구성된 것과 구성되지 않은 것

구성이라는 비유는 사실상 꽤 직서적으로 수용되어야 한다. 무언가를 구축할 때 당신은 단지 그것을 변화시키지도 않고 영향을 미치지도 않으며 오히려 그 구조물을 생성시킨다.[60] 아이러니하게도, 구축은 그것을 둘러싸고 보걸이 자신의 논변을 구축하는 인간의 실천이지만, 그는 그것의 핵심을 전적으로 놓친다. 오히려 우리는 『역사의 논리: 사회 이론과 사회적 전환』에서 그 비유의 실제 효용을 정확히 파악하는 윌리엄 H. 스웰에 의지할 수 있을 것이다.[61] 포스트모더니티의 경우에 매우 전형적인 공시적 사유와는 대조적으로,

> 구성 비유는 매우 다른, 철저히 통시적인 시간성을 수반한다. 구성은 동사에서 형성된 명사로, 그것은 인간 행위자들에 의해 실행되고 시간에 걸쳐 전개되는 구축의 과정을 의미한다. (속담처럼 로마는 하루아침에 세워지지 않았다.) 또한 의미의

---

60. Hacking, *The Social Construction of What?*, 47을 참조.
61. * William H. Sewell Jr., *Logics of History*.

사회적 또는 문화적 구성은, 함축적으로, 인간 행위자들의 지속적인 노동을 필요로 하는 시간상으로 연장된 과정이다. 사회적 구성은, 어떤 의미가 구축되었을 때 그것은 계속 유지될 강한 경향을 나타낸다는 점도 수반한다. 건축물이 일단 세워지면 계속해서 물리적 환경의 지속적인 면모로서 남아 있게 되는 것과 마찬가지로, 사회적으로 구성된 젠더 관계 또는 과학적 진리는 종종 세계의 자연화되고 수용된 지속적인 면모가 된다.[62]

이들 의미 중 어떤 의미에서도 기후는 그 비유에 그다지 적절하지 않을 것이다. 그런데 이 모든 의미에서 화석 경제는 적절할 것이다.[63]

'사회적 구성'이라는 용어가 유의미할 수 있으려면, 그것은 "일련의 사회적 사건의 결과로" 생겨난 어떤 X를 가리켜야 한다.[64] 이언 해킹의 『무엇의 사회적 구성?』에 따르면, 구성주의자는 전형적으로 문제의 X가 그런 사건들이 일어나지 않았더라면 "현존했을 필요가 없었다"라고 믿는다.[65] 자연 영역에

---

62. 같은 책, 360.
63. 화석 경제가 '하나의 의미'가 아니라는 점을 제외하고 말이다.
64. Hacking, *The Social Construction of What?*, 9.
65. 같은 책, 2.

적용하면 그런 믿음은 터무니없는 측면이 있다. 세 가지 정도의 이야기가 직서주의적 구성주의의 이해할 만한 명제가 될 수 있다. (1) 인간은 텅 빈 행성(또는 우주)으로 던져진 다음에 무(無)로부터 자연을 구성했는데, 요컨대 생산되지 않은 신성한 생산자의 역할을 수행했다. 여기서 사실상 X는 사회적 사건들을 통해서 생겨난 것처럼 보일 것이다. (물론, 원료가 어디에서 비롯되었는지에 관한 물음은 여전히 답변되지 않은 채로 있게 될 것이다.) (2) 인간은 선재하는 자연에서 출현했지만, 그들이 출현하여 행성을 돌아다니기 시작한 순간에 그들은 자연을 소멸시켰다. 그런 위업으로부터 새롭게도 인간은 지구의 모든 환경을 구축해 나갔다. 이것은 보걸의 논리인데, 인간이 어떻게 자연의 직접적인 후손인 동시에 자연의 즉각적인 소멸자일 수 있는지(오직 순수주의적 정의에 기반을 둠으로써 구상할 수 있을 뿐인 줄거리)에 관한 의문을 포함하여 몇 가지 의문을 초래한다. (3) 인간은 선재하는 자연 속에서 매우 오랫동안 살았지만, 최근 들어 그들은 자연이 더는 예전의 것이 아니게 되도록 자연에 대하여 해로운 영향력을 광범위하게 휘두르게 되었다. 이것은 구성과 상당히 다른 — 오히려 해체와 유사한 — 활동인 것처럼 보이지만, 그 줄거리는 적어도 지구와 지구의 모든 것을 사회적 사건들의 결과물로 만든다. 그리하여 다른 의문들이 생겨난다. 자연이 최근에 발휘된 인간의 영향력으로 인해 끝났다면 – 이에 대한 표지는 인간이 유발한 기후변화이다 – 이제는 어떤 힘들과 인과력들이 인간의 영향력이 취할 수 있는 가능한 형태들을 결정하는가? 그것들은 어디에서 유래하는가? 배출된 이산화탄소가 진입하는 경로들은 지금 당장 인간에 의해 구축되었는가?

그런 부조리성은 자연에 관한 두 가지 다른 구성주의로 확대된다.[66] 어쩌면 이런 까닭에 결코 바보가 아닌 그 옹호자들은 말실수를 피할 수가 없을 것이다. 느닷없이 카스트리는 "어떤 층위에서 현존하"고 "우리로 하여금 그것을 논의하고 그것에 대응하며 그것에 개입하게 하는 가치와 목적을 전혀 모르는 생물학적 세계"를 언급한다.[67] 스미스는 그가 침식하고자 하는 바로 그 구분을 제시한다. "중력과 달리, 가치의 법칙과 관련하여 자연적인 것은 전혀 없다. 어떤 사회도 중력의 작용을 겪지 않은 채로 존속하지는 않았지만, 많은 사회는 가치

---

66. 탁월한 저작 Hailwood, *Alienation and Nature in Environmental Philosophy*, 40; Plumwood, "The Concept of a Cultural Landscape," 135를 참조.

67. Castree, *Making Sense of Nature*, 141. 같은 책, 7, 137~40을 참조. 카스트리는 매우 실재론적인 노력에 찬사를 보냄으로써 시작하는, 기후변화에 관한 저명한 저널에 실린 한 논문의 주저자이다. "전 지구적 환경 변화(GEC)의 과학은 인간에게 자신의 활동이 낳은 특별한 생물물리학적 결과에 대한 주의를 환기시키는 데 있어서 주요한 역할을 수행했다"(Noel Castree, William M. Adams, John Barry et al., "Changing the Intellectual Climate," 763). Noel Castree, "Unfree Radicals"를 참조.

의 법칙 없이 존속했다" — 자연은 이쪽에 있고 사회는 저쪽에 있다.[68] 한편으로, 그 용어의 모든 용법에 반대하는 가장 단호한 적으로서의 태도를 보이는 보걸은 "우리 인간은 스스로 자연적이다"라는 것과 같은 언표들을 표명한다.[69] 사실상 자신의 책의 중간 부분에서 그는 한 장 전체에 걸쳐서 자연의 손에 맡겨진 인공물의 운명에 관해 성찰한다. 모든 건물은 강우와 산화와 엔트로피와 열과 그 밖의 "우리가 완전히 알지는 않고 알 수도 없는 근본적인 특질 — 심지어 내가 기꺼이 표현할 본성(자연) — 을 지닌 과정들"을 겪는데, 왜냐하면 그것들은 "우리가 생산하는 것"이 아니라 "현재 인간과 독립적으로 작동하고 있"기 때문이다.[70] 이와 같은 주장들은 뉘앙스가 몹시 부족한 논변에 뉘앙스를 부여하고자 하는 의도를 지니고 있을 것이지만, 그 결과는 오히려 어떤 고약하게 비정합적인 것들을 드러내는 것이다.[71] 때때로 구성주의자들은 그것들을 상식의 단서로서 삽입하는 것처럼 보이는데, 그리하여 그들은 자신들의 논변이 품은 의미를 씻어낼 수 있게 된다 — 하지만 **물론** 우리는 지구

---

68. Smith, *Uneven Development*, 82 (54를 참조). [스미스, 『불균등발전』.]
69. Vogel, *Thinking Like a Mall*, 43.
70. 같은 책, 110~2.
71. 구성주의를 옹호하는 더 미묘한 논변은 Manuel Arias-Maldonado, "Let's Make It Real"에서 제시되지만, 그것은 실재론을 용인하는 정도에 정확히 비례하여 미묘한 차이가 있다.

가 동화라고 믿지 않는다! 누가 그 정도로 미칠 수 있을까? 그렇지만 의도적으로 썼든 우연히 썼든 간에 그런 간단한 삽입 어구들 이전과 이후에 그들은 계속해서 세상사에 대한 그들의 실제 설명에서 자연을 괄호에 넣고 추방하고 일축하며 배제한다.72 불가피하게도 어떤 시점에 그들은 그 세계로 내딛고서 반복해서 인정해야 한다. 가장 강경한 자연 비판자들도 자연이라는 범주를 생략할 수 없으며, 그리고 그 이유는 아무도 그럴 수 없기 때문임이 틀림없다.

자연의 종말을 애도하는 사람들의 경우에도 사정은 마찬가지이다. 맥키벤은, 달리 행동하지만 여전히 끝나버렸다고 여겨지는 것처럼 보이는 '새로운' 자연에 관해 이야기할 수밖에 없다.73 『자연 이후: 인류세를 위한 정치』에서 제데다이아 퍼디는 맥키벤이 작성한 사망 기사의 또 다른 변주 기사를 제시하고, 자연은 영원히 사라졌다 — "이후로 모든 점에서 우리가 거주하는 세계는 우리가 만든 세계일 것이다"(모든 점에서!) — 고 선언하며, 그리고 추가로 자연은 "의미를 갖춘 그런 종류의 것이 아니다"라고 덧붙인다.74 그다음에 그는 인식조차 못 한 채로 페이지

---

72. Newton, *Nature and Sociology*, 24~5에서 주장됨.
73. 예를 들면 McKibben, *The End of Nature*, 88~9 [맥키벤, 『자연의 종말』]를 참조.
74. Jedediah Purdy, *After Nature*, 3; Jedediah Purdy, "The New Nature," reply to respondents, 29.

마다 "자연에 대한 우리의 통제는 불안정한 환상인 것처럼 보인다", "생태학적 자연과 분리된 인간은 전혀 없다", "우리는 우리가 종종 상상하는 것보다 자연의 나머지 부분과 덜 구분된다", "평화롭고 인도적인 세계를 구축하려고 하는 것은 자연과 더불어 평화롭게 살아가는 방법을 찾는 것을 뜻한다"와 같은 언표들을 표명한다.[75] 자연 이후? 그것은 그렇게 들리지 않는다. 자연의 죽음을 알리는 사람들조차도 그 주검의 움직임을 언급하지 않은 채로 그것에 관한 글을 쓸 수는 없으며, 그리고 그 이유는 자연이 여전히 확실하게 살아 있기 때문임이 틀림없다.[76]

자연이라는 범주는 인간의 어휘에서 근절될 수 없다. 자연은 인간이 마주치지만 **구성하지도 않았고** 창조하지도 않았고 구축하지도 않았고 자신의 상상 속에서 구상하지도 않았던 거주 세계의 일부를 가리키며, 그리고 자연의 부분은 사실상 매우 널리 퍼져 있다.[77] 자연은 우리보다 앞서 생겨났고 우리를 둘러싸고 있으며 우리를 계승할 것이다. 자연은 인간 없이 자발적

---

75. Purdy, *After Nature*, 16, 42, 271, 288. 추가적으로, 예를 들면 21, 46, 146, 232, 238~9, 277, 286~7을 참조.
76. 이런 수행적 모순에 대한 또 하나의 실례는 그 분야의 고전인 또 하나의 '자연 이후' 텍스트 Arturo Escobar, "After Nature : Steps to an Antiessentialist Political Ecology"를 참조.
77. Rolston III, "Nature for Real," 43.

으로 생성되었고 생성되며 생성될 것이다. 자연은 온갖 종류의 영향을 받고 있을 것이지만 그렇다고 해서 그것은 끝나지 않는데, 어떤 한 대륙 위에 마천루가 세워져 있다는 이유로 그 대륙이 더는 존재하지 않는 것은 아닌 것과 마찬가지이다. 영국인들이 라부안의 정글을 헤쳐 나갔을 때 그들은 자연을 생산하지 않았고 오히려 명확히 마주쳤다. 석판화에 포착된 순간은 그들이 햇빛과 물과 식물과 석탄을 만들어낸 순간이 아니다. 이 모든 사물은 그들보다 앞서 존재했으며, 그것이 부재했더라면 그들은 현존할 수 없었을 세계의 일부를 이룬다. 그렇지만 그들이 그 자연으로 행하고자 결심한 것은 그들에게 귀속된다. 여기서 구성의 순간이 수반된다. 그들은, 하루아침에 세워진 것이 아니라 19세기 전체에 걸쳐 세워진 그들의 로마, 즉 그들의 화석 경제를 위한 재료로서의 석탄의 지도를 그리고, 석탄을 시험하고, 사고팔기 시작했다. 우리는 '구성'에 관한 이야기를 그 존재자[화석 경제]를 위해 남겨두고 그것을 기후와 구분해야 한다 ― 구성주의를 이른바 사회로 되돌려주고 자연을 독자적인 범주로 수용하자. 그런데 물론 그것은 그 두 가지가 서로 구분될 수 있다는 점을 전제한다.

2장

결합 발전에 관하여 :
혼종주의를 반대하며

혼종주의적 그물코

대다수 현대 이론은, 사회와 자연이 사실상 동일한 것이기에 구분할 수 없게 되었다고 지치지 않고 공표한다. 이런 사고방식에 대한 영감의 주요 원천은 브뤼노 라투르이다. 2007년에 『타임스 하이어 에듀케이션』이 인문학에서 가장 많이 인용된 저자의 순위를 매겼을 때 그의 영향력에 대한 양적 지표가 드러났다. 미셸 푸코가 수위를 차지한 그 목록은 라투르를 10위에 자리매김했는데, 지그문트 프로이트보다는 한 등수 앞섰고 [발터] 벤야민보다는 열여섯 등수 앞섰고 칼 맑스보다는 온전히 스물여섯 등수 앞섰다.[1] 십 년 후에 라투르의 열렬한 팬 중 한 사람은 "라투르는 인문학에서 기본적으로 인용되는 인물로서 미셸 푸코를 궁극적으로 대체할 것처럼 보이기 시작하고 있다 — 사회과학에서는 라투르가 그런 상황에 빠르게 접근하고 있다."[2] 그리고 사실상, 사회와 자연 사이의 관계에 관한 현대 사유에 대한 라투르의 지배력은 필시 타의 추종을 불허한다. 이어지는 글에서 그는 중심적인 자리를 차지할 것이다.

기본 텍스트는 『우리는 결코 근대인이었던 적이 없다』라는

---

1. Times Higher Education, "Most Cited Authors of Books in the Humanities, 2007."
2. Graham Harman, "Demodernizing the Humanities with Latour," 249.

책인데, 이 책은 어느 날 아침에 깨어나서 신문을 읽으면서 사회적인 것과 자연적인 것 사이의 경계선이 흐려진 사태에 당황하는 브뤼노 라투르로 시작한다.[3] 우선 오존층에 관한 이야기가 있다(이 책은 1991년에 쓰여졌다). 대기과학자들은 오존층의 구멍이 커지고 있다고 경고하고, 한편으로 제조업자들과 정치인들은 오존을 고갈시키는 화학물질들의 생산을 단계적으로 중지하는 일에 관해 얼버무린다. "동일한 기사가 화학적 반응과 정치적 반응을 뒤섞는다" – 이는 가장 두드러진 혼합물의 일종이다.[4] 계속 읽어 나가는 그 저자는 AIDS 유행의 진전과 의료기업들의 지연 사태에 관한 기사, 희귀종이 서식하는 숲이 연기 속으로 사라지는 사태에 관한 또 다른 기사, 냉동 수정란에 관한 또 다른 기사 등을 마주친다 – 그 신문 전체가 흐릿하다. 라투르는 자신의 눈을 돌리는 곳이면 어디에서나 혼종들을 바라본다. 사회는 어디에서 끝나고 자연은 어디에서 시작하는지 그리고 자연은 어디에서 끝나고 사회는 어디에서 시작하는지 분별할 방법은 없다. 모든 것은 그 권역들을 가로질러 생겨나거나 그것들 사이의 무인 지대에서 생겨난다. 세계는 사생아들로 이루어져 있기에 그것을 둘 – 사회적인 절반과 자연

---

3. * Bruno Latour, *We Have Never Been Modern*. [브뤼노 라투르, 『우리는 결코 근대인이었던 적이 없다』.]
4. 같은 책, 1. [같은 책.]

적인 절반 - 로 절단하고자 하는 것은, 이제는 칼집에 넣는 것이 더 바람직하다고 판단되는 칼을 사용함으로써만 실행될 수 있을 따름이다.

라투르의 기획과 명성의 핵심에 놓여 있는 이 주장은 조금 더 자세히 고찰되어야 한다.[5] 애초에 그것은 어떤 정량적인 역사적 성분을 지니고 있다. 그것은 최근에 사회적인 것과 자연적인 것이 더는 구분될 수 없을 정도로 연합체들이 증식했다고 말한다. 근대의 초기 시절에는 어쩌면 소수의 진공 펌프가 주위에 있었지만, 지금은 혼종들이 모든 지평을 채우고 있다.

> 오존층 구멍 이야기, 혹은 지구온난화나 삼림 파괴를 어떻게 분류해야 할 것인가? 우리는 이 혼종들을 어디에 자리매김해야 하는가? 그것들은 인간 영역에 속하는가? 그것들은 우리의 작품이기에 인간 영역에 속한다. 그것들은 자연 영역에 속하는가? 그것들은 우리가 만들어낸 것이 아니기에 자연 영역에 속한다[6] … 혼종들이 매우 많이 있기에 누구도 더는 그것들을 모더니티의 낡은 약속의 땅에 가둬둘 방법을 알지 못한다.[7]

---

5. 그것은 여전히 Bruno Latour, *An Inquiry into Modes of Existence* [브뤼노 라투르, 『존재양식의 탐구』]의 핵심에 자리하고 있는데, 예를 들면 320쪽과 352쪽에 제시된 자연과 사회에 관한 언표들을 보라.
6. Latour, *We Have Never Been Modern*, 50 [라투르, 『우리는 결코 근대인이었던 적이 없다』]. 강조가 첨가됨.

외관상 지적 혼란 — 나는 인간 작업의 생산물인 동시에 그렇지 않은 것을 이해할 방법을 알지 못한다 — 을 용인하는 이것은 자연과 사회 사이의 선명한 구획 짓기에 대한 근대적 환상을 종식하는 수사법적 방법이다. 물론 라투르는 자연과 사회가 **결코** 어떤 식으로도, 어떤 모양으로도, 어떤 형태로도 분리된 적이 없었다고 믿는다. 그러므로 "우리는 결코 근대인이었던 적이 없다." 새로운 것은 그 환상을 더는 유지할 수 없게 만드는 잡종, 즉 '준객체' 또는 '집합체'의 순전한 편재성이다. 그리고 일단 우리가 이 상황을 깨닫게 되면, 또한 우리는 "자연과 사회의 현존성은 서양과 동양의 현존성과 다를 바가 없다"라는 것을 알게 된다.[8] 그 용어들은 "실재의 영역들을 가리키지 않는다."[9] 그것들은 어떤 심적 지도 위의 철저히 임의적인 극들에 지나지 않는다. 『자연의 정치 : 과학을 민주화하는 방법』에서 라투르는 "나는 자연과 사회 사이의 구분을 영속적으로 흐릿하게 하는 것을 목표로 삼고 있는데, 그리하여 우리는 두 가지 별개의 집합으로 결코 되돌아갈 필요가 없을 것이다"라고 선언한다.[10]

---

7. 같은 책, 131 [같은 책]. Bruno Latour, *The Pasteurization of France*, 205~6 [브뤼노 라투르, 『프랑스의 파스퇴르화』]을 참조.
8. Latour, *We Have Never Been Modern*, 85. [라투르, 『우리는 결코 근대인이었던 적이 없다』.]
9. Bruno Latour, *The Politics of Nature*, 53.
10. 같은 책, 36.

라투르는 그 범주들을 실재적 유체에 용해하자고 주장한다.

우리는 이것을 혼종주의의 주요 원리, 즉 내부의 어떤 양극성이나 이원성도 부인함으로써 사회와 자연의 거미줄을 받아들일 일반적인 틀로 간주할 수 있다. 혼종주의는 실재가 사회적인 것과 자연적인 것의 혼종들로 구성되어 있고, 그리하여 그 두 항은 예전에는 지시대상이 있었다면 이제는 더는 아무 지시대상도 없다고 생각한다. 『브뤼노 라투르 : 정치적인 것을 다시 회집하기』에서 라투르의 충실한 추종자인 그레이엄 하먼은 사회와 자연 사이 '차이'의 붕괴를 라투르의 사유의 핵심으로 확립하면서 그 진의를 재서술하는데, "우리는 모든 존재자를 정확히 동일한 방식으로 고려함으로써 시작해야 한다."[11] 앞으로 이해하게 되듯이 혼종주의는 상이한 강조점들과 공격 지점들을 갖춘 다양한 형태로 나타나지만, 그것들은 모두 '사회'와 '자연'이 하나의 동일체를 가리키는 두 가지 낱말이기에 불필요한 (또 유해한) 기표들이라는 확신을 공유하고 있다 ― 그리고 라투르 역시 그다지 다르지 않다. 혼종주의적 접근법들에 대한 최근의 개론서인 『환경들, 자연들, 그리고 사회 이론』에서 데미언 F. 화이트 등은 라투르의 1991년 선언에서

---

11. Graham Harman, *Bruno Latour*, viii [그레이엄 하먼, 『브뤼노 라투르』]. Latour, *The Pasteurization of France*, 206 [라투르, 『프랑스의 파스퇴르화』]을 참조.

그들의 기본적인 근거를 추출한다.

그리고 이 논쟁이 진행되고 있는 동안 줄곧 우리는 자신이 다수의 혼종 객체로 이루어진 세계에서 살아가고 있음을 더욱더 깨닫게 된다. 오존층에서 유전자 변형 곡물에 이르기까지, 보철적 삽입물에서 수정된 경관의 역사에 이르기까지 그것들은 계속해서 돌출하고 있다. 그것들은 사회적인가? 그것들은 자연적인가? 객체들과 주체들을 '사회' 또는 '자연'으로 명명된 상자들로 분리 정화함으로써 이런 혼종 세계를 이해하려는 시도는 효용이 제한적이다.[12]

여기서 혼종주의의 근본적인 주장을 인식하자. 자연적 현상과 사회적 현상은 복합체가 되어 버렸기에 그 둘은 폭력 이외의 어떤 수단으로도 분간될 수 없다. 혼합된다는 것은 하나임을 뜻한다.

일종의 이론적 시대정신인 그 주장은 지금까지 우리가 검토한 모든 사상가의 글에서 반복된다. 단지 두 가지 실례를 들면, 와프너는 기후변화로 완결되는 지구의 인위적 변형으로 인

---

12. Damian F. White, Alan P. Rudy, and Brian J. Gareau, *Environments, Natures and Social Theory*, 199. 믿음직하게도 화이트 등은 혼종주의와 관련된 여러 문제를 식별하고 다양한 접근법에 대한 수많은 면밀한 비판을 제기하는데, 이것은 추후 이 책에서 추가로 논의된다. 그렇지만 그들은 일반적인 혼종주의적 기획을 수용한다.

해 "이제 인류가 어디에서 끝나고 자연이 어디에서 시작하는지 구분하는 것은 불가능하다"라고 쓰고,[13] 또다시 기후라는 표제어 아래 유사한 목록을 제시하는 퍼디는 "자연인 것과 자연이 아닌 것 사이의 대조가 더는 의미가 없다"라고 주장한다.[14] 그것은 맥키벤의 깨달음과 동일한 깨달음으로, 두 가지 판본으로 나타난다. (1) 사회와 자연은 매우 철저히 혼합되어 있기에 그것들은 현존하지 않는다(이것을 존재론적 혼종주의라고 일컫자). (2) 이런 수준의 혼합으로 인해 사회와 자연을 구분하는 것은 아무 의미도, 아무 용도도, 아무 지혜도 없다(이것을 방법론적 혼종주의라고 일컫자). 정기적으로 중첩하는 그것들은 몇 가지 두드러진 문제점을 공유한다.

혼종주의는 데카르트주의이다

세계의 관찰자는 종종 결합체를 마주친다. 종교학도를 고려하자. 혼합주의는 신앙의 역사에서 만연하는 현상인데, 그 현상은 대다수 신앙의 심층에 숨어 있고 때때로, 예컨대, 힌두교·시아파·플라톤주의·영지주의·그리스도교·피타고라스주

---

13. Wapner, *Living Through the End of Nature*, 134.
14. Purdy, *After Nature*, 15.

의·유대교 등의 신조들이 결합된 드루즈 믿음 체계[15]의 형태로 표출된다. 그런데 드루즈 신앙을 연구하는 학자는 사람들이 이런 환상적으로 개별적인 요소들로부터 만들어낸 독특한 **통일체**를 불가사의하게 여길 것이다. 그는 그것들이 하나의 새로운 전체로 재조합된 방식, 그것들이 그것 속에서 서로 관계를 맺는 방식, 시간이 흐름에 따라 그것들이 신앙에 진입한 방식, 어떤 특수한 드루즈 믿음이 어떤 원천으로 거슬러 올라갈 수 있게 되는지, 기타 등등을 연구할 것이다. 그런데 그 학자가 다음과 같이 진술하는 일은 필시 없을 것이다. 드루즈 신앙은 하나의 혼종이고, 따라서 우리는 시아파 성분과 플라톤주의적 성분을 걸러내려고 하지 말아야 하는데, 이 혼합물에서 이 성분들의 흔적은 사라져 버렸다. 한 성분이 어디에서 끝나고 나머지 다른 한 성분이 어디에서 시작하는지 말하는 것은 불가능하다. 이것은 종교의 세계에서 흔히 발생하는 사태이고, 따라서 플라톤주의와 시아파 교리 등의 범주들을 철저히 폐지하자. 이와 같이 진술하는 것은 드루즈 신앙을 이해하려는 시도로 여겨지지 않을 것이다. 오히려 그것은 그 과업을 포기하는 셈일 것이다.

---

15. * 드루즈(Druze)는 갈릴리 남부 지방과 북부 골란 고원에서 사는 민족을 가리키는데, 그들은 유대인도 아니고 아랍인도 아니다. 그들은 그들만의 독특한 혼합주의적 종교, 즉 드루즈 믿음 체계를 갖추고 있다.

다음으로 의학계에서 누군가가 약물이 인체에 미치는 영향, 이를테면, 담배가 폐에 미치는 영향을 연구한다고 해 보자. 담배와 폐가 흡연자의 몸에서 혼합되기에 그 범주들은 (예전에는 적절했더라도) 쓸모없어지므로 담배가 폐에 미치는 영향은 유의미하게 분간될 수 없다고 공표하면 그런 연구는 어디를 향하게 될까? 또는 어원학자가 언어를 연구하는 방식을 고려하자. 스페인어는 아랍어와 라틴어를 상쇄하는가? 또는 국제관계 분야를 고려하면, 유럽연합은 독일과 그리스를 혼합하는가?

세계에 대한 지침으로서의 혼종주의는 틀림없이 어떤 흥미로운 정치적 결과를 초래할 것이다. 레온 트로츠키가 제정 러시아를 조사하여 "이행의 상이한 단계들의 집적체, 개별적 조치들의 결합체, 의고적 형태와 더 현대적인 형태의 혼합물을 뜻하는 **결합 발전의 법칙**"을 추출했을 때, 어쩌면 그는 자본주의가 현재 제정 체제와 대단히 깊이 얽혀 있어서 특별 대우를 위해 자본주의를 가려내는 것은 고사하고 러시아의 사회적 동역학의 어떤 부분들이 자본주의에서 비롯되는지를 추적하는 것은 무의미하게 될 것이라고 추론할 수 있었을 것이다.[16] 그렇

---

16. Leon Trotsky, *The History of the Russian Revolution, Volume One*, 23. [레온 트로츠키, 『레온 트로츠키의 러시아 혁명사—상』.]

다면 반자본주의 혁명은 하릴없는 모험이었을 것임이 확실하다. 또는, 혹자는 1967년에 점령된 영토의 바로 그 물리적 구성이 시온주의와 팔레스타인 문제의 혼합에 의해 형성된다고 지적할 수 있을 것이다. 가자 지구의 공기는 이슬람 사원에서 기도 시간을 알려주는 사람들과 드론들이 내는 소리로 와자지껄하다. 팔레스타인 헤브론의 주택들에는 정착민들이 현지 가족들과 함께 살고 있다. 정착지에서 배출되는 유독성 폐기물은 서안 지구의 계곡에 있는 물과 뒤섞인다. 그리하여 이 상황을 '시온주의 프로젝트'와 '팔레스타인 인민'이라고 명명된 상자들로 분리 정화하는 것은 효용이 제한적인데, 왜냐하면 그것들 사이의 대조는 더는 의미가 없기 때문이다.

그런데 혼종주의자는 이런 비유들이 불공평하다고 이의를 제기할 것이다. 플라톤주의와 시아파 교리는 결국 **동일한 종류**의 사물이다. 담배 연기가 섞인 공기와 순수한 공기는 정확히 동일한 물질의 양태들이다. 독일과 그리스는 두 개의 국가에 지나지 않고, 자본주의와 제정은 두 가지 사회적 형태에 지나지 않고, 시온주의자들과 팔레스타인 인민은 두 개의 인간 집단에 지나지 않는다 – 이 결합체들은 아무런 놀라움도 유발하지 않기 마련이다. 그것들은 우리의 존재론이나 방법의 수정을 요구하지 않는다. 그것들은 실재가 지금까지 목격한 사람이 거의 없을 정도로 잡종화된다는 점을 수반하지 않는다. 그런 유사한 성분들의 통일은 그것들의 차이를 상쇄하지 않는다. 그런데 이와 같은 반론은 단지 혼종주의의 뿌리에 있는 문제를 드러낼 뿐일 것이다. 자연과 사회를 별개의 우주에 위치한 범주들로 가정해야만 그것들의 결합은 그것들의 붕괴를 보증한다. 그것들을 어떤 다른 두 가지 사물보다 실체적으로 더 상이하다고 암묵적으로 구상함으로써만 우리는 그것들의 혼합이, 대단히 많은 평범한 합금과 대조적으로, 그것들의 현존을 반증한다는 결론을 내릴 수 있다. 그 계시의 마각이 드러난다 — 아, 결국 자연과 사회는 자족적인 은하들이 아니었다. 그리하여 우리는 더는 그것들에 관해 별개로 이야기할 수 없다!

그 배경에는, 또다시, 극단적인 형태의 이원론의 유산이 잠복하여 있다. 라투르는 그것을 "근대적 헌정"으로 일컫기를 좋아한다. 더 일반적인 계보학은 그것을 르네 데카르트의 철학에서 도출한다. 데카르트는 몸과 마음이 두 가지 "별개의 실체"라고 생각했다.[17] 사유하는 마음과 가능한 한 가장 극명하게 대조적인 몸은 공간에서 연장되어 있고 어떤 한 기계의 톱니바퀴처럼 잘라서 제거될 수 있는 부분들로 이루어져 있다. 어떤 몸에서 심장이 제거된다면 그 몸은 필수적인 성분을 상실하고

---

17. René Descartes, *Meditations and Other Metaphysical Writings*, 15. [르네 데카르트, 『제일철학에 관한 성찰』.]

더는 현존하지 않게 된다 — 그런데 마음의 심장은 어디에 있는가? 마음의 팔, 마음의 다리, 마음의 구성 부분들은 어디에서 잠재적으로 서로 분리되는가? 그런 것들은 어디에도 없다고 데카르트는 주장했는데, 왜냐하면 마음은 불가분적이고 파괴 불가능한 총체적인 사물이기 때문이다. 마음은 육체적 형태를 보유하지 않는다. 몸은 물리적 실체이지만, 마음은 비물질적인 정신적 종류의 사물이다. 이런 까닭에 마음은 몸 없이 존속하고 번성할 수 있다. 죽음과 해체 이후에도 마음은 존속하는데, 왜냐하면 그것은 **철저히 다른** 소재로 이루어져 있기 때문이다. 데카르트는 "두 가지 실체가 각기 독자적으로 현존할 수 있을 때 그것들은 실로 뚜렷이 구별된다고 한다"라는 자신의 중심 규준을 제시한다.[18] 그리고 여기서 몸과 마음이 그러한데, 데카르트는 "나는 정말로 나의 몸과 뚜렷이 구별되고 나는 몸 없이 현존할 수 있다고 확신한"다.[19] 데카르트의 철학은 실체 이원론이다.

자연과 사회에 관한 논쟁에서 데카르트주의의 비판자들은 그 철학을 자연과 사회라는 대립쌍에 대응시키는 버릇이 있다.[20] 데카르트 자신은 이 범주들에 의거하여 진술하지 않았지

---

18. 같은 책, 86. [같은 책.]
19. 같은 책, 62. [같은 책.]
20. 이런 반데카르트주의적 장르의 핵심 저작은 Val Plumwood, *Feminism and*

만―그의 관심사는 몸과 마음의 문제였다―많은 관찰자는 서양의 세계관들에서 그 철학자의 지문을 찾아내었는데, 그의 이원론적 모형은 그냥 간단히 유사한 영역들로 확대되었다. 그리고 사실상 자연과 사회 사이의 너무나 흔한 개념적 분리는 그 모형의 논리적 연장으로 여겨질 수 있다. 데카르트에 대한 어떤 명시적인 동조라기보다는 오히려 단지 기본적으로 그러할 뿐이더라도 자연과 사회에 관한 특징적으로 데카르트적인 견해는 그것들을 근본적으로 서로 격리된 별개의 실체들로 간주한다. 자연과 사회 사이에는 이따금 어떤 매우 작은 송과선을 통한 항성 간 소통이 있을 수 있지만, 그것들의 본질들은 정반대 종류의 것들이고 별개의 궤도를 따라 움직인다.

그런데 혼종주의는 그것이 주재하는 모든 페이지에서 데카르트주의에 대한 적대감을 표출한다. 그것은 그 불쾌한 철학을 절대적으로 부정하는 태도를 보여준다. 왜냐하면 그것은 자연과 사회의 현존을 부인할 지경에 이르도록 그것들 사이의 어떤 구분도 묵인하기를 거부하기 때문이다. 그런데 그것들의 얽힘의 정도가 드러나자마자 그 범주들을 성급히 내던지는 그런 부인 조치는, 더 자세히 살펴보면, 한낱 실체 이원론의 이면에

---

*the Mastery of Nature*인데, 비록 플럼우드는 그 문제의 근원을 플라톤의 철학까지 거슬러 올라가지만 말이다.

불과하다. 데카르트 자신은 실체 이원론의 따름정리를 표명한다. "두 사물의 연합을 구상하는 것은 그것들을 하나의 사물로 여기는 것이다."[21] 몸과 마음이 하나의 연합체를 형성한다고 믿는 사람이라면 누구나 그것들을 하나의 미未분화된 일자로 인식할 수밖에 없다고 데카르트는 주장했다. 그것들의 결합에 관한 주장들을 자연과 사회를 세계의 지도에서 삭제할 매우 많은 이유로 간주함으로써 혼종주의는 우리 시대에 대하여 이 논리를 갱신한다. 게다가 그것은 자신의 모든 수사학적 힘을 수 세기에 걸친 데카르트주의적 사유 — 정량적인 역사적 성분이 그것에 정확히 비례한다 — 에서, 극단적인 이원론의 유산에서 방사하는 결합체들의 증식에 대한 놀라움에서 끌어낸다. 혼종주의는 이런 이원론적 사유의 거부라기보다는 오히려 그것의 결과이다. 혼종주의는 숙취가 술자리의 부정이라는 의미에서만 그런 사유의 거부일 뿐이다. 혼종주의는 어떤 학자들이 포스트케인스주의적이라거나 또는 포스트칸트주의적이라는 의미에서 포스트데카르트주의적이다. 그들은 원래 신조의 코드를 마음속에 품고 있는데, 단지 희석된 형태로 그럴지라도 말이다. 혼종주의와 데카르트주의 사이의 관계는 전자담배와

---

21. Descartes, *Meditations and Other Metaphysical Writings*, 152. [데카르트, 『제일철학에 관한 성찰』.]

담배 사이의 관계와 같다.

역사유물론은 속성 이원론이다

데카르트에 따르면 마음은 어디에도 있지 않다. 마음은 공간의 어떤 위치도 점유하지 않는다. 마음을 구성하는 실체는 의자에 앉거나 무거운 물체를 들어 올리거나 또는 돌을 차는 그런 종류의 것이 아니다. 마음은 바로 연장성이 없는 것으로, 필멸적인 육체와 단절된 철저히 내세적인 것으로 규정된다. 이 철학은 한 가지 유명한 문제, 즉 인과적 상호작용의 문제를 초래한다. 돌 하나가 차여서 길을 따라 굴러 내려간다면, 그 이유는 어떤 발이 그것과 동일한 장소에서 접촉했기 때문이다. 그 발이 그 돌을 움직이게 했고, 그리하여 그 돌은 굴러가게 되었다. 그 두 객체는 충돌 현장에서 상호작용했으며, 그리고 그것이 모든 인과관계가 발생하는 방식이다. 한 사물이 다른 한 사물의 행동을 유발하려면, 한 사물은 어떤 공유된 위치에서 다른 한 사물을 타격하거나 문지르거나 부딪치거나 간질이거나 또는 어떤 다른 방식으로 접촉해야 한다. 그런데 마음이 어디에도 자리하지 않거나 단지 그 자체의 불가사의한 차원에 자리하고 있을 뿐이라면 그것은 어떤 식으로 몸에 영향을 미칠 수 있을까? 영혼이 어떤 공간적 위치도 점유하지 않는다면 그것은 어떻게 물리적인 무언가와 접촉할 수 있을까? 그 둘은 도대체 어떻게 만나는가? 그것은 개념이 당구공을 타격하는 사태보다 오히려 더 불가사의할 것이다. 데카르트도 여타의 실체 이원론 옹호자도 이 문제에 대해 약간이라도 만족스러운 해결책을 고안하지 못했으며, 그리고 몸과 마음의 관계가 지닌 가장 두드러지는 면모 중 하나는 그 둘이 서로 작용한다는 것이기에 근대 철학은 실체 이원론적 입장을 옹호할 수 없는 것으로 간주했다.[22]

그런데 동족의 실체 이원론이 사회와 자연에 대한 통상적인 지각에서 잘 살아 있다. 누군가가 사회는, 자연의 몸이 아무리 많은 피를 흘리고 있더라도, 자연에서 일어나는 일에 대하여 신경 쓸 필요가 없는 것 – 마치 사회가 자연 없이 현존할 수 있을 것 – 처럼 생각하거나 행동할 때마다 실체 이원론적 입장은 살아 있다. 우리는 발 플럼우드가 『페미니즘과 자연 지배』와 『환경문화:이성의 생태적 위기』에서 개진한 이런 판본의 데카르트주의적 이원론에 대한 비판을 쉽게 수용할 수 있다. 자신들이 생물권 위 어딘가에 떠 있는 영역에서, 생물권과 독립적으로, 생물권을 그들이 영속적으로 소모할 수 있는 자원의 저

---

22. 이 논변은 Jacquette, *The Philosophy of Mind*, 15~20을 따른다. 또한 그 문제를 소개하는 훌륭한 글은 William Jaworski, *Philosophy of Mind*, 56~9; John Heil, *Philosophy of Mind*, 25~9를 보라.

장고로서의 역할을 제외하면 그들의 권역과 무관한 어떤 열등한 세계로 자유롭게 무시할 수 있는 채로 살아가고 있다는 생각을 인간늘이 품을 때마다 그런 이원론은 살아 있다.[23] 이런 이원론은, 열렬한 설교자들이 선언한 철학적 프로그램이 아닌 채로, 신조라기보다는 오히려 증후군으로서, 신고전주의 경제학에서 기후변화 부인과 생태학 쟁점들에 대한 순전한 무관심에 이르기까지 모든 것에 현존한다. 태만을 위해 고안된 그것은 특유의 인과적 상호작용 문제가 있다. 그것은 사회가 어떻게 자연의 위기를 초래할 수 있는지 또는 자연이 어떻게 사회의 위기를 초래할 수 있는지에 대하여 아무 생각이 없다.

인간에게 영향을 미칠 거대한 잠재력을 갖춘 어떤 생태위기가 존재한다고 깨닫는 것은 실체 이원론과 단절하는 것이다. 우리는 자연과 정확히 동일한 실체로 이루어져 있고, 동일한 행성에서 거주하며, 도처에서 끊임없이 서로 접촉하는 것으로 판명된다. 심리철학에 따르면 이것은 **실체 일원론**에 전념하는 견해이다. 그런데 여기서 우리는 두 가지 경로를 선택할 수 있다. 한편으로, 우리는 계속해서 사회적인 것과 자연적인 것이 실체를 공유할 뿐만 아니라 그것들을 구분하는 어떤 유의미한 속

---

23. 예를 들면 Plumwood, *Feminism and the Mastery of Nature*, 47~55, 69~71; Val Plumwood, *Environmental Culture*, 51, 98, 107~9, 120~1.

성도 갖추고 있지 않다고 주장할 수 있다 — 실체 일원론이자 속성 일원론이다. 이것은 혼종주의자들의 입장, 브뤼노 라투르와 공교롭게도 발 플럼우드의 입장이다. 단 하나의 실체가 있을 뿐이며, 그것으로 이루어진 모든 것은 (우리가 곧 무엇인지 알게 될) 동일한 본질적 속성들을 갖추고 있다. 그다음에, 사회는 자연과 동일한 실체로 이루어져 있지만 매우 독특한 어떤 속성들을 갖추고 있다는 견해 — 심리철학에서 실체 일원론적 속성 이원론으로 알려져 있는 것 — 가 있다.[24] 이 입장을 파악하기 위해 우리는 먼저 그 견해를 옹호하는 걸작인 데일 자게트의 『심리철학: 의식의 형이상학』을 살펴볼 수 있을 것이다.

데카르트가 대단히 불만족스러운 지경에 이르도록 씨름한 몸과 마음의 난제는 사라지지 않았다. 나의 뇌는 물리적 존재자이다. 그것은 세포, 조직, 유체, 신경세포, 시냅스, 혈관, 백색질과 흑색질과 회색질을 포함하고 있다. 그런데 이것들은 또한 나의 마음을 구성하지 않는가? "일상적 조사에서 나의 마음은 기억, 욕망, 기대, 직접적 감각, 당혹감, 호불호를 담고 있다. 그런데 일상적 조사에서 나의 뇌는 이것들 중 어느 것도 포함하지 않고 있다"라고 자게트는 서술한다.[25] 뇌와 관련된 일은 무

---

24. 또한 속성 이원론은 때때로 '이중-속성 이론' 또는 '이중-양태 이론'으로 일컬어진다. 그것은 몇 가지 점에서 '비환원적 물리주의'와 겹친다.
25. Jacquette, *The Philosophy of Mind*, 8.

게도 있고 색깔도 있지만, 사유는 그렇지 않은 것처럼 보인다. 도널드 트럼프가 인종차별주의자라는 나의 사유는 무슨 색깔인가? 나의 사유는 얼마나 무거운가? 내가 차를 갑자기 오른쪽으로 돌리면 나의 사유는 빗나가는가? 나의 사유의 사유로서의 물리성은 어떻게 포착되고 측정될 수 있을까? 내가 [힙합 그룹] 〈런 더 쥬얼스〉Run the Jewels의 공연에 참석한다고 가정하고, 그 공연의 열기가 흑인을 총으로 살해한 어떤 백인 경찰을 석방하기로 한 배심원단에 의해 고양되었다고 가정하며, 이 순간에 한 신경과학자가 나의 뇌를 관찰하기 위해 들렀다고 가정하자. 그는 신경세포들이 발화하여 폭죽처럼 타오르는 것을 관찰할 것이지만 필시 나의 의식적 경험 자체를, 음악적 열광이나 공동의 분노감에 수반되는 성질을 조사하지도 포착하지도 못할 것이다. 이런 주관적 상태들은 물질적 객체의 면모와 전혀 비슷하지 않은 것처럼 보인다. 그 자체로 그것들은 마이크로폰 또는 티셔츠의 경우처럼 삼인칭 관찰자 시점이 적용될 수 없고, 또한 신경과학적 기기로 읽어낼 수도 없고 엄격히 물리학적인 언어로 서술될 수도 없다.[26]

---

26. 이것은 같은 책, 8~9; John Searle, "Reductionism and the Irreducibility of Consciousness," 69~80; Timothy O'Connor and John Ross Churchill, "Nonreductive Physicalism or Emergent Dualism? The Argument from Mental Causation," 279; Michael Jubien, "Dualizing Materialism," 338; Heil, *Philosophy of Mind*, 3, 19를 따른다([존] 헤일은 결국, 자신의 중립

첫 번째 내성적 관찰에서 사실상 우리는 몸과 마음이 철저히 별개의 것들이라고 추론하고 싶은 유혹을 느끼게 될 것이다. 그런데 또다시 탈육체화된 사유에 대한 확실한 증거도 전혀 없고, 뇌와 결부되지 않은 마음에 관한 지식도 전혀 없으며, 어떤 종류의 영혼이 그 육체적 토대가 소멸한 이후에도 계속 살아 있다고 시사하는 자료도 전혀 없다. 반면에, 몸이 다양한 행위를 수행하도록 지시하는 마음과 마음의 작동에 간섭하는 몸에 대한 우리의 경험은 지나칠 정도로 많다. 후자의 인과적 경로에 대해서는 정신에 작용하는 약물이나 알코올의 영향을 경험한 사람이라면 누구나 그것의 현존을 증언할 수 있고, 공연 중에 감각을 급습하는 자극은 마음의 불꽃을 점화함이 정말로 확실하다. 그 관계는 의존성 및 차이의 관계인 것처럼 보인다. 그 둘은 어떻게 화해될 수 있는가?

실체 일원론적 속성 이원론—또는 더 간편하게 단지 '속성 이원론'—이라는 해결책은 뇌가 모든 심적 사태의 근원이라는 인식으로 시작한다. 뇌가 더는 존재하지 않게 된다면 심적 사태는 절대적으로 또 극복할 수 없게 끝나게 됨이 틀림없다. 그런데 이것은 뇌라는 물리적 존재자, 그리고 인간의 몸 전체가 심

적 일원론에 부합하게도, 이런 삼인칭 관찰자 시점 문제가 사실상 전혀 문제가 되지 않는다는 결론을 내리게 된다. Heil, *Philosophy of Mind*, 239~40.)

적 속성들의 담지자임을 시사하는데, 이 특성들 자체는 순전한 물질성으로 환원될 수 없고 물리적 성분들과 동일시될 수도 없다. 그것들은 몸에 내장되어 있고 몸과 분리될 수 없다. 그러므로 그것들은 정확히 동일한 실체에 속한다. 그것들은 몸의 비물리적 속성들인데, 그것들의 총합이 마음을 구성한다.[27] 마음의 대표적인 표지는 자케트와 그 밖의 철학자들이 '지향성'이라고 일컫는 것이다. 사유는 언제나 무언가에 대한 것이다. 사유는 어떤 지향된 대상을 가리키는데, 그것이 내가 고대하는 딸이든, 내가 갈망하는 음식이든, 내가 전개하는 논증이든, 내가 의심하는 신이든, 내가 예상하는 폭풍이든, 나를 괴롭히는 복통이든, 나를 놀라게 하는 사회의 파시즘화이든 간에 말이다. 이런 맥락에서 '지향성'은 심적 상태와 대상 사이의 추상적 관계, 전자가 후자를 향해 정향되는 연계를 가리킨다. 그것은 **사유 자체의 양태이다** ― 무언가를 지향하는 것은 이런저런 모세관도 피질도 아니다. 순전히 물질적인 존재자로 여겨지는 뇌는 딸이나 만찬을 향해 정향되지 않는다. 그것은 지향적 사유의 심적 속성을 생성하는데, 이 속성은 뇌의 어떤 물리적 특성과도 뚜렷이 구분되고 그런 기저의 층위와 관련된 언어로 표현될 수 없다. 지금까지 아무도 우리가 뇌를 자세히 조사하여

---

27. Penelope Mackie, "Property Dualism and Substance Dualism"을 참조.

대너리스 타르가르옌[드라마 〈왕좌의 게임〉 등장인물]에 대한 신경화학적 상태가 아니라 도널프 트럼프에 대한 신경화학적 상태를 선별할 방법을 설명하지 못했다.[28]

더욱이, 내가 대너리스 타르가르옌에 대하여 생각하고 웨스테로스 점령 작전에서 그가 취할 다음 조치를 궁리할 때 나의 사유는 현존하지 않는 사람에 대한 것이다. 타르가르옌은 허구적 인물이기에 나의 뇌를 구성하는 물질적 객체와 물리적으로 연계될 수 없다. 여기서 내가 사실상 조지 R. R. 마틴의 책 또는 HBO[미국 유료 텔레비전 채널] 시리즈물에 대하여 생각하고 있다고 말하지 말아야 할 것인데, 왜냐하면 나의 사유는 이것들과 전혀 관련이 없고 바로 타르가르옌 자신 및 그의 다음 전술과 관련이 있기 때문이다. 나는 지금 여기에 현존하지 않는 그 밖의 많은 것에 대하여 생각할 수 있는데, 특히 섭씨 6도 더 뜨거워진 세계에 대하여 생각할 수 있다. (아직) 현존하지 않는 사물에 몰입할 수 있는 이런 능력 – 엄격히 그 자체로 고려될 때 뇌와 신경계는 결코 지닐 수 없는 능력 – 은 미래를 향한 독특한 성향, 다양한 선택지에 대한 개방성, 목표를 정립하는 기술, 상상과 창의성과 간계 같은 역량들을 확립한다. 이로

---

28. Jacquette, *The Philosophy of Mind*, 9, 59, 135, 218; Jubien, "Dualizing Materialism," 339~43.

부터 "마음은 물질적 세계 속 존재자의 새로운 범주이다"라는 점이 도출된다.[29] 자케트 같은 속성 이원론자들은 이런 현시와 관련하여 불가사의한 것은 전혀 없다고 단호히 주장한다 — 결국 과학은 우리에게 놀라운 속성들을 갖춘 생명이 일단 물질이 충분히 복잡한 패턴들로 조직되었을 때 자발적으로 진화했다고 가르쳐준다.[30] 그렇다면 왜 생명이 그 진화의 어떤 단계에서 마음이라는 경이를 발전시킬 수 없었겠는가? 지향성은 그것이 생겨나게 하는 기반으로 환원될 수 없는 **창발적 속성**이다. 모든 사유는 뇌에서 일어나는 사건들에 의해 현실화되고, 모든 사유에는 뇌라는 물질이 엄격한 의미에서는 지닐 수 없는 속성이 적어도 한 가지 있다.[31]

그렇다면 속성 이원론은 단 하나의 실체 — 물질 — 를 허용할 뿐이지만 인간의 몸을 독특하게 심적인 속성들을 보유하고 있는 그런 실체의 일종으로 여긴다. 이런 해결책의 장점은 그것이 인과적 상호작용 문제에 대처하지 못하는 데카르트주의적 무력함을 회피하면서 몸과 마음 사이의 **구분**을 유지한다는 것이

---

29. Jacquette, *The Philosophy of Mind*, 136.
30. 생명의 창발과 속성들은 매우 훌륭한 책인 Pier Luigi Luisi, *The Emergence of Life*를 보라. 심적 속성의 비-불가사의성은 Jubien, "Dualizing Materialism," 343에서 강조되고, William G. Lycan, "Is Property Dualism Better Off Than Substance Dualism?," 535에서 강하게 논박된다.
31. 예를 들면 Jacquette, *The Philosophy of Mind*, 23, 32, 43, 144, 207, 239~40.

다. 실체 이원론이 전자의 문제에 대처하지 못하는 만큼 실체 및 속성 일원론 – 또는 이중 일원론 – 은 후자의 문제에 대처하지 못한다. 자케트는 한 가지 특별히 강력한 실례로 자신의 논변을 매듭짓는다.

> 워터게이트 사건의 역사가 뇌와 침입, 도청, 그리고 은폐에 관여한 사람들을 비롯하여 당시에 일어난 그 밖의 물리적 사건들을 서술하는 화학 공식들로 채워져 있을 뿐인 책에 주어져 있다면 어쩔 것인가?… 화학적 상징체계를 이해하는 데 능숙한 신경생리학자라고 하더라도 그런 화학적 역사를 통해서 워터게이트 사건이라는 사회정치적 일화를 파악하는 것이 가능할까? 오히려, 속성 일원론적 설명은 사회적 현상과 심리적 설명에 관한 속성 이원론적 설명과 비교하여 설명적 단점에 시달리는 것처럼 보인다.[32]

그리고 여기서 우리는 사회와 자연의 관계로 곧장 되돌아간다.

데카르트주의자들이 그들의 지적 독성물질을 퍼뜨리는 한편으로, 한 가지 대안적 입장이 있었다. 자연과 사회는 물질적 실체들에 지나지 않지만, 자연과 사회는 동일시될 수 없다는

---

32. 같은 책, 36~7.

입장이다. 지금까지 우리는 우리가 결코 근대인이었던 적이 없다는 말을 들을 필요가 결코 없었는데, 이것이 자연과 사회는 서로 떨어질 수 없다는 통찰을 뜻한다면 말이다.[33] 역사유물론자 집단도 그에 못지않게 설교했는데, 바로 그 명칭에 물질로 이루어진 인간에 대한 단언이 새겨져 있는 반면에 '역사'라는 낱말은 사회적 관계가 물질에서 도출될 수 없음을 뜻한다. 사회적 관계는 실체적으로 정확히 물질적이고 자연 바깥에서는 전적으로 구상될 수 없지만, 또한 그것은 **그런 자연과 다른 창발적 속성들을 분명히 나타낸다.** 한 그루의 나무를 떠올리자. 그것은 토양에서 성장하고, 토양에서 양분을 뽑아내며, 토양과 단절되는 순간 죽는다. 그렇지만 그것은 토양으로 환원될 수 없다. 자연은 사회를 위한 토양이고, 사회가 성장하는 보금자리이며, 사회가 결코 떼어낼 수 없는 외피이지만, 나무가 토양과 구분될 수 있는 것과 마찬가지로 사회는 자연과 분간될 수 있다. 왜냐하면 사회는 우리가 역사라고 일컫는 것에 걸쳐 땅에서 돌출하여 미지의 방향으로 가지를 쳤기 때문이다.[34]

그런데 브뤼노 라투르는 이것을 알고 있다. 라투르는 역

---

33. White, Rudy, and Gareau, *Environments, Natures and Social Theory*에 제시된 모든 근대주의적 사조에 대한 라투르의 포괄적인 거부에 관한 비판적 논평을 참조.
34. Arias-Maldonado, "Let's Make It Real," 382~3을 참조.

사유물론이 데카르트주의와 영구적인 대립 상태에 있었음을 인식하지만, 그는 그것을 최악의 혐오스러운 것으로 여기는 데 — "그런 탁월한 근대주의자들, 맑스주의자들" — 왜냐하면 그것은 한 대립쌍으로서의 자연과 사회에 관한 관념을 유지하기 때문이다. 오류는 아무것도 현존하지 않는 곳에서 대조를 지각하는 것이다. "변증법적 해석은 아무것도 바꾸지 못하는데, 왜냐하면 그것은 두 개의 극을 유지하고, 모순의 동역학을 통해서 그것들을 움직이게 하는 데 만족하기 때문이다"[35] — 더 나쁘게도 그것은 "고리와 나선, 그리고 그 밖의 복잡한 곡예적 형상들로 혼종성을 극복하는 척하기에 이원론적 패러다임보다 더 깊이" 혼종성을 무시한다. "변증법은 그야말로 숲 주위를 뒤진다."[36] 그 숲, 가시가 무성한 만물의 그물이 존재하는 전부이다. 여기서 우리는 라투르가 그의 접근법과 역사유물론의 접근법 사이의 차이를 올바르게 식별했다고 칭찬을 해야 한다. 그렇다, 변증법은 대립자들의 춤이고 적어도 한 쌍을 필요로 한다. 절대적 일원론은 변증법을 배제한다. 속성 이원론만이 사회와 자연의 변증법을 포착할 수 있을 뿐이다.

---

35. Bruno Latour, "Agency at the Time of the Anthropocene," 258.
36. Latour, *We Have Never Been Modern*, 55 (그리고 후속적으로 57쪽을 보라) [라투르, 『우리는 결코 근대인이었던 적이 없다』]. 예를 들어 Latour, *The Pasteurization of France*, 180 [라투르, 『프랑스의 파스퇴르화』]; Bruno Latour, *Facing Gaia*, 78을 참조.

우리가 이야기하고 있는 이 '사회'는 무엇인가? 우리에게는 이미 '자연'에 대한 실용적인 정의가 있는데, 그것의 대응물에 대한 것도 필요하다. 그에 해당하는 간결하고 상식적인 정의가 『정치경제학 비판 요강』에서 쉽게 추출될 수 있다. "사회는 개인들로 구성되어 있는 것이 아니라, 이 개인들이 내재하는 관계들, 상호관계들의 총합을 표현한다."[37] 그 사물은 본연의 자연에서 찾아볼 수 없는 속성들을 발현시켰다. 이제는 심리철학에서 논의된 입장들의 매트릭스가 자연과 사회의 연결망에 대응되는 방식이 분명할 것이다. 역사유물론은 실체 일원론적 속성 이원론이다. 그것은 데카르트주의적 실체 이원론과 혼종주의적 이중 일원론에 대립된다(역사유물론은 그것들을 동전의 양면으로 간주한다).[38] 뒤에서 우리는 그 입장을 더 자세히 파악할 것이다. 당분간은 간단히 동일한 실체로 이루어져 있고 각기 다른 속성들을 갖는 두 사물과 관련하여 이상한 것은 전혀 없다고 재차 강조하자. 마찬가지로 물질적인 나무와 쇠사슬 톱은 동일한 숲에 내재한다. 그런 까닭에 쇠사슬 톱이 나무를 쓰러뜨릴 수 있다. 그런데 또한 그것들은 상이한 운동 법칙들을 따른다. 또한 그런 까닭에 쇠사슬 톱이 나무를 쓰러뜨릴 수 있다.

---

37. Karl Marx, *Grundrisse*, 265. [칼 맑스, 『정치경제학 비판 요강 I』.]
38. Richard Evanoff, "Reconciling Realism and Constructivism in Environmental Ethics," 71, 74를 참조.

그리하여 이중 일원론에는 전적으로 고유한, 매우 시급한 인과적 문제가 있음이 판명된다. 사회가 세계의 나머지 부분 – 우리가 계속 자연이라고 일컫는 것 – 과 구분되는 속성을 전혀 갖추고 있지 않다면, 몹시 끔찍한 정도의 환경파괴가 어떻게 진행될 수 있겠는가?

속성 이원론의 긴급성

사회와 자연에 관한 실체 일원론적인 유물론적 속성 이원론 – 또는 간단히 '속성 이원론' – 은 영역들의 결합과 관련하여 놀라운 것은 전혀 없다는 점을 수반한다. 오히려 그것은 규범으로 기대될 것이다. 헤일우드에 따르면 사회적 관계와 자연적 관계의 얽힘이 가능해질 뿐만 아니라 또한 불가피해진다고 우리는 말할 수 있는데, 그 두 가지가 "철저히 구분되는 존재 권역이라기보다는 오히려" 물질적 세계의 연속적인 부분들이라는 점을 참작하면 말이다.[39] 변화하는 것은 결합체들이 전개되는 방식이다. 몇몇 결합체는 무해하고 사소하며, 몇몇 결합체는 유익하고 생산적이며, 몇몇 결합체는 유해하고 파괴적이지만, 그 자체로 그것들은 사회를 이룬 인간들이 근처에서 머무르고

---

39. Hailwood, *Alienation and Nature in Environmental Philosophy*, 47.

있는 동안 존재할 것이다. 그런데 결합체들이 풍부하다면, 우리는 어떤 절차로 그것들의 성분들을 걸러내는가? 우리는 엉성한 시험을 행함으로써 시작할 수 있을 것이다. 인간이 그 성분을 구성했는가, 또는 구성하지 않았는가? 그것이 사회적이라면, 그것은 시간에 따라 변화한 인간들 사이의 관계들을 통해서 생겨났고, 그리하여 또한 그것은 원칙적으로 인간들의 행위들로 인해 해체될 수 있다. 그것이 자연적이라면, 그것은 인간에 의해 창출된 생산물이 아니라 오히려 인간의 행위성과 독립적인 힘들 및 인과력들의 집합체이고, 따라서 그것은 인간들의 행위들로 인해 해체될 수 없다(바로 라투르가 제거하고자 한 구분 — "철저히 우리가 창조하는" 사회와 "우리 행함의 생산물이 아닌" 자연 — 이다).[40] 공교롭게도 이런 시험을 실행하는 것은 종종 상당히 쉽다.

라투르가 선호한 사례인 오존층 구멍을 살펴보자.[41] 그 통일체의 명백히 사회적인 한 가지 성분은 냉장고와 에어로졸 캔에 사용되는 염화불화탄소 화합물과 듀퐁 같은 기업들이 판매한 그 밖의 생산물들의 제조이다(또는 제조였다). 그에

---

40. Latour, *We Have Never Been Modern*, 36~7 [라투르, 『우리는 결코 근대인이었던 적이 없다』]. 이런 구분은 Jacques Pollini, "Bruno Latour and the Ontological Dissolution of Nature in the Social Sciences," 37을 참조.
41. 예를 들면 Bruno Latour, "On Technical Mediation," 55에서 다시 등장한다.

못지않게 명백히 자연적인 한 가지 성분은 그런 화학물질들의 염소 원자들이 성층권에서 오존 분자들과 반응하는 방식인데, 그것은 이 분자들을 수만 조각으로 분해한다. 전자의 성분은 후자의 성분만큼 물질적이며, 이런 까닭에 그것들은 상호작용할 수 있었다. 대립자들의 통일체로서의 오존 고갈 과정은 우리의 간단한 규준으로 식별되는 그 밖의 다양한 사회적 및 자연적 성분으로 더 분석될 수 있다 ─ 그리고 공교롭게도 이것은 그런 결합 문제에 대한 모든 해결책의 필수 불가결한 전제이다. 사회적인 것과 자연적인 것을 분리하는 과정을 거친 후에야, 그것들의 위험한 물질적 결합체의 발견 직후에야 〈몬트리올 의정서〉는 기업들이 더는 염화불화탄소 화합물을 생산하지 못하게 할 수 있었다. 이런 점에서 그것은 트로츠키주의와 팔레스타인 인민의 저항과 약간 유사했다. 혼종주의적 마비를 일축함으로써 그것은 위험의 원천에 있는 결합체를 공격했다.

혼종주의의 메시지와는 정반대로, 우리가 환경파괴의 문제를 더 많이 대면하면 할수록 통일체들을 그것들의 극들로 분해하는 것이 더욱더 긴급하게 필요한 일이 된다는 점이 당연히 도출된다. 생태위기는 사회적인 것과 자연적인 것 사이의 구분을 폐기하기는커녕 어느 때보다도 더 필수적인 것으로 만든다. 원유 누출 사고를 생각하자. 어떤 기업이 그 액체를 삼각주 지역에 쏟아지게 했다. (원유와 물이 뒤섞여) 하나의 참신한 통일체가 형성되었지만, 이것이 우리에게 그 상황의 두 요소를 동일하게 여기거나, 또는 (마찬가지로) 한 요소가 나머지 다른 한 요소를 삼켜버렸다고 선언할 이유를 제공하는 것은 아니다. 오히려 우리는 그것들의 특정한 속성들에 관해 더 많이 알기를 원할 것이다. 한편으로는 삼각주 지역의 생물학적 다양성, 돌고래의 출산 시기, 오가는 철새, 먹이 사슬, 파도 작용이 있고, 다른 한편으로는 기업의 운영 절차, 이윤 동기의 작동, 석유 산업의 경쟁 수준, 더 넓은 경제 속 석유의 기능이 있다. 치명적인 결과를 낳은 한 사건이 발생한 후에 그 두 요소는 이제 동일한 해안을 뒤덮게 되며, 그런 상황은 그것들의 통일체-속-차이에 관한 연구에 긴급성을 부여한다 ─ 우리는 그것들이 어떻게 상호작용하는지, 한 요소가 나머지 다른 한 요소에 어떤 종류의 피해를 주는지, 그리고 가장 중요하게도 그 파괴가 어떻게 종식될 수 있는지를 알아야 한다. 최근에 알프 호른보리가 주장했듯이, 이것은 정말로 필수적인 이론적 과업이다 ─ 사회의 속성들과 자연의 속성들이 뒤섞이는 방식을 알아내기 위해 분석적 구분을 유지하는 것.42 오로지 이렇게 함으로써 우리는 생태적

---

42. Alf Hornborg, "Technology as Fetish"; Alf Hornborg, "The Political Economy of Technofetishism"; Alf Hornborg, "The Political Ecology of the Technocene"; Jacques Pollini, "Bruno Latour and the Ontological Dissolu-

파멸의 원천을 제거할 가능성을 확보할 수 있다.

그리고 오로지 그렇게 함으로써 우리는 화석 경제를 역사적 현상으로 간주할 수 있다. 호른보리는 닐 스미스 같은 사람의 견해를 뒤집으면서 이렇게 적는다.

> 자연과 사회에서 비롯되는 요인들의 상호작용을 추적하는 것은 원칙상 가능하다. 예를 들면, 인간의 사회적 과정들에서 비롯되는 추가 배출이 이루어지지 않았더라면 오늘의 대기 중 이산화탄소 농도가 얼마였을지를 추정하는 작업은 실행 가능할 것이다(실제로 그러한 추정을 해 보는 것은 충분히 가능한데, 그 농도는 현행의 400ppm 이상이라기보다는 오히려 대략 280ppm이었을 것이다). 인간 사회는 행성적 탄소 순환을 변형시켰지만, 탄소 원자들 자체를 변형시키지는 않았다. 현재 앞다투어 제시되듯이 자연과 사회라는 범주들이 쓸모없다면, 이것은 단지 실재의 구획된 별개의 영역들로서 자연과 사회에 대한 이미지들에 적용될 뿐이다.[43]

실체 이원론은 사회 내에서 기인하여 사회로 되돌아가는 환경

---

tion of Nature in the Social Sciences," 36~9를 참조.
43. Alf Hornborg, "The Political Ecology of the Technocene," 59.

파괴를 설명할 수 없게 한다. 이중 일원론도 설명할 수 없기는 마찬가지이다. 데카르트주의적 유산을 초월하는 것은 그 철학의 폐기를 필요로 하지만, 그것은 결코 사회적인 것과 자연적인 것에 대한 역동적인 해석이 또다시 보이지 않게 됨으로써 상황을 변경할 수 없게 되는 존재론적 또는 방법론적 혼종주의의 승인을 수반하지 않는다. 오히려 그것은 모든 것이 여타의 모든 것과 연결되어 있다는 것(생태과학의 처음)과 어떤 당사자들은 그 그물망 안에서 파괴적으로 행동한다는 것(생태과학의 끝)을 인식하는 속성 이원론의 전개를 통해서 달성된다.

그러므로 생산관계는 물질적이면서 사회적이지만 자연적이지는 않다. 탄소 순환은 물질적이면서 자연적이지만 사회적이지는 않다. 때맞춰 일어난 어떤 사건들을 통해서 생산관계는 (숲속의 쇠사슬 톱처럼) 탄소 순환의 내부로 이동하여 자리 잡게 된다 — 그 일례는 바로 라부안의 석판화에 묘사된 역사적 순간이다. 오로지 영국 제국주의자들을 매우, 매우 특별한 임무 — 그 작동 방식을 알지 못하는 자연을 개척하는 것 — 를 띤 행위자들로 간주함으로써 우리는 그들이 실행한 행위들의 원인과 의미를 이해할 수 있을 뿐이다. 자연은 그들로 하여금 석탄을 찾도록 재촉하지 않았고, 사회는 대기를 마련하지 않았다. 좋지 못한 결과는 교차로에서 구체화하였다.

속성 이원론의 몇 가지 문제점

이 논쟁의 항들을 설정하는 심리철학 및 데카르트와 관련하여 불행한 것이 있다. 사회를 마음과 유사한 것으로 위치 짓는 단순한 행위는 관념론적 사고방식을 시사한다. 더욱이, 사유는 살기 위해 시냅스나 신경망을 소비하지 않는다. 인간 공동체가, 예컨대, 과도한 농경을 통해서 그 토양을 고갈시킬 수 있는 것과 같은 방식으로 자신의 마음을 매우 광범위하고 탐욕스럽게 활용하여 자기 뇌의 절반을 파낸 사람에 관하여 들어본 적이 있는 사람은 아무도 없다. 사유는 물질을 대사하는 생명체가 아니다. 사유가 뇌와 맺은 관계는 인간과 자연의 나머지 부분 사이의 관계처럼 흡수적이고 소산적이며 잠재적으로 고갈시키는 관계가 아니다. 그러므로 평행선을 따라 길을 잃을 위험이 있으며, 그리고 그 위험은 심리철학으로서의 속성 이원론이 지닌 어떤 문제점들 - 그것의 비판자들이 강하게 비난하는 문제점들 - 에 의해 증가된다. 심적 실체와 물리적 실체가 어떻게 상호작용할 수 있는지 상상하는 것은 어려운 일임이 확실하다. 그런데 도대체 왜 심적 속성과 물리적 속성이 어떻게 상호작용할 수 있는지 이해하는 것이 더 쉬운 일이어야 할까? 무언가가, 예컨대 사유가 비물리적 특질을 갖추고 있다면, 그것은 어떻게 몸의 움직임처럼 단호히 물리적인 것에 영향력을 발휘할 수 있을까? 속성 이원론은 데카르트의 인과적 상호작용 문제를 축출했다고 자축했지만 단지 그것을 뒷문을 통해서 맞아들일 뿐이라고 비판자들은 말한다. 물리적 객체들 — 특히 인체 — 의 행동에 대한 어떤 종류의 심적 인과관계를 상정하는 것은 한낱 또 다른 층위에서 해결 불가능한 수수께끼를 다시 말하는 것에 지나지 않는다.[44]

상처를 주는 이런 비난에 맞서서 속성 이원론자들은 다양한 변론을 고안했다. 혹자는 물리적 속성과 심적 속성이 이런 특정한 종류의 인과관계에서 연계되어 있다고, 즉 그 두 집합은 서로 배타적이라기보다는 오히려 상호의존적이며 공동으로 효과가 있다고 반박한다. 혹자는 어떤 물리적 사건들이 마음의 상태들에 의해 '가능해진'다고 주장하고, 혹자는 우리가 아직 그 내부 작동은 이해하지 못하지만 그 흔적은 끊임없이 마주치는 '정신물리학적 법칙들'의 현존을 상정한다.[45] 그 난제에

---

44. 이런 비판의 한 가지 명료한 언표는 Lycan, "Is Property Dualism Better Off Than Substance Dualism?"이다. [존] 헤일은 Heil, *Philosophy of Mind: A Contemporary Introduction*, 192~3에서 그런 비판을 중립적 일원론의 견지에서 표명하고, [윌리엄] 자보르스키는 Jaworski, *Philosophy of Mind*, 58~9, 240~2에서 그런 비판을 질료형상론의 견지에서 표명한다. 이와 관련하여 실체 이원론의 견지에서 이루어진 속성 이원론에 대한 공격은 Dean Zimmerman, "From Property Dualism to Substance Dualism"에서 전개되는데, 이에 맞서는 효과적인 변론은 Mackie, "Property Dualism and Substance Dualism"이다.

45. 예를 들면 Tim Crane, "The Mental Causation Debate"; Joseph Almog,

대하여 오늘날까지 만족스럽고 널리 수용되는 해법은 제시되지 않았지만 어떤 종류의 해법이 현존함이 틀림없다고 믿을 한 가지 매우 설득력 있는 이유가 있다. 그것은 다음 장의 주제인 인간의 행위라는 현상이다. 내가 거수경례를 하고 싶을 때 나는 그것을 행한다. 만약 내가 전기 충격을 받거나 간질성 경련을 겪는다면 나의 팔은 마찬가지로 위로 들릴 것이지만, 이전의 사건[거수경례]만이 행위로 여겨진다. 이 세계에서 행위들이 생겨난다는 쉽게 확인 가능한 사실은 심적 속성들이 몸에 인과적 영향을 미칠 수 있음을 강하게 시사하는데, 아직은 그것들이 정확히 어떻게 작용하는지 우리가 알지 못하지만 말이다. 두 가지 주요한 대안 — 상호작용을 분명히 배제하는 실체 이원론과 모든 심적인 것을 근절하는 물리주의 — 중 무엇을 수용하든 간에 치러야 하는 비용은 터무니없고, 따라서 우리에게는 후속 탐구를 위해 가장 유망한 지침으로서 속성 이원론이 남게 된다.[46]

"Dualistic Materialism 1"; O'Connor and Churchill, "Nonreductive Physicalism or Emergent Dualism? The Argument from Mental Causation"; Jubien, "Dualizing Materialism"; Chiwook Won, "Overdetermination, Counterfactuals, and Mental Causation"; Thomas Kroedel, "Dualist Mental Causation and the Exclusion Problem." 그 논쟁에 대한 탁월한 개관은 Sophie C. Gibb, "Mental Causation"이다. 기브는 "이 논쟁에서 어느 입장을 채택할지는 여전히 이론의 여지가 매우 많은 문제이다"라는 결론을 내린다(같은 글, 335).

46. Crane, "The Mental Causation Debate," 17; Paul Humphreys, "How Properties Emerge," 111; Gibb, "Mental Causation," 327, 334; Won, "Overdeter-

그런데 여기서 우리는 멈추고서 심리철학의 미로로 더 깊이 들어가지 않을 것이다. 오히려, 우리는 속성 이원론을 자연과 사회에 관한 특정한 관점으로 재구성할 것이다. 우리의 목적상 실체 범주를 이해할 가장 간단한 방법은 "이것은 어떤 종류의 사물인가?"라는 질문에 대한 답변을 생각하는 것이다. 한편으로, 속성은 "이 사물은 어떠한가?"라는 질문에 대한 답변에 의해 서술되는 것이다. 그러므로 우리는 어떤 깃발이 원자들과 그 밖의 입자들로 구성된 물리적 사물이라고 말할 수 있고, 어떤 돌 역시 그런 식으로 구성된 물리적 사물이라고 말할 수 있다. 그런데 그 깃발은 빨간색이고 바람에 펄럭이는 반면에 그 돌은 회색이고 거의 던져지자마자 바닥에 떨어진다. 그 두 존재자는 동일한 실체로 이루어져 있지만 색깔, 모양, 질량, 그리고 무게와 관련된 상이한 속성들을 갖추고 있으며, 그리고 이것은 우리에게 어떤 불가사의도 보여주지 않는다.

이제 우리는 속성 이원론의 네 가지 신조를 규정할 수 있다. (1) 자연적 속성과 사회적 속성은 각기 다른 유형의 속성이다. (2) 자연적 속성과 사회적 속성은 동일한 실체의 물질적 존재자들에 귀속되는 부수적인 것들이다. (3) 존재자는 자연적 속성뿐만 아니라 사회적 속성도 지닐 수 있기에 그 둘의 결합

---

mination, Counterfactuals, and Mental Causation," 28.

체이다. (4) 사회적 속성은 궁극적으로 자연적 속성에 의존하지만, 자연적 속성은 사회적 속성에 의존하지 않는다.

그 구분은 실재적인 것이지, 분류의 환상이 아니다. 그것은 반드시 인과적이어야 하는 물음 – 이 속성은 사람들 사이 관계들의 결과인가, 아니면 인간의 활동과 독립적인 구조들 및 과정들의 결과인가? – 을 제기함으로써, 앞서 언급된 시험에 따라, 확증될 수 있다. 더욱이, 이제 우리는 인과적 상호작용이 심리철학의 문제에 상응하는 어떤 문제도 제기하지 않음을 쉽게 알 수 있는데, 왜냐하면 사회적 속성은 자연적 속성과 마찬가지로 **비물질적이지도 않고 심적이지도 않기 때문이다**.[47] 그 둘 사이의 교섭은 비물리적인 것과 물리적인 것 사이의 어떤 교차도 포함하지 않는다. 인간에게 마음이 있다면 그 이유는 인간의 복잡한 신체적 구성이 마음을 생성했기 때문이고, 이는 인간이 **본성상** 마음을 지니고 있음을 뜻한다. 그러므로 심적 속성은 동전의 사회적 면에 새겨져 있는 만큼 자연적 면에도 새겨져 있다. 이로부터 물리적 객체의 행동에 대한 사회적 인과관계는 존재론적 수수께끼가 전혀 아니라는 점이 도출된다.

이 시점에 우리는 자연에 대한 또 하나의 정의 – 존재하는

---

47. 심리철학에서 속성 이원론에 대한 비판으로 인기가 있는 인과적 폐쇄성과 과잉결정으로부터의 논증은 여기서 마찬가지로 빗나가게 된다.

모든 것 — 를 인식해야 한다. 혹자는 자연이 코스모스 전체, 그 속에서 모든 것이 현존하는 무한한 전체, 물리적인 것들(그리고 어쩌면 또한 신성한 것들)의 우주라고 말할 것이다. 이 견해에 따르면, 인근 지역의 젠트리피케이션은 바로 행성의 회전만큼 자연적인데, 왜냐하면 둘 다 존재하는 모든 것 안에서 일어나기 때문이다. 그런데 이런 꽤 사소한 의미로 '자연'을 사용하는 것은 고찰 중인 논쟁에서 중요한 것을 놓치게 될 것이다. 어쩌면 가장 철저한 초월주의자들을 제외하면 우주를 의문시할 사람은 아무도 없으며, 그리고 아무도 우주적인 것과 사회적인 것을 병치하지 않는다. 실재론적 정의에 따르면, 그 두 가지 역할을 모두 메꾸는 것은 자연이다. 그렇지만 어쨌든 그 정의는 사회적인 것이 자연적인 것과 같은 쪽에 있거나, 자연적인 것과 나란히 자리하고 있거나, 또는 자연적인 것 위의 어딘가에서 부유한다는 것을 수반하지 않는다. 사회적인 것의 실체는 물질이며, 그리고 물질적 세계는 근본적으로 자연적이기에 — 자연은 그 속에서 사회가 출몰할 때까지 홀로 존재했다 — 사회적인 것은 자신의 기체로서 자연적인 것을 갖추고 있음이 틀림없다. 물질적임은 자연과 밀접한 관련이 있음을 뜻한다. 생산관계가 물질적이라면, 또한 그것은 정의상 자연적인 것에 기반을 두고 있고 자연적인 것을 통해서 유지된다. 삼각형에서 자연적인 것과 사회적인 것을 연결하는 것은 물질적인 것이지만 대칭적이거나 중립적인 기초로서 그런 것은 아닌데, 왜냐하면 물질은 근본적으로 자연법칙을 따라야 하기 때문이다.[48] 실재론적 정의에 따르면, 우주적 정의와 마찬가지로, 자연의 외부에는 어떤 존재자도 없다. 이것이 역설적으로 들린다면, 그 이유는 그것이 소퍼에 의해 설득력 있게 표현된 방식으로 역설적이기 때문이다. "자연은 인류가 처해 있는 것이자 어떤 의미에서는 인류가 속해 있는 것이지만, 인류가 자신의 타자성 또는 귀속성에 대하여 성찰하는 바로 그 순간에 배제되는 것처럼 보이는 것이기도 하다."[49] 우리는 이런 불안정한 입장을 더 철저히 규정하며, 그리고 중요하게도 '기체'基體라는 관념으로 돌아가고자 할 것이다. 당분간 이 모든 것은 우리가 **창발**이라는 개념을 살펴보면 약간 더 명료해질 것이다.

창발에 대한 고전적 실례는 물이다. 그 액체는 불을 끌 수 있는데, 그것의 구성 부분 중 하나(수소)는 그 자체로 가연성이 매우 높고 나머지 다른 하나(산소)는 사물을 더 빨리 연소시킬 수 있더라도 말이다. 물(H_2O)은 섭씨 영도에서 어는 반면에 그 온도에서 수소(H)와 산소(O)는 둘 다 기체氣體일 것이다. 분자의 층위에서 원자들은 어떤 배열로 고정되어 있기에 그 층

---

48. 그러므로 우리는 자연적 속성들을 근본적으로 품고 있는 물질적 세계가 비자연적인 사회적 속성들도 품고 있다고 말할 수 있다.
49. Soper, *What is Nature?*, 49.

위에서 새로운 무언가가 창발하며, 그리고 이산화탄소(CO_2) 같은 그 밖의 모든 분자의 경우에도 사정은 마찬가지이다. 이산화탄소는 적외선 빛을 차단하여 그것을 온 곳으로, 특히 지구로 돌려보냄으로써 그 체계 내부에 열을 가두는 방식으로 진동하는 능력이 있다. 그 자체로 탄소 또는 산소의 원자는 그런 종류의 작용을 전혀 할 수 없다. 다른 유명한 실례들에는 벌집과 개미 언덕이 포함된다. 벌 또는 개미 개체는 한정된 행동 목록을 지니고 종종 스스로 변덕스럽게 행동하지만, 집합적 체계는 구성 개체에 과업을 할당하는 경이로울 정도로 복잡한 노동 분업을 보여준다.[50] 더 형식적으로 표현하면, 창발적 속성은 **그 부분들의 조직에서 비롯되는** 체계의 속성이다. 창발 연구에서 이루어진 최근의 진전 – 사회학에서 데이브 엘더-바스가 발전시킨 '관계적' 이론, 과학철학에서 칼 질레트가 발전시킨 '상호주의적' 이론 – 에 따르면, 참신성의 원천은 바로, 그것들이 분자 속 원자들이든, 뇌 속 신경세포들이든, 또는 사회 속 개인들이든, 존재자의 구성요소들 사이의 복잡한 관계들이다.[51] 집합체가 합성

---

50. Luisi, *The Emergence of Life*, 123~4 ; William C. Wimsatt, "Aggregativity," 100~1 ; Dave Elder-Vass, *The Causal Power of Social Structures*, 90 ; Carl Gillett, *Reduction and Emergence in Science and Philosophy*, 42.
51. Elder-Vass, *The Causal Power of Social Structures* ; Gillett, *Reduction and Emergence in Science and Philosophy*. 창발에 대한 그 밖의 자극적인 태도는, 예를 들어 Michael Silberstein and John McGeever, "The Search for

되는 특정한 양식은 구성요소들에 의해 채워지는 배역들을 형성한다. "부분은 전체 속에서 달리 행동한다"라고 말하거나 "전체는 부분들의 합 이상이다"라고 말하는 것은 단순히 상투적인 표현 이상의 것이다.[52]

또다시 편견과 대조적으로 그런 창발에는 마법적인 것이 전혀 없고, 모자에서 돌출하는 훈훈한 실체도 활력도 전혀 없다.[53] 창발은, 탄소와 산소의 경우에 열을 가두는 속성처럼 참신한 속성들을 낳는 부분들의 배치와 관련된 산문적인 문제이다. 그런 속성들을 부여받은 전체 ─ 이산화탄소 분자 ─ 는 물질적 세계의 나머지 부분에 독자적으로 인과적 영향을 미칠 수 있다. 그 속성은 정말로 참신한 것이지, 과학자들이 일시적으로 그것을 구성요소 부분들에 정위시키지 못하는 것이 아니다. 그것은 이 부분들 사이의 상호작용으로 설명될 수 있을 것이지만 그것들에 내재하지는 않는다. 그 자체로 그것은 오직 전체에 내재할 뿐이다.[54] 전형적인 환원주의자는, 표면을 열심히 긁

Ontological Emergence"; Mario Bunge, *Emergence and Convergence*; Nils Henrik Gregersen, *From Complexity to Life*; Stuart Kauffman and Philip Clayton, "On Emergence, Agency, and Organization"; Richard V. Solé and Jordi Bascompte, *Self-Organization in Complex Ecosystems*를 보라.

52. 예를 들면 Gillett, *Reduction and Emergence in Science and Philosophy*, 42~3, 195, 202.

53. 자신의 '강한' 창발 이론을 '약한' 판본 및 '존재론적' 판본과 구분하고자 애쓰는 질레트가 거듭해서 강조했듯이 말이다.

어내기만 하면 우리는 결국 어떤 체계도 부분들만 있을 뿐임을 깨닫게 될 것이라고 이의를 제기할 것이다. 그것의 모든 속성은 가장 낮은 층위의 물리학의 언어로 서술될 수 있다. 기껏해야, 구성요소들의 연속적인 응집체 – 입자 X, Z, 그리고 Y의 대단히 많은 실례 – 는 원칙상 언제나 과학적으로 분해될 수 있는 어떤 패턴들을 생성한다.[55] 그런 환원주의는 자연과학에서 창발의 몇몇 과장된 판본에 맞서서 적당한 경험적 성공을 거두었지만, 그것이 침투하지 못하는 것처럼 보이는 한 권역이 있는데, 그것은 바로 사회라는 권역이다. 사회의 속성들은 그 구성원들의 원자론적 응집에서 도출될 수 없다. 자본주의적 소유관계 같은 것은 한 신체를 다른 한 신체 위에 균일하게 쌓아 올림으로써 발현되지 않는다.

렉스 틸러슨을 살펴보자. 한 개인으로서 그는 자신의 사회에서 가장 낮은 층위의 입자 – 이것이 올바른 낱말이라면 – 를 이룬다. 또한 그는 명백히 자연적인 신체이다. 홀로 벌거벗고 있을 때 그는 아무 권력도 소유하고 있지 않지만, 네 명의 자식을 둔 재생산 단위체의 가장으로서 어떤 특권들을 향유한

---

54. 예를 들면 Elder-Vass, *The Causal Power of Social Structures*, 23, 31, 66~7, 91, 193.
55. 환원주의에 대한 포괄적인 설명과 미묘한 논고는 Gillett, *Reduction and Emergence in Science and Philosophy*를 보라. 또한 응집체는 Wimsatt, "Aggregativity"를 보라.

다. 엑손모빌의 최고경영자로서 그는 대단히 큰 규모의 차별적 권력을 휘둘렀으며, 그리고 트럼프 체제의 국무장관으로서 그는 어떤 권한들을 갖추게 되고 이런저런 규약에 따라 행동하도록 기대된다. 가족, 기업, 그리고 국가에서 각기 다른 상호작용의 원리가 (그의 마음을 포함하여) 렉스 틸러슨의 몸에 정말로 유력한 행동의 확정된 목록을 부여한다. 한편으로 그는 스스로 이런 관계들에 영향을 미친다 — 이것은 구성요소들과 합성체가 상호적으로 조건 짓는 질레트의 '상호주의' 이론의 본질일 뿐만 아니라 기존 환경 아래서의 역사 만들기와 관련하여 맑스가 표명한 언명의 본질이기도 하다. 그런데 그의 신체는 그 자체로는 무력하다. 그가 지닌 권력은 그의 신체가 다른 사람들의 신체에 무작위적이거나 정기적으로 그냥 덧붙여짐으로써 수반되는 것이 아니다. 그것은 관계들의 복잡한 설정에 준거하지 않는다면 설명될 수 없다. 그 이유는 렉스 틸러슨의 신체가 어떤 다른 환경 — 예컨대, 난민 캠프 또는 조립라인 — 에 편입되었다면[즉, 렉스 틸러슨이 최고경영자나 국무장관이 아니라면] 그 즉시 다른 사람들의 신체적 움직임을 통제할 수 있는 현재의 권력이 틸러슨으로부터 박탈되었을 것이기 때문이다. 이 영역들에서 진행 중인 사태를 가장 낮은 층위 — 틸러슨의 물리적 신체, 그것의 물질대사, 그것의 동종의 신체들과의 부딪힘 — 로 파고듦으로써 설명하고자 하는 시도는 범주 오류일 것이다.

그렇다면 사회는, 『정치경제학 비판 요강』의 정의에 따르면, 마지막 층위에서 자연적 구성요소들을 갖추고 있다. 그런데 여기서 자연적 구성요소들은, 자연의 어느 곳에서도 찾아볼 수 없는 참신한 속성들을 갖춘 체계로서의 사회를 창발시키는 관계들로 배치되어 있다. 그런 관계들은 인체들뿐만 아니라 인체들 사이의 국소적 관계들에도 귀속되지 않는 운동법칙에서도 찾아볼 수 없다. 그렇다면 사회는 정확히 어떤 속성들을 갖추고 있을까? 관계들의 격자인 사회는 창발적 속성들로 가득 차 있다. 여기서 이 속성들을 나열하려고 시도하는 것은 현명하지 않을 것이다. 이어지는 글에서는 단지 몇 가지가 언급될 뿐이다. 그것들은 세계의 나머지 부분, 특히 자연에 온갖 방식의 인과적 결과를 초래할 수 있다.[56] 창발적 속성들을 갖춘 모든 층위에서 그렇듯이, 사회는 자신의 구성 부분들과 기본적 토대들에 **하향식 인과작용**을 실행할 수 있다. 사회는 자연 — 더 직접적으로 우리 종 구성원들의 생물학적 신체들 — 에서 창발하였고, 그리하여 물이 오직 산소가 있는 행성에서 현존할 수 있는 것과 마찬가지로 그것은 그 기반 내에 머물러야 하지만, 또한 사회는 위

---

56. Collier, *Critical Realism*, 120, 140 ; Roy Bhaskar, *The Possibility of Naturalism*, 31~42.

기를 촉발하도록 자연의 양태들에 영향을 미칠 수 있는 독특한 능력을 갖추고 있다.

그런데 세계에 대한 이런 견해에 따르면 창발의 문턱의 수는 엄청나게 많은 것처럼 보인다. 자연에서 화학은 그런 것들로 가득 차 있다. 생물학에서 스티븐 제이 굴드는 자신의 획기적인 '위계적 선택 이론'의 기초를 유전자, 유기체, 개체군, 종, 그리고 분기군의 층위들에 두는데, 각각의 층위는 선택 압력을 받게 되는 독자적인 속성들을 갖추고 있다. "우리 어머니의 집 – 지구 – 에는 많은 저택이 있다."[57] 또는, 질레트가 선택한 건축적 비유로, "정글에서 솟은 계단 탑들의 집합체처럼 상이한 종류들의 근본 법칙들의 '타워들'이 있다. 그러므로 이 풍경에서는 일련의 상이한 근본 법칙들의 집합이 있"는데, 각각의 집합은 기념비적인 "법칙들의 피라미드" 형식으로 그다음 집합을 낳는다.[58] 한 목록은 쿼크와 세포에서 속^{genus}과 은하에 이르기까지 모든 것을 포함할 것인데, 잎, 나무, 작은 숲, 숲, 그리고 그 밖의 셀 수 없이 많은 그러한 것의 협소한 계열을 지나친다. 사회에서 누군가는 가구, 직장, 기업, 산업, 계급, 국민국가,

---

[57]. Stephen Jay Gould, *The Structure of Evolutionary Theory*, 700. 예를 들면 Richard Levins and Richard Lewontin, *The Dialectical Biologist*, 288을 참조.

[58]. Gillett, *Reduction and Emergence in Science and Philosophy*, 256~7.

그리고 그 사이에 다수의 저택과 탑을 열거할 수 있을 것이다. 자연에서 그리고 사회에서 창발은 더 기본적인 단위체들에서 더 고등한 단위체들로의 진전처럼 작동한다 — 또는 비판적 실재론자들이 선호하는 수직적 비유로 표현하면, 각각 독자적인 메커니즘들과 상대적 자율성을 갖춘 한 기체에서 다른 한 기체로, 무한한 '층화'를 가로질러 사실상 우주 전체로 이어지는 진전처럼 작동한다.[59]

이런 세계관은 존재론적 위계를 평평하게 하고 구분을 삭제하려는 충동을 갖춘 혼종주의의 바로 그 안티테제이다.[60] 그런데 또한 그것은 속성 이원론과 어긋나는 것처럼 보인다. 왜냐하면, 앤드루 콜리어의 표현에 따르면, 사회와 자연 사이에 "하나의 거대한 분열"이 존재하지 않고 오히려 "서로 환원 불가능한 층들 사이에 많은 분열"이, 자연적인 것이 어디에서 끝나고 사회적인 것이 어디에서 시작하는지 전혀 개의치 않는 창발의 흐름이 존재하기 때문이다.[61] 그렇다면 그 정교한 유물론적 견해는 속성 다원론인 것처럼 보일 것이다. 그런데 이 문제에 대

---

59. 예를 들면 Bhaskar, *A Realist Theory of Science*; Collier, *Critical Realism* [콜리어, 『비판적 실재론』]; Elder-Vass, *The Causal Power of Social Structures*를 보라.
60. 이런 갈등은 White, Rudy, and Gareau, *Environments, Natures and Social Theory*, 139~40에서 언급된다.
61. Collier, *Critical Realism*, 242. [콜리어, 『비판적 실재론』.]

한 한 가지 직접적인 답변이 있다. 기후변화를 비롯한 환경파괴는 빗방울과 구름 사이에서도, 꽃잎과 꽃 사이에서도, 돌과 경사면 사이에서도, 노조 간부와 노총 사이에서도, 지방 자치제와 국제연합 사이에서도 일어나지 않는다. 그것은 사회와 자연이 맞닿은 바로 그 계면interface에서 일어난다. 그렇다면 우리는 속성 이원론을 더 광범위한 다원론의 특별한 사례 또는 하위 견해로 간주할 수 있는데, 그 두 가지 초超전체가 각각 러시아 인형처럼 그 속에 내장된 다양한 계열의 전체들을 포함하고 있음을 염두에 두고 있는 한에서 말이다. 더욱이, 이 견해는 '실체'와 '속성'이라는 용어로 공식화되었지만, 우리가 그 공식화된 규준을 따르는 한, 우리는 자연적 관계와 사회적 관계, 자연적 동역학과 사회적 동역학, 자연적 현상과 사회적 현상, 자연적 존재자와 사회적 존재자, 또는 자연적 범주와 사회적 범주도 마찬가지로 구분할 수 있을 것이다. 이런 단서들과 더불어 자연과 사회에 관한 속성 이원론은 우리가 그것을 필요로 하는 바로 그곳에 자리하는데, 요컨대 우리 시대의 중대 국면에 걸터앉아 있다.

역사화된 자연의 역설

이산화탄소(CO_2)는 하나의 미량 가스이다. 그것을 대기의 매우 작은 부분 이상으로 만드는 것은 인간의 능력을 벗어난다. 우리는 대기 중 이산화탄소 농도가 지금까지 280ppm에서 대략 400ppm으로 상승한 사태에 관해 이야기하고 있다. 그리고 대기 조성에 대한 그토록 작은 개입 – 농도가 ppm과 ppt 수준인 미량 가스들의 배출과 결합된 개입 – 이, 지금까지 겪은 기후변화의 결과를 구체화하고 더 많은 것을 진행하게 하는 데 충분했다. 이런 까닭에 이산화탄소는 기후 체계에서 독특한 기능을 갖추고 있는데, 때때로 지구를 가열하거나 냉각할 다양한 메커니즘을 추동하는 '조절판'의 기능에 비유된다. 오늘날 그 조절판은 "지질학적 기록상 어떤 때보다도 더 빨리 돌려지"고 있다.[62] 이런 것이 인간 개입의 규모이다. 그런데 그것은 압도적으로 방대한 어느 체계에서 모래 알갱이들을 다시 섞는 사소한 행위에 불과하다. 그 밖의 나머지 부분은 인간이 전혀 초래할 수 없는 연속적인 연쇄 반응들이다(그러므로 조절판을 돌리는 것은 통제력을 감소시킨다). 섭씨 영도 이상에서 얼음이 녹는다는 사실을 생각하자. 이 관계 – 고체 상태의 물과 온도 사이의 관계 – 는 인간들과 그들이 서로 행하는 것에 철저히

---

[62] Andrew A. Lacis, Gavin A. Schmidt, David Rind and Reto A. Ruedy, "Atmospheric CO_2," 359. Andrew A. Lacis, James E. Hansen, Gary L. Russell et al., "The Role of Long-Lived Greenhouse Gases at Principal LW Control Knob that Governs the Global Surface Temperature for Past and Future Climate Change"를 참조.

선행하고 외재한다. 그런데 이 관계를 진동하는 현처럼 움직이게 하는 기후 체계를 통해서, 극지들과 극지들 사이의 빙모와 빙상과 빙붕에 대하여 발생하는 어떤 신호가 전송되고 있다. 또는 알베도 효과를 살펴보자. 태양 복사를 우주로 다시 반사하는 하얀색 표면의 역능과 대조적으로 태양 복사를 흡수하여 지구에 저장하는 검은색 표면의 정반대 역능은 태양 복사를 얼음의 퇴각으로 인해 드러난 해양에 축적되는 열로 변환하는데, 이렇게 해서 더 많은 얼음이 녹게 되면서 그 과정이 연쇄적으로 이어지게 된다. 그것 역시 어떤 사회적 입력도 투입되지 않은 채로 자연 속 존재자들 사이에서 맺어지는 전적으로 자연적인 관계이다.

어떤 시점에서든 누군가가 지구온난화를 생물권의 물질적 과정으로 연구하기로 선택한다면, 그는 자연 속 사물들 사이의 관계들이 지구온난화를 장식하지도 않고 그 주변에 첨가되지도 않으며 오히려 그것을 철저히 구성함을 알게 된다. 수천 가지의 자연적 관계 – 북극 해빙과 제트 기류 사이의 관계, 바닷물의 염도와 심해 조류 사이의 관계, 계절풍과 습도, 폭풍 해일과 해수면 높이, 서식지와 열파, 가뭄과 증발산 현상, 산호초와 산성, 강우와 진동 사이의 관계들 – 는 눈에 띄지 않게 되기는커녕 당혹스러울 정도로 복잡한 지구온난화 현상을 규정한다. 화석연료의 연소는 그런 모든 변수에 대한 그것의 관계에 의해서 하나의 문제가 되며, 그리하여 구성 또는 생산의 문제가 아니라 오히려 섭동perturbation의 문제로 가장 잘 서술된다. 사회는 기후변화를 촉발했으며, 자연이 나머지 작업을 수행한다. 이는, 건축에 빗댄 이야기로 보자면, 나사 하나를 판자에 박은 다음에, 마치 신호를 받은 것처럼, 모든 벽돌과 들보와 철근 콘크리트와 창유리가 급히 현장에 당도하여 자발적으로, 예컨대 쇼핑몰의 형태로 회집하는 것을 관찰하는 것과 같은 무언가일 것이다 — 이는 마법적 사건으로, 기후변화가 [인간에 의해] 구성되지 않음을 뜻한다. 지구온난화는 구축되지 않고 오히려 촉발된다. 기후는 창출되지 않고 오히려 변화되고, 흐트러지고, 붕괴되며, 불안정해진다.

그리고 그 과정의 구성요소들은 선별될 수 있다. 대규모의 화석연료 연소는 매우 독특한 인간의 역사를 통해서 나타났고 중단될 수 있는 반면에, 해양이 가열되었을 때 팽창하는 환경은 모든 인간의 권한을 넘어선다. 화석연료 기업에 대한 보조금은 20세기 이후의 고질병이고 정부에 의해 쉽게 종식될 수 있을 것이지만,[63] 대기가 더 많은 이산화탄소를 함유할 때 해양의 산성도가 증가한다는 사실에 대하여 우리가 할 수 있는

---

63. 2012년에 이 세계의 화석연료 기업들은 재생에너지 부문보다 다섯 배나 많은 보조금을 받았다. David Ciplet, J. Timmons Roberts, and Mizan R. Khan, *Power in a Warming World*, 143.

것은 전혀 없다. 혼종주의는 국제연합 기후 협상과 광합성 과정 사이에 질적으로 상이한 것이 있다는 점을 부인하지만, 그것들 사이에는 명백한 차이 — 하나는 인간에 의해 구성되고 나머지 다른 하나는 인간에 의해 구성되지 않는다 — 가 있을 뿐만 아니라 또한 그것의 부인은 그 결합의 의의를 털어낸다. 왜냐하면 기후변화라는 문제는 바로 사회적 관계들이 그것들이 형성하지 않는 자연적 관계들과 **결합하는** 방식에 의해 구성되기 때문이다. 자연적 완전체들의 수위성이 없다면, 이산화탄소와 그 밖의 온실가스를 배출하는 것은 아무 문제도 낳지 않을 것이다. 인간들이 화석연료를 채굴할 것인지 아닌지, 기업에 보조금을 지원할 것인지 아닌지, 전 세계적으로 배출량을 감축할 것인지 아닌지를 결정할 때 그들은 그것들을 지구 시스템의 모든 요소와 연결하는 물질적 교량에 대한 결정을 내리는데, 연결된 다음에는 이 요소들이 결과를 초래한다. 그 교량이 양쪽에 걸쳐 있지 않다면 그 결정들은 아무 의미도 없을 것이다.

기후과학은 정치로 귀환하는 자연의 메커니즘들을 규명함으로써 전진한다. 예를 들어 2016년 4월 『사이언스』에 발표된 어떤 한 예일대학교 연구팀의 발견 결과는 지구온난화에서 구름이 수행하는 역할이 심각하게 과소평가되었음을 시사한다. 혼합 내용물을 갖춘 구름에서 얼음 결정들은 물방울들보다 더 많은 햇빛을 우주로 반사하고, 따라서 얼음 결정의 비율이 높은 구름은 지구를 냉각시키도록 작용할 것이다 — 그런데 지금까지 기존의 기후 모델들에서는 구름에 비현실적으로 높은 비율의 얼음이 있다고 가정되었다. 실제로 물방울은 [얼음과 비교하여] 이전에 생각한 것과 다르게 더 많은 몫을 차지한다. 이것은, 모든 주어진 배출량에 대하여 그 결과로서 일어나는 온도 상승이 예상보다 더 높을 것임을 뜻한다. 사실상 그 예일대학교 연구팀의 결론에 따르면, 표준 추정치는 이산화탄소의 대기 중 농도가 산업화 이전 수준의 두 배가 되면 섭씨 2도에서 4.6도 사이의 온난화가 초래될 것으로 예측하는 반면에 구름의 되먹임 메커니즘은 섭씨 5도에서 5.3도 사이의 온난화가 초래될 것임을 함축한다.[64] 그것은 일 톤의 이산화탄소를 추가로 배출하는 것이 뜻하는 바를 새롭게 조명한다. 또는 영구동토층이 녹으면 미생물 군체들이 되살아나서 지금까지 토양에 저장되어 있던 탄소를 분해함으로써 메탄이나 이산화탄소의 형태로 배출하기 시작하며, 그것도 이전의 믿음보다 훨씬 더 빨리 배출하기 시작한다는 발견 결과를 살펴보자.[65] 또다시 여기서 우리는 자연 영역의 내부에서 비롯된 인과적 영향을 받게

---

64. Ivy Tan, Trude Storelvmo, and Mark D. Zelinka, "Observational Constraints on Mixed-Phase Clouds Imply Higher Climate Sensitivity."
65. Kai Xue, Mengting M. Yuan, Zhou J. Shi et al., "Tundra Soil Carbon Is Vulnerable to Rapid Microbial Decomposition under Climate Warming."

되는데, 이는 사회의 생산물이 아니며 모든 기후 정책이 고려해야 하는 것이다. 이것이 그 문제의 일반적 형태이다.

사회적인 것과 자연적인 것이 뒤얽히는 이유는 바로 그것들이 전반적인 물질적 세계의 연속적인 부분들이기 때문이다. 하지만 오직 그것들을 분석적으로 구분함으로써만 우리는 지금까지 인간이 구성한 세계의 양태들 - 즉, 사회의 창발적 속성들 - 과 그것들과 독립적인 힘들 및 인과력들에 의해 생성된 양태들 - 즉, 자연의 창발적 속성들 - 을 분간할 수 있고, 이것들이 항상 더 복잡해지는 층위들에서 결합하게 된 방식을 검토할 수 있다. 라투르는 자신의 기획을 기후변화의 시대에 적용하면서 " '자연적인' 것과 '자연적이지 않은' 것을 구분하는 것이 유용한 사례는 하나도 없다"라고 주장한다.[66] 그는 이 시대가 구분 짓기의 관에 박는 마지막 못이라고 생각한다.[67] 사실상 상황은 정반대이다. 생존 전망을 극대화하는 것은 우리가 사람들이 철저히 창출한 것과 그들의 행함이 아닌 것 사이의 이분법에 대하여 어느 때보다도 더 주의를 게을리하지 않게 된다는 점을 전제로 한다. 물론 그것은 뜨거워지는 세계가 문자 그대로 두 조각으로 절단될 수 있음을 뜻하지는 않는다 - 그

---

66. Bruno Latour, "Fifty Shades of Green," 221.
67. 예를 들면 Latour, *Facing Gaia*, 78~9 ; Latour, *An Inquiry into Modes of Existence*, 10 [라투르, 『존재양식의 탐구』]을 보라.

런 일이 가능했더라면 우리는 이런 난국에 처하게 되지 않았을 것이다. 하지만 뜨거워지는 세계에 대한 분석은 유사한 조작을 실행해야 한다. 엑손모빌은 이쪽에 있고 취약한 영구동토층은 저쪽에 있으며, 그다음에 작용하기 시작한다.

기후변화의 추동자는 19세기 이전에는 현존하지 않았던 유형의 사회 – 화석 경제 – 이다. 이산화탄소를 배출하는 행위가 그런 사회에서 기후로 이어지는 주요 도관을 형성한다면, 그 이유는 단지 일단의 사회적 관계들이 그런 유출물들을 대기로 옮기도록 구성되었을 뿐이기 때문이다. 그런 유출물들은 일단 대기에 도달하게 되면 셀 수 없이 많은 자연적 완전체들과 연결된다. 지구온난화는 평평한 단일체적 혼종 또는 '준객체'가 아니라 오히려 대립자들의 움직이는 통일체, 역동적인 결합체, 사회적 구성요소들과 자연적 구성요소들이 서로 뒹구는 과정이다. 그리고 조절판이 돌려짐에 따라 자연은 지구온난화를 추진시킨다. 그러므로 화석연료의 연소는 자연 영역을 끝내기는커녕 "(인간에 의해 창조된 생산물이 아니라는 의미에서) 인간의 활동과 독립적이며, 또한 모든 인간 실천의 필요조건이자 인간 실천이 취할 수 있는 가능한 형태들을 결정하는 물리력들과 인과력들을 갖춘 [어떤] 물질적 구조들과 과정들"을 활성화한다.[68] 그리하여 그 폭풍은 세계 전역의 문간들을 향해 나아간다.

여기서 우리는 한 가지 역설을 식별할 수 있다. 인간이 자신의 역사에 걸쳐서 자연을 더 심대하게 변형했을수록 자연은 더욱더 격렬하게 인간의 삶에 영향을 미치게 된다. 사회적 관계들의 권역이 자연적 관계들의 권역을 더 많이 결정했을수록 오히려 자연은 더욱더 어떤 붕괴점을 향해 나아간다. 우리는 이것을 역사화된 자연의 역설로 일컬을 수 있을 것이다. 그것은 온난화 조건을 구성하는데, 그것도 불균등하고 기울어진 방식으로 구성한다. 가장 격렬한 전위를 겪는 사회적 관계들은 그 과정을 초래한 관계들이 밀집하여 집중된 지점에서 가장 멀리 떨어진 곳에서 발견된다. 그런데 주변부의 가난한 사람들이 당분간 최악의 운명을 겪는다면 – 그리고 가까운 미래에는 훨씬 더 많이 겪는다면 – 그들은 어떤 종점을 향해 뻗어 있는 줄의 맨 앞에 서 있다. 자연-의-종말 테제가 대단히 유행하는 상황은 지구온난화의 초기 단계들에 대한 뒤틀린 반성일 것인데, 왜냐하면 사회적 관계들의 힘이 먼저 시야에 들어오기 때문이다. 언젠가는 사회의 종말이 훨씬 더 설득력이 있는 명제인 것처럼 보일 것이다. 어쨌든 역사화된 자연의 역설이 순차적으로 전개되는 논리는 이렇다. 지구 온도가 상승함에 따라 우리는 더 적은 자연과

---

68. * Kate Soper, "Unnatural times? The Social imaginary and the future of nature," 226.

더 많은 사회를 얻지 않고 오히려 정반대의 상황에 처하게 될 것이다. 섭씨 6도만큼 상승하게 되면 대체로 자연적인 힘들과 인과력들이 남게 될 것이다.

그러므로 E. 앤 카플란이 자연은 현재 "매우 격렬하게 침입함으로써 인류에게 교훈을 주"고 있다고 쓴 것은 옳다.[69] 뜨거워지는 세계에서 사회를 맹습하고 있는 것은 정말로 자연이며, 그리고 자연이 그런 식으로 자신의 날개를 퍼덕일 적기이다. 포스트모던적 조건의 문을 두드리고 있는 – 심지어 그 중심부에서도 때때로 문을 부수고, 유리창을 깨뜨리고, 스크린을 쓸어버리는 – 자연은 어떤 유령적 생명체의 일종인데, 왜냐하면 그것은 인간의 과거에 의해 진전되기 때문이다. 그것이 보유하고 있는 광폭한 힘은 19세기 이후로 시간이 관통하여 흐른 통로의 작용이다. 이것은 자연의 복수라기보다는 오히려 자연에 입혀진 역사성의 복수이다. 이산화탄소의 누적 배출량이 더 커지면 커질수록 그 폭풍은 더욱더 통제할 수 없게 된다. 사회가 자연에 더 많이 침입했을수록 그리고 침입할수록 자연은 더욱더 사회를 침공하는데, 자연의 유령부대가 과거에 사회의 침입에 대응하여 개시한 습격은 이제 느껴지고 있다. 역사적 시간은 자연과 더불어 시야에서 사라졌기에 이제 그것들은 함께 귀환한다. 관계

---

69. Kaplan, *Climate Trauma*, 38.

들이 생물 군계 전체를 근절할 조짐을 보일 정도로 매섭게 진동하는 어떤 부정적 양식으로 자연이 내몰렸다는 사실은 결코 자연의 현존을 감소시키지 않는다(소행성 충돌도 감소시키지 않을 것이다). 카스트리는 독립적인 자연에 관한 이야기는 순전한 이데올로기라고 비난하지만, 독립적인 자연이 끝날 수 없는 유일한 것이라고 말하는 것이 더 올바를 것이다.[70] 기후 변화의 역설은 그것이 자연을 어느 때보다도 더 기묘하게 살아 있는 것처럼 보이게 만든다는 점이다.

---

70. Castree, "Capitalism and the Marxist Critique of Political Ecology," 288.

3장

물질이 행하는 것에 관하여 :
신유물론을 반대하며

군집하는 잡다한 물질적 행위소들의 회집체

최근에 이론가 집단에서는 문화적 전회에 대한 불만이 널리 퍼졌다. 물질성은 정말로 물의를 빚고 '반격할' 수 있다는 사실을 많은 사람이 인식하게 되었다. 담론에 집착하는 강박에 대한 교정은 벌써 이루어졌어야 했다. '신유물론자'로 자처하는 아방가르드 집단은 이론을 깨워서 사물이 두드러진 역할을 수행하는 물리적 세계로 다시 밀어 넣고자 한다. 사실상 지구상의 모든 순간은 가장 평범한 객체(당신을 깨우는 전화기)에서 가장 높은 곳에 있는 우주적 객체(당신 위를 떠다니는 항성들)에 이르기까지 물질적인 것들의 역장 ^{力場}들 속에서 지나갈 수밖에 없다고 그들은 즐겨 주장한다 — 그래서 "우리는 어떻게 유물론자가 아닐 수 있을까?"[1] 텍스트, 언어, 기호, 기호론은 모두 훌륭하고 인간 실존의 부인할 수 없는 요소들이지만, 잔존하는 어떤 데카르트주의적 편견 이외에 그것들이 아무튼 물질 자체보다 더 중요하다고 가정할 어떤 이유가 있을까?[2] 훨씬 더 나쁘게도 — 그리고 이것은 신유물론자들이 보기에 문화적 전회의 대죄이다 — 물질이 인간 못지않게 중대한 영향을 미치면서

---

[1]. Diana Coole and Samantha Frost, "Introducing the New Materialisms," 1. [다이애나 쿨·사만다 프로스트, 「서론」.]
[2]. 예를 들면 Karen Barad, "Posthumanist Performativity," 806~7을 보라.

작용한다는 점이 명백해진 오늘날에 우리는 어떻게 계속해서 인간이 이 행성의 주인공이라고 공언할 수 있을까?[3] 회피할 수 없는 힘[권력]이 사물에 내재하는 것처럼 보인다.

그런데 신유물론자들은 지금까지 관념론적 구성주의로 일컬어졌던 것에 만족하지 않았을 뿐만 아니라, 충분히 멀리 나아가지 않고 마찬가지로 "물질성에 합당한 가치를 부여하"지 못한 구유물론자들에게도 불만을 느꼈다.[4] 구유물론자들은 물질을, 모든 측면에서 인간들을 뒤덮고 둘러쌌지만 여전히 그들의 내부 드라마를 위한 무대 — 모든 흥미로운 행위가 생겨나는 무대 — 로서 기능했을 죽은 객체들의 덩어리로 간주했다. 물론 그 비난은 맑스주의자들에게 겨냥되었다. '유물론'이 해체와의 결별을 나타낸다면 '신'新은 역사유물론으로부터의 거리를 가리킨다. 『물질적 힘들 : 문화연구, 역사, 그리고 물질적 전회』라는 책에 실린 두 편의 글은 그 차이점들을 분명히 한다.[5] 역사유물론에서는 사람들 사이의 관계가 그들이 물질과 관계를 맺는 방식을 결정한다. 더 구체적으로 서술하면, 생산관계가 생산력을 자신의 망치로 주조하고 선택하는 손이다. 그러

---

3. 예를 들면, Rebekah Sheldon, "Form/Matter/Chora," 195를 보라.
4. Coole and Frost, "Introducing the New Materialisms," 7. [쿨·프로스트, 「서론」.]
5. * Tony Bennett and Patrick Joyce, *Material Powers : Cultural Studies, History and the Material Turn*.

므로 우리는 역사유물론이 "모든 중요한 의미에서 유물론이 아니다"라는 것을 알게 된다.[6] "오히려 우리는 그것을 '사회주의' 같은 것으로 간주할 수 있을 것"인데, 생산수단을 사회화하기 위한 프로그램의 의미라기보다는 오히려 사회적인 것에 발전동력의 특권을 부여하는 이론의 의미에서 말이다.[7] 진짜 유물론 – 신유물론 – 은 그 역할을 물질로서의 물질에 부여해야 한다. 맑스주의자들은 물질을 '결과물', '매체', '장애물'로 간주하고, 따라서 철저히 불공정하다. 물질은 "사태가 발생하게 하는" 것인데, 케케묵은 낱말로 표현하면, "그것은 **행위성**agency을 갖추고 있다."[8]

물질은 행위성을 갖추고 있다는 주장으로 인해 신유물론은 구유물론과 구별된다.[9] 물질은 물의를 빚는다는 주장, 모든 것은 물질이라는 주장, 또는 인간의 실천과 물질 환경은 불가분의 관계라는 주장이 반드시 제기되어야만 했다면 아마도 어떤 판본의 구유물론이 그 주장을 내세울 수 있었을 것이다. 상

---

6. John Frow, "Matter and Materialism," 33.
7. 같은 곳.
8. Chris Otter, "Locating Matter," 43, 45. 강조가 첨가됨. 맑스주의에 대한 극도로 모호한 또 다른 유형의 공격은 Pheng Cheah, "Non-Dialectical Materialism," 70~91을 보라. Jason Edwards, "The Materialism of Historical Materialism"에서는 일종의 화해가 암시된다.
9. Luigi Pellizzoni, "Catching up with Things? Environmental Sociology and the Material Turn in Social Theory"를 참조.

당히 소극적으로 그러했을 것이지만 말이다. 물질은 적극적인 세계 형성자이다. 이런 표어 아래에서 새로운 집단이 '물질적 전회'에 관한 이론을 선도하는데, 널리 확산하고 있는 그것의 의견은 바로 지금까지 행위성이 인간의 특권으로 잘못 여겨졌기에 이제는 즉시 사물 자체에, 즉 벌레에, 지방산에, 개에, 구름에 내재하는 것으로 인식되어야 한다는 것이다. 그 전회는 화석 경제의 모든 역사가 필연적으로 포함되어야 하는 분야인 환경사에서 풍성한 근거를 찾아내었다. (모두는 아닐지라도 많은) 환경사가들은 먼지, 곤충, 강, 토양의 행위성에 관해 즐겨 이야기한다. 사실상 일부 환경사가들은 자연적 행위성의 예증을 자신이 수행하는 연구의 주요 목표로 간주한다. 전형적인 공식적 표명에 따르면, 우리는 "자연을 적극적인 형성력으로" 간주하도록 강하게 권고받고, 자연과 문화의 이분법을 해체하고 행위성을 균등하게 분배함으로써 자연이 "역사의 공–창조자"로서 이해될 수 있게 하는 대의를 위해 결집하며, 환경사가들이 짐승과 나무와 행성 자체가 "사실상 역사 드라마에서 진정한 행위자들이었다"라는 것을 입증했다는 이야기를 듣는다.[10] 지금까지 인간은 충분한 시간 동안 각광을 받았다는 것

---

10. Ted Steinberg, "Down to Earth," 800 ; Kristin Asdal, "The Problematic Nature of Nature," 61 ; J. Donald Hughes, *What Is Environmental History?*, 16 [도널드 휴즈, 『환경사란 무엇인가?』]. 예를 들면 William Cronon, "The Uses

이다.

그런 코드들은 기후변화의 경우에도 주어진다. 우리는, 지구온난화의 경우에 엘리트 계급만이 행위성을 갖추고 있는 것도 아니고 인간만이 행위성을 갖추고 있는 것도 아니라 "화학종들과 지구물리학적 힘들"도 마찬가지의 행위성을 갖추고 있음을 깨닫도록 명령받는다.[11] 기후정치에 대한 맑스주의적 분석을 공격하면서 애덤 트렉슬러는 우리에게 자본과 인류 둘 다를 권좌에서 몰아내고 "그 밖의 종, 온실가스, 북극 해빙, 빙하"를 위한 자리를 마련할 것을 권고하고, "날씨"와 "이산화탄소와 메탄"의 특수한 행위성을 인정할 것을 권고하며, 특히 "석탄 연기의 행위성", "석탄"과 "화덕"과 "화력발전소"의 행위성을 기억할 것을 권고한다.[12] 이것은 바로 우리가 필요로 하는, 구성주의에 대한 해독제인 것처럼 보일 것이다. 구성주의에 대한 우리의 비판은 바로 자연이 세계를 형성하는 데 (불덩어리처럼 대단히 활발하고 흥분된 상태에서) 기여한다는 점을 수반하지 않는가? 이것은 바로 인간이 조절판을 돌리면 그다음에 어둠이 나타나고 비가 내리며 툰드라 지대의 미생물이 나머지 작

---

of Environmental History"; John Herron, "Because Antelope Can't Talk"를 참조.

11. James R. Fleming, "Climate, Change, History," 582.

12. Adam Trexler, "Integrating Agency with Climate Critique," 226, 233~5.

업을 한다고 말하는 바가 뜻하는 것이 아닌가? 물질적 전회는 물질성뿐만 아니라 자연에도 마땅한 가치를 부여하는 것처럼 보인다.

이런 사고방식에 대한 영감의 주요 원천은 또다시 브뤼노 라투르이다. 그의 행위자-네트워크 이론이 품은 이중 일원론에서 행위성은 '근대적 헌정'에 의해 지금까지 분리되어 있던 모든 존재자의 핵심 속성이다. 객체들은 사람들만큼 행위성을 갖추고 있다고 라투르는 말한다. 왜냐하면 망치는 못을 박지 않는가? 주전자는 물을 끓이고, 칼은 고기를 자르며, 비누는 먼지를 씻어내지 않는가? 그런 동사들은 선거에서 투표하거나 사랑을 나누는 것(여기서 투표용지, 투표함의 나무, 침대 시트와 침대는 투표자와 연인 못지않은 행위자들일 것이다)만큼이나 전적으로 실제적인 행위들을 가리킨다. 사물은 '허용하'고 '금지하'며, '승인하'고 '제안하'며, '차단하'고 '고무하'는 버릇이 있다. 사물의 본성에는 자주 오만한 인간 종보다 부족한 행위성을 사물에 부여하는 것이 전혀 없다. 행위성에 대한 라투르의 정의는 통상적이지는 않지만 매우 간단명료한데, "사태에 어떤 차이를 만들어내는 것"이라면 무엇이든 행위성을 갖추고 있다.[13] Y에 관하여 우리가 제기해야 하는 유일한 물음은 그것이

---

13. Bruno Latour, *Reassembling the Social*, 71~2, 52.

어떤 Z에 어떤 종류의 영향을 미치는지 여부이다. 그 대답이 '예'라면 Y는 행위성을 갖추고 있다. 차이를 만들어낼 수 있는 능력이 중요한 것이다.14

신유물론 사조를 위한 철학적 선언에 가장 가까운 것인 『생동하는 물질 : 사물에 대한 정치생태학』에서 제인 베넷은 횃불을 들고 앞으로 나아간다.15 라투르를 발판으로 삼는 베넷은 "차이를 만들어내고, 결과를 산출하며, 사태의 전개 과정을 변경할" 능력을 부여받은 '행위소' – 일반적인 '행위자'라는 용어에 대한 대체물 – 라는 라투르의 용어를 채택한다.16 행위소들의 '회집체'가 세계에서 이루어지는 행위의 실재적 원천이다. 행위성은 행위소들 – 인간들 및 비인간들 – 이 집단을 이루어 "다양하고 잡다한 생동하는 물질들의 군집"을 형성함으로써 각자의 역할을 수행하여 어떤 결과를 초래할 때 그것들 사이에서 공유된다.17 이제 자연이라는 범주는 이 도식에서 불편하게 자리하게 된다. 혼종주의를 적극 개진하는 신유물론자들은 '자연적인' 것을 이쪽에 두고 '사회적인' 것 또는 '문화적인' 것 또

---

14. Edwin Sayes, "Actor-Network Theory and Methodology"에서 ANT 학자 에드윈 세이스에 의해 더 자세히 설명된다.
15. * Jane Bennett, *Vibrant Matter : A Political Ecology of Things*. [제인 베넷, 『생동하는 물질 : 사물에 대한 정치생태학』.]
16. 같은 책, viii. [같은 책.]
17. 같은 책, 96 [같은 책]. 예를 들면, 같은 책, 3, 9, 21, 31~4, 122를 참조.

는 '인간적인' 것을 저쪽에 두는 모든 구분을 경계 없는 물질 환경 속에 용해하고자 한다. 또 다른 저명한 옹호자인 다이애나 쿨은 "자연이 인간의 기획들 – 지구의 바로 그 지질학과 생물권을 변경하고 있는 기획들 – 에 의해 매우 철저히 각인되고 파괴되었다고 할 수 있기에 비교적 독립적인 어떤 영역도 언급하는 것은 더는 무의미하다"라는 의견을 제시하는데, 자연은 끝났지만 물질이 지배한다.[18] 그런데 신유물론자들이 '물질' 또는 '물질성'으로 간주하는 것의 대다수는 지금까지 우리가 옹호한 자연에 대한 실재론적 정의 아래 포섭될 것임이 명백하다.

그러므로 그 이론은 우리의 세계를 조명할 잠재력을 지닌 것처럼 보일 것이다. 화석 경제의 초기 시대에 적용될 때 그것은, 예컨대, 증기선의 석탄, 증기, 보일러의 철, 엔진의 피스톤, 화부, 선장, 기업의 중역, 짙은 연기 속 이산화탄소가 독자적인 '갈망'을 갖추고 있으며 어느 것도 여타의 것들보다 더 중심적이거나 결정적이지 않은 군집하는 행위소들의 회집체를 구성했다는 점을 의미할 것이다.[19] 사실상 베넷 자신은 최근에 이런 점에서 자신의 사조가 맑스주의에 대한 우위성을 증명한다

---

18. Diana Coole, "Agentic Capacities and Capacious Historical Materialism," 454.
19. 베넷의 분석에서 전기(電氣)는 그것의 '갈망'을 인정받을 자격을 갖춘 한 가지 사물이다. Bennett, *Vibrant Matter*, 27. [베넷, 『생동하는 물질』.]

고 주장했다. 맑스주의는 "기후변화에 대한 자각이 점증하는 상황"에 대하여 "대등하게 만족스러운 대응책"을 제공할 수 없다.[20] 뜨거워지는 세계에서는 신유물론이 역사유물론보다 더 잘 작동한다. 내가 이 글을 쓰고 있는 순간까지는 그 이유가 무엇인지 베넷 자신이 아직 적시하지 않았다. 그러나 베넷이 제안하는 시험은 우리의 시험이기도 하며, 그리고 기후변화 문제에 대하여 신유물론이 실제로 내세우는 응답을 구상하는 것은 전적으로 가능하다.

여기서 또다시 라부안의 그림을 살펴보자. 석탄은 곧 전개될 상황에서 행위자 – 또는 행위소 – 의 지위를 부여받을 자격을 갖추고 있는가? 그 숲속의 빈터는 그 발견 사태에 적극 관여하는가? 그 두 남자는 그 일화에서 어떤 특별한 역할도 수행하지 않는가? 우리는 그 퇴적물이 노출되기를 **갈망한다**고 말할 수 있는가? 탄소가 지하에서 끌어올려지기를 갈망한다고 말할 수 있는가? 라부안의 석탄은 상황을 크게 바꾸었다. 증기선의 선체도 그러했다. 그렇다면 우리는 라부안에서 해당 인물들과 석탄, 선체, 그리고 그 밖의 현존하는 모든 재료로 이루어진 어떤 행위소들의 회집체, 그곳에서 그 인물들의 행위성이 여타 사물의 행위성과 질적으로 다르지 않은 회집체가 출현했다

---

20. Jane Bennett, "Systems and Things," 223.

고 말해야 할까? 이것이 신유물론과 더 광범위한 물질적 전회가 그 장면과 관련하여 전달할 메시지인 것처럼 보일 것인데, 그리하여 신유물론을 비롯한 물질적 전회의 사조들이 오히려 그 장면을 어둠 속에 밀어 넣지 않을지에 관한 물음이 즉시 제기된다.

강은 목표가 있는가?

여기서 우리가 검토해야 하는 핵심 범주는 행위성임이 명백하다. 행위성을 갖추고 있다는 것은 무엇을 뜻하는가? 일상 언어와 통속 심리학에서 행위는 소망과 관련되어 있다. 행위자는 자신이 세계 속에서 무언가를 바라기에 무언가를 행하는 사람이다. 태양은 아침에 떠오를 때 (상황을 바꿈이 틀림없지만) 행위를 하지 않는데, 왜냐하면 일반적인 견해에 따르면 새벽에는 행위에 필요한 한 요소가, 즉 어떤 목표를 달성하고자 하는 행위자가 부재하기 때문이다. 태양이 떠오를 때 자신의 아이를 깨우는 부모는 행위성을 갖추고 있는 반면에 아침의 햇빛은 그렇지 않다. 사실상 그 아이 자신은 어리기에 그 차이를 이해하지 못하고, 부모의 의도를 감지하지 못하며, 따라서 아침의 햇빛에 항의하고 햇빛과 협상하는 그런 방식으로 부모에게 항의하고 부모와 협상할 것이다. 주변 환경을 의도적인 행위자들과 비非의도적인 사물들로 분석하는 이런 성향은 문화들을 가로질러 인간들이 공유하는 것임을 시사하는 증거가 있다.[21] 그런 구분은 대중에 의해 이루어질 뿐만 아니라, 지금까지 라투르와 신유물론자들이 도외시한 탐구 분야인 행위철학의 전문적인 실천자들 ─ 그들 역시 라투르와 신유물론자들을 도외시했다 ─ 에 의해서도 이루어진다. 최근에 발표된 37편의 가장 중요한 논문을 수록한 『행위철학 선집』은 이런 구분을 그 분야의 전문가들이 공유하는 일종의 최소 공통분모로 정립한다.[22]

제니퍼 혼스비는 "'행위'라는 자격을 부여받을 만한 사건은 누군가가 무언가를 의도적으로 행하는 것이다"라고 말한다.[23] 해리 G. 프랭크퍼트는 "우리가 행위를 할 때 우리의 움직임은 목적이 있다"라고 말한다.[24] 헬렌 스튜어드는 "파도는 행위를 할 수 있는가? 또는 컴퓨터는 행위를 할 수 있는가? 그렇지 않다면 그 이유는 무엇인가?"라고 묻는다.[25] 그것은 "상황이 그런 존재자에 의해 그것이 생각하고 원하는 것의 견지에서 해

---

21. Bertram F. Malle, "Intentional Action in Folk Psychology."
22. * Jonathan Dancy and Constantine Sandis, eds., *Philosophy of Action: An Anthology*.
23. Jennifer Hornsby, "Agency and Actions," 56.
24. Harry G. Frankfurt, "The Problem of Action," 28.
25. Helen Steward, "Moral Responsibility and the Concept of Agency," 390.

결될 수 있는지" 여부에 전적으로 의존한다.[26] 프레데릭 스타우틀랜드는 "의도적인 행동이 없다면 어떤 행위도 없다. (사태가 발생하지만 행위성이 전혀 없는) 단순한 행동과 행위를 구분하는 것은 행위가 적어도 한 가지 서술에서 의도적이라는 점이다. 즉, 행위는 **본질적으로 의도적이다**"라고 말한다.[27] "이유가 있어서 행위를 할 수 있는 역량"이 없다면 진정한 행위성에 관한 이야기는 있을 수가 없다.[28] 그 철학자들은 그 밖의 물음들 — 의도를 형성할 때 욕망의 역할은 무엇인가? 한 행위는 여타의 사건과 동일한 종류의 원인을 갖는가? 행위자는 자신의 행위 또는 그 결과를 초래하는가? 집합적 행위자들은 현존하는가? — 에 대해서는 의견이 일치하지 않을 수도 있겠지만, 행위성이 세계에서 정확히 파악된 속성이라는 공동의 통찰에서 자신들의 숙고를 개시한다.[29] 행위성은 모든 것에 귀속되지는 않는다. 몇몇 사건만이 행위로 분류될 수 있는 자격을 갖추고 있을 뿐이다. 예를 들면, 내가 팔을 들어 올리는 것과 내가 주먹을 꽉 쥐고서 팔을 들어 올리는 것은 행위이지만, 내가 호흡하거나 코가 간지러워서 재채기하는 것은 행위가 아니다. 내가 젖은 나뭇잎들에

---

26. 같은 곳.
27. Frederick Stoutland, "The Ontology of Social Agency," 166.
28. 같은 곳.
29. 또한 Lilian O'Brien, *Philosophy of Action*을 보라.

3장 물질이 행하는 것에 관하여

미끄러져서 기찻길에 떨어진다면 그것은 우연한 사건이지만, 내가 자살하려고 기차에 투신한다면 나는 행위를 한다. 후자의 시나리오에서 나는 내가 독자적으로 설정한 의도를 충족시키기 위해 내 몸의 움직임을 견인한다. 전자의 시나리오에서는 내가 통제할 수 없는 외력들이 그런 움직임을 개시한다. 바람이 불어서 나뭇잎들이 기찻길에 떨어진다면, 단지 잠재적으로라도 행위자일 수 있을 그 누구도 그 사태에 연루되어 있지 않다. 우리가 삶을 영위할 때 이런 노선은 우주 전체를 꽤 깊이 관통하면서 사건들과 존재자들을 양쪽으로 정렬한다.

대중적인 철학적 견해에 따르면, 행위성을 갖추고 있다는 것은 마음을 지니고 있다는 것과 밀접히 결부되어 있다. "행위를 하려면 먼저 생각해야 한다. 생각할 수 없는 것은 무엇이든 행위를 할 수 없다"라고 [데일] 자케트는 진술한다. 더욱이, 행위자의 마음은 어떤 특정한 양식의 지향성을, 즉 내가 숲에서 본 죽은 새에 관하여 생각하는 경우처럼 어떤 한 대상을 향한 어떤 종류의 심적 정향성을 품는 것이 아니라 아직 생겨나지 않은 X를 겨냥하는 어떤 독특한 지향성을 품는다. 나는 이 순간에 깨어있지 않은 나의 아이를 깨우려고 의도한다. 나는 아직 끝나지 않은 나의 생을 끝내려고 의도한다. 이를테면, 이것은 허구적 양식의 지향성이다. 행위자가 자신의 상상물을 실재의 영역으로 끌고 오려고 노력한다는 중요한 단서가 붙지만 말이다. "행위를 할 때마다 우리는 무언가를 하려고 의도하며, 그리고 우리의 의도하기는 아직 현존하지 않는 사태를 향하거나 또는 그것에 대하여 의도되고 정향된다"라고 자케트는 계속해서 진술한다.30 그러므로 행위는 "미래지향적이고, 몇몇 경우에는 허구지향적인"데, 왜냐하면 공교롭게도 행위자가 겨냥하는 상태는 (예를 들면, 유토피아처럼) 절대 현존하지 않을 수도 있기 때문이다.31 단지 흐릿하거나 일상적이거나 충동적일지라도, 시간을 엄수하는 부모와 자살 시도자는 무엇이든 자신이 의도하는 것에 대한 내부 심상을 구성한 다음에 그 심상을 자신의 신체적 행위를 통해서 세계에 투사한다. 그리고 이런 정확한 의미에서의 지향성이 행위성에 필수적인 것이다.

그런데 이런 표준적인 견해는 대중과 철학자들뿐만 아니라 역사유물론자들도 수용한다. 그것에 관한 고전적 언명은 『자본』 1권에서 표명된다.

거미는 직조공들이 하는 것과 비슷한 조작을 실행하고, 꿀벌은 벌집을 구성함으로써 많은 인간 건축자를 부끄럽게 할 것이다. 그런데 가장 서투른 건축가를 가장 훌륭한 꿀벌과 구분

---

30. Jacquette, *The Philosophy of Mind*, 258. 강조가 첨가됨.
31. 같은 책, 262~3.

하게 하는 것은, 건축가는 밀랍으로 벌집을 짓기 전에 미리 자신의 마음속에 그것을 짓는다는 점이다. 모든 노동과정의 끝에 이르러서는 처음에 노동자가 이미 구상했던 결과가, 그러므로 관념적으로 이미 현존했던 결과가 출현한다.[32]

이것은 인간 노동의 종차, 즉 인간 종의 영속적인 현존 조건이다. 행위철학의 견지에서 바라보면, 맑스는 "미래지향적 의도의 우선성"을 인간이 자연의 나머지 부분과 갖는 상호작용을 특징짓는 표식으로 상정한다.[33] 생물학자 리처드 레빈스와 리처드 르원틴의 표현에 따르면, 맑스는 "인간에게 독특한 [것은] 의식적인 계획, 결과가 생성되기 전에 그것을 구상하는 행위이다"라고 주장한다.[34] 몇몇 사람은 이런 견해에 격렬한 이의를 제기할 것이다. 포스트휴머니스트들, 비판적 동물연구 학자들, 몇몇 행위철학자는 동물이 사실상 건축가의 숙련된 정신을 보유하고 있다고 주장하곤 한다. 비버는 인간에 못지않게 주도면밀하게 건설한다. 포식자는 자신의 먹이를 갑자기 덮치기 전에 정교한 계획을 세운다. 꿀벌은 계획경제의 조율된 행동 능력이 뛰어나다.[35] 그런데 당분간 우리는 그런 이의들을 내버려둘 수

---

32. Karl Marx, *Capital: Volume I*, 284. [카를 마르크스, 『자본론 I-상』.]
33. Michael Bratman, "Two Faces of Intention," 131. 강조가 제거됨.
34. Levins and Lewontin, *The Dialectical Biologist*, 255.

있는데, 왜냐하면 신유물론자들은 훨씬 더 대담한 주장을 제기하기 때문이다. 그들은 동물에 그다지 관심이 없다. 그들은 생기 없는 물질이 인간에 버금가는 행위성을 갖추고 있다고 생각한다. 그들은 거미줄 자체, 그것의 끈적끈적한 섬유, 그것이 걸려 있는 표면의 행위성을, 그리고 꿀벌의 경우에는 벌집의 행위성을 간과한다는 이유로 맑스를 비난한다. 그러므로 우리는 인간과 생기 없는 물질 사이의 분열에 집중함으로써 신유물론과 역사유물론이 정반대의 견해를 옹호한다고 단언할 수 있다. 역사유물론은 밀랍에는 현존하지 않는 어떤 유형의 행위성을 인간에게 귀속시킨다. 그것은 그런 행위성을 이 행성에서 일어나는 사태에 더할 나위 없이 중요한 것으로 간주한다.

그러므로 『영국 맑스주의 내부의 논쟁』에서 페리 앤더슨은 맑스가 지목한 그런 종류의 미래지향적 행위성이 인간의 역사를 움직인다고 주장한다.[36] 지금까지 거의 모든 사람이 거의 언제나 '사적' 목표 ─ 계획을 세우기, 기량을 발휘하기, 배우자를 찾아내기, 가족을 구성하기, 위협적인 운명을 회피하기 ─ 를 추구하면서 자신의 거의 모든 삶을 보냈다. 종종 단조롭고 산문적인 그

---

35. 예를 들면, Jonathan L. Clark, "Labourers or Lab Tools? Rethinking the Role of Lab Animals in Clinical Trials"; John McDowell, "Acting as One Intends," 151; Plumwood, *Feminism and the Mastery of Nature*, 131~5를 보라.

36. * Perry Anderson, *Arguments within English Marxism*.

런 기획들은 여전히 "현존하는 사회적 관계들에 새겨져 있으며, 그리고 일반적으로 그 관계들을 재생산한다. 그런데 그것들은 여전히 대단히 의도적인 기획들로, 역사 전체에 걸쳐서 인간의 에너지와 인내력을 대부분 소비했다."[37] 노동의 실천과 구별 불가능한 이런 종류의 행위성은 사회의 물질적 기초를 구축하고 재구축한다. 그것은, 생기 없는 물질과 관련하여, 인간의 대표적인 속성으로, 인간 종이 세계 전역을 돌아다닐 때마다 현시되는 것이자 속성 이원론의 목록에서 제일 먼저 나타나는 항목이다.

행위성에 대한 표준적인 견해가 상식적 합의이자 맑스주의적 입장인 동시에 틀릴 수도 있음은 말할 필요도 없다. 신유물론자들이 여타의 모든 사람이 놓쳤던 무언가를 포착했다는 것이 사실일지도 모른다. 그들의 강한 소망은 의문시될 수 없다. 이 집단은 행위성에 관한 기성의 지혜를 창밖으로 내던지기를 바란다(매우 간절한 목표). 첫 번째 조치는 지향성과의 연계를 단절하는 것이다. 캐런 버러드는 "행위성은 인간의 지향성 혹은 주체성과 연계되어 있지 않다"라고 공언하면서 "행위성은 신체적 생산 기구에서 생겨나는 변화의 문제"라고 설명하는데, 이것은 어쩌면 라투르의 정의를 더 복잡한 방식으

---

37. 같은 책, 19. 강조가 첨가됨.

로 반복하는 셈일 것이다.[38] 인간의 지향성을 "모든 행위적 인자 중 가장 중요한 것, 예외적인 종류의 역능을 갖춘 것"으로 믿는다는 이유로 한나 아렌트를 비난하는 제인 베넷은 두 가지 경로 ─ "의도적이거나 목적을 지닌 행동의 어떤 특질에 근접하는" 비인간 힘들을 탐색하는 경로와 행위성을 바로 그런 종류의 행동으로부터 그리고 사실상 모든 종류의 주체로부터 아무튼 **분리**하는 경로 ─ 를 따라 나아간다.[39] 외관상 갈라지는 그 두 가지 경로 ─ 과감한 의인화, 그리고 마찬가지로 대담한 반(反)주체주의 ─ 는 인간과 비인간 사이, 생기 있는 물질과 생기 없는 물질 사이의 경계를 제거하려는 일반 기획에서 서로 교차한다. 사물은 인간에 버금가는 행위자(또는 행위소)인데, 왜냐하면 사물은 어떤 인간 같은 지향성을 갖추고 있으며, 그리고/또는 지향성은 행위성에 대한 적절한 규준이 아니기 때문이다. 여기서 '사물'은 거의 모든 존재자나 사건을 망라할 수 있다. 베넷은, 미국의 이라크 침공 같은 것의 경우에 우리는 "그 과정을 그 자체로 하나의 행위소로, 그 자체로 어느 정도의 행위 역량을 갖추고 있는 것으로" 간주해야 한다고 주장한다.[40] 조지 W. 부시의 체제

---

38. Barad, "Posthumanist Performativity," 826.
39. Bennett, *Vibrant Matter*, 33~4. [베넷, 『생동하는 물질』.]
40. 같은 책, 29 [같은 책]. 마찬가지로 라투르는 혁명을 독자적인 '행위자'로 분류한다(Latour, *The Pasteurization of France*, 165 [라투르, 『프랑스의 파스퇴르화』]).

는 2003년에 실행된 그 행위의 원천이 아니었다. 그 침공의 침공으로서의 군집이 그 행위의 원천이었다.

신유물론에서 물질이 행위성을 갖추고 있다면, 그 이유는 모든 것이 행위성을 갖추고 있다고 할 수 있기 때문이다. 라투르의 정의는 더할 나위 없이 최소주의적인데, 차이를 만들어 낼 수 있는 능력은 현존함이라는 속성과 구분하기 힘들다.[41] Z에 어떤 종류의 영향을 미치지 않는 어떤 Y가 이 세계에 존재할까? 그런데 라투르는 다음과 같이 주장한다. 우리는 "공동으로 자신의 주의를 행위자를 향해, 즉 그것이 세계에 어떤 실제적 차이를 만들어내는지에 기울여"야 한다.[42] 또는 "행위자, 행위소는 정의상 행위를 하는 것, 행위성을 갖추고 있는 것, 행위성을 부여받은 것이다."[43] 후자의 진술은 순환적이다. 그것은 어떤 분명한 의미도 품고 있지 않다. 어쩌면 이것은 행위성이라는 범주에서 모든 대비 효과를 박탈하는 조치의 논리적 결말일 것이다. 그 새로운 관념은 철저히 무화된다. 현존하는 모든 것 위에 부정한 물처럼 뿌려진, 속성 일원론의 핵심 속성으로

---

41. 이 점은 Sayes, "Actor-Network Theory and Methodology," 141에서 인식된다.
42. Latour, *Facing Gaia*, 11~2. "차이를 만들어냄으로써 사태를 수정하는 것이라면 무엇이든 행위자이다"라는 진술을 참조하라(Latour, *Reassembling the Social*, 71).
43. Latour, *Facing Gaia*, 17.

서의 '행위성'은 의미를 상실하는 것처럼 보이며, 그 개념은 풍성해지지 않고 그 골자가 빠져버린다. 당장은 선호되는 그 전략이 도처에서 지향성을 보는 것(행위성에 관한 범지향주의적 구상)이든 또는 지향성이 필요하다는 점을 부인하는 것(행위성에 관한 반지향주의적 구상)이든 간에, 그 생산물은 사실상 모든 소가 잿빛인 밤이다. 다소 의도적으로 그 전략은 대다수 다른 사람이 세계가 작동하는 방식들에 상당히 중요한 요인이라고 믿고 있는, 인간을 구별하게 하는 속성에 대한 주의를 차단한다.

그런데 라투르와 그의 동료들은 여전히 무언가를 파악하고 있을 수도 있다. 기후변화의 시대에 행위성에 관한 자신의 이론의 효용성을 예증하고자 하는 한 논문에서 라투르는 두 개의 인접한 강, 아차팔라야강과 미시시피강의 사례를 제시한다. 거대한 미시시피강은, 그 거대한 강을 고정시켜서 경사를 따라 내려오지 못하게 막는 미국 육군 공병대의 견고한 공학적 시설이 없다면, 강바닥이 훨씬 작을 뿐만 아니라 더 낮은 아차팔라야강으로 쏟아져 들어갈 것이다. 라투르에 따르면, 이것은 강들이 목표를 가지고 있다는 점을 보여준다. 아차팔라야강은 미시시피강을 삼키고자 하고, 미시시피강은 아차팔라야강에 진입하고자 한다. "더 작지만 더 깊은 강과 훨씬 더 넓지만 더 높은 강 사이의 연결 관계는 그 두 주인공의 **목표들을**

제공하는 것, 그것들에 어떤 벡터를 부여하는 것이다" — 그리고 "목표를 가지고 있는 것은 행위자라면 갖추어야 하는 한 가지 본질적인 부분이다."[44] 그러므로 강은 어엿한 행위자이다. 발 플럼우드는 데카르트주의적 편견을 극복하자고 촉구하면서 유사한 입장을 취한다. 플럼우드는 지향성이 행위성에 본질적이라는 점을 수용하면서 철저한 범지향주의를 옹호한다. "분출할 태세가 갖추어진" 화산은 근처에 있는 모든 사람과 "마찬가지로 의도를 지니"고 있다.[45] 산과 나무는 성장이라는 목표를 갖고서 행위를 한다. 광합성은 "지향적 구조"를 갖추고 있고, 꽃가루의 전달은 "지향 역량"에 의해 추동된다.[46] 우리는 "발언하는 물질" — 현무암 원뿔은 애써 귀를 기울이는 관찰자에게 이야기한다 — 에 우리의 귀와 눈을 열어야 하고 적어도 "약한 범심론"을 승인해야 한다.[47] 라투르를 옹호하지 않은 채로, 그리고 신유물론이 돌출하기 전에 플럼우드는 자신의 범지향주의를 자연에 대한 근대적 냉담함을 치유하는 방책으로 제시하는데, 요컨대 자연은 뻔뻔스러운 착취자들 중 누구에게도 못지않은 행위성을 갖추고 있다.

---

44. Latour, "Agency at the Time of the Anthropocene," 10.
45. Plumwood, *Feminism and the Mastery of Nature*, 135. 강조가 첨가됨.
46. 같은 책, 121.
47. 같은 책, 177~83.

그런데 강이나 산에 목표를 귀속시키는 것이 그럴듯해 보이는가? 그것들은 뇌가 없음이 명백한데, 이는 그것들이 마음을 가질 수 없다는 것을 뜻하고, 따라서 그것들이 통상적으로 사용되는 의미에서의 의도를 구성할 능력을 갖추고 있지 않다는 점을 필연적으로 수반하게 된다. 그런데 오히려 여기서 지향성은 행위자가 자신의 목표에 대한 심상을 구상할 수 있는지 여부와 무관하게 한 장소 또는 사태로부터 다른 한 장소 또는 사태로 이행하는 것과 동일시된다. 이 견해에 따르면, 우주에서 떨어지는 운석은 사실상 행위성을 갖추고 있다. 이런 경우에는 목표를 갖는다는 것이 뜻하는 바에 관한 적어도 아홉 가지의 의미가 상실된다.

어떤 전투적인 정치 조직에 합류하는 한 사람을 상상해 보자. 그 신입 조직원은 그 집단의 목적을 진전시키고자 하는 목표를 가지고 있을 수도 있지만, 또한 그는 당국을 위해 그 집단에 잠입하고자 하는 목표를 가지고 있을 수도 있다. (1) 동일한 행위가 상이한, 사실상 정반대의 목표들을 달성하기 위해 수행될 수 있다. 그 잠입자는 여타의 모든 당원과 똑같이 행동하려고 노력할 것이지만, (2) 실제 목표는 하나의 심적 상태이기에 삼인칭 시점으로 관찰될 수 없을 것이다. 그 주변의 타인들은 무슨 일이 진행되고 있는지를 전혀 알지 못하지만, 그 자신은 그것을 철저히 자각하고 있다. (3) 행위자는 목표에 의거하여 자신의 행위를 이해한다.

그리고 이것들은 기본적인 것들에 지나지 않는다. 그 행위자는 2020년 1월 1일에 그 조직에 가입했지만, 그 조직에 잠입할 계획은 그 이전 삼 년 동안 수립되었다고 가정하자. (4) 목표는 그것을 달성할 계획이 실행되기 오래전에 설정될 수 있다 (이것은 사전 의도와 실행 의도 사이의 구분이다). 그 잠입자가 조직에 파고들기 시작함에 따라 그는 동료 조직원들의 관행에 적응하고 최대한 많은 정보를 추출하기 위해 자신의 행동거지를 수정한다. (5) 행위자는 자신의 목표를 향한 진전 상황을 계속 점검하면서 환경이 변화함에 따라 자신의 행동 노선을 반드시 변경한다. 진전이 이루어지게 되면 그는 자부심을 느낄 것이고, 그렇지 않다면 부끄러움을 느낄 것이다. (6) 목표가 있는 사람은 자신의 행동을 그것과 관련지어 평가할 수 있다. 그는 임무를 수행하도록 파견되었고 그 목적을 자신의 것으로 내부화했을 것이지만, 이런저런 이유로 결코 그것을 완수하지 못할 수도 있다. (7) 목표는 실행에 옮겨지지 않은 채로 현존할 수 있다. 또는 그는 그것을 실행하고 있는 중이지만 그 조직이 내부 분열로 인해 해체되어 사라질 수도 있고, 그리하여 그는 그 잠입 활동을 중지할 수 있다. (8) 행위자는 목표를 떠받치는 욕망이 사라지면 행위를 멈춘다. 마지막으로, 그 잠입자가 애초에 그 집단을 파괴하기로 작정했지만, 그 조직의 활동에 관여하는 데 자신의 삶을 헌신하고, 급진적인 문헌을 탐독하고, 다른 한 조직원과 사랑에 빠지고, 경찰의 야만적인 진압을 직접 목격함에 따라 그는 자신의 마음을 서서히 바꾸면서 결국 진정으로 열성적인 투사가 된다. (9) 목표 자체가 수정되고 폐기될 수 있다.[48]

강이 이런 의미들 중 어떤 의미 — 어쩌면 억지로 갖다 붙인다면 다섯 번째와 일곱 번째의 의미 — 에서 목표를 가질 수 있는지 분명하지 않다. 왜냐하면 그것들은 사실상 마음을 지니고 있다는 점에 근거를 두고 있기 때문이다. 그 의미들은 릴리안 오브라이언이 행위철학이라는 분야에 대한 탁월한 개관서인 『행위철학』에서 제기한 구분 — 한편으로는 행위자들, 그리고 다른 한편으로는 인과적 윤곽을 갖춘 사물들 사이의 구분 — 을 수용하기에 충분한 이유들인 것처럼 보인다. 우리가 염산을 '부식제'corrosive agent로 일컬을 때, 우리는 딱히 그것이 목표를 가지고 있다는 것을 뜻하지 않고 오히려 그것이 자신의 주변 환경에 어떤 방식으로 영향을 미친다는 것(이를테면, 어떤 유형의 차이를 만들어내는 것)을 뜻한다.[49] 목표가-있음은 표준적인 견해에 의

---

48. 이 목록의 근거는 O'Brien, *Philosophy of Action*, 137~45; G. E. M. Anscombe, "Intention," 109; Donald Davidson, "Intending," 119; Bratman, "Two Faces of Intention," 146~9에서 제시된 논증이다.
49. O'Brien, *Philosophy of Action*, 136~7. Dancy and Sandis, *Philosophy of Action: An Anthology*, 4를 참조.

해 정확히 지적된 발생 층을 전제로 한다. "목표를 언급하는 것은 한 행위자가 염두에 두고 있는 것을 언급하는 것이다."[50] 이런 역량이나 속성은 섬에서는 발견될 수 없다. 그런데 그것은, 원주민들에게 자신들은 진보를 확산시키고 그들을 무지와 가난에서 구출하기 위해 왔다고 말한 후에 섬의 정글을 헤쳐나가는 남자들에게서는 현저히 현시된다. 그다음에 광범위한 영향을 미치는 사태가 발생할 것인데, 이것은 그와 같은 일종의 행위성이 없었다면 발생하지 않았을 것이다.

의도하지 않은 결과에 관한 물음

신유물론적 사조의 사례로서는 이례적으로 상당히 명료한 논변이 전개된 한 논문에서 티머시 제임스 르케인은 베넷이 단지 단언했을 뿐인 주장―신유물론은 지구온난화뿐만 아니라 '인류세'와 연관된 그 밖의 위기들도 이해하기 위한 최선의 이론이다―을 분명히 설명한다. 르케인은 다음과 같이 적는다. "인간이 그런 전 지구적인 지질화학적 변화들을 초래하려고 작정하지 않았다는 것은 명백하다. 오히려 그 변화들은 대체로 탄화

---

50. Arthur W. Collins, "Action, Causality, and Teleological Explanation," 321. 강조가 첨가됨.

수소들, 비료, 그리고 그 밖의 근대 기술들을 대규모로 사용함으로써 초래된, 예상치 못한 의도하지 않은 결과였다."[51] 이런 까닭에, 즉 기후변화 같은 것은 화석연료를 채굴하거나 연소시키는 사람에 의해 절대로 의도되지 않았기에, 인간을 그 과정의 배후 행위자로 간주하는 것은 올바르지 않다. "인간만이 석탄 연소에서 비롯된 사건들의 경과에 대한 책임이 있다는 결론을 내리는" 것은 완전히 "터무니없"다.[52] 그 책임은 석탄 자체에 있다. 지금까지 화석연료가 "온갖 종류의 예상치 못한 방식으로 인간과 인간의 문화들을 형성하는" 데 작용했다.[53] 사실상 "석탄은 인간이 석탄을 형성한 정도를 훨씬 능가하는 정도로 그것을 사용한 인간을 형성했다"(어떤 관점에서 바라보면 이것은 동어반복적으로 참인데, 왜냐하면 인간은 결코 석탄을 형성하지 않았기 때문이다).[54] 신유물론은 우리에게 "인간과 인간의 문화들은 자신의 운명과 환경의 창조자들이 아니라 오히려 그것들을 끊임없이 창조하고 재창조하고 있는 물질적 세계의 생산물들로 이해되는 것이 최선이다"라는 점을 가르쳐준다 — 예를 들면, 물질적 세계가 지구를 뜨거워지게 함으로써 말이다.[55]

---

51. Timothy James LeCain, "Against the Anthropocene," 20. 강조가 첨가됨.
52. 같은 글, 4.
53. 같은 글, 21.
54. 같은 글, 23.

라투르 역시 마찬가지의 견해를 견지한다. 기후 체계의 되먹임 고리들을 제공하는 미생물과 식물 들은 표준적인 견해가 거짓임을 입증한다 — "그리고 종종 그것들은 복수라도 하려는 듯 귀환한다! 이 고리들 각각은 인간 행위에 대한 어떤 외부 행위성의 예상치 못한 반응을 등록한다."[56] 여기서 암묵적인 가정은 의도하지 않은 결과가 구체화하는 지점에서 의도를 지닌 인간 행위성이 끝이 난다는 것이다. 그다음에는 어떤 다른 행위성이 우세해지는데, 즉 그런 결과의 원인이 되는 존재자의 행위성이 우세해진다. 이렇게 해서 우리는 뜨거워지는 세계에서 편재하는 비인간 행위성에 관한 관념을 구제할 수 있는데, 석탄 한 조각 또는 이산화탄소 분자 하나에 온전한 지향성을 귀속시키지 않은 채로 말이다. 비인간 행위자들이 기후 체계의 되먹임 고리들에 기여하는 부분은 의도하지 않은 결과들의 총합으로 나타나는데, 이는 그것들이 최소한 인간에 버금가는 행위성을 갖추고 있음을 입증한다. 그것들이 난입할 때 인간 행위성은 끝이 난다.

그런데 내가 어떤 소요 사태에 가담한다고 가정하자. 나는 돌 하나를 손에 쥐고서 전위에 나서고, 경찰을 겨냥하며, 그들

---

55. 같은 곳.
56. Latour, *Facing Gaia*, 133~4. 강조가 첨가됨.

중 한 사람을 쓰러뜨리기로 작정하고서 힘을 한껏 내어 그 돌을 던진다. 내가 혼란 속에서 보지 못한 가로등에 그 돌이 부딪히고 되튀어서 곧장 내 동지들 중 한 사람의 눈을 때린다. 신유물론적 견해와 라투르적 견해에 따르면 이제 그 사건의 행위자는 그 가로등인데, 요컨대 나 자신의 행위성은 충돌의 순간에 끝이 나버렸다. 그리고 사실상, 베넷에 따르면, 그 가로등은 "사태의 추이를 변경한다" — 그런데 표준적인 견해에 따르면, 그 가로등은 나의 동지가 입은 부상의 배후에 있는 행위자가 아니다. 그 행위자는 그 연쇄를 일으키는 사람인데, 그는 그 사건을 만들어내고, "세계에의 어떤 입력의 원천"이며, 내가 돌을 집어서 던질 때 수행하는 움직임들처럼 유도된 신체적 움직임들을 통해서 무언가를 초래하거나 그것이 생겨나게 하는 당사자이다.[57]

나의 행위성 주위에 의도하지 않은 결과가 나타나는 선을 그음으로써 무엇이 성취될 수 있을까? 우선 그것은 인간 행위성을 정의상 의도한 결과만 초래할 수밖에 없는 것으로 간주하는 구상을 개시할 것이다. 왜냐하면 발생하는 여타의 모든 것은 어떤 다른 행위성(또는 행위자나 행위소)의 실행이기 때문이다. 그렇다면 모든 인간 행위자는 본질적으로 자신의 행위권

---

57. Steward, "Moral Responsibility and the Concept of Agency," 385.

내부에서 전능해질 것이다. 들판에서 그가 던진 투척물이 경로를 이탈하는 순간에 그는 더는 행위성을 발휘하지 않는데, 어떤 다른 물질 덩어리가 행위성을 발휘한다. 그러므로 인간은 화석연료의 위치를 알아내고 그것을 채굴할 수 있었을 것이지만, 르케인이 주장하듯이, 화석연료 및 그것과 관련된 모든 물질이 차후에 발생한 기후 파괴의 진정한 행위자들이다. 여기서 '의도하지 않은 결과'라는 개념 — 생태위기의 모든 쟁점에 대단히 중요한 개념 — 은 허물어져 버린다. 왜냐하면 그것은 어떤 의도를 지니고서 행위를 함으로써 자신의 애초 목표에 부합하는 것은 아닐지라도 자신의 행함이 구성하는 일련의 사건을 초래하는 한 행위자의 중심적인 역할을 전제로 하기 때문이다.

경찰이 군중을 향해 대량의 최루가스를 살포함으로써 대응한다고 가정하자. 대다수 최루가스가 비에 씻겨 내려가고 매우 강한 바람이 부는 바람에 그 가스는 어느 아이의 침실에 스며들어 그를 질식사시켰다. 표준적인 견해를 다듬은 한 가지 관점에서 헬렌 스튜어드는 "도덕적 책임이 행위자들에게 있다 — 그리하여 행위성을 배제하는 세계는 도덕적 책임을 배제하는 세계이기도 하다"라는 것을 강조한다.[58] 마찬가지로, 의도하지 않은 결과가 어떤 물질적 행위소의 산물로 여겨지도록 행

---

58. 같은 글, 384.

위성을 분배하는 이론은 세계에서 무분별함, 경솔함, 의무, 책임, 그리고 그 밖의 온갖 도덕적 인자들을 박탈하는 이론이기도 하다. 죽은 아이의 부모는 그들의 분노를 바람에 터뜨리도록 요청받을 것이다. 우리는 이 이론의 윤리적·정치적 함의들을 다시 살펴볼 것이다.

존 맥도웰은 그 대안을 멋지게 포착한다. 행위를 하는 것은

> 물웅덩이에 돌 하나를 떨어뜨려서 모든 방향으로 퍼져 나가는 물결을 일으키는 것[과 같다]. 객관적 실재 속의 우발사건으로서 생겨나는 누군가의 실행 의도는 최초의 개입 행위로부터 시간과 공간을 걸쳐 퍼져 나가는 결과를 낳는다. 한 편의 행위가 일으키는 인과적 반향의 가능한 범위에 한계를 정하는, 원칙에 입각한 어떤 방식도 존재하지 않는 것처럼 보인다. 그런 반향들은 행위자의 예견 역량을 뛰어넘을 수밖에 없는데, 행위자가 자신이 의도하는 바에 그 반향들을 포함할 역량을 갖추고 있지 않다는 것은 말할 필요도 없다.[59]

그 이유는 반향들 또는 그것들의 추가적인 원인들이 행위성이라는 속성을 부여받기 때문이 아니라 오히려 그 행위자가 철저히

---

59. McDowell, "Acting as One Intends," 155.

물질적인 세계 속에 처해 있는 물질적인 것이기 때문이다. 그러므로 아무리 의도하지 않은 것일지라도 그 결과물은 "무언가가 행한 것에 관한 진실을 생성한다."[60] 그런데 그 행함을 실행한 그 무언가는 여전히 인간 행위자이다.

이것은 투석자에게, 경찰관에게, 화석연료의 탐사자와 채굴자와 연소자에게 적용된다. 이 모든 경우에 "누군가가 행하고 있는 것 또는 행한 것은 객관적 세계에서 나타난 어떤 변경의 원인이, 그 변경이 의도적인 것인지 또는 심지어 예견된 것인지 여부와 무관하게, 그 세계에 대한 누군가의 의도적인 개입에 귀속될 수 있는지에 의해 결정된다."[61] 행위를 하는 것이 물웅덩이에 (또는 늘어선 경찰 병력에) 돌을 던지는 것과 같다면, 하나의 행위는 독자적인 생명을 갖추고서 세계를 항행함에 따라 더 많은 독특한 사건을 일으킬 수 있다(또한 동지에게 상해를 입히게 되고 ─ 또는 아이를 살해하게 되거나, 또는 지구온난화를 일으키게 된다). 행위자는 자신이 절대로 상상하지 않았던 것을 실행한 것으로 판명될 수 있을 것이다. 행위자는 자신의 행위에 못지않게 그 결과에 대해서도 책임을 져야 한다. 돌도 금속 용기도 석탄도 행위자가 아니다. 그것들에서 비롯된 결

---

60. 같은 곳.
61. 같은 곳. 강조가 첨가됨.

과들은 시간에 걸쳐 확장된 최초 행위의 통합적 측면들이다.[62] 지구온난화는 화석연료를 소비하는 행위의 통합적 측면이지, 다른 것들에 의해 수행된 또 하나의 행위가 아니다. 이것은 우리로 하여금 "특별한 종류의 차이-제작자로서의 행위자를 예컨대 운석 같은 종류의 차이-제작자와 구분할" 수 있게 하는 것이라고 맥도웰은 지적한다.[63] 운석은 사태에 어떤 차이를 만들어내지만, 그것은 행위성이 아니라 차이를 만들어내는 사물들의 하위집합인 인과적 영향에 대한 정의이다.[64] 이것은 라투르주의적 신유물론과 정반대의 견해이며, 그리고 훨씬 더 설득력이 있는 견해이다.

여기서 분석적 문제는 어떤 모호하게 평등주의적인 방식으로 '행위성의 분배' 또는 '관계적 행위성'에 관해 이야기함으로써 해결될 수 없다는 것을 인식하자. 그 투석의 절반이 나에게 할당되고 절반이 가로등에 할당된다면 우리는 우리가 출발한 지점으로 되돌아갈 것이며, 그리고 여타의 어떤 할당 원리에도 마찬가지로 적용된다. 라투르는 "과업은, 중대한 정치적 과업은 자연과 사회를 '화해시키'거나 '결합하'려고 시도하기는커

---

62. Davidson, "Agency," 15~8; Jonathan Bennett, "Shooting, Killing and Dying," 21~5; Maria Alvarez and John Hyman, "Agents and their Actions," 40; Hornsby, "Agency and Actions," 55.
63. McDowell, "Acting as One Intends," 157.
64. Alf Hornborg, "Artifacts Have Consequences, Not Agency," 98~9를 참조.

녕 정반대로 행위성을 [가능한 한] 광범위하게 **분배하는 것이다**"라고 단언한다 — 행위성이라는 인자를 완전히 지워버리는 처방.[65] 예를 들면, 역사화된 자연의 역설은 가려지게 될 것이다. 행위성이 인간과 얼음 사이에, 어떤 동등성도 없고 대칭성도 없는 것들 사이에 공평하게 할당된다면 그 역설은 파악될 수 없을 것이다. 얼음은 결과들로 녹아내리는데, 바로 이런 이유로 인해 인간의 어떤 행위들이 매우 치명적일 수 있다. 뜨거워지는 세계에서 "인간이 더는 객관적 세계의 독단적인 명령에 굴복하지 않는 이유는 인간에게 다가오는 것 역시 철저히 주관적인 형태의 행위이기 때문이다"라고 라투르가 적을 때 그는 모든 것을 잘못 이해하고 있는데,[66] 해빙 현상에는 철저히 주관적인 것은 전혀 없고 오히려 객관적인 것이 많이 있다. 또는 2016년

---

65. Latour, "Agency at the Time of the Anthropocene," 15. Latour, "Fifty Shades of Green," 221~3 ; Bruno Latour, *Reset Modernity!*, 168에서 공표된 매우 유사한 언명을 참조하라. 가장 최근에 출판된 라투르의 이 책은 학술적 나르시시즘의 전형이다. 여기서 그는 550쪽에 걸쳐 시론들을 수록한 호화롭게 디자인된 책을 편집했는데, 그 모음집의 통합적 주제는 라투르 자신의 위대성이다. 기고자들은 그들이 라투르의 강연들 사이를 오고가면서 그의 천재성을 숙고하는 방식에 관하여 적는다. 그가 파리의 부시장과 함께 웃고 있는 사진이 있다. 학생들은 그가 조직한 워크숍에서 진지하게 고민하는 표정을 짓고 있다. 기타 등등. 인명 찾아보기에서 '브뤼노 라투르'가 언급되는 페이지 수는 158이다. 플라톤의 경우에는 그 수가 21이다. 두 번째로 많이 언급된 이자벨 스텐게르스는 그 수가 22이다.

66. Latour, "Agency at the Time of the Anthropocene," 5.

12월 〈미국지구물리학회〉에서 과학자들이 벌인 시위에서 펼쳐진 한 플래카드에 쓰여 있었듯이, "얼음은 의제가 없다 — 그것은 녹을 뿐이다."[67] 행위성에 관한 제한적 관념을 채택하고, 마리아 알바레즈 및 존 하이먼과 더불어, 우리는 "우리 행위의 결과가 전개되는 상황을 자연에 맡겨"야 한다는 점을 수용하는 것이 더 낫다.[68] 인간이 탄소 순환과 그 밖의 자연 회로들 안에서 행위한다는 사실은 결코 우리의 행위성을 감소시키지 않는다. 그 사실은 우리의 행위성을 증폭한다.[69]

화석연료에 가해진 작용

영국 제국주의자들은 석탄을 찾아내겠다는 분명한 목표를 마음에 품고서 라부안에 왔다. 그들은 석탄을 발견하고, 석탄을 채굴하며, 석탄을 다양한 화로에 배달하고자 했다. 더 정확히 서술하면, 그 석판화로 판단하건대, 우리는 그 장면에서 현시된 기업가는 오로지 돈 벌기를 원했던 한편으로 장교는 그 퇴적물에서 그 지역의 증기선 노선을 위한 받침대를 발견했

---

67. Alan Yuhas, "Inside the Largest Earth Science Event."
68. Alvarez and Hyman, "Agents and their Actions," 41. Davidson, "Agency," 18을 참조.
69. 이 점은 Clive Hamilton, "In Defence of an Anthropocentrism for the Anthropocene"에서 클라이브 해밀턴이 지적했다.

다고 추측할 수 있다. 그런 대단히 의도적인 기획들은 결코 극적이지 않다. 오히려 그것들은 당시에 스스로 재생산하고자 하는, 그리고 가능하다면 자신의 제국을 팽창시키고자 하는 상인과 해군에게 그다지 특별하지 않은 전형적인 것이었다. 그런데 화석 경제는 사회의 물질적 토대에 깊숙이 자리하고 있는 바로 그런 평범한 행위성이 없다면 생각할 수 없는 것이다. 어쨌든 그러한 것이 기후과학의 핵심이다. 인간은 화석연료가 묻힌 곳을 알아내고, 화석연료를 채굴하며, 화석연료에 불을 붙임으로써 지구온난화를 초래했다. 따라서 지구온난화는 몽유 또는 우연한 소동을 거쳐 발생하지 않았다. 그것은 과거 두 세기 동안 지속된 기획으로, 현존하는 사회적 관계들에 새겨져 있고 그 관계들을 새롭게 재생산하는 일상적인 행위성에 의해 추동되었다. 그런 까닭에 우리는 인간이 단독으로 조절판을 돌렸다고 말할 수 있다. 그렇지 않은가?

물질적 전회의 옹호자들은 생각이 다르다. 기후변화 현상에 관한 이론의 기반을 라투르에게 두려고 시도한 야심만만한 책인 『인류세 픽션들 : 기후변화 시대의 소설』에서 [애덤] 트렉슬러는 "행위자-네트워크 이론은 단일한 원천에 대한 이론적 설명을 제공하려고 하는 것이 아니라 오히려 일반적으로 기후변화로 일컬어지는, 함께 창출하는 엄청나게 많은 행위자를 추적하는 수단을 제공한다"라고 단언한다.[70] 그러므로 이는 석탄과 화덕과 빙하가 인류나 자본에 버금가는 행위성을 갖추고 있다는 주장이다 — 사실상 트렉슬러는 기업과 그 밖의 사회적 행위자들에 집중하는 견해를 "기후의 독특한 비인간 행위성을 감안하"지 못한다고 비난하는데,[71] 이런 행위성으로 그가 부분적으로 뜻하는 바는 본연의 "전 지구적 기후의 끈덕진 행위성"이다(이라크 침공과 비교해 보라).[72] 우리는 이 견해를 정당화하는 두 가지 방식 — 행위성과 (인간) 지향성 사이의 연계를 단절하기, 그리고 (인간) 행위성과 그것의 의도하지 않은 결과를 구분하기 — 을 검토한 결과 둘 다 이치에 맞지 않음을 알아내었으며, 그리하여 그것들이 뜨거워지는 세계의 동역학을 분명히 하기보다는 오히려 보이지 않게 가린다는 결론에 이끌렸다. 그런데 검토해야 할 두 가지 다른 주장이 있다.

한 가지 더 온건한 해석은 라부안에 매장된 석탄이, 라투르의 표현을 인용하면 "행위 과정에 관여하는 참여자"라는 것,[73] 베넷의 표현을 인용하면 "수많은 신체와 힘의 협력, 공동 작용, 혹은 상호작용적 간섭"에 관여한다는 것이다.[74] 그런 어구들은

---

70. Adam Trexler, *Anthropocene Fictions: The Novel in a Time of Climate Change*, 58.
71. 같은 책, 191.
72. 같은 책, 224.
73. Latour, *Reassembling the Social*, 71.
74. Bennett, *Vibrant Matter*, 21 (103 참조). [베넷, 『생동하는 물질』.]

최고 행위성보다 약간 더 낮은 다른 층위들의 작용을 가리키도록 선택된다(여기서도 어떤 위계가 슬며시 도입된다). 그런데 하여간 그 어구들은 매장된 석탄에 지나치게 능동적인 역할을 부여할 수 있을 것이다. 왜냐하면 1830년대에 그 석탄이 무언가 다른 일에 참여했거나 협력했거나 간섭했거나 또는 무언가 다른 일을 수행했다는 증거가 전혀 없기 때문이다. 모든 표식은 그 석탄이 언제나 그러했던 바로 그대로였다는 것 ― 즉, 아무것도 하지 않았다는 것 ― 을 나타낸다. 그것은 그냥 그곳에 놓여 있었다. 언제나 그리고 도처에서의 모든 화석연료와 마찬가지로, 영국인들이 처음 개발한 그 석탄은 철저히 수동적이었고, 지하에서 채굴되었고, 영원한 부동^{不動} 상태에서 벗어났고, 인간의 기계들을 위한 연료가 되었으며, 덤으로 화석화되었다. 요컨대, 그 석탄은 정의상 (일부) 인간의 권력을 위한 도구가 되었다.

그런데 여기서 신유물론자들은 또 하나의 방어 노선에 의지할 것이다. 화석연료는 그 자체의 연소를 위한 필요조건이다. 조명 없이 연극을 상연하거나, 또는 리모컨 없이 텔레비전 채널을 바꾸는 것은 불가능할 것이기에 이 사물들은 연극을 하고 채널을 바꾸는 사람에 버금가는 행위자들이라고 라투르는 주장한다.[75] 그런데 조건은 그것이 필요한 사태와 동일시될 수 없

---

75. Latour, *Reassembling the Social*, 46, 71.

다. 그런 동일시는 소통 붕괴를 보증하는 비논리적인 것에 해당할 것이다. 그렇다면 포유류로 태어나는 것은 인간으로 태어난다는 것을 뜻할 것이다. 살아 있다는 것은 치명상을 입은 것임을 뜻할 것이다. 환경사가 린다 내시는 "이른바 인간 행위성은 그 행위성이 창발하는 환경과 분리될 수 없다"라고 단언함으로써 물질적 전회를 옹호할 때 유사한 융합을 실행하는 잘못을 범한다.[76] 내시는 "자연은 인간의 행위에 영향을 미치고 제약을 가한다"라고 서술하고, "환경은 인간의 의도를 형성한다"라고 서술한다.[77] 참이지만, 이것은 자연과 환경이 그것들이 도와서 인간들 사이에서 나타나게 하는 속성들이거나 또는 그 속성들을 보유하고 있음을 뜻하지는 않는다. 봄은 서로 심취하게 하고 북극 겨울의 어두움은 일부 사람들을 우울하게 만들 것이지만, 우리가 시를 적지 않거나 또는 우리가 엄연한 이론에 감정적 오류를 주입하고자 하지 않는다면 우리는 봄이 사랑에 빠진다고 말하지도 않고 어두움이 우울해진다고 말하지도 않는다. 무언가는 자신이 떨쳐버릴 수 없는 온갖 종류의 제약과 원동력과 전제조건을 갖추고 있을 것이지만, 그렇다고 해서 그것은 그것들로 환원될 수 없으며, 그리고 그것들은 그것의 특

---

76. Linda Nash, "The Agency of Nature or the Nature of Agency?," 69.
77. 같은 곳. 원문에는 '행위'와 '의도'라는 낱말들이 강조되어 있다.

질을 이룰 수가 없다. 이 책을 작성하는 수단인 컴퓨터가 그 책 자체도 아니고 글쓰기도 아닌 것과 마찬가지로 라부안에서의 석탄 광맥의 현존은 석탄 개발 작업이 아닌데, 그 현존이 아무리 그 작업의 필요조건일지라도 말이다.

신유물론자들조차도 화덕이나 빙하에 귀속시키기를 주저할 한 가지 속성은 의식적 성찰의 역량이다. 인간계에서 의도는 종종 습관, 개성, 또는 정서적인 본능적 반응을 통해서 형성되지만, 잠시 멈추고, 한 걸음 물러서며, 자신의 욕망과 믿음을 마음의 현미경 아래 두고서 숙고 대상으로 삼을 수 있는 능력도 언제나 있다.[78] 어쩌면 나는 어떤 다른 방식으로 행동해야 하지 않을까? 고등한 기호적 소통을 실행할 수 있는 행위자는 내부적 또는 외부적 대화에 관여할 수 있고, 따라서, 예를 들면, 그가 자신의 환경에서 직면하는 요구와 자기 삶의 목표 사이 또는 자신의 욕망과 자신의 가치 사이의 갈등을 협상할 수 있다.[79] 그 행위자는 자신의 계획을 포기하고 수도원에 들어가는 것이 자신의 복지에 더 좋다고 결정하거나, 자신의 솜씨를 발휘하면서 나무 대신에 석탄을 태우는 성향을 개발하거나,

---

78. Hornsby, "Agency and Actions," 53~4 ; Davidson, "Intending," 120, 122 ; McDowell, "Acting as One Intends," 153.

79. Elder-Vass, *The Causal Power of Social Structures*, 93~7 ; Vivek Chibber, *Postcolonial Theory and the Spectre of Capital*, 190~5.

몰디브에서 주말을 보내기 위해 비행기를 타고 싶은 자신의 열망이 지속 가능한 생활양식에 대한 자신의 이상과 화해될 수 없다는 것을 분석하거나, 또는 그 문제와 관련하여 그저 분열될 수도 있을 것이다. 이것 역시 말미잘이 아니라 인간임이 뜻하는 바의 일부이다.

그러므로 어떤 열대 섬의 원주민들은 석탄을 채굴하는 이방인들을 절대 돕지 않을 것이라는 결론을 내릴 수 있을 것이다. 영국 왕립 해군의 장교들은 모여서 증기 또는 돛이 자신들의 선박을 위한 가장 효율적인 추진 방식인지를 논의하고 결정을 내린 다음에 그 실행의 걸림돌을 제거하는 데 착수할 수 있을 것이다. 마가릿 아처가 주장했듯이, 그런 성찰이 일반적으로 인간 행위성을 구성하며, 특히 그것의 **정치적 잠재력**을 구성하는데, 인간은 오직 자신의 상황에 대하여 성찰함으로써만 그것을 형성하는 데 적극적으로 관여할 수 있다.[80] 그 역량은 행위성에 관한 페리 앤더슨의 삼중 도식에서 두 번째 층위 ─ 그 과정에서 행위들이 "사회적 관계들의 분자적 실례들이라기보다는 오히려 독자적인 인과적 계열로서 독립적인 역사적 의의를 획득하게 되는", 사적 목표가 아니라 '공적' 목표의 추구 ─ 를 드러낸다.[81] 주요한 실례들에는 정치 캠페인, 군사적 대치, 종교적 성

---

80. 예를 들면, Margaret Archer, *Being Human*, 263~9, 308을 보라.

전, 조약 체결, 기념비 건설, 멀리 떨어진 섬의 탐사가 포함된다. 그런 노력은 공적 영역에 흔적을 남기고자 하는 그 의도에 의해 사적 기준선에서 벗어난다. 여기서 개인은 더는 자신의 목표를 추구하기 위해 행위를 하지 않고 오히려 공동으로 염두에 두고 있는 무언가를 성취하기 위해 다른 사람들과 함께 행위를 한다.

철학자들은 이것을 '집합적 행위'의 일종으로 분류할 것이고, 그들 중 일부는 심지어 행위자 자체가 창발적 속성들을 갖춘 한 지층처럼 집합적이라고 말하기까지 할 것이다. 프레데릭 스타우틀랜드는 이런 방향으로 필시 가장 대담한 이론의 개요를 설명했다. 개인은 홀로 성가^{聖歌} 〈즐거운 기분〉을 연주할 수 없다. 그것은 브라스밴드만이 연주할 수 있다. 축구팀만이 챔피언스리그에서 우승할 수 있고, 정부만이 비상사태를 공포할 수 있고, 노동조합과 같은 어떤 것만이 파업하겠다고 위협할 수 있으며, 기업만이 주식 배당금을 공개할 수 있다. 〈리버스 브라스밴드〉의 멤버 여덟 명이 각각 〈즐거운 기분〉을 연주한다고 말하는 것은 잘못된 것이다. 왜냐하면 그들은 모두 소리를 만들어내는 데서 자신의 역할을 수행하지만, 그 리듬과 하모니와 압도적인 그루브는 그들 중 누구에게도 분할되지도 않고

---

81. Anderson, *Arguments within English Marxism*, 19.

환원되지도 않기 때문이다. 독자적인 존재론적 실재성을 갖춘 하나의 행위자로서 연주하는 것은 정말로 그 밴드이다. 그 밴드가 뉴올리언스 세컨드 라인 퍼레이드에 참여할 때 그것은 〈즐거운 기분〉을 연주할 의도를 지니고 있지만, 또한 그 행위는 의도하지 않은 결과를 낳을 수 있을 것이다(누군가가 흥분하여 기절할 수 있을 것이다). 이것은 줄을 서 있는 개인들처럼 어떤 개인들의 무작위적인 집합체가 아니라 오히려 어떤 정합성과 지속성을 갖춘 하나의 집합적 행위자이다. 종종 그것은, 공식적이든 비공식적이든 간에, 지휘 체계의 구조를 갖추고 있다. 기업이 주요한 일례이다. "기업은 믿음과 의도를 품고 있으며, 그리고 기업의 직원들은 그런 태도 중 일부의 내용을 공유할 수 있지만 그것들은 기업의 태도이다."[82] 기업은 목표를 달성하기 위한 행위의 통일을 견인하는 어떤 목표 ─ 예컨대, 현재 인력의 규모를 절반으로 축소하기 ─ 를 설정할 수 있다. 그런 경우에 "기업의 행위들을 설명하는 것은 그 직원들의 행위들이 아니다. 오히려 기업의 행위들이 그 직원들의 행위들을 설명한다."[83] 그것은 멤버들이 따르는 박자를 연주한다.

그런데 화석연료를 채굴하여 지하에서 끄집어낸 다음에 다

---

82. Stoutland, "The Ontology of Social Agency," 167. 강조가 첨가됨.
83. 같은 글, 174.

양한 화덕에 배달함으로써 수익을 올리는 사업에 종사하는 기업들의 범주가 존재한다. 그런 기업들은 매일 라부안의 장면을 반복적으로 현시한다. 갈탄 광산을 확대하기 위한 여지를 만들기 위해 중부유럽 루사티아 지역의 마을들을 파괴하고자 하는 기업들, 지구에서 생물다양성의 밀도가 가장 높다고 여겨지는 에콰도르 야수니 우림 내부에 매장된 석유를 채굴하는 기업들이 그러하다. 노스다코타주의 스탠딩 록 수 부족과 그 밖의 아메리카 원주민 부족의 토지와 식수원을 직접 관통하는 송유관에 맞선 저항을 물리치고자 하는 기업들, 짐바브웨에서 석탄 탄광을 확대하는 방법을 찾는 기업들, 그레이트 오스트레일리아만의 해양 공원에서 석유를 시추하는 기업들, 북부 보르네오의 정글 아래서 석유와 천연가스를 뽑아 올려서 라부안의 터미널들로 배송하는 기업들, 연소용으로 팔기 위해 언제나 더 많은 화석연료를 찾아서 지각을 파쇄하고, 지각에 구멍을 뚫고, 지각을 파헤치고, 지각을 난도질하는 기업들이다. 화석연료를 지상으로 끄집어내는 것이 그 기업들의 의도이다. 화석연료로 돈을 버는 것이 그 기업들의 근원적인 동기이고 존재의 이유이다. 개별 직원들은 그것에 대하여 확고한 생각을 갖고 있을 수도 있고 그렇지 않을 수도 있지만, 이것은 그 기업들의 행로이다. 태연히 그것을 추구하는 것은 집단 행위자의 과업이다. 어딘가 다른 곳에서 우리는 이런 사업 노선을 "화석 자본의 시초 축적" — 가장 간단하게 연료 판매용 석탄, 석유, 또는 천연가스의 생산을 통한 이윤 생성으로 규정된다 — 이라고 일컬었으며, 그리고 스타우틀랜드에 의지하여 이제 우리는 그것을 주재하는 전 지구적 자본가 계급의 일부가 사실상 지구에서 최대량의 화석연료를 빨아들이고자 한다고 말할 수 있다.[84]

그런 의도가 실현된다면 무슨 일이 일어날까? 한 추정치에 따르면, 확인된 화석연료 지하 매장량 — 신기술로 입수할 수 있는 퇴적물뿐만 아니라 어떤 후속 발견도 배제하는 매장량 — 은 지구 평균온도의 섭씨 8도 상승을 초래하기에 충분하다.[85] 비슷한 가정으로 계산된 또 다른 추정치에 따르면, 그것들의 연소로 인해 남극 빙상이 사라질 것이다. 그리하여 주로 다음 1,000년 동안 해수면이 대략 58미터 상승할 것이다.[86] 이런 추정치들이 이미 그 위치가 밝혀지고 확보된 매장량에만 근거를 두고 있을 뿐이라는 점을 고려하면, 그것들은 그 계급 도당이 존재의 이유로서 완수하고자 하는 것의 하한선으로 여겨져야 한다. 몇몇 철학자는, 남극 빙상을 제거하는 것은 기업들이 의

---

84. Malm, *Fossil Capital*, 291, 320~6, 355~61. [말름, 『화석 자본』.]
85. Katarzyna B. Tokarska, Nathan P. Gillett, Andrew J. Weaver et al., "The Climate Response to Five Trillion Tonnes of Carbon."
86. Ricarda Winkelmann, Anders Levermann, Andy Ridgwell and Ken Caldeira, "Combustion of Available Fossil Fuel Resources Sufficient to Eliminate Antarctic Ice Sheet."

도하는 것에 속하지 않는다 — 그것들은 단지 돈을 벌려고 노력하고 있을 뿐이다 — 고 할지라도 그 기업들이 이런 결과를 알고 있는 상태에서도 여전히 계속해서 전 세계적으로 탐사하고 채굴한다는 사실은 그 기업들이 지구에서 모든 얼음을 제거하고 지구를 거주 불가능한 수준으로 뜨거워지게 하려고 의도적으로 작업하고 있다는 것을 뜻한다는 결론을 내릴 것이다. 다른 철학자들은 이것들을 한낱 부작용에 불과한 것으로 간주할 것이다.[87] 어떤 경우이든 간에 이 사태는 결국 이런 자본 축적 분야에서 품어진 의도들의 총합에서 비롯된다.

그런데 대다수 이런 행위는 거의 눈에 띄지 않게 이루어진다. 대체로 그것은 사회적 관계들의 일상적인 재생산에 안전하게 묻혀 있는, 페리 앤더슨의 첫 번째 층위의 행위성에 속한다. 물론 계급 자체가 바로 그런 층위에서 파생되지만, 때때로 어떤 집합적 행위자가 토대에서 부상하여 이런저런 목표를, 공개적으로 또는 은밀히, 진전시키기 위해 대중 앞에 나서게 된다. 기후변화 부인에 대한 자금 지원이 적절한 일례이다. 또 하나의 적절한 사례는 석탄, 석유, 그리고 천연가스 기업들에 의해 시도되는, 기후 협상들에 영향을 미치기 위한 체계적인 조직적

---

[87] 예를 들면, Alfred R. Mele, "Intention," 113 ; Joshua Knobe, "Intentional Action and Side Effects in Ordinary Language" ; O'Brien, *Philosophy of Action*, 64~70을 보라.

활동이다. 지난 이십 년 동안 그런 기업들과 그 제휴 기업들은 협상가들과의 협의, 정상 회담에서의 칵테일 리셉션, 법조문의 초안 작성, 부대 행사의 후원, 온갖 종류의 공공연하고 은밀한 로비 활동에 관여했다. 그것들은 무엇을 성취했는가? 『뜨거워지는 세계에서의 권력 : 새로운 전 지구적 기후변화 정치와 환경 불평등의 재구성』이라는 훌륭한 해설서에서 데이비드 키플렛과 공동 저자들은 그 결과를 다음과 같이 요약한다. "구조적으로 민간 부문 수익성에 의존하는 정부 대표들은 기성 산업들을 위태롭게 하는 계획들에 대한 국내의 강력한 사업과 관련 이익집단들로부터의 저항을 예견할 것이"고,[88] 따라서 그런 의도에 고취된 상태에서 급진적인 배출량 감축 제안을 거부할 것이다. 이런 특수한 자본주의적 도당의 "지속적인 지배"는 사실상 기후 협상들에 매우 강한 흔적을 남겼다.[89] 그런 협상들을 거의 무용지물에 가까운 현재 상태로 희석하기 위해 그들보다 더 많은 작업을 실행한 행위자는 전혀 없다.

자발적인 배출량 감축의 원칙 — 자국의 이산화탄소 배출량을 감축하고자 한다면 언제, 얼마나, 그리고 어떤 방법으로 감축할지를 해당 국가가 독자적으로 결정한다는 원칙 — 을 신성화함으로써

---

88. Ciplet, Roberts, and Khan, *Power in a Warming World*, 137.
89. 같은 책, 149.

[2015년] 파리에서 개최된 제21차 유엔기후변화협약 당사국총회(이하 COP 21)는 국제적 완화를 공허하게 만드는 조직적 활동의 성공을 증명했다. 그런데 일 년 후[2016년]에는 이것과 차원이 다른 공세가 전개되었다. 도널드 트럼프의 대통령 당선을 통해서 이 특수한 자본가 계급의 도당 ― 이것을 시초 화석 자본으로 일컫자 ― 은 세계 역사상 가장 강력한 국가에 대한 직접적인 통제권을 획득했다. 이 책은 트럼프가 미합중국 대통령에 취임한 지 일주일이 지난 시점에 저술되고 있다. 그는 키스톤 XL 송유관과 다코타 대형 송유관의 건설 공사를 재개하기 위한 행정 명령에 막 서명함으로써 그 두 계획을 중지시킨 인민의 저항에 대놓고 침을 뱉었다. 트럼프는 환경보호청에 기후변화와 관련된 모든 내용을 자체 웹사이트에서 삭제할 것을 명령했다. 그리하여 그는 그 기관을 폐쇄하기로 작정한 것처럼 보인다. 요컨대, 그는 미국의 땅속에 묻혀 있는 화석연료를 가능한 한 빨리 채굴하고 가장 당당하게 무식한 기후변화 부인론을 공식적인 국가 이데올로기로 전환하겠다는 자신의 공약을 이행할 것처럼 보인다.[90] 자신의 산탄총을 모든 방향으로 겨냥하는 트럼프가 그 과정에서 지금까지 모든 미합중국 대통령이 행했던

---

90. 미합중국의 이런 경향에 대한 최근의 개관은 Michael E. Mann and Tom Toles, *The Madhouse Effect*, 52~116을 보라. [마이클 E. 만·톰 톨스, 『누가 왜 기후변화를 부정하는가』.]

것보다 더 빨리 자신을 파멸시키고 더 많은 것을 파괴할 것이라는 추정은 상당히 타당한 듯 보인다. 그는 기후변화를 상대적으로 문제가 아닌 것으로 실제로 축소시킬 적어도 한 가지 도구, 즉 미합중국 핵무기 형태의 도구를 손에 쥐고 있다.

트럼프 무용담이 흥분으로 끝이 나든 탄식으로 끝이 나든 간에 그것은 이미 한 가지 상황을 결정적으로 예증했다. 21세기의 두 번째 십 년 동안 시초 화석 자본이 주변부적 힘이 될 수 있는 곳은 어디에도 없다. 만약 그랬다면, 이것은 자본주의 전체의 최고위 대표자로서 기능하는 국가 기구의 고위층으로 쉽게 진입할 수 없었을 것이다.[91] 트럼프는 자신의 내각을 이런저런 식으로 화석 자본의 시초 축적으로부터 큰돈을 번 사람들로 채웠는데, 그 수장은 이 사업 노선을 상징하는 렉스 틸러슨이라는 인물이다. 틸러슨은 엑손모빌에서 사십일 년 동안 근무했으며, 그중 십 년은 최고경영자로서 재직했다. 그는 스티브 콜이 저술한 『사적 제국 : 엑손모빌과 미국의 권력』[92]이라는 기업 저널리즘 걸작의 주요 인물이다. 그 책에서는 장차 국무장관이 될 틸러슨이 비속한 악의 화신이라는 인상을 준다. 오스틴 소재 텍사스대학교에서 공부하는 동안 그는 "그 도시의 만

---

91. 미합중국의 이런 역할에 대해서는 Leo Panitch and Sam Gindin, *The Making of Global Capitalism*를 보라.
92. * Steve Coll, *Private Empire : ExxonMobil and American Power*.

발하는 음악 대항문화를 외면했"고, "자신의 과외 자원봉사 활동의 대부분을 미국 보이스카우트연맹에 바쳤으"며,[93] 『아틀라스』[94]라는 자신의 애독서를 읽었다. 틸러슨과 그의 후임자 아래에서 엑손모빌은 아체, 적도 기니, 이라크, 나이지리아, 그리고 차드 같은 지역에서 일련의 제국주의적 모험사업에 관여했다. 엑손모빌은 퇴각하는 북극 빙하가 가져다주는 기회를 이용하여 연소시킬 더 많은 석유를 채굴하기 위해 재빨리 움직였다. 콜은 제국주의가 이 기업의 필수 명령인 이유를 상세히 설명한다. "엑손의 사업 모형의 대상은 지하에 묻혀 있었다. 엑손은 땅속에 구멍을 뚫은 다음에 여러 해 동안 자체의 유정과 가스정을 운영했고, 따라서 그 기업의 사업 명령은 물리적 영토의 통제와 연계되어 있었다."[95] 그것은 라부안의 장면을 전 지구적 규모에서 재현한다.

틸러슨은 그 기업의 목적에 전적으로 헌신했던 것으로 유명했다. "나의 철학은 돈을 버는 것이다. 내가 구멍을 뚫어서 돈을 벌 수 있다면 그것이 내가 하고 싶은 일이다." 여기서 그는 고상하게도 철학을 언급하기에 잠깐만 그 언표를 철학적으로 분석해 보자. 틸러슨은 "나의 철학은 돈을 버는 것이다"라

---

93. 같은 책, 333~5.
94. * Ayn Rand, *Atlas Shrugged*. [아인 랜드, 『아틀라스 1·2·3』.]
95. Coll, *Private Empire*, 20.

고 전제하면서 어떤 특정한 실행 계획을 전개하기 전에 자신이 염두에 두고 있는 사전 의도를, 스스로 정립한 목표를 언급한다. "내가 구명을 뚫어서 돈을 번다면"이라는 구절은 방법을 선택함에 있어서 어떤 무작위성을 허용하는 조건문이다—마치 그가 부자가 되기 위해 그 밖의 어떤 일도 꽤 많이 할 수 있을 것처럼 만약 내가 구명을 뚫어서 돈을 번다면 말이다. 그런데 지금은 그가 이 특정한 사업 노선에 관여하고 있기에 "그것이 내가 하고 싶은 일이다." 이는 행위 중에 의도가 행로를 벗어나지 않을 것이고 어떤 방해도 묵인하지 않을 것이라는 점을 시사한다. 이런 인간은 어떤 일이 있더라도 자신이 의도하는 대로 행동할 것이다. 이것은 현재 자본주의 국가 권력의 최고위직들을 차지하고 있는 그런 종류의 지향성이다. 그것은 집합적 초超행위자의 가슴에서 불타고 있다. 그것을 품고 있는 행위자들은 늘 승리하고자 한다.

달리 말해서 기후정치는 필연적으로, 언제나 집합적 숙의 능력에 기반을 두고 있는, 공적 목표들이 투사되고 충돌하는 앤더슨의 두 번째 층위에서 펼쳐진다. 그런데 오히려 여기서 인간 행위성의 고유성은 강조된다. 대규모의 지진과 군사적 침공의 사례를 살펴보자. 둘 다 인간의 삶, 공동체, 국가 전체에, 그리고 생물군에도 대단히 심각한 영향을 미칠 수 있다. 그것들은 사태에 매우 구체적인 차이를 만들어낸다. 그런데 지진이 임박하더라도 아무도 단층선에 대한 집회를 열 것을 요구하지 않을 것이다. 반면에, 어느 정부 건물 앞에 집결하여 동원 병력을 국외에 파병하지 말 것을 요구하는 것은 전적으로 합당하다. 이 사건들의 메커니즘들 사이에 어떤 실재적 차이가 있는 것인가? 그런 것처럼 보인다. 지진은 발생하고, 침공은 명령을 받아서 실행된다. 후자는 결정의 결과이며, 결정권자들은 달리 선택할 수 있었을 것이다(예를 들면, 시위가 체제의 안정성을 위태롭게 했더라면 말이다). 반면에, 전자는 무언의 지구 판구조학의 결과이다. 우리는 한편으로는 물리적으로 결정되는 사건과 다른 한편으로는 성찰적으로 의도적인 집합적 행동 사이의 이런 구분을 견지해야 할까? 기후변화에서는 그것이 모든 차이를 만들어낸다. 허리케인 샌디 같은 초강력 폭풍은 발생하여 도시를 강타하지만, 키스톤 XL 같은 송유관의 건설은 명령을 받아서 강행되거나 또는 그럴 수 없게 된다. 범심론에 경도된 사람들만이 폭풍에 다른 궤적을 선택하도록 요청할 것이다. 송유관은 계속해서 격렬한 논쟁의 대상이 된다. 송유관 건설에 저항하는 한 가지 이유는 그것이 극단적인 날씨 사건들이 발생할 위험을 급격히 높이는 대기 중 이산화탄소 농도 증가에 대규모로 기여할 것이라는 점이다 — 그런데 트럼프 체제는 이것을 전혀 고려하지 않을 의도를 명백히 지니고 있다.

이론을 통해서 전혀 우회할 필요가 없는 기후운동은 바로 이런 지향성의 풍경을 사용하여 자신의 방향을 설정했다. 최근에 기후운동은 시초 화석 자본 – 또는 '화석연료 산업' – 을 목표로 삼는 일에 집중했는데, 왜냐하면 그것이 최대의 권력 자산과 더불어 화석연료를 채굴하겠다는 가장 격렬하고 집중적이며 공격적인 의도가 자리하고 있는 곳이기 때문이다. 이와 유사한 의도는 기후로서의 기후에서도 미생물에서도 찾아볼 수 없다. 지금까지 기후운동은, 역사적 증거가 시사하듯이 예전에 라부안의 주민들이 불 주위에 모여서 새로운 기획에 반대하기로 의견을 모았을 때와 동일한 방식으로 형성된 정반대의 지향성을 동원함으로써 그 적의 의도를 좌절시키기 위해 할 수 있는 것을 실행하고 있었다.[96] 행위를 할 때마다 기후운동은 아직 실현되지 않은 사태 – 모든 화석연료가 땅속에 그대로 묻혀 있게 되는 사태 – 를 겨냥하며, 따라서 그것의 행위들은 개체적 규모가 아니라 오히려 집합적 규모에서 미래지향적이고 어쩌면 심지어 허구지향적이다. 이것은 화석 경제의 운명이 결정되는 층위이다. 인간과 인간 집합체들만이 화석 경제와 충돌할 수 있을 뿐이다 – 또는 달리 서술하면, 저항은 인간이 나타내는 가장 독특한 형태들의 행위성을 긍정함으로써만 구상될 수 있을 뿐이다. 나머지는 결과의 문제이다.

---

96. 후속 내용은 이어지는 글을 참조하라.

평탄치 않은 과정을 수용하는 법을 배우기

그런데 우리는 기후정치에 대하여 신유물론이 무엇을 할 수 있을지를 추측할 필요가 없다. 왜냐하면 그런 신조를 견지하는 학자의 개입 행위가 그것을 명확히 보여주기 때문이다. 요컨대, 제시카 슈미트는 자연과 사회, 구조와 주체, 지향적 행위성과 '중앙집권적 권위'와 '유효한 의사-결정'과 그 밖의 혐오스러운 범주들을 내던져 버리며, 그리하여 곧장 기후변화는 "이해될 수도 없고 유의미하게 형성될 수도 없"다는 결론에 이르게 된다.[97] 그저 불가사의한 폭풍이 맹위를 떨치도록 내버려두라. 또는, 인간이 최대한 할 수 있는 것을 행하면서 그 우레를 동반하는 물질에 적응하라. 그리고 당신이 해내지 못한다면, 그것은 당신이 책임져야 하는 것이다. 기후가 유발한 재난에 "우리 자신이 부정적인 영향을 받게 한다면", "우리가 아직 혼란이 삶의 평탄치 않은 과정의 일부라는 것을 충분히 인식하지 못했다는 의미에서, 이것은 우리의 사고방식과 우리 자신에 대한 태도와 우리가 세계와 맺는 관계의 불충분한 재정향을 가리킨다."[98] 희생자들은 잘 새겨들어라:"피해 경험 — 부정적인 영향을

---

97. Jessica Schmidt, "The Empirical Falsity of the Human Subject," 183. 강조가 첨가됨.
98. 같은 글, 187.

받았다는 것 – 은 단지 우리가 자신이 품은 애착을 제대로 자각하지 못했다는 이유로 우리가 비난받아야 한다는 것을 뜻할 뿐이다."[99] 그런 이야기를 부르키나파소와 필리핀의 인민들에게 한번 해 보라. 그들과 우리의 의무로서 주어지는 것은 행로를 바꾸겠다는 생각을 포기하는 것이다. 인간이 정말로 "책임질 [것은] 적응보다 오히려 의사결정을 고무하는 정치적·심적 구조들을 해체하는 것"이라는 생각을 포기하는 것이다.[100] 어떤 일이 닥치든 간에 함께 살아가는 법을 배우라는 것이다.

이런 종류의 사고방식에 따르면 중요한 것은 저항이 충분히 강한지 또는 그렇지 않은지, 저항이 결국 성공할 것인지 또는 우울하게 실패할 것인지, 저항을 고무하기 위해 무언가를 할 수 있는지 또는 그럴 수 없는지에 관한 물음이 아니다. 선험적으로 그런 노력은 무의미한 것으로 배제된다. 그런데 여기서 [제시카] 슈미트는 신유물론의 관심사를 반영하지 않은 지적 실수의 희생물이 되어 버렸을까? 실제 상황은 그렇지 않은 것처럼 보인다. 티머시 제임스 르케인은 다음과 같이 서술한다. "신유물론적 이론은 우리로 하여금 인간이 지구를 형성한 방식을 고려하기보다 오히려 지구가 인간을 형성한 방식을

---

99. 같은 글, 190-1.
100. 같은 글, 181.

고려할 것을 촉구한다. 그 이론은 지구가 인간에 의해 좌우되는 것이 아니라 오히려 인간이 지구에 의해 좌우된다고 주장한다."101 최근 '인류세'라는 개념이 기후변화에 대한 책임 및 기후변화와 관련된 재난을 인류 전체에 부정확하게 귀속시킨다고 주장한 사람들 - 일부는 '자본세'를 더 정확한 명칭으로 옹호한다 - 과는 대조적으로, 르케인은 정반대 방향으로 움직인다. 르케인은 시대의 명칭이 인간과 관련된 어떤 것도 포함하지 말아야 한다고 생각한다. '탄소세'Carbocene 또는 '석탄'을 뜻하는 그리스어 낱말 '안스라카'Anthraka를 사용하여 '안스라카세'Anthrakacene라는 명칭이 "우리의 현시대를 창조하는 데 탄소 및 석유와 천연가스 같은 탄화수소들이 수행한 역할"을 더 잘 반영할 것이다.102 이런 인과 관계학을 예시하기 위해 르케인은 일단의 우주 여행자들이 우거진 열대 식물과 에덴의 매력을 지닌 밝은색의 꽃들로 뒤덮인 어떤 행성에 내리는 〈스타트렉〉의 한 에피소드를 자세히 이야기한다. 그들이 그 행성의 초목을 건드리자마자 그것은 독성의 산을 분비한다. 그 행성은 인간이 살기에 부적당한 곳으로 판명된다. 지구의 경우에도 마찬가지의 논리가 적용된다. 우리는 지구에 의해 좌우되고, 지구는

---

101. LeCain, "Against the Anthropocene," 4~5.
102. 같은 글, 23.

악의적이다. 기후변화가 밝히는 것은 이런 지구의 신체가 "인간의 복지에 적대적이"고 인간 종에 "해로운 일종의 물질적 산을 사실상 발산한다"라는 점이다.[103]

산발적인 이의 제기에도 불구하고 신유물론의 경향은 가장 조잡한 형태의 결정론으로 빠져드는 것이다.[104] 신유물론의 이론적 구성에는 그런 일이 일어나지 못하게 막는 견제와 균형이 전혀 없다. 사실상 그것의 눈에 띄는 부분은 지구온난화 같은 것을 추동하는 명확히 사회적이고 역사적으로 우발적인 요인들에 관해 전혀 언급하지 않는다는 것이다. 신유물론의 핵심 신조는 행위자적 물질이 "독자적인 힘(권력)을 지니고 있는 것처럼 보일 뿐만 아니라 사실상 지니고 있다"라는 것이다.[105] 총과 지뢰는 "총을 쏘거나 지뢰를 매설하는 사람들에 맞서는" 그런 힘을 지니고 있다.[106] [제인] 베넷은 물질이 "외부의 힘 또는 이질적인 힘으로서 작용하는" 세계관을 지향하고 있다.[107] 그것의 전제들 중 하나로서, "'인간' 행위성은 그 자체로 언제나 근본적으로 집합적인 다종의 노력 결과이다."[108] 이런

---

103. 같은 곳.
104. 한 가지 그런 이의에 대해서는 같은 글, 13을 보라.
105. Patrick Joyce and Tony Bennett, "Material Powers: Introduction," 10.
106. 같은 글, 5. 강조가 첨가됨.
107. Jane Bennett, "A Vitalist Stopover on the Way to a New Materialism," 47.
108. Jane Bennett, "Ontology, Sensibility and Action," 86.

진술들이 우리의 사례에서 아무튼 어떤 의미를 지니고 있다면, 사실상 우리는 퇴적물이 그것을 채굴하는 사람들에 맞서는 행위성을 갖추고 있다는 점을, 석탄과 구름이 외부의 힘으로서 작용했다는 점을, 지금까지 비인간 종들이 인간 종에 못지않게 화석연료를 소비하려고 노력했다는 점을 믿도록 요청받게 된다. 게다가 실제로, 물질이 "사태가 일어나게 하는" 방식에 대한 반‍맑스주의적 증명에서 크리스 오터는 이것을 하나의 사례로 제시한다. "현대의 근대적인 에너지 체계들과 석유화학 산업이 기반을 두고 있는 재생 불가능한 화석연료의 소비는 1900년 이후로 급격히 증가했음이 명백하다."[109] 그리고 그런 사태가 일어나게 한 것은 생기 없는 물질이다. 지구온난화는 라투르의 다양한 준객체 중 하나이며, 그리고 모든 준객체는 "행위, 의지, 의미, 그리고 심지어 언어능력"을 보유하고 있다.[110] 그다음에 자연스럽게도 그레이엄 하먼은 라투르주의가 좌파의 어떤 이론보다 훨씬 더 낫다고 설명하게 되는데, 왜냐하면 후자는 "기후 위협을 다만 자본주의라고 일컬어지는, 더 포괄적인 인간 문제의 불가피한 부작용으로 개념화할 수 있을 뿐"이기 때문이다.[111] 좌파가 믿고 있는 것과는 달리 기후 위협

---

109. Otter, "Locating Matter," 54.
110. Latour, *We Have Never Been Modern*, 136. [라투르, 『우리는 결코 근대인이 었던 적이 없다』.]

의 기원은 인간에게서 비롯되지 않았다.

이것은 신유물론의 논리적 종착지이며, 그리고 그것은 기후과학의 기본 원리들과 정면으로 충돌한다. 또한 그것은 눈가림 행위를 수행한다. 의도하지 않은 결과라는 개념뿐만 아니라 (기후정치에서 매우 중요한) 책임이라는 개념도 유연해지거나 퇴치당하게 된다.[112] 2003년 8월에 발생한 북아메리카의 정전 사태에 관한 유명한 연구에서 베넷은 탈규제와 기업의 탐욕을 실제 범인으로 지목하지 못하게 하고 사실상 아무도 비난받지 말아야 한다는 퍼스트에너지First Energy라는 전력회사의 주장을 수용하는데, 왜냐하면 정전 사태에서 "말을 한" 것은 바로 전력망이었기 때문이다.[113] "행위소들의 연합은 도덕적 책임이라는 개념이 잘 들어맞지 않으며 비난의 대상도 특정하기 힘든 정체불명의 생명체이다."[114] 우리는 이런 추리 노선이 국제 기후 협상에 어떻게 유입될 수 있을지를 추측할 수 있다. 우리가 석탄 소비를 개시했거나 이산화탄소를 배출한 것은 아니다. 연소되기를 갈망한 석탄, 질주한 자동차들 등을 비롯한 행위소들의 군집이 우리를 그 소용돌이에 휘말리게 했다. "역

---

111. Harman, *Bruno Latour*, 144. [하먼, 『브뤼노 라투르』.]
112. "지구온난화의 분산된 비인격적 원인들을 어떤 한 기후 악당으로 응집시키는 것은 훨씬 더 어렵다"(Trexler, *Anthropocene Fictions*, 14).
113. Bennett, *Vibrant Matter*, 36.
114. 같은 책, 28.

사유물론에서 신유물론으로 이행함으로써 상실되는 것"은 "어쩌면 목표로 삼을 수 있고 비난할 만한 근본 원인이 있다는 만족감일 것이다"라고 베넷은 겸손한 태도로 자백한다.115 그런데 기후정치에서 그런 근본 원인을 가려내는 것은 지적 만족의 문제가 아니다. 그것은 삶과 죽음의 문제이다. 죽음 이후에도, 누가 기후변화가 초래한 손해와 피해에 대한 보상금을 내놓아야 하는지를 협상하는 경우에, 그것은 온전히 책임에 관한 문제이다.

또는, 물질적 전회의 또 다른 유명 인사인 티머시 모턴을 살펴보자. 모턴은 "자동차가 알았다고 나에게 눈짓한다"116라는 문장과 "숟가락이 국을 떠내면서 행하는 것은 내가 숟가락에 관해 이야기하면서 행하는 것과 별반 다르지 않다"117라는 문장 같은 글을 즐겨 작문한다. 그는 지구온난화가 행위성을 부여받은 "하이퍼객체"라고 믿고 있으며, 그리고 석유 자체가 "독자적인 암흑 설계를 갖춘 채로 방대하게 분산된 행위자"라고 믿고 있다.118 석유는 독자적인 어두운 설계를 갖추고 있다. 1970년대에 대다수 이론이 역사유물론과 결별한 이후로 이론

---

115. Bennett, "Ontology, Sensibility and Action," 87.
116. Timothy Morton, "They Are Here," 187.
117. Timothy Morton, "An Object-Oriented Defense of Poetry," 215
118. Timothy Morton, *Hyperobjects*, 53. [티머시 모턴, 『하이퍼객체』.]

은 끝없는 일련의 전회 – 문화적 전회, 언어적 전회, 정동적 전회, 인지적 전회, 수행적 전회, 물질적 전회, 포스트휴먼 전회, 비인간 전회 – 에 휘말리게 되었으며, 따라서 어쩌면 궁극적으로 어떤 현기증이 지속되는 것은 그다지 놀랄 일이 아닐 것이다.[119] 지금 행해야 할 분별 있는 유일한 행위는 행위성의 확대를 중단하는 것이다.[120] 이 뜨거워지는 세계에서 그 영예는 오로지 화석연료를 채굴하고, 구매하고, 판매하며, 연소하는 사람들과 이 회로를 유지하는 사람들과 지난 두 세기에 걸쳐 이런 행위들을 저지른 사람들에게 속할 뿐이다. 기후 체계를 통제 불능의 상태로 만든 그들만이 역사적 자연의 역설을 조장한다. '역사의 행위자'로서의 뜨거워지는 지구에 관한 인기 있는 이야기는 중단되어야 한다.[121] 인간 행위성과 비인간 비행위성 사이의 이분법이 기후과학 전체를 떠받치며, 물질적 전회는 기후과학이라는 장애물에 걸려 좌초됨이 틀림없다.

환경사의 다른 하위분야들은 어떠한가? 자연 – 인간이 어

---

119. 이것은 결코 완전한 목록이 아니다. 마크 캐리건은 '청각적 전회'와 '벌레 전회'를 비롯하여 사회과학과 인문학에서 나타난 47가지의 전회에 대한 목록을 제시했다(Mark Carrigan, "Can We Have a 'Turn' to End All Turns?").
120. 그런 추세에 분개한 어떤 한 환경사가가 제기한 분별적 사유에 대한 요구를 참조하라(Paul S. Sutter, "The World with Us").
121. 그런 일례는 Latour, "Agency at the Time of the Anthropocene," 3을 보라. 로지 브라이도티는 "지구를 정치적 행위자로" 간주한다(Rosi Braidotti, *The Posthuman*, 64 [로지 브라이도티, 『포스트휴먼』]).

떤 조절판도 돌리지 않은 비역사화된 자연 – 이 가뭄의 모습으로 사회를 덮칠 때, 질병으로 사람들을 해칠 때, 퇴적암을 형성하거나 어떤 다른 중대한 영향을 미침으로써 새로운 풍경을 개방할 때 행위성 확대는 더 그럴듯한 것처럼 보일 것이다. 그것이 대단히 의심스러워 보이는 것은 우리가 화살을 거꾸로 돌릴 때 – 자연 속 인간 삶의 역할을 설명하고자 할 때, 인간의 역사가 (나중에 되돌아서 사회에 영향을 미친) 자연 세계에 미친 영향을 예시하고자 할 때 – 이다. 역설적으로, 자연적 행위성에 관한 관념은 인간의 삶 속에서 자연적으로 초래된 우발사건이 역사적으로 설명되어야 하는 것일 때 가장 잘 (또는 가장 덜 나쁘게) 작동하는 반면에, 자연이 사회적인 것의 영역 내부에서 변환된 방식에 관심을 두는 보다 생명중심적인 역사는 의인화 관행에서 벗어나서 행위성을 인간에게 유보해야 한다.

그런데 자세히 살펴보면 행위성 확대는 그런 다른 분야들의 경우에도 보증되지 않는 것처럼 보인다. 『더 이코노믹 히스토리 리뷰』에 실린 한 논문에서 브루스 S. 캠벨은 재앙에 가까운 기후 이상 현상들과 흑사병이 공모하여 14세기의 유럽을 위기에 몰아넣음으로써 봉건사회가 경로를 벗어나게 하고 유럽 대륙이 경제적 선도 지역들과 정체 지역들로 쪼개지게 한 방식을 예증한다.[122] 캠벨은 자연이 "행위성"을 갖춘 "독자적인 역사적 주역이었다"라는 결론을 내린다 – 하지만 그가 실제로 의미하는 것처럼 보이는 바는 자연이 인과적 영향을 미쳤다는 점이다.[123] 공룡의 지구와 충돌했을 때의 운석이 그랬던 것처럼 자연은 끔찍한 영향을 미쳤고 파괴력이 있었는데, 현재 상황이 지속된다면 미래 기후 역시 그럴 것이다. 그런데 운석과 기후가 결여했고, 결여하고 있으며, 결여할 한 가지 창발적 속성은 행위성이다. 이 점에 대한 얼마간의 엄밀한 태도는 해가 되지 않을 것이다. 생태 파괴의 원인 – 그리고 잠재적인 교정 수단 – 으로서 인간 행위성의 특수성은 무시되지 말아야 한다. 모든 환경사는 속성 이원론을 고수해야 한다.

포스트휴머니즘에 관한 단상

그런데 현재 우리는 모두 혼종이지 않은가? 우리는 자신의 내부에 맥박 조정기와 아말감 충전재와 피임 임플란트를 장착하고 스크린을 우리의 확대된 자아로 사용한다. 우리 몸은 인간 세포들보다 더 많은 박테리아로 이루어져 있고, 애완동물은 우리와 결부시키는 전자 태그를 부착하고 있다. 우리는 자신을 인간이라고 일컫지만, 우리 몸에서는 추정상 대립물

---

122. Bruce M. S. Campbell, "Nature as Historical Protagonist," 310.
123. 같은 글, 283.

들 — 만약 부재하다면 우리가 이런 종류의 존재자들이 아니게 될 기계, 동물, 의료 기술, 디지털 회로 — 의 유출입이 이루어진다.[124] 이것은 신유물론의 형제인 포스트휴머니즘의 핵심에 자리하는 주장인데, 요컨대 포스트휴머니즘은 인간과 비인간 사이의 장벽을 유동화하는 데 주로 전념한다. 고전적인 '사이보그' 선언과 '반려종' 선언에서 도나 해러웨이는 경계들 — 유기체와 기계 사이의 경계, 물리적인 것과 비물리적인 것 사이의 경계, 개와 주인 사이의 경계, 자연과 문화 사이의 경계 — 이 허물어지는 광경에 한껏 몰입한다. "인간과 동물의 분리를 정말로 설득력 있게 정립하는 것은 아무것도 없다"라고 아주 기뻐하는 투로 말한다.[125] 『포스트휴머니즘이란 무엇인가?』라는 책에서 캐리 울프는 흡족한 전문적인 정의로 그 물음에 대한 정교한 답변을 제시한다. "포스트휴머니즘이란 인간이 기술적·의학적·정보학적·경제적 네트워크들과 얽힘으로써 생겨나는 인간의 탈중심화를 점점 더 무시할 수 없게 되는 역사적 국면을 명명한다."[126] 인간은 더는 중심이 아니다. 인간적인 것은 모든 방향으로 흐르고

---

124. 예를 들면 Lucile Desblache, "Hybridity, Monstrosity and the Posthuman in Philosophy and Literature Today"를 보라.

125. Donna J. Haraway, *Manifestly Haraway*, 10. [도나 해러웨이, 『해러웨이 선언문』.]

126. Cary Wolfe, *What Is Posthumanism?*, xv. 인간의 언어조차도 "본질적으로 비인간적인 것이다"(같은 책, 120).

흩어진다. 인간적인 것은 이전의 주변부로 산란하여 그것을 흡수한다. 로지 브라이도티의 표현에 따르면, 우리는 "종들의 거대한 혼종화"를 목격하고 있다.[127] 『포스트휴먼』이라는 책에서 브라이도티는 "인간이라는 개념은 파열되었다"라고 공표하면서 이것은 좋은 일이라고 여긴다.[128]

추정컨대 현시대는 포스트휴머니즘의 명제에 대하여 가장 나쁜 역사적 시기일 것인데, 포스트휴머니즘의 명제는 서사시적이라기보다는 오히려 평범하지만 말이다. 온난화 조건과 관련하여 포스트휴먼적인 것은 전혀 없다. 그 조건은 지구의 모든 생태계에 들이닥친 인간 역사의 영향에 의해 특징지어지는데, 이는 우리 태양계의 모든 행성이 태양의 빛 속에 잠겨 있는 상황과 다소 비슷하다. 지상의 자연은 포괄적인 범위 및 철저히 중앙집중화된 기원의 견지에서 이전에 생겨난 모든 소용돌이를 넘어서는 큰 소용돌이에 휘말려 있다. 인간 종이 비인간 종과 맺은 관계의 친밀성은 인간이 비인간에 미치는 영향을 통해서 드러난다. 비인간은 결코 어떤 인간과도 물리적으로 비슷해지지 않았을지라도 말이다. 단일한 종[인간 종]이 수행할 수 있는 행위, 즉 화석연료를 연소하는 행위가 생물권이라는 웅덩이에

---

127. Braidotti, *The Posthuman*, 65. [브라이도티, 『포스트휴먼』.]
128. 같은 책, 1. [같은 책.]

하나의 돌처럼 떨어지고 있는데도 몇몇 이론가들이 등장하여 "인간은 실재의 존재론적 중심에 놓인 자신의 지위를 상실하고 있다"라고 떠들썩하게 공표한다.[129] 그것은 타와프tawaf 의식이 시작될 때 카바kaaba가 무슬림 기도자의 중심에 놓인 자신의 지위를 상실한다고 말하는 것과 다소 비슷하다. 또는 클라이브 해밀턴에 따르면, 포스트휴머니즘은

> 세계를 변형시키는 우리의 힘이 절정에 이르는 바로 그 시기에 세계-제작자로서의 우리의 독특함을 부인한다… 우리는 단지 지난 이삼십 년 동안에야 인간 행위성의 출중함과 실제로 대면하게 되었을 뿐이다. 살아 있든 죽어 있든 간에 그 밖의 어떤 다른 힘도 지구 시스템에 영향을 미칠 수 없고 달리하겠다고 결심할 역량을 갖추고 있지 않다. 그런데 바로 그런 것이 행위성이다. 그리고 그것이 인간을 자연의 별종으로 만드는 것이다.[130]

온난화 조건은 초-인간적이다. 지구 평균 온도가 섭씨 8도 이상 증가하여 무더위에 지친 최후의 인간들 – 누가 그들에게

---

129. Harman, *Bruno Latour*, 146. [하먼, 『브뤼노 라투르』.]
130. Hamilton, "In Defence of an Anthropocentrism for the Anthropocene."

죽음을 가져다주었는지 망각하지 않을 법한 인간들 – 을 지구에서 사라지게 할 수 있게 된다면 어쩌면 온난화 조건은 약간 다른 의미에서의 포스트휴먼 국면을 예고할 것이지만, 그때까지 존재론적 중심은 유지될 것이다. 포스트휴머니스트들은 "인간은 해변의 모래에 그려진 얼굴처럼 지워질 것이라는 [푸코의] 장담"을 하나의 예언으로 즐겨 인용하지만, 어떤 포스트휴먼 세계가 생겨날 수 있더라도 인간의 얼굴이 바다로부터 지워지려면 수만 년의 세월이 흘러야 할 것이다.[131] 지금 이 순간에 과학자들은 기후변화로 인한 멸종의 가속된 위험을 보고한다.[132] 2016년 6월에 그들은 최초의 포유동물 – 농지와 도시에서 멀리 떨어져 있지만 그야말로 해수면 상승으로 침수된 오스트레일리아 토레스 해협의 한 섬에서 살고 있던 작은 설치류 동물, 즉 '브램블 케이 멜로미스'라고 불리는 설치류 동물 – 이 멸종되었다는 소식을 전했다.[133] 인간과 동물 사이의 분리를 정립하는 것은 적어도 한 가지가 있는데, 인간은 자신이 사용하기로 선택하는 에너지 유형을 통해서 동물을 근절시킬 수 있다. 심박조율기는 그런 현실에 맞서기에는 무게가 부족하다.

---

131. Wolfe, *What Is Posthumanism?*, xii.
132. Mark C. Urban, "Accelerating Extinction Risk from Climate Change."
133. James Watson, "Bring Climate Change Back from the Future"; Michael Slezak, "Revealed."

포스트휴머니즘은 지구온난화가 그것에 제기하는 특정한 문제에 대한 설득력 있는 응답 같은 것을 아직 고안하지 못했으며, 그리고 케이트 소퍼에 의해 식별된 한 가지 더 일반적인 문제의 경우에도 사정은 마찬가지이다. 특유의 엄밀함을 갖춘 소퍼는 더 지속 가능한 방식으로 행위를 하라는 모든 권고는 "인간의 독특성에 관한 관념에 분명히 뿌리를 두"고 있다고 지적한다.[134] "왜냐하면 그런 호소가 인류로 하여금 자신의 방식을 변경할 것을 권고하는 한, 그것은 우리가 그 밖의 생명체들 및 무기적 물질과 구분되는 역량들을 보유하고 있음을 전제로 하기 때문이다."[135] 반복해서 말하자면, 환경적으로 더 유익한 실천에 대한 모든 요청은 필연적으로 인간을 전면에 내세우고 중심에 두게 된다. 이것만으로도 포스트휴머니즘에 결정타를 가할 것임이 틀림없고, 그리하여 그것이 아직 답을 찾지 못했다는 점은 의심의 여지가 없다. 그런데 소퍼는 더 나아가서 포스트휴머니스트들이 한 가지 거대한 수행적 모순에 빠져 있다는 것을 보여주는데, 왜냐하면 그들 역시 인간을 그 밖의 존재자들에는 적용할 수 없는 방식으로 다루기 때문이다.[136] 그

---

134. Soper, *What is Nature?*, 40.
135. 같은 곳. 같은 책, 41, 160~1 ; Hailwood, *Alienation and Nature in Environmental Philosophy*, 21 ; White, Rudy, and Gareau, *Environments, Natures and Social Theory*, 141 ; Alf Hornborg, *Global Magic*, 163을 참조.
136. Kate Soper, "The Humanism in Posthumanism," 375~6. 이것은 단지 포

들이 자신들이 제기한 주장들의 진실성에 대하여 원핵생물이나 비닐봉지에 납득시키려고 시도하는 행위는 지금까지 관찰된 적이 없다. 그들의 모든 책, 논문, 그리고 학술회의는 인간 청중을 대상으로 하는데, 이는 인간 종이 지닌 또 하나의 꽤 예외적인 역량 – 우주에서 자신의 지위를 재평가할 수 있는 역량 – 을 부각하는 실제 효과를 낳는다. "푸코가 적은 것을 봐, 우리는 결국 그다지 특별하지 않아"라고 서로 이야기하는 설치류 동물은 지금까지 관찰된 적이 없다. 이런 식으로 개념적 차별을 제기하는 것은 설치류 동물을 학대하거나 멸종시키기 위한 자유 재량권을 부여하는 것은 아니다 – 정반대로 그것은 설치류 동물을 더 잘 다루기 위한 기초를 세우는 것, 또는 그 기초를 꽤 공개적으로 인식하는 것이다. 브램블 케이 멜로미스의 사례 같은 비극을 더 많이 방지하기를 원한다면 우리는 "사람들로 하여금 환경파괴를 초래하는 일과 환경파괴를 바로잡는 일에 대한 자신들의 고유한 책임을, 자신들과 그 밖의 종들에 대한 책임을 인식하"게 만들어야 한다 – 달리 말해서 우리는 휴머니스트가 되어야 한다.[137]

스트휴머니즘에 대하여 소퍼가 제기한 비판의 일단을 보여줄 뿐이다. 완전한 논변은 Kate Soper, "Of OncoMice and Female/Men"; Soper, "Disposing Nature or Disposing of It"도 보라.

137. Soper, "The Humanism in Posthumanism," 377.

또 다른 판본의 속성 이원론인 그런 휴머니즘은 뜨거워지는 세계에서 어느 정도 긴박감이 느껴진다. 이산화탄소 분자들에 하늘에서 내려오라고 요청할 사람도 없고, 석유 채굴 플랫폼들에 스스로 해체하고 그 희생자들에게 보상하라고 요구할 사람도 없을 것이다 ─ 티머시 모턴조차도 그러하지 않을 것인데, 왜냐하면 그는 석유와 소통할 방법을 찾아내지 못할 것이기 때문이다. 또한 우리는 영장류들이 화석연료 시대를 끝내는 데 많은 도움이 될 것이라고 예상할 수 없다. 최근의 포스트휴머니즘적 물신들 ─ 증강현실, 오스카 피스토리우스[138]의 의족 ─ 도 아무 효과가 없을 것이다. 그리고 어느 날 지구공학의 기계들이 지구를 냉각시키고자 양산되더라도 그것들의 끈은 평범한 인간들에 의해 당겨질 것임이 분명하다. 뇌에 어떤 생태사회주의적 칩을 이식받지 못하게 되어 있는 고전적 유형의 인간들이야말로, 필시 봉기하여 화석연료를 그들의 경제에서 떨쳐버릴 수 있을 유일한 행위자들이다. 그렇다면 그들이 전혀 특별하지 않다는 것, 그들을 동물이나 기계와 구분하는 것이 전혀 없다는 것, 그들이 그 밖의 모든 것이 의존하는 중심적 행위성을 갖추고 있지 않다는 것을 그들에게 이야기하는 것은

---

138. * 오스카 피스토리우스는 남아프리카공화국 출신의 육상선수로, 선천적 장애로 인해 태어난 지 11개월 때 양다리를 절단하는 수술을 받은 이후 지속적으로 의족을 달고 있다.

꽤 의기소침하게 만들고 낙담시키는 조치인 것처럼 보인다. 그것은 그들이 직면하는 매우 어려운 일에 대한 격려 연설이 전혀 아니다. 사실상 현재 생존 전망의 극대화가 무엇보다도 화석 경제가 완전히 해체되어야 한다는 점을 요구한다면, 우리는 곧장 페리 앤더슨의 세 번째 층위의 행위성으로 올라가게 된다.

> 마지막으로, 다음과 같은 집합적 프로젝트들이 있다. 그 프로젝트들은 사회적 구조들을 포괄적으로 창출하거나 개조하려는 어떤 의식적 프로그램을 통해서 자신의 계획자들을 자신의 집합적 존재양식 전체의 저자들로 삼고자 했다. … 역사적 변화에 관한 전적으로 새로운 이런 구상을 실제로 낳은 것은 근대적 노동운동이다. 그리고 사실상 최초로 사회적 전환의 집합적 프로젝트들이 과거와 현재의 과정을 이해하려는 체계적인 노력, 사전에 계획된 미래를 산출하려는 체계적인 노력과 결합하게 된 것은 그 창시자들이 과학적 사회주의라고 일컬은 것이 등장함으로써 이루어졌다. 이런 점에서 러시아 혁명은 선례가 없는 형태의 행위성에 기반을 둔, 새로운 종류의 역사에 대한 최초의 화신이다.[139]

---

139. Anderson, *Arguments within English Marxism*, 20. 강조가 첨가됨. Bhaskar, *The Possibility of Naturalism*, 38을 참조

라투르보다 레닌이 더 필요하다. 이것이 온난화 조건이 요구하는 것이다.

4장

일각수와 개코원숭이에 관하여 :
기후 실재론을 지지하며

브뤼노 라투르가 위기에 직면하다

여태까지 우리는 브뤼노 라투르의 활기 넘치게 창의적인 사유의 두 가지 측면, 즉 그의 혼종주의와 행위성의 비인간 물질에의 귀속을 살펴보았다. 그것들은 한 조각이다. 그런데 우리는 라투르가 앞서 고찰된 첫 번째 사조, 즉 1980년대와 1990년대에 주요한 원천으로서 영감을 제공한 구성주의를 고무함으로써 자신의 지적 경력을 시작했음을 떠올려야 한다.[1] 실험실 현장 연구와 과학사 – 주지하다시피 루이 파스퇴르의 의학적 발견들 – 에 관여하는 활동에 의지함으로써 라투르는, 관념론적 구성주의와 직서주의적 구성주의 사이의 간극을 메우거나 심지어 초월한다는 의미에서, 과학자들이 사실을 구성한다는 결론에 이르게 되었다. 요컨대 과학자들은 자신들이 관찰하는 세계를 생성한다. 그들의 관찰은 유아론적 몽상도 아니고, 천공의 성을 건설하듯이 실재를 고안하는 부동성浮動性의 관념도 아니다 – 그렇지 않다, 과학자들은 그들이 **동맹을 맺거나**, 연합하거나, 또는 다양한 네트워크로 연계하는 온갖 종류의 물질로 자신들의 손을 더럽히고, 그리하여 세계를 재배치하고 재구

---

1. 그러므로 라투르는 『자연에 반대한다』라는 책에서 전개된 관념론적-구성주의적 논변에 대한 영감의 주요한 원천이다. Vogel, *Against Nature*, 7~8, 36~8, 47~8, 130을 보라.

성한다.[2]

 이 이론을 조금 더 이해하기 위해 우리는 결핵균에 관한 라투르의 사례를 살펴볼 수 있을 것이다. 1950년대에 프랑스 과학자들은 람세스 2세의 미라를 파리로 운반하여 조사함으로써 그의 사인이 결핵이었다는 점을 알아내었다. 그런데 그 세균은 19세기에 발견된 반면에 그 파라오는 삼천 년 전에 살았었다 ─ 그렇다면 우리는 그가 결핵으로 사망했다고 정말로 말할 수 있을까? 라투르의 경우에 그것은 마치 우리가 람세스 2세의 사인을 맑스주의적 정변, 또는 기관총, 또는 월스트리트 붕괴로 진단한 것과 동일한 종류의 '시대착오적 행위'일 것이다. 그 병원체는 그것과 협동하는 과학자들보다 선재하지 않았다. 그것을 그 파라오의 사인으로 확정하려면 그의 신체가 병원, 엑스레이 기계, 램프, 살균된 기기, 하얀색 가운을 걸친 전문가들의 네트워크에 편입되어야만 했다. 그것들은 모두 그 질병에 관한 사실을 구성하는 데서 나름의 역할을 수행했다 ─ 그리고 그런 사실들은 "자체의 국소적인 생산 조건을, 가장 자유분방한 상상에 의해서도, 벗어날 수 없다."[3] 그리하여 결핵이 이

---

2. 예를 들면 Latour, *The Pasteurization of France* [라투르, 『프랑스의 파스퇴르화』]를 보라.

3. Bruno Latour, "On the Partial Existence of Existing and Nonexisting Objects," 248, 250.

집트 역사에 편입되었고 그 파라오가 기침하여 그 특정한 세균을 뱉어내기 시작한 것은 사실상 람세스 2세가 시간을 가로질러 선진 의학의 전당으로 이송되는 특권을 누리게 된 파리로의 비행 이후일 따름이다.[4] 이로부터 파라오 이외의 어떤 이집트인도 결코 결핵으로 죽지 않았다는 결론이 당연히 도출되는데, 왜냐하면 프랑스의 행위자-네트워크로 편입되는 특권이 익명의 농부들, 노예들, 그리고 장인들의 어떤 집단에도 부여되지 않았기 때문이다. 그런데 여기서 그런 따름정리가 우리의 주요 관심사인 것은 아니다.

오히려 우리는 라투르주의적인 구성주의적 인식론과 실재론적 인식론 사이의 대조와 더불어 그 두 가지 인식론이 우리로 하여금 기후위기에 대처하게 하는 방식들에 관심이 있다. 실재론자는 세균이 파스퇴르가 그것을 규명하기 전에 이미 세계에 현존했다고 말할 것이지만, 라투르는 이 진술을 반박할 것이다. 실재론자는 금성이 갈릴레오가 망원경을 그것에 향하게 하기 전에 자체의 상^{phase}들을 갖추고 있었다고 주장할 것이지만, 라투르는 이 주장을 인정하지 않을 것이다. 라투르는 과학적으로 관찰된 실재가, 관찰과 도구와 과학자들에 의해 동원된 그 밖의 객체들이 필수 구성요소들을 형성하는 하나

---

4. 같은 글, 266.

의 회집체라고 주장할 것이다.[5] 결핵, 세균, 행성의 상들은 이런 네트워크들의 내부 이외의 어떤 곳에서도 실재적인 존재론적 지위를 부여받을 수 없다. 그것들은 그런 네트워크들로의 편입을 수용하는 한에서 현존한다(그것들이 그 시점 이전에 어디에 있었는지, 또는 그것들이 어떻게 그 초대를 받아들이는지는 일반적으로 설명되지 않는다). 여기서 우리는 어떤 인식적 오류의 흔적을 탐지할 수 있지만, 1980년대에 라투르가 이 이론을 전개했을 때 그는 그것의 온전함을 매우 확신하여서 그것을, 당대의 기존 사유 대부분을 철저히 파괴한 [비트겐슈타인의]『논고』의 경우와 마찬가지로 번호가 매겨진, 일단의 보편적인 철학적 테제로 격상시켰다.

우수한 지식과 열등한 지식 같은 것은 전혀 없다.[6]

'과학'은 너무나 금시라도 무너질 듯하여 그에 관하여 이야기할 수 없다. 오히려 우리는 어떤 네트워크들이 자신을 그 밖의 네트워크들보다 더 강하게 만들려고 이용하는 **동맹자들**에 관

---

5. 이것의 출처는 Dave Elder-Vass, "Disassembling Actor-network Theory," 103~10이다. Dave Elder-Vass, "Searching for Realism, Structure and Agency in Actor Network Theory," 460~1을 참조.
6. Latour, *The Pasteurization of France*, 232. [라투르, 『프랑스의 파스퇴르화』.]

해 이야기해야 한다.[7]

우리는 논리의 현존, 이성의 힘, 심지어 믿음 자체, 그리고 믿음과 지식의 구분에 대한…믿음을 버려야 한다.[8]

어떤 일단의 문장도 그 자체로는 일관성이 있지도 않고 일관성이 없지도 않다. 우리가 알아야 하는 유일한 것은 누가 그것을 어떤 동맹자들과 얼마나 오랫동안 시험하는가이다.[9]

아무것도 여타의 모든 것보다 더 복잡하지도 않고, 다수이지도 않고, 실재적이지도 않고, 흥미롭지도 않다.

기타 등등.[10]

이런 인식론적 허무주의는 결국 상당히 통속적인 형태의 마키아벨리주의 또는 니체주의로 귀결되는데, 옳은 것은 오로지 힘의 문제일 뿐이다.[11] '힘겨루기'에 성공적으로 저항하는 네

---

7. 같은 책, 218 [같은 책]. 예를 들면 같은 책, 52 [같은 책]를 참조.
8. 이 특별한 언표의 출처는 『프랑스의 파스퇴르화』 1부의 마지막 절인데, 그 책의 2부는 『비환원』이라는 '논고'를 이룬다(같은 책, 150).
9. 같은 책, 179. 같은 책, 181을 참조.
10. 같은 책, 156. 같은 책, 163을 참조.
11. Benjamin Noys, *The Persistence of the Negative*, 91에서 제기된 탁월한 비판

트워크들이 두각을 나타내며, 그리고 그것이 바로 진리 — 라투르가 기피하는 또 하나의 범주 — 같은 것이 확립되는 지점이다.[12] 지식(이라고 잘못 일컬어지는 것)을 생산하는 것은 가장 유력한 동맹자들과 결속하는 기술이며, 그런 동맹자들을 동반함으로써 생산자는 자신의 청중에게 자신이 옳다는 것을 확신시킬 수 있다. 하먼은 기꺼이 몇 가지 함의를 도출한다. "우리는 중성자가 일각수unicorn보다 더 실재적이라고 말할 수는 없고, 다만 중성자가 일각수보다 더 강하다고 말할 수 있을 따름이다. 결국, 중성자는 자신의 현존을 증언하는 더 좋은 생물 및 무생물 동맹자가 일각수보다 더 많이 있을 따름이다."[13] 사각형 원, 소행성, 리어왕, 그리고 펩시콜라병은 그것들이 행위소로서 참여하는 네트워크들에 의해 발휘되는 힘의 강도에 의해 구분된다.[14] 어떤 과학자도 여타의 모든 과학자보다 객관적으로 더 옳지 않고, 단지 더 크거나 더 작은 힘으로 연결되어 있을 뿐이며, 그리하여 전장戰場은 실험실 너머로 확대된다. 권력이 측정되거나 검열되거나 거부되는 상소법원과 같은 외부 기준은 전혀 존재할 수 없다. 또는, 라투르의 표현에 따르면, "우리는 우리가 힘을 지

이 지적했듯이 말이다.

12. Latour, *The Pasteurization of France*, 158. [라투르, 『프랑스의 파스퇴르화』.]
13. Harman, *Bruno Latour*, viii. [하먼, 『브뤼노 라투르』.]
14. 이것들은 하먼의 실례들이다. 같은 책, 41, 90 [같은 책]. Latour, "Agency at the Time of the Anthropocene," 12를 참조.

닌 국면과 우리가 옳은 국면을 구분할 수 없다."[15] 힘을 지니지 않은 상태에서 옳음은 용어상의 모순(보기 드문 것)이다.[16]

그런 이론은 많은 결과를 파생시키는데, 자연에 관한 지식이 포함됨은 명백하다. 자연을 연구한다고 주장하는 과학자들은 결코 그런 작업을 수행하지 않는다 — "그들을 보라!"라고 라투르는 실증주의자의 온전한 확신을 갖추고서 소리친다. 왜냐하면 과학자들은 그들의 실험실 내부에 그리고 그들이 창조한 세계의 내부에 있고, 그리하여 그 밖의 어떤 곳에도 결코 갈 수 없기 때문이다. 또한 이로부터 "예측 같은 것은 존재하지 않는다"라는 결론이 당연히 도출된다.[17] 자연에 대하여 예상하는 경우에, 그 예지 역량에 있어서 "파스퇴르, 셰익스피어, 그리고 NASA는 분간될 수 없다."[18] 현재 사회과학, 인문학, 그리고 강단 바깥의 세계에서 이런 복음을 퍼뜨리고 많은 동맹자를 성공적으로 회집한 브뤼노 라투르는, 21세기 초 어느 날 아침에, 평소의 습관대로 신문을 읽고서 기후변화의 위협에 충격을 받게 되었음이 확실하다. 그리고 그뿐만이 아니다. 라투르는 과학을 부인하는 풍조에 당황했던 것처럼 보인다. 최근에 저술된

---

15. Latour, *The Pasteurization of France*, 183. [라투르, 『프랑스의 파스퇴르화』.]
16. 이는 Harman, *Bruno Latour*, 32, 35~6, 42~3, 119에서 확인된다. [하먼, 『브뤼노 라투르』.]
17. Latour, *The Pasteurization of France*, 219. [라투르, 『프랑스의 파스퇴르화』.]
18. 같은 책, 255.

수많은 텍스트에서 라투르는 지구온난화에 대한 진정한 우려뿐만 아니라 지구온난화가 철저한 사기라고 여전히 설교하는 부유한 사람들에 대한 진실한 분노도 공표한다. 가장 많이 인용되는 그의 시론 중 하나로서 2004년에 발표된 「왜 비판은 김이 빠졌는가?」는 배출량 감축을 비난하는 『월스트리트 저널』의 논설 및 '과학적 확실성의 결여'에 관한 정보를 반복해서 언급하는 공화당 전략가와 가진 『뉴욕 타임스』의 인터뷰 기사를 읽는 것으로 시작된다. 이것은 브뤼노 라투르에게 닥친 개인적 위기의 순간임이 분명하다.

> 왜 내가 걱정하는지 알겠는가? 과거에 나 자신은 사실의 구성에 내재적인 '과학적 확실성의 결여'를 보여주려 노력하느라고 얼마간의 시간을 보냈다. 또한 나는 그것을 '주요 쟁점'으로 만들었다. … 내가 과학학으로 알려진 이 분야를 고안하는 데 참여한 것은 잘못된 일이었을까? 우리는 자신이 말한 바를 실제로 뜻하지는 않았다고 말하는 것만으로 충분한가? 지구온난화는 당신이 좋아하든 아니든 간에 하나의 사실이라고 말하는 것이 왜 나의 혀를 얼얼하게 할까? 왜 나는 그 논쟁이 종결되었다고 단적으로 말하지 못할까?[19]

---

19. Bruno Latour, "Why Has Critique Run Out of Steam? From Matters of

그렇다, 왜 그럴까?

이제 우리는 그런 과실過失 이후에 라투르가 자신의 이전 인식론과 깨끗이 결별하거나 또는 적어도 그것에서 벗어나 어떤 형태의 실재론을 향해 분명히 나아갈 것이라고 예상할 수 있을 것이지만, 그의 다음 조치는 그렇지가 않다. 오히려 「왜 비판은 김이 빠졌는가?」라는 시론은 또 하나의 처방을 상술한다. 상황을 너무 완강하게 의문시하는 것을 그만두라. 기후 사기 또는 어떤 유사한 음모론을 확신하는 사람들은 거짓 외양의 배후에서 권력, 사회, 제국, 자본주의, 또는 어떤 다른 극악무도한 괴물을 식별하는 비판적 학자들과 동일한 사고방식을 갖추고 있는데, 그들은 기본적인 의심의 태도, 이제는 현존하지 않은 것으로 선언되어야 하는 '비판'의 기본 입장을 공유하고 있다 — 행위소들을 조금 더 부드럽게 또는 덜 가혹하게 대하라. 어쩌면 의심의 태도는 우리가 따라가야 할 경로, 우리의 불안감을 없애 주는 경로, 기후에 가해지는 작용을 차단하는 높은 [심리적] 장벽이 세워진 경로를 제시하지 않을 것이다. 비판은 지금 당장 강에 던져야 할 첫 번째 무기인 것처럼 보이지 않을 것이다. 오히려 라투르에 의한 비판의 폐기는 뜨거워지는 세계에서 그의 지적 기획이 직면하는 위기를 나타내는 표식으

Fact to Matters of Concern," 226~7.

로 해석되어야 한다. 후속 텍스트들에서 그 표식은 번성하고 증식하는데, 왜냐하면 라투르는 자신의 예전 구성주의로 귀환하기와 무언가 새로운 것을 향한 길을 더듬어 찾기 사이에서 갈팡질팡하기 때문이다.

기후에 관한 저작에서 라투르가 따르는 한 가지 행로는 바로 과학적 불확실성을 강조하는 것이다. (또한 2004년에 출판된) 『자연의 정치』와 (2013년에 행해진) 저명한 기포드 강연에서 라투르는, 자연은 현존하지 않고 자연에의 준거는 단지 정치적 논쟁을 중단시키는 기능을 갖추고 있을 뿐이라는 진부한 주장을 제기한다.[20] 자연을 도외시하게 된 그는 생태위기를 어떻게 규정할 수 있을까? 과학적 객관성의 위기로 규정한다.[21] 그

---

20. Latour, "Agency at the Time of the Anthropocene"; Latour, *Facing Gaia*, 114. 예를 들면 Latour, "Fifty Shades of Green," 221~2를 참조.
21. 이 특정한 논변이 231쪽에 훌륭하게 요약되어 있는 Latour, *The Politics of Nature*를 보라. 예를 들면 Bruno Latour, "Politics of Nature : East and West Perspectives," 72를 참조. 그런데 라투르조차도 '자연'이라는 개념을 정말로 떨쳐버릴 수는 없다. 그 책에 친절하게 덧붙여진 용어 목록에서 자연은 "공화국에서 정치적 의회와 집단 회합을 불가능하게 만드는 그런 방식으로 발언 역량 및 대표 역량의 분배와 공적 생활의 정당화되지 않은 통합 과정"으로 규정된다(Latour, *The Politics of Nature*, 245). 또한 우리는 자연이 "실재의 한 영역을 가리키지 않고 오히려 잔부의회로 축소된 정치의 특정한 기능을 가리키고, 필연과 자유, 다양체와 통일체 사이의 관계를 구성하는 어떤 방식을 가리키며, 발언과 권위를 배분하기 위한, 사실과 가치를 분할하기 위한 감춰진 절차를 가리킨다"라는 점을 알게 된다(같은 책, 133). 자연에 관한 모든 다양한 경합적 규정 사이에서 이것들은 횡설수설상의 훌륭한 후보일 것이다.

러므로 지구온난화의 유일하게 두드러진 면모는

자연의 종말이 자연에 대한 어떤 유형의 과학적 확실성의 종
말이기도 하다는 것이다. 흔히 인식되었듯이, 모든 생태위기
는 전문가들 사이에서 논쟁을 불러일으키고, 일반적으로 이
런 논쟁들은 정치가들이 그들의 결정을 뒷받침하는 데 사용
할 확실한 사실의 문제의 공동 전선을 정립하지 못하게 가로
막는다.[22]

그러므로 기후변화를 실제로 하나의 위기로 구성하는 것
은 기후변화의 현존과 어떤 정책에 근거를 제공할 수 있는 지
식의 부재를 둘러싼 논쟁이다. 그런데 그것은 또다시 일을 어
떻게 처리해야 할지 모르게 되는 어떤 방식이다. 하먼에 의해
개작된, 예전의 입장을 강하게 고수하는 구식의 라투르는 이
러한데, "지식 주장은 정치의 형편없는 기초이다."[23] 그리하여
(2013년에) 라투르는 무심코 다음과 같이 말할 수 있다. "우리
는 모두 기후-회의론자라고 고백하자. 나는 확실히 그렇다."[24]

---

22. Latour, *The Politics of Nature*, 63.
23. Harman, *Bruno Latour*, 63 [하먼, 『브뤼노 라투르』]. 예를 들면 같은 책, 37, 57~8, 108, 163, 180을 참조.
24. Latour, *Facing Gaia*, 109. 또한 그는 이렇게 말한다. "이런 까닭에 나는 기후과학을 둘러싼 논쟁들의 현존을 긍정적으로 여기자고 제안했다"(같은 책,

정반대 방향으로, 바로 그 강연에서 그 재판관은 판결을 선고한다. " '기후 불가사의'의 인위적 기원에 의해 초래된 골칫거리는 누구든 행위를 취하기 전에 언제나 보유할 수 있을 가장 잘 입증된, 가장 객관적으로 생산된 하나의 지식임이 확실하다."[25] 그런데 라투르는 또다시 신문을 읽고 있는 것처럼 보인다. 그리하여 그는 객관적 진실을 뒤엎는 기후 부인론자들에 대한 전쟁을 벌이기를 원하게 된다.[26] 라투르는 어떻게 이런 입장들을 조화시킬 것인가? 한 가지 방법은 부인론자들에게 다음과 같이 말하는 것이다. 아, 그래서 당신들은 기후과학자들이 컴퓨터 모델을 활용하고, 서로 이메일을 보내고, 워크숍을 조직하고, 연구비를 신청하고, 데이터 집합을 표준화한다는 이유로 그들을 의심하는구려 — 그런데 그게 어떻다는 거요? 과학자들은 언제나 "정치체를 회집하려고 시도한다."[27] 연구가 수행될 수 있는 다른 방법은 전혀 없다. 그런데 기후 부인론자들은 "또 하나의 무리를 회집하고, 다른 입회 시험을 규정하고, 새로운 서류를 사용하여 다르게 펼쳐진 경계선을 단속하"고자

---

116).

25. 같은 책, 113.

26. 또한 Bruno Latour, "Anthropology at the Time of the Anthropocene — A Personal View of What Is to Be Studied"를 보라.

27. Latour, *Facing Gaia*, 46.

할 따름이고, 따라서 당신들 자신도 나을 게 없다.[28] 이렇게 변론함으로써 라투르는 가까스로 자신의 구성주의를 그 전쟁의 올바른 편에 위치시키게 되지만, 스펀지 같은 갑옷을 착용하고 있다. 기후과학자들은 옳지 않다. 그들은 단지 동맹자들을 끌어모으는 데 있어서 당신들보다 더 성공적이었을 뿐이다. 그 사실을 받아들이고, 모든 것은 힘겨루기에서 결정된다—모든 존재자는 "만들어지고, 구성되고, 다듬어지며, 제작되어야 한다"—는 점을 받아들이며, 그리고 세계에 관한 당신들의 명제는 현재의 합의보다 더도 덜도 타당하지 않다는 점을 받아들여라.[29] 최근에 라투르가 저술한 두꺼운 저서 중 하나인 『존재양식의 탐구:근대인의 인류학』은 동일한 책략으로 시작하는데, 기후 부인론자는 누가 객관적으로 옳은지에 관한 물음을 잊어버리고 오히려 과학의 거대한 제도적 장치를 신뢰해야 한다.[30] 옳음은 힘의 기능이기에 부인론자는 과학적 합의의 옳음-힘에 굴복해야 한다. 이 책을 저술하는 시기에 라투르는 이런 평가가 기

---

28. 같은 책, 47. 후속적으로, 예를 들면, 같은 책, 48~9, 87, 94를 보라. Latour, *Reassembling the Social*, 89~90; Latour, "Agency at the Time of the Anthropocene," 2를 참조.

29. Latour, *Facing Gaia*, 15. 예를 들면 Bruno Latour, *On the Modern Cult of the Factish Gods*, 18~20, 71~2에서 유사한 논변이 기후과학을 참조하지 않은 채로 전개된다.

30. Latour, *An Inquiry into Modes of Existence*, 2~6, 11. [라투르, 『존재양식의 탐구』.]

후 부인론이 세계에서 가장 강력한 국가 기구로 등극한 사태로부터 어떤 영향을 받는지 아직 설명하지 않고 있다.

그런데 또한 라투르는 다른 이론적 행로를 밟으려고 시도했다는 점을 인정하자. 라투르는 제임스 러브록의 '가이아' 관념을 소생시키고자 하는 반면에, 과학자들은 그 묘비에 무엇을 적을지 논의한다. 그 관념이 라투르에게 매우 매력적인 이유는 그것이 미생물과 식물이 전적으로 의도적인 기후 창조자들이라는 점과 "그녀〔가이아〕는 목표를 좇는다"라는 점을 수반하기 때문이다.[31] 또는 라투르는 자연을 "OWWAAB"로 다시 명명하는데, 이것은 "그로부터 우리가 모두 태어나는 것"out of which we are all born(OWWAAB의 현존에 대해서는 "논란이 많다")의 축약어이다.[32] 또는 라투르는 갑자기 자본세라는 개념을 언급하면서 인간과 흡사한 행위자는 존재하지 않는다는 점을 인정할 뿐만 아니라 뜨거워지는 세계에서 포스트휴머니즘

---

31. 가이아에 대한 라투르의 입장은 Latour, *Facing Gaia* ; Latour, *An Inquiry into Modes of Existence*, 예를 들면 176, 486 [라투르, 『존재양식의 탐구』] ; Latour, *Reset Modernity!*, 예를 들면 107 ; Bruno Latour, "Why Gaia Is Not a God of Totality"를 보라. 인용문의 출처는 Latour, "Politics of Nature," 9이다. 가이아의 죽음에 관한 요약은 Tyler Volk, "Natural Selection, Gaia, and Inadvertent By-Products" ; Tyler Volk, "Real Concern, False Gods" ; William H. Schlesinger, "Requiem for a Grand Theory"를 보라.
32. OWWAAB에 대해서는, 예를 들면, Latour, *Facing Gaia*, 13을 보라. 인용구들의 출처는 같은 책, 20이다.

이 타당하지 않다는 점도 인식한다.[33] 그는 그런 탐색에 대한 영예와 존중을 받을 자격을 갖추고 있다. 그렇지만 그가 추진한 프로그램의 핵심에 계속해서 접속될 수 있는 지침의 경우에는 사정이 그렇지 않다.

인식론적 기후 실재론을 지지하며

그러므로 그 대신에 우리는 인식론적 기후 실재론을 옹호하기 위해 언급될 수 있는 열 가지의 기본 테제를 명확히 제시하자.

(1) 과학자들이 지구온난화 현상을 결코 발견하지 못했더라도 그것은 여전히 일어나고 있을 것이다. 마누아로아(하와이 섬에 있는 세계 최대의 활화산)에 이산화탄소 관측소가 건립되지 않았더라도 현재 대기는 400ppm 이상의 이산화탄소를 포함하고 있을 것이다. 어떤 연구자가 애써 찾아가서 관찰하지 않았더라도 남극에서 빙하는 녹고 있을 것이다. 그 사건을 보도한 신문이 전혀 없었더라도 현실의 실제 세계에서 브램블 케이 멜로미스는 멸종했을 것이다. 오늘 밤 (모든 학자를 비롯하여)

---

33. 자본세, 인간의 중심성, 그리고 포스트휴머니즘 비판에 대해서는 같은 책, 76~80, 116; Bruno Latour, "On Some of the Affects of Capitalism," 2, 5~8, 18; Latour, "Why Gaia Is Not a God of Totality," 18을 보라.

모든 인간이 사라지더라도 내일 지구 온도는 계속해서 상승할 것이다. 기후과학을 받아들이는 것은 이것을 믿는 것이다. 그것은, 마우아로아에 설치된 고가의 장비, 남극에 건립된 연구기지, 설치류 동물에 일시적으로 집중된 주의, 매일 이루어지는 지구 전역의 온도 측정, 심지어 유명한 컴퓨터 모델들 자체는 지구온난화의 실재를 구성하는 데 어떤 역할도 하지 않는다는 점을 믿는 것이다. 기후과학이 기본적으로 올바르다면, 그것은 기후과학이 그 지시대상을 생성하는 것과 아무 관계가 없었음을 뜻한다(화석연료가 생성했다). 뜨거워지는 세계의 사실성과 기후과학은 서로 무관하다는 조건을 받아들이고 나서야 우리는 기후과학의 주장들을 아무튼 이해할 수 있게 된다. 기후과학의 결과는 그것이 생산하지 않는 것을 등록한다. 인간은 기후에 관한 자신의 지식을, 여타의 모든 것과 마찬가지로, 사유로 표현할 수밖에 없지만, 그 대상은 그 사유와 연합되지도 않고 대칭적이지도 않고 평행하지도 않고 다발을 이루지도 않는 별개의 사안이다. 비판적 실재론의 용어로 표현하면, "자동적intransitive 차원" ─ 기후변화 ─ 은 "타동적transitive 차원" ─ 기후변화에 관한 과학 ─ 과 독립적이다. 요컨대, 폭풍은 기압계가 있든 말든 간에 다가오고 있다.[34]

---

34. 예를 들면 Bhaskar, *A Realist Theory of Science*, 21~7, 31~7, 47~9, 185,

(2) 지구온난화의 발견에는 화석연료의 연소가 이산화탄소 농도를 증가시킴으로써 1842년에, 1857년에, 1936년에, 1953년에, 그리고 기후과학이 아직 생겨나지 않았거나 여전히 초기 단계에 있었던 여타의 해에 지구를 가열시키는 인과적 결과를 낳았다는 전제가 수반된다. 만약에 상황이 그렇지 않았더라면 온난화 현상 자체가 나타나지 않았을 것이고, 따라서 그것에 관한 과학도 현존하지 않을 것이다. 1869년에 그 과정이 이미 진행 중이었다고 말하는 것은 시대착오적 언명이 아니다. 1988년에 기후변화에 관한 정부간 협의체가 설립되었을 때 그 과정이 시작되었다고 말하는 것은 불가해한 언명이다. 로이 바스카의 표현에 따르면 "논리적으로 그리고 시간상으로 지식은 현존에서 생겨나며, 따라서 이것을 명시적으로 또는 암묵적으로 부인하는 모든 철학적 입장은 사태를 뒤집은 셈이다."[35]

(3) 바스카의 경우에 과학은 "작업이다, 그것도 고된 작업이다."[36] 기후과학은 여러 대륙에 걸쳐 실험실에서 지루한 실험을

---

250 ; Bhaskar, *The Possibility of Naturalism*, 9~14 ; Roy Bhaskar, *Reclaiming Reality*, 15 ; Elder-Vass, "Disassembling Actor-network Theory," 106~8 ; Ernesto Laclau and Roy Bhaskar, "Discourse Theory vs Critical Realism," 14 ; Matthias Lievens and Anneleen Kenis, "Social Constructivism and Beyond"을 참조.

35. Bhaskar, *A Realist Theory of Science*, 39.
36. 같은 책, 57. Bhaskar, *The Possibility of Naturalism*, 16~7 ; Bhaskar, *Reclaiming Reality*, 22를 참조.

오랫동안 수행하고, 고적한 현장에서 무수한 시간을 보내는 다수의 무명 연구자가 연루된 장기적인 집합적 작업을 강제하는 대규모의 노력이다. 이 작업의 일부는 모든 육화된 노동시간의 가치를 되찾아주고자 하는 『지구온난화의 발견』이라는 스펜서 R. 비어트의 권위 있는 연대기에 반영되어 있다. "('작년은 역사상 가장 더운 해였다'와 같은) 한 가지 단순한 문장은 다세대적 지구 공동체가 수행한 노동의 증류물일 것이다."[37] 온난화가 급속히 진전됨에 따라 작업량은 영속적으로 증가하지만, 그 작업이 자동적 차원의 현존을 전제할 수 없다면 전부 헛된 일이 될 것이다. 라투르는 그런 자동적 차원을 받아들이기가 매우 어렵다고 깨닫는데, 이 점에 대해서는 하먼조차도 때때로 약간의 불편한 감각을 품고서 인식한다. 하먼의 거장은 "지식의 대상과 그것이 인식되는 수단을 구분할" 수 없다.[38] 물론, 바스카의 『실재론적 과학론』에서 개진되었듯이, 그 둘을 구분하는 것이 비판적 실재론의 바로 그 출발점이다. 한편으로는 타동적 차원, 즉 "지식에 의한 지식의 사회적 생산" — 기기들을 전달하고, 논문들을 교환하고, 선생들에게서 배우며, 심지어 서로 밀담을 나누는 인간들의 연쇄를 생각하라 — 이 있고, 다른 한편으

---

37. Spencer R. Weart, *The Discovery of Global Warming*, 121.
38. Harman, *Bruno Latour*, 142 [하먼, 『브뤼노 라투르』]. 같은 책, 164를 참조

로는 지식이 때때로 잠정적으로 그리고 언제나 오류를 품고서 접근하는 사물들이 있다.39 바스카에게 비판적 실재론은 어떤 과장된 철학적 고안물이 아니라 과학자들이 실제로 행하고 생각하는 것에 대한 현실적인 성찰이다. 기후과학이 완벽한 실례일 수 있을 것이다. "모델 고안자들은 배울 것이 여전히 많이 있다는 점을 인정했다"라고 비어트는 서술한다.40 나중에 서술한 대로, "과학자들은 정말로 예외적인 어떤 일이 일어나고 있다는 다양한 새로운 증거를 찾아내고 있었다."41 카스트리와 라투르, 그리고 동류의 학자들은 계속해서 지구온난화가 하나의 관념 또는 회집체라고 주장할 수 있지만, 현장의 과학자들은 언제나 "미래 기후가 바위만큼 실재적이라는 것을 당연시했다."42 기후과학은 실천적인 과학적 실재론이다.

(4) 기후 부인론자들은 옳지 않다. 그들은 너무 큰 힘을 지니고 있다. 더 큰 힘을 지니고 있든 더 작은 힘을 지니고 있든 간에 그들은 더 옳지도 않고 더 그르지도 않다.

(5) 탄소를 대기로 배출한 것은 인간이라는 사실이 기후변

---

39. Bhaskar, *A Realist Theory of Science*, 185.
40. Spencer R. Weart, *The Discovery of Global Warming: Revised and Expanded Edition*, 159.
41. 같은 책, 185.
42. 같은 책, 201. 구성주의에 대한 비어트의 추가 논평은 같은 책, 199~200을 참조.

화를 주관적인 것으로 만들지는 않는다. 그것은 지구 기후에서 일어난 여타의 변화 사건 — 예컨대, 5천5백만 년 전의 팔레오세-에오세 극열기 — 만큼 객관적이고 생물물리학적인 것인데, 이번에는 물질적 행위자가 다를 따름이다(그리고 인간은 여태까지 이루어진 어떤 자연적 과정보다 훨씬 더 빨리 탄소를 배출할 수 있다).

(6) 일부 인간들이 다른 일부 인간들이 변화시키고 있는 기후를 연구할 수 있는 이유는 모든 인간이 행위성이라는 속성을 갖춘 물질적 존재자이기 때문이다.

(7) 기후과학은 심문받아야 하지만, 뒤쪽이 아니라 언제나 앞쪽에서 심문받아야 한다. 기후과학은 사회적 생산 과정의 결과이기에 주변의 부르주아 사회에서 비롯되는, 불순하고 의심스러운 영향들에 열려 있었고 열려 있을 것이다.[43] 비어트와 다수의 다른 원천이 명백히 밝히는 대로, 20세기에 기후과학의 발전을 방해하는 대다수 일을 행한 이데올로기는 **점진론**, 즉 자연이 엄청나게 느린 속도로 진화한다는 독단이다 — 찰스 다윈의 유서 깊은 격률에 따르면 '자연은 비약하지 않는다'natura non facit saltum. 이 장벽을 무너뜨리고 가정을 기후가 사실상 비약할 수 있다는 현실에 조율하는 데에는 수많은 과학

---

43. Collier, *Critical Realism*, 56을 참조. [콜리어, 『비판적 실재론』.]

자의 작업이 필요했다. 그런데 뿌리 깊은 점진론은 여전히 과학자들을 지구온난화의 속도를 과소평가하는 방향으로 끌어당기는 타동적 자석이며, 따라서 그것은 철저한 비판의 대상이어야 한다.[44] 온난화 조건과 관련하여 점진적인 것은 전혀 없다.

(8) 기후에 관한 경합하는 주장들 – 기후는 변화하고 있는가? 뜨거워지고 있는가? 차가워지고 있는가? 1990년대보다 더 느리게 또는 더 빠르게 뜨거워지고 있는가? – 은 단지 자동적 차원에 관여함으로써 평가될 수 있을 뿐이다. 한 과학자가 "남극에서 빙하의 감소는 물질수지mass balance의 함수이기에 느릴 것이다"라고 말하고 다른 한 과학자가 "그렇지 않다, 빙하 동역학은 최소한 다른 요소들만큼 중요하기에 해빙은 빨리 일어날 수 있을 것이다"라고 말할 때 그 두 과학자는 **그들과 독립적으로 저쪽에서 벌어지고 있는 동일한 사태**를 논의하고 있는데, 그렇지 않다면 그들의 이론들은 경합적이지 않을 것이다. 전자가 기각되고 후자가 확증된다면 그것은 그 대상이 관측 가능한 뚜렷한 현존을 갖추고 있기 때문이며, 그리고 진보가 이루어질 수 있는 것은 기후과학의 자동적 차원과 타동적 차원이라는 이원성 – 기후과학은 자연에서 일어나고 있는 무언가에 관한 사회적 생

---

44. 기후과학의 발전을 방해하는 데 점진론이 수행한 역할에 대한 포괄적 분석의 한 가지 시도는 Andreas Malm, *Det är vår bestämda uppfattning att om ingenting görs nu kommer det att vara för sent*에서 이루어진다.

산물이다 — 덕분이다.[45] 한 문장은 다른 한 문장보다 실재적 빙하에 더 잘 부합할 수 있다. 앤드루 콜리어의 비유를 차용하면, 기후과학은 자동적인 뜨거워지는 세계의 동향을 살핌으로써 발전한다.[46] 이런 까닭에 기후과학은 기후소설보다 더 믿음직한 예측의 원천이다(반드시 더 고무적인 것은 아닐지라도 말이다).

(9) 기후 실재론이 기후변화의 표상들에 대한 열렬한 관심과 전적으로 양립 가능하다는 것은 명백하다. 예를 들면 기후소설은 기후변화를 신의 행위로 표상함으로써 그 문제의 자연화에 이바지할 수도 있으며, 그리고 또한 그것은 그 폭풍의 근원을 인간에게 귀속시킴으로써 행위를 고무할 수도 있다. 이런저런 이유로 인해 이런 담론적 실천은 가장 긴밀한 관심을 끌기 마련이다 — 그런데 그것이 독자적인 문학적 노력을 통해서 기후변화를 구성하거나 구축하기 때문인 것은 아니다. 강력한 기후소설은 송유관 건설에 반대하는 시위의 물결을 촉발할 정도로 대중을 흥분시키는 영향을 서사적으로 초래할 수 있을 것이고, 그리하여 이산화탄소 농도에 매우 작지만 실재적인 영향을 미칠 수 있지만, 그것의 서사적 구성물들은 그 자체로는

---

45. 예를 들면 Bhaskar, *A Realist Theory of Science*, 38, 166~7 ; Collier, *Critical Realism*, 82~4 [콜리어, 『비판적 실재론』]를 참조.
46. Collier, *Critical Realism*, 88. [콜리어, 『비판적 실재론』.]

결코 어떤 기후적인 것도 생산할 수 없다. 클레어 바에 왓킨스의 자유롭게 상상된 기후소설 『골드 페임 시트러스』에서 자유롭게 구상된, 캘리포니아의 대다수 지역을 뒤덮은 미래 거대사막의 지위는 최근에 발생한 캘리포니아 가뭄의 지위와 질적으로 다르다. 기후소설의 일각수들은 독자들에게 영향력을 발휘할 수 있을 것이지만, 그것들 자체는 여전히 본연의 기후보다 덜 실재적임이 분명하다. 다시 말해서, 기후에서 생겨나는 사태에 관한 것들을 말하는 행위는 그 자체로는 기후에서 생겨나는 사태에 조금도 영향을 미치지 못한다.[47] 그런데 기후에 관한 것들을 말하는 행위, 그리고 기후에 관하여 말해지고 있는 진술에 관한 것들을 말하는 행위는 대단히 중요할 수 있는데, 왜냐하면 미래 기후는 지금 인간들 사이의 관계들에 의해 조건 지어지기 때문이다.

(10) 전성기 포스트모더니즘 시대에 자연과학에 대한 비판자들은 그것이 억압적이고, 보수적이고, 기성 질서의 재생산과 결부되어 있으며 그 재생산 과업을 부여받았다고 즐겨 단언했다.[48] 해밀턴의 경우에, 오늘날 "과학은 적이 아니다. 과학을 억

---

47. 언제나 탁월한 Elder-Vass, "Disassembling Actor-network Theory," 116을 참조.
48. 초기 스티븐 보걸이 한 가지 실례이다. 예를 들면 Vogel, *Against Nature*, 116을 보라.

압하는 것 – 예를 들어, 석유기업 엑손이 실행하는 것 – 이 적이다."[49] 온난화 조건에서 생존하는 것은 첨단 과학과의 철저한 조율을 필요로 한다. 일부 첨단 과학이 지배계급들을 정당화하는 데 봉사했다면, 이제 어떤 한 분야는 그들의 지배에 대한 어쩌면 역사상 가장 비판적일 고발을 제기했다 – 그들의 지배는 인간 문명의 물질적 토대를 위기에 빠뜨리고 있다. 그러므로 이 특수한 과학이 적나라하고 어리석으며 망상적이고 악의적인 매우 다양한 형태로 대단히 자주 이루어지는 부인의 대상이라는 사실은 전혀 놀랄 일이 아닐 것이다. 부르주아 문명에 대한 감정적·정신적 투자들은 깊숙이 자리 잡고 있다. 그런데 그것들은 계급에 따라 차별화되어 있다.

다행스럽게도, 현재 우리는 이것이 직서적 부인 – 즉, 인위적 기후변화에 관한 지식의 명시적 거부 – 이라는 일반적 범주에서 작동하는 방식에 관한 연구의 방대한 집성체를 보유하고 있다.[50] 2011년에 출판된 획기적인 한 논문에서 애런 맥크라이트와 라일리 던랩은 미국에서 벌어진 논쟁에서 부인론자들 – 반대 의견을 제시하는 사이비 과학자들, 미디어 전문가들, 싱크탱크 대변자들, 공화당원들 – 이 거의 예외 없이 보수적인 백인 남성이

---

49. Hamilton, "In Defence of an Anthropocentrism for the Anthropocene."
50. 그 연구에 대한 개관은 Susan Clayton, Patrick Devine-Wright, Paul C. Stern et al., "Psychological Research and Global Climate Change"를 보라.

라는 사실을 언급한다. 그 패턴은 미국 대중에서도 그대로 재현되는가? 사실상 그렇다. 미국의 전국 여론조사에서 보수적인 백인 남성의 59퍼센트가 "지구온난화가 일어나고 있다는 과학적 합의는 전혀 없다"라고 생각하는데, 이는 그 밖의 모든 성인 중 36퍼센트가 그렇게 생각하는 것과 대조를 이룬다. 보수적인 백인 남성의 65퍼센트는 미디어가 일반적으로 그 문제를 과장한다는 견해에 동조하는 반면에, 그 밖의 모든 성인 중에서는 30퍼센트가 그런 견해에 동조한다. '진보주의자들', 여성, 비非백인은 보다 두드러지게 과학에 보조를 맞춘다. 전 지구적 패턴에 대한 성찰의 경우에도 경제적 하층 계급의 사람들이 더 좋은 판단을 내린다. 이러한 현재 사정은 온전히 논리적으로 설명될 수 있다. 보수적인 백인 남성은 "우리의 경제 체제 내에서 권력을 행사하는 자리들을 과도하게 차지함으로써 증권뿐만 아니라 다양한 형태의 자본의 흐름도 통제했다."[51] 그들은 "역사적으로 그들에게 잘 봉사한 현행 산업자본주의 질서의 보호를 선호할 가능성"이 다분하다.[52] 기후과학은 그 질서를 의문시하며, 그리하여 현 상황의 수혜자들은 직서적 부인으로, 뒤틀린 의미에서 합리적으로 대응할 것이다. 이 과학자

---

51. Aaron M. McCright and Riley E. Dunlap, "Cool Dudes," 1165.
52. 같은 곳. Aaron M. McCright, Sandra T. Marquart-Pyatt, Rachael L. Shwom et al., "Ideology, Capitalism, and Climate"를 참조.

들은 나의 체제를 헐뜯고 있다. 그들은 거짓말을 하고 있다!

맥크라이트와 던랩의 발견 결과는 스웨덴과 뉴질랜드에서 브라질에 이르기까지 세계의 다른 지역들에서 널리 확증되었는데, 이데올로기, 젠더, 인종, 그리고 소득의 결정력에서 약간의 차이가 있지만 말이다.[53] 현존하는 사회적 위계에 대한 지지는 사람들로 하여금 부인하도록 강하게 견인한다.[54] 그리하여 자본주의를 승인하도록 견인한다. 한 연구진은 그 기본 논리를 다음과 같이 서술한다. "더욱더 많은 개인이 현 상황에 연루될수록, 그리고 그들이 현존하는 체계들을 정당화하고 지지하도록 더욱더 고무될수록 그들은" 뜨거워지는 세계의 실재를 "인정하고 직면하기를 더욱더 꺼리게 되는 것으로 드러난다."[55] 뜨거워지는 세계에 관한 지식이 그들의 지위를 위협하고, 게다가 그런 위협에 대한 그들의 지각이 기후변화 부인론을 부추기

---

53. 예를 들면 Rachel E. Goldsmith, Irina Feygina, and John T. Jost, "The Gender Gap in Environmental Attitudes"; Taciano L. Milfont, Petar Milojev, Lara M. Greaves, and Chris G. Sibley, "Socio-Structural and Psychological Foundations of Climate Change Beliefs"; Kirsti M. Jylhä and Nazar Akrami, "Social Dominance Orientation and Climate Change Denial"; Kirsti M. Jylhä, Clara Cantal, Nazar Akrami, and Taciano L. Milfont, "Denial of Anthropogenic Climate Change"를 보라.

54. Yuko Heath and Robert Gifford, "Free-Market Ideology and Environmental Degradation"; McCright et al., "Ideology, Capitalism, and Climate."

55. Goldsmith, Feygina, and Jost, "The Gender Gap in Environmental Attitudes," 168.

는 상황을 참작하면, 버락 오바마 시절에 많은 사람이 사실과 다르게 생각했듯이, 강경한 부인론은 인간 본래의 것도 아니고 시들해지는 힘도 아니라는 결론이 당연히 도출된다. 오히려 우리는, 지구 온도가 더 상승하고, 기후과학이 더 결정적이고, 요구되는 완화책이 더 급진적일수록 승자들의 부인론은 더욱더 확고해지고 호전적이게 될 것이라는 예측에 이르게 된다. 그렇다면, 종종 보도되듯이, 21세기에 미합중국 대중이 기후변화에 대한 믿음을 상실하는 경향은 결국 그다지 기이하지 않다. (그런 확신은 동일한 시기에 라틴아메리카와 사하라 이남 아프리카에서 급격히 확산했다.)[56] 왜냐하면 승자들 - 보수적이고, 백인이고, 남성이며, 부유한 사람들 - 은 그 특정한 국가에 가장 많이 또 가장 강력하게 집중되어 있기 때문이다. 또한 그들은 트럼프 시대에 이르러 속박되지 않은 국가권력을 장악하게 된 특권층이다.

최근의 경향을 살펴보면, 과학이 무엇을 말하든 또는 (적어도 어느 정도까지는) 하늘이 무엇을 가져다주든 간에 정치적 우파의 부상은 기후변화 문제에 대한 더 파렴치한 무관심을 예고한다고 예상될 수 있다. 56개국에서 이루어진 연구에

---

56. Stuart Capstick, Lorraine Whitmarsh, Wouter Poortinga et al., "International Trends in Public Perceptions of Climate Change Over the Past Quarter Century."

대한 한 가지 메타분석에 따르면 우파의 정체성이 기후과학에 대한 회의주의를 추정하게 하는 가장 강력한 표식임이 드러난다. 보수 정당에 소속되고, 자유 시장을 신봉하며, "엘리트 계급과 현 상황을 소중히 여기는 경향이 있는" 사람들은 진행 중인 사태에 관한 지식을 수용하기를 가장 꺼리는 성향을 나타낸다.[57] 이런 분열 – 좌파에서 두루 나타나는 과학에 대한 인정과 우파에서 표출되는 평소 생활방식business as usual의 탁월성에 대한 미신적인 믿음 – 이 세계를 두 조각으로 나눈다. 그것은 거듭된 연구에서 계속해서 입증되었는데, 오늘날까지 반대의 패턴을 나타내는 징조는 전혀 나타나지 않았다.[58] 더욱이, 적어도 미합중국의 경우에, 이데올로기적 가리개가 매우 강하고 권력에의 충성심이 여타의 모든 것을 매우 강력하게 압도하는 보수적인 부인론자들에게는 기후변화에 대한 개인적 경험이 사실상 아무 영향도 미치지 않는다는 증거도 있다 – 그리고 최근 미합중국에서는 기후 재난이 빈번하게 발생하고 있다.[59] 그리하여 우

---

57. Matthew J. Hornsey, Emily A. Harris, Paul G. Bain, and Kelly S. Fielding, "Meta-Analysis of the Determinants and Outcomes of Belief in Climate Change," 623.

58. 예를 들면 Bruce Tranter and Kate Booth, "Scepticism in a Changing Climate"; McCright et al., "Ideology, Capitalism, and Climate"; Aaron M. McCright, Riley E. Dunlap, and Sandra T. Marquart-Pyatt, "Political Ideology and Views about Climate Change in the European Union"을 보라.

59. Sandra Marquart-Pyatt, Aaron M. McCright, Thomas Dietz, and Riley E.

파의 급증은 그 여파로 어떤 다른 사태를 초래할 수 있을까?

그런데 이런 상황은 라투르를 당황하게 한다. 그는 기후 부인론이 현존하는 네트워크들에 대한 과도한 비판, 사물의 질서에 대한 완고한 태도에 의해 추동된다고 생각한다. 또 다른 라투르주의적 학자인 리타 펠스키는 그런 자세를 다음과 같이 요약한다. "우리는 제도를 비판하는 대신에 제도를 신뢰하게 될 수도 있지 않겠는가?"[60] 그런데 재앙을 향해 황급히 돌진하고 있는 사회의 제도를 신뢰하라는 것은 나쁜 충고일 뿐만 아니라, 또한 부인을 생성하는 것은 바로 그런 신뢰의 과잉이며, 과학을 인정하기를 거부하는 행위는 현 상황에 대한 뿌리 깊은 충성의 음모론적 따름정리이다. 지배적인 질서에 가장 적게 연루되었기에 그것을 불신하기가 가장 쉬운 인구학적 계층들 – 글로벌 남반구, 여성, 유색인, 좌파 – 은 기후과학의 진가도 가장 잘 평가한다. 그 상관관계는 명백하다. 펠스키는 "혁명과 전위의 수사"를 폐기하고 "과거를 보존하고 돌보는 데 있어서" 우리의 역할을 수행하는 방법을 배울 적기라고 생각한다. 그런데 바로 그런 접근법이 심각한 병폐의 매개체로서 작동한다는 사실을 입증하기는 그다지 어렵지 않다. 사실상 직서적 부인은 기후과

Dunlap, "Politics Eclipses Climate Extremes for Climate Change Perceptions."

60. Rita Felski, "Introduction," 218.

학의 혁명적 함의에 대한 유해한 선제 타격으로, 백인 남성이 지속적으로 경쟁에서 이기는 자본주의 체계를 옹호하고자 하는 사람들에 의해 개시된다(또한 이것은 공교롭게도 환경주의가 특권층의 여가 선용이라는 관념을 반증한다). 다음 절에서 보게 되듯이, 라투르는 그런 구조의 현존조차도 인정하기를 꺼리는 반면에 기후과학의 수용에 관한 과학은 그것을 직면할 수밖에 없음을 시사한다. 그것은 기후 실재론의 결과이다. 세계의 하위주체들은 진실의 담지자들이고, 그것은 바로 과학적 사회주의의 발판이다.

그다음에, 여전히 탁월한 『부인하면서 살기: 기후변화, 감정, 그리고 일상생활』이라는 책에서 카리-마리 노르가드가 사용한 분류학에 따르면, **암묵적 부인**이라는 두 번째 일반 범주가 있는데, 이것은 일단의 믿음이라기보다는 오히려 하나의 생활방식이다. 그것은 기후변화에 대한 자각을 공언하면서 특별한 일이 일어나고 있지 않은 것처럼 자신의 일상생활을 영위하는 기술이다. 이 기술은 은밀하고 널리 퍼져 있으며, 하위주체들과 좌파는 이런 형태의 부인이라는 잘못을 저지르고 있음이 틀림없다. 그것은 압도적인 권력 구조들에 대한 충성으로 지탱되는 만큼이나 그런 구조들을 직면했을 때 느끼는 무력감으로 지탱된다.[61] 그리하여 기후 실재론에 따라 **행동할** 준비가 되어 있는 우리는 다소 일탈적인 성격 유형들의 주변부 ─ 물질적 이해관계가 매우 위협받게 되어서 너무 먼 미래가 아닌 어느 날에 마비 상태에서 뛰쳐나와 과학에 힘을 보탤 일단의 사람과 연합해야 하는 가련하게 부적합한 인구 – 에 속하게 된다.

우리를 익사시키는 것

이 책을 저술하고 있는 순간에 바람은 반대 방향으로 상당히 빠르게 불고 있다. 극우파가 부상하고 있으며, 그리고 극우파는 자신의 총을 어디에 겨눌지 알고 있다. 도널드 트럼프는 스펙터클에 대한 자신의 모든 느낌을 동원하여 백인 우월주의와 시초 화석 자본의 공적 융합을 수행했다. 그런데 외국인 공포증 – 특히 이슬람 공포증 – 과 기후 부인론의 융합은 꽤 오랫동안 진행되어 왔다. 그것은 여기서 우리가 명시적으로 다룰 가치가 있다.

21세기 초 선진 자본주의 국가들에서 이슬람 공포증 이데올로기 생산이 급증한 사태는 위협 선택의 문제였다. 지구온난화는 사기이다. 이슬람교도 침입이 우리를 익사시키고 있다. 2006년에 출간되어 크리스토퍼 히친스와 마틴 에이미스가 찬양했고 조지 W. 부시가 자신의 참모들에게 추천한 『나 홀로

---

61. 예를 들면 Kari-Marie Norgaard, *Living in Denial*, 84, 192~3을 보라.

미국: 우리가 알고 있는 세계의 종말』이라는 베스트셀러에서 마크 스테인은 현대 이슬람 공포증에 관한 모든 주요한 수사를 조합한다. 이슬람교도들은 자식을 너무 많이 낳고 있다. 그들은 유럽에 이슬람법을 적용하고 있다. 그들은 표면상 동화된 것처럼 보일 것이지만 언제나 적대적 인수 계획을 세우고 있다. 그들은 페미니즘과 사회민주주의를 이용하여 우리 방위를 약화시켰다. 그들의 종교는 절도와 강간의 매뉴얼이다. 지금은 "새로운 암흑시대의 새벽"이다.[62]

그리고, 해수면 상승에 대한 생태염려증자들의 강박과 달리, 이것은 대략 2500년에 몰디브 군도를 위협하리라고 가정될 수 있는 그런 것이 아닐 것이다. 지금 이 순간에도 그 과정은 잘 진전되고 있다… 몰디브 군도가 '해수면 상승'으로 인해 바다에 잠기기 훨씬 전에 스페인 사람과 이탈리아인은 이미 모두 바다에 수장되어 있을 것이다. 그래도 뭐, 계속해서 '기후변화'나 걱정하라.[63]

두 쪽 뒤에서 스테인은 자신의 주요한 정책 권고안을 제시

---

62. Mark Steyn, *America Alone*, xiii
63. 같은 책, 3.

한다. "당신들이 적" — 이슬람교도들 — "보다 빨리 번식할 수 없다면 그들을 도태시켜라."⁶⁴ 스테인은 2015년에 오스트레일리아의 싱크탱크 '인스티튜트 오브 퍼블릭 어페어즈' — 그 기부자 중에는 셸과 엑손모빌이 있다 — 가 출판하였고 리처드 린젠과 그 밖의 부인론 영웅들이 주역으로 참여한 『기후변화: 사실들』이라는 선집의 기고자 중 한 사람이다.⁶⁵

테러와의 전쟁이 한창 수행되던 시기에 멜라니 필립스는 『데일리 메일』에 기고한 한 칼럼에서 영국에 거주하는 이슬람교도 소수자를 경멸한 다음에 기후과학을 비웃음으로써 그 기반을 조성하는 데 일조했다. 스웨덴에서는 선도적인 보수 잡지들 — 『네오』와 『악세스』 — 이 이슬람교도들에 대한 경보를 울리는 글과 기후 경각주의를 공격하는 글을 교대로 실었다. 조직적인 이슬람 공포증은 이 두 번째 전선에 병력을 파견하기 시작했다. 2008년에 노르웨이 '진보당'Fremskrittspartiet의 지도자 시브 옌센은 국경이 소말리아, 아프가니스탄, 그리고 파키스탄 같은 이슬람교 국가들 출신의 모든 사람에게 폐쇄되어야 한다는 주장과 '기후 사기'에 대한 비난을 결합시켰다.⁶⁶ 2013

---

64. 같은 책, 5.
65. 기부자들에 대해서는 Brad Norrington, "Think Tank Secrets"; Brad Norrington, "The global warming sceptics"를 보라. 이 책을 저술하고 있는 시점에 『기후변화: 사실들』은 아마존에서 '기후변화'를 검색할 때 가장 상단에 나타난다.

년에 영국 독립당의 나이절 패러지는 "우리는 지구온난화를 매우 우려하게 됨으로써 역사상 가장 크고 어리석은 집단적 실수 중 하나를 저질렀을 것이다"라고 말했다.[67] 2014년에 프랑스 국민전선은 국제 기후 협상에 반대하기 위해 '새로운 생태' 운동을 개시했는데, 국민전선의 환경 대변인은 〈기후변화에 관한 국제연합 기본협약〉(이하 UNFCCC)을 "코뮤니즘 기획"으로 낙인찍고 "과학적 증거에 대한 찬반이 있다"라고 선언했다.[68] 21세기에 접어들 무렵에 나치 장화를 벗어버린 이후로 (현재 스웨덴의 두 번째 큰 정당으로, 정권 획득을 목전에 두고 있는) 스웨덴민주당Sverigedemokraterna은 이슬람교도에 대한 증오가 주요한 소명이지만, 유대인을 비난했던 것과 거의 같은 빈도로 기후변화를 부인해 왔다. 2017년 초에 스웨덴민주당은 스웨덴 기상연구소의 예산이 삭감되어야 한다고 주장함으로써 NASA의 모든 기후 연구를 종결시키겠다는 트럼프의 도널드 트럼프의 공약을 베꼈다.[69]

---

66. Frode Hansen, "Siv skal ta klima-bløfferne" ; Kristoffer Rønneberg, "Frp vil stenge grensen."
67. Brendan Moore, "Climate Change Skepticism in the UK Independence Party."
68. Arthur Neslen, "French National Front Launches Nationalist Environmental Movement."
69. Tidningarnas Telegrambyrå, "SD-politiker : SMHI bedriver propaganda."

이것들은, 이 책을 저술하고 있는 시점에 선진 자본주의 국가들(그리고 그 밖의 국가들)에서 치러진 매 선거에서 승리하는 정당들이다. 최신 논문 한 편이 '우익 권위주의'와 기후변화 부인 사이의 연계에 대한 강력한 통계적 증거를 제공한다.[70] 최근 온도 기록에 따르면 지구는 미지의 영역으로 움직이고 있으며, 그리고 이 국면에서 가장 성공적인 정치 세력들은 그 과정을 가속하기 위해 그들이 할 수 있는 모든 일을 행하고 있다. 이런 사태와 관련하여 무엇을 말할 수 있을까? 당장은 다음과 같이 말할 수밖에 없다. 기후 실재론은 오직 파시즘을 제물로 삼아서 전진할 수 있을 뿐이다. 실재론은 어떻게든 강경하고 효율적으로 반파시즘적인 것이 되어야 한다.

사회주의적 기후 실재론을 위하여

이론에 대한 또 하나의 물음은 다음과 같다. 사회적 권력은 기술의 뿌리인가? 개코원숭이들은 요란하게 소리를 지르고, 물고, 끌어당기고, 교미하고, 협상하고, 돌진하고, 후퇴하고, 웃고, 한데 모여서 서로 털을 다듬어주며, 그리고 그 밖의

---

70. Samantha K. Stanley, Marc S. Wilson, and Taciano L. Milfont, "Exploring Short-Term Longitudinal Effects of Right-Wing Authoritarianism and Social Dominance Orientation on Environmentalism."

사회적 활동에 언제나 몰입하면서 시간을 보낸다. 인간들은 그렇게 행동할 필요가 없다. 우리는 계급과 관계를 물질적 객체들로 안정화함으로써 그것들에 대한 항구적인 시험을 회피할 방법을 찾아내었다. 개코원숭이들은 벌거벗은 신체들에 지나지 않기에 끊임없이 소통해야 하지만, 인간들은 자신들의 배치를 더 응집적이고, 오래가며, 이를테면 간접적인 것이 되게 하는 전반적인 신체 외적 자원을 동원함으로써 대면 상호작용을 불필요하게 만들 수 있다. 영장류 사회와 비교하여 인간의 독특한 본성을 분석한 이런 작업에 힘입어 라투르는 1980년대와 1990년대에 이론의 만신전에 들어가게 되었는데, 그는 현재 유명한 몇 가지 사례로 그 분석을 능숙하게 다듬었다.[71] 어떤 호텔 관리자는 자신의 손님들에게 나가는 길에 열쇠를 반납할 것을 환기시키는 대신에 열쇠에 매우 무겁고 거추장스러운 금속 객체를 부착함으로써 가장 얼빠진 손님조차도 자신이 소지한 열쇠를 돌려주기 위해 적극적으로 접수처에 방문하게 할 수 있다. 그 사회적 상호작용 — 손님에게 열쇠를 반환하라고 요구하는 관리자 — 은 어떤 매개적 객체로 전치되었다.[72] 또는, 어떤 대학 행정가는 운전자들이 교정으로 진입할 때 감속하기를 원할 수

---

71. Michel Callon and Bruno Latour, "Unscrewing the Big Leviathan," 277, 283~5 ; S. S. Strum and Bruno Latour, "Redefining the Social Link."
72. Bruno Latour, "Technology is Society Made Durable," 104.

있지만 그들에게 매번 이야기하지는 않는데, 오히려 콘크리트 과속 방지턱이 설치된다.[73] 비슷한 사례들이 계속해서 나열될 수 있다.

인간관계를 물질과 더 특정적으로는 기술을 통해서 매개되는 것으로 간주하기를 역설하는 태도는 행위자-네트워크 이론과 더 넓게는 라투르 사상의 합리적인 핵심임이 틀림없다. 관념론에 대항할 필요성을 고려하면, 이것은 아무리 강조해도 지나치지 않은 사회의 한 측면이다. 그런데 또한 어떤 의미에서 라투르는 바퀴를 재발명했다. 『자본』 1권, 그리고 사실상 맑스와 엥겔스의 전집은 인간들 사이의 관계들이 사물들 – 양$^¥$ 방목장, 실, 코트, 옥수수, 자동 노새, 증기기관, 노예선, 항구, 토양, 화폐 – 에서 체현되는 방식에 대한 한 가지 장기 분석으로 해석될 수 있다. 노동의 형식적 포섭에서 실질적 포섭으로의 이행에 관한 이론은 라투르가 나중에 영장류학에서 이끌어낸 통찰 – 계급관계는 (인간 이외의) 물질에 고정되지 않는 한 불안정하다는 통찰, 자본가는 어떤 개코원숭이 집단의 알파 수컷 이상의 것이 되기 위해 자신의 지배력을 기계로 구현해야 한다는 통찰 – 을 제공한다. 라투르는 권력이 구체화되는 방식, 주권자가 "그가 발언하는 궁전, 제대로 무기를 갖춘 채로 그를 호위하는 군대들, 그

---

73. Latour, "On Technical Mediation," 38.

에게 봉사하는 서기들과 기록 장비" 덕분에 강력해지는 방식을 무시했다는 이유로 홉스를 비난하지만, 맑스에게는 그런 혐의가 좀처럼 적용될 수 없다.74 그런데 역사유물론에 대한 라투르의 깊은 적의는 결코 의심의 여지가 없었다.75 그런데도 여전히 그는 무심코 "많은 맑스주의 학파를 살펴보면 물질적 조건과 사회적 조건 사이에 〔라투르 자신에 의해〕확립된 다양한 마찬가지의 연계관계를 인식하게 되는 것 역시 참이다"라고 인정할 수 있다.76 만약 사정이 이러하다면, 그런 연계관계에 대한 라투르의 견해를 권고할 어떤 이유가 있을까?

지금쯤은 그 대답이 놀라운 것으로 여겨지지 않을 것이다. 역사유물론은, 어떤 이용자가 어떤 사물과 결합하게 되면 그 사물은 그의 권력을 증진시킨다는 점을 가르쳐준다. 그런 견해는 라투르가 몹시 싫어하는 것인데, 왜냐하면 그것은 "비인간 역시 행위를 하고, 목표를 교체하며, 자신의 재규정에 이바지하는데도 무정형의 물질에 자신의 의지를 부과하는 전능한

---

74. Callon and Latour, "Unscrewing the Big Leviathan," 284.
75. 맑스주의가 라투르의 '진짜 과녁'이라는 주장은 힘을 발휘함이 확실하다. Noys, *The Persistence of the Negative*, 81을 보라. 그 적개심을 목격하기 위해서 맑스주의자가 될 필요는 없는데, 예를 들면 Oscar Kenshur, "The Allure of the Hybrid," 291을 보라.
76. Latour, "Politics of Nature," 73. 그 문장에서는 "Marxist many schools"라고 표현되어 있는데, 이 오타는 ["many Marxist schools"로] 교정되었다.

인간 행위자"에 관한 심상을 이끌어내기 때문이다.[77] 어떤 한 역사유물론자는 다음과 같이 말하곤 했다. 라부안에서 석탄이 발견된 직후에 그 섬에 들르는 영국 왕립 해군의 증기선들은 그 섬의 주변부를 개척하여 대영제국에 종속시키는 과업을 맡게 되었는데, 요컨대 그 증기선들의 보일러들과 선체들에는 런던의 목표가 새겨졌다.[78] 그런데 라투르는 "객체들이 권력관계를 '표현할' 수 있고, 사회적 위계를 '상징화할' 수 있으며, 사회적 불평등을 '강화할' 수 있다"라는 주장을 듣고 움찔한다.[79] 왜냐하면 그렇다면 객체들은 "사회적 활동의 근원에 자리하고 있"을 수 없기 때문이다.[80] 공교롭게도 라투르는 증기력 기술을 하나의 사례로서 언급한다. 그것은 "한낱 '영국 자본주의'의 '반영물에 불과한 것'"으로 여겨지지 말아야 한다.[81] 라투르는 "'물질적 제약의 무게'"를 오히려 강조할 '기술결정론적' 성향을 갖춘 사람들의 편에 선다.[82] (영국 자본주의와 분리된 것으로서 간주된) 이런 사례에 대한 역사 기록은 어딘가 다른 곳

---

77. Latour, "On Technical Mediation," 38.
78. 역사 기록을 소소하게 음미하려면 Malm, "Who Lit this Fire? Approaching the History of the Fossil Economy"를 보라.
79. Latour, *Reassembling the Social*, 72.
80. 같은 곳.
81. 같은 책, 84.
82. 같은 곳.

에서 검토되었다.[83] 그건 그렇다 치고, 라투르의 해석은 이목을 끄는 그 자신의 사례들에 적합한가?

먼저 개코원숭이를 살펴보자. 인간의 도구 동원을 돋보이게 하는 것으로서 개코원숭이들은 자신의 역할 — 우리의 가까운 영장류 친척들과 우리의 먼 수렵채집인 조상들 사이의 문턱을 밝히는 것 — 을 잘 수행한다.[84] 포스트휴머니즘의 소망과는 대조적으로 라투르와 그의 공저자 셜리 스트럼은 그 벽에 또 하나의 벽돌을 추가한다. 그들은 다음과 같이 서술한다. 우리의 "노력은 개미, 개코원숭이, 그리고 예를 들면 미국 국방부의 기술관료 사이의 중대한 차이점들을 지워버리지 않는다. 오히려 그것은 그 차이점들의 원천 — 사용된 자원과 그것을 동원하는 데 필요한 실제 작업 — 을 새로운 방식으로 부각한다."[85] 그리하여 스트럼과 라투르는 개코원숭이들의 세계를 우회함으로써 미국 국방부의 권력이 물질적 자원에 기반을 두고 있다는 통찰을 갖추고서 미국 국방부로 되돌아오게 된다. 그들의 연구가 객체들이 "사회적 활동의 근원에" 자리하고 있다는 관념 역시 뒷받침했는가? 만약 그렇다면, 우리는 왜 모든 객체가 유인원

---

83. Malm, *Fossil Capital*. [말름, 『화석 자본』.]
84. '문턱'(threshold)은 Harman, *Bruno Latour*, 21에서 사용된 낱말이다. [하먼, 『브뤼노 라투르』.]
85. Strum and Latour, "Redefining the Social Link," 797.

과 특히 인간에게 떼를 지어서 모이기로 했는지 물어야 한다. 특히 왜 일부 객체는 자신의 '목표'와 '목적'이 어떤 다른 종과 연합함으로써 달성될 수 있을 것이라고 결정했는가? 그 도구들이 적어도 인간만큼 도구-인간 동맹을 창출하는 데 적극적이라면, 그것들은 어떻게 해서 오직 인간과 배타적으로 협동했는가? 신체 외적 자원을 자신의 관계에 대한 지지대로 사용하는 것에 대한 인간의 독점권을 옹호하는 논변은 이런 자원을 사회적 활동의 원천으로 간주하는 관념에 부합하기 어려운 것처럼 보인다. 아니면, 우리는 물질적 세계가 하룻밤 새에 어떤 '사물의 의회'에 모여서 모험을 위한 유일한 매개체로 인간 종을 선택하기로 합의했다는 것을 믿도록 요청받는가?

개코원숭이 연구의 전반적인 추진력은 다른 것인 듯 보인다 — 인간들은 자신들의 사회적 관계들을 공고화하도록 물질을 적극적으로 배치하는 독특한 성향을 갖추고 있다. 라투르의 몇 가지 표현은 이런 해석에 신빙성을 부가한다. "비인간은 유연하면서도 오래간다. 비인간은 매우 빨리 형성될 수 있지만, 일단 형성되면 그것을 제작한 상호작용들보다 훨씬 더 오래 존속한다. 사회적 상호작용은 대단히 불안정하고 일시적이다."[86] 달리 말해서 사회적 요소는 **유동적인 요소** — 휘발성의 일시적이고 역사적인

---

86. Latour, "On Technical Mediation," 61.

요소 - 이지만 물질이 사회적 요소의 재생산에 필요한 관성을 제공한다. 그런데 그리하여 우리는 곧장 역사유물론으로 돌아가게 된다. 자세히 살펴보면 호텔 열쇠와 과속 방지턱 일화도 그렇다. 라투르는 어떤 무거운 금속 조각이 호텔 관리자를 향해 먼저 다가갈 수 있다거나 또는 실제로 어떻게든 다가갈 수 있다는 어떤 표식도 제시하지 않는다. 시멘트는 그것이 방지턱을 형성하도록 만들어지기 이전의 '무정형의 물질'에 관한 두드러진 일례인 것처럼 보인다. 라투르는 우리가 행위소를 "자신의 목적을 부과하"고 "한 견해에서 다른 한 견해로 이행하"고 "독자적인 계획을 조장하"며 "우리의 기대를 저버리는" 것으로 간주하기를 원한다.[87] 행위소들은 "번성하기 위해 우리를 이용한다."[88] 각각의 행위소는 "자기 자신을 위해" 행위를 한다.[89] 라투르는, 모든 특성이 행위소들 사이에서 교환되고 공유되도록 그리고 인간의 '주도권'에 대한 어떤 잔류 인상도 존재할 수 없도록(오히려 그 주도권은 객체들에 자리한다), 절대적 대칭성 - 하나의 핵심어 - 을 확립하려고 노력한다.[90] 그런데 그의 언

---

87. Bruno Latour, "How to Write The Prince for Machines as well as for Machinations," 9.
88. Latour, *The Pasteurization of France*, 35. [라투르, 『프랑스의 파스퇴르화』.]
89. 같은 책, 197.
90. Latour, "On Technical Mediation," 53. 추가적으로, 예를 들면 같은 글, 34~5, 54; Latour, *The Pasteurization of France*, 35~7 [라투르, 『프랑스의 파

명들은 다른 이야기를 한다. 그것들은 거추장스러운 열쇠와 불룩한 방지턱 같은 사물들이, 자케트의 표현을 빌리면, "**파생적 지향성**" — 목표를 지닌 소유자로부터 위임받은 과업 — 을 갖추고 있다는 견해를 뒷받침한다.[91] 일대일 대칭이라기보다는, 오히려 십-대-영 비대칭 같은 것이 배치를 구성한다. "'농장을 삽니다!'라는 어느 텔레그램 글이, 바로 그것이 어떤 필자의 생각을 표현하고 그 저자의 목적을 달성하는 데 도움이 될 일련의 사건에 인과적으로 연계되어 있다는 이유로, 그 자체로 지적이라고 주장하기를 누가 원할 것인가?"[92] 그렇다, 누가 원할 것인가?

『전 지구적 마술: 고대 로마에서 월스트리트까지 사용된 전유 기술들』에서 알프 호른보리는 사회적인 것의 우위성의 상한을 정하는 두 가지 다른 실례를 제시한다. 열쇠와 주화를 살펴보자. 둘 다 모양과 형태가 꽤 유사한 금속으로 제조되었지만, 그것들은 두 가지 매우 상이한 문을 여는 데 사용된다. 열쇠는 특정한 집과 관련되고, 주화는 시장의 모든 객체와 관련된다. 왜 그것들은 그토록 이질적인 기능들을 수행할까? 그 설명은, 인간들이 한편으로는 집에 대한 열쇠를 만들었

스퇴르화』]; Latour, "Technology is Society Made Durable," 108~10; Jim Johnson, "Mixing Humans and Nonhumans Together," 303을 보라(짐 존슨은 브뤼노 라투르의 필명임).

91. Jacquette, *The Philosophy of Mind*, 80.
92. 같은 책, 69.

고 다른 한편으로는 화폐가 그 소유자에게 자유롭게 선택된 상품에 대한 접근권을 부여한다는 관행을 확립하고 유지했다는 것, 또는 우리 인간들이 "자신의 관계들을 외부화한다"라는 것,[93] "다양한 방식의 사회적 권력관계들이 물질적 인공물들에 위임된다"라는 것이어야 한다.[94] 가장 원시적인 열쇠에서 가장 공허한 금융 도구에 이르기까지, 인간들에 의해 착복된 신체 외적 자원의 영토를 가로질러, "그것들을 재생산하는 추동력과 접착제는 그것들이 동기, 의도, 그리고 상호작용하는 주체들의 행위성에 의존한다는 의미에서 환원 불가능하게 **사회적**이다."[95]

우리는 신유물론적 비방을 수용하여 이 견해를 '사회주의' 또는 '사회주의적 실재론'으로 일컬어도 좋을 것이다. 그것은 모든 호텔과 모든 자동차에 수반된다. 열쇠 반환을 걱정하는 관리자가 있는 호텔은 이윤을 남기면서 호텔을 경영하는 것에 대한 관심과 사유재산을 전제로 한다. 속도 규제는 자동차의 사적 소유권과 어떤 기관에 의해 보호받는 보행자들의 안전 사이의 모순에 의해 촉발된다.[96] 또는, 2015년과 2016년에 난민

---

93. Hornborg, *Global Magic*, 104.
94. 같은 책, 162.
95. 같은 책, 35.
96. Newton, *Nature and Sociology*, 32를 참조.

을 차단하기 위해 유럽 국경들을 따라 설치된 철조망을 살펴보자. 그 철조망은 국민국가, 시민권, 관료제, 그리고 어떤 인간들을 보호받을 권리가 없는 이방인들로 간주하는 견해 – 2015년 몇 달 동안 사실상 "대단히 불안정하고 일시적인" 인민 운동들이 이의를 제기한 관계들 – 에서 비롯되었다. 존속하려면 그것들은 인체를 재단할 수 있는 어떤 유연하고 오래가는 물질에 단단히 고정되어야 했었다. 철조망은 파생적 지향성을 갖추고 있다. 사회주의적 실재론은 유효하다.

사회주의적 실재론이 관계를 신기술 발전의 동인으로 상정한다면, 또한 그것은 비판적인 취지에서 권력을 하나의 주요 벡터로 생각한다. 이 골칫거리를 퇴치하기 위해 라투르는 권력이 결코 "소유될" 수 없다고 주장한다.[97] "우리가 권력을 '잠재적으로' 소유하고 있을 때에는 그것을 실제로 소유하고 있지 않거나, 또는 우리가 권력을 '현실적으로' 소유하고 있을 때에는 우리의 동맹자들이 행동을 취하는 행위자들이다."[98] 영국 제국주의자는 맨몸이기에 아무 권력도 없거나, 또는 그가 증기선과 어떤 석탄 광산을 갖추게 되면 행동을 취하는 것은 그런 동맹자들이기에 그는 여전히 아무 권력도 소유하고 있지 않다. 근

---

97. Latour, *The Pasteurization of France*, 174. [라투르, 『프랑스의 파스퇴르화』.]
98. 같은 책, 174~5.

본적으로 인간은 불운하고 취약한 청소년에 지나지 않는다. "아무도 당신을 도와주지 않기에 당신에게 아무 권력도 주어지지 않거나, 또는 그들이 당신을 도와줄 때 그들은 당신의 목적이 아니라 그들 자신의 목적을 추구한다."[99] 세계 속에 권력이 존재한다면, 그것은 한 인간 행위자의 또 다른 인간 행위자에 대한 특성이 아니라 네트워크 자체의 특성이다.[100] 그리하여 배제되는 배치는 증기선이나 철조망 같은 객체들을 이용하여 다른 사람들에게 자신의 권력을 행사하는 어떤 사람들의 배치이다. 객체를 인간 주체에 의해 좌우되는 수동적인 것으로 구상하기를 거부하는 행위는 어떤 사물의 매개를 거쳐 투사되는 권력을 상상 속에서도 현존하지 못하는 것으로 만든다.[101]

영국 제국주의자들은 라부안에 상륙하기 전에 이미 그 지역 전체의 원주민들과 인민들에 대한 (작은 것에 불과할지라도) 어떤 우위를 갖추고 있었음이 틀림없다고 여겨질 수 있으며, 그리고 그들이 문제의 물질적 자원을 전유함으로써 그 차이가 확대되어 이전보다 더 강력해진 채로 런던을 향해 귀환했다고 여겨질 수 있을 것이다. 유사한 구상이 거주지를 찾는 중

---

99. 같은 책, 12.
100. 예를 들면 Latour, "Technology is Society Made Durable," 110, 123을 보라. Joyce and Bennett, "Material Powers," 1~2; Otter, "Locating Matter," 46을 참조.
101. 후속적으로 Hornborg, "Technology as Fetish"를 보라.

동 및 사하라 이남 아프리카 출신의 무산 인민들과 유럽 국민국가들 사이의 관계에 틀림없이 적용될 것이다. 그렇지만 라투르는 이 점에 대하여 분명하지 않다. "지배는 결과이지 원인이 아니다."[102] 그런데 왜 세계에는 그토록 많은 지배가 존재하는지를 이해하려면 우리는 그것을 되먹임 과정을 거쳐 스스로 강화하게 되는 결과를 낳는 원인으로 간주해야 한다 — 이것은 라투르가 몹시 싫어하는 그런 종류의 변증법이며, 어떤 불평등 관계들이 매우 확고한 것처럼 보이는 이유를 이해하기 위한 열쇠이다. 권력을 사물들 자체의 결과로 간주하는 관념은 무의미할 수밖에 없다. 호른보리가 지적하듯이, 그것은 맑스주의적 접근법과의 또 다른 중대한 차이를 나타낸다. 행위성과 권력을 객체들의 배후에 있는 관계들과 사람들에게 귀속시키기보다는 오히려 객체들에 귀속시킴으로써 그것은 맑스가 폭로하기로 마음먹은 바로 그런 종류의 물신주의를 반영한다.[103] 라투르주의는 신비주의이고 **뻔뻔한** 물신주의이다.

---

102. Latour, "Technology is Society Made Durable," 130.
103. 예를 들면 Hornborg, *Global Magic*, 15를 보라. 추가적으로 이 논점들 및 관련된 논점들에 대한 탁월한 명료화는 Hornborg, "Technology as Fetish"; Hornborg, "The Political Economy of Technofetishism"; Hornborg, "The Political Ecology of the Technocene"; Scott Kirsch and Don Mitchell, "The Nature of Things"; Hylton White, "Materiality, Form, and Context"를 보라.

포괄적인 경험적 예증은 아직 아닐지라도 논리적 연장으로 가늠하면, 화석 경제는 이런 종류의 변증법적 과정들을 통해서 구축되었고 이 책을 저술하고 있는 순간에도 매일 기후보다 더 안정해지고 있는 구조로 공고화되었음이 틀림없다.[104] 앞서 우리는 한 가지 그런 재귀적 고리 — 화석 자본의 시초 축적을 추진하는 자본가 계급 부문에서 나타나는 고리, 즉 화석연료의 채굴에 투자된 자본으로 시작하여 화석연료가 판매될 때 더 많은 자본으로 완결되는 고리를 언급했다. 대략 200년 전에 개시되어 여전히 팽창하고 있는 화석 경제는 그것의 장기 지속longue durée 기간에 걸쳐 지금까지 서양의 중심부에서 방사했고 오늘날에도 평소 생활방식에 대단히 집중적으로 투입된 권력에 의해 지속된다. 그런 이유로 인해 키스톤 XL 송유관에 대하여 거둔 것과 같은 승리들은 여전히 매우 취약한 예외 사례들이다.

그런데 우리가 이미 선별한 분석 대상들이 충분하지 않다면, 라투르는 구조라는 범주도 몹시 싫어하는 것으로 널리 알려져 있다. 서로 부딪치면서 순간적으로 응집하고 흩어지는 잡다한 행위소들이 존재할 따름이며, 그리하여 주위에 어떤 수

---

104. 추가적으로, 예를 들면 Malm, *Fossil Capital*, 12~3 [말름, 『화석 자본』]을 보라.

직적 구조를 형성하는 권력의 어떤 중심적 원천도 절대로 허용하지 않게 된다. 라투르는 "사회적인 것들을 평평하게 유지하"기를 원한다.[105] 그는 이것이 화석 경제에 대하여 무엇을 의미할지에 관한 것을 전혀 언급하지 않고, 오히려 그것을 산출하여 그것과 하나가 된 존재자, 즉 자본주의에 대하여 종종 언급한다. "신과 마찬가지로 자본주의는 현존하지 않는다."[106] 미합중국 자체를 비롯하여 라투르가 바라본 세계에서는 "자본주의가 오늘날에도 여전히 주변적인 것이다. 곧 사람들은 자본주의가 그것의 적들과 옹호자들의 상상 속에서만 보편적일 뿐이라고 깨닫게 될 것이다."[107] 또는, 라투르는 그가 할 수 있는 한 분명히 말한다. "자본주의에 집중하지 마라."[108]

---

105. Latour, *Reassembling the Social*, 165. Harman, *Bruno Latour*, 110 [하먼, 『브뤼노 라투르』]을 참조. 라투르 이론의 이런 계보는 Elder-Vass, "Searching for Realism, Structure and Agency in Actor Network Theory"에서 무자비하게 효과적인 비판을 받는다. 또한, 예를 들면 Noys, *The Persistence of the Negative*, 93 ; Benjamin Noys, "The Discreet Charm of Bruno Latour," 197 ; Keir Martin, "Knot-work not Networks, or Anti-anti-antifetishism and the ANTipolitics Machine" ; Rebecca Lave, "Reassembling the Structural" ; White, Rudy, and Gareau, *Environments, Natures and Social Theory*, 133~5, 201 ; Mark Edward, "From Actor Network Theory to Modes of Existence"를 참조.
106. Latour, *The Pasteurization of France*, 173. [라투르, 『프랑스의 파스퇴르화』.]
107. 같은 곳.
108. Latour, *Reassembling the Social*, 179. 그 충고는 Latour, *Reset Modernity!*, 53에서 반복된다. 그런데 필시 지구온난화의 위기는 라투르로 하여금 자본주

이제 브뤼노 라투르에 대한 고찰을 끝낼 시점이며, 그 와중에 우리는 그가 몹시 싫어한 범주들 중 또 하나의 것, 즉 전체totality를 환기시킬 수 있다. 라투르는 우리의 주의를 전 지구적 규모에서 엄밀히 국소적인 것들로 돌리기를 원하지만, 온난화 조건에서 모든 국소적 현장은 지구 시스템의 손에 쥐어진 노리개이다.109 초대형 폭풍이 어떤 해안 지역을 강타하는 이유는 그곳에서 일어난 어떤 일 때문이 아니다. 그것의 배후에는 화석 경제의 전체가 있으며, 그리하여 우리는 사회주의적 기후 실재론의 세 가지 신조를 간단히 요약할 수 있다. (1) 사회적 관계들은 화석 경제와 그것에 기반을 둔 기술들의 발전에서 실재적인 인과적 수위성을 가진다. (2) 재귀적 강화 고리들에 의해

의라는 개념에 대한 그 자신의 이전 적대감 중 일부를 재고하도록 강요했을 것이다. 그리하여 그것은 또 다른 한 차례의 혼란을 초래했다. "나는 자본주의를 세계 속 사물을 뜻한다고 간주하기보다는 오히려 우리가 '좋은 것들'과 '나쁜 것들'의 어지러운 상호작용을 받아들이고자 할 때 마주치는 비참한 것들과 호사스러운 것들의 이 기묘한 혼합물을 통해서 생각하려고 하는 경우에 영향을 받게 되는 어떤 방식을 뜻한다고 간주한다"(Latour, "On Some of the Affects of Capitalism," 2). 이것은 또 다시 뜻 모를 횡설수설이다.

109. 이것은 Hamilton, "In Defence of an Anthropocentrism for the Anthropocene"에서 지적되었다. 가이아 이론을 지지하면서도 전체라는 범주를 저지하려는 절박한 시도는 Latour, "Why Gaia Is Not a God of Totality"를 보라. 라투르의 반-전체 노선에 대한 비판은 Kai Jonas Koddenbrock, "Strategies of Critique in International Relations"를 보라. '전 지구적인 것을 재국소화하기'라는 라투르의 프로그램은, 예를 들면, Latour, *Reset Modernity!*, 52, 91, 112, 168을 보라.

이 관계들은 화석 경제의 완고한 구조에서 공고화되었다. (3) 그 전체는 결국 지구 시스템 전체에 불을 붙이고, 그리하여 (일부) 인간들은 두려워해야 할 실재적 이유가 있다. 이것은 우리에게 후속 탐구를 위한 실마리를 제공할 따름이다. 그런데 여기서 우리가 제기하고자 한 논점은, 라투르와 대다수 관련 이론이 뜨거워지는 세계의 사회적 동역학을 연구할 뿐만 아니라 더욱이 그것에 개입하기 위한 서투른 지침만을 제공할 수 있을 뿐이라는 것이다. 이제 우리는 이론을 둘러싼 이 모든 투쟁의 정치적 함의를 살펴볼 수 있다.

투쟁의 길

현대 혼종주의는 두 가지 주요한 형태, 즉 구성주의와 신유물론으로 나타난다. 구성주의가 자연을 사회로 붕괴시킨다면, 신유물론은 사회를 자연으로 붕괴시킨다. 라투르라는 인물에서 목격되었듯이, 그 둘은 처음 볼 때보다 더 가깝다. 사실상 그것들은 때때로 (나중에 우리가 살펴볼 정체성을 갖춘) 동일한 이데올로기적 몸통에서 자라나는 뒤엉킨 가지들인 것처럼 보인다. 앞서 우리는 이렇게 뒤얽힌 것이 뜨거워지는 세계에서 방향을 잡는 데 있어 분석적 가치가 거의 없는 것이라고 주장했다. 정치의 경우에는 어떠할까?

관념론적 구성주의가 권고하는 정책들은 입수하기 어렵지 않다. 때때로 그것의 주문에 걸리는 한 학자인 마이크 흄은, 기록에 따르면, "'좋은' 기후 또는 '나쁜' 기후 같은 것은 전혀 없고, 기후를 상상하고 기후와 공존하는 '좋은' 방식과 '나쁜' 방식만이 있을 뿐이다."110 섭씨 4도 상승을 좋은 방식으로 상상하라, 그러면 좋은 상황인 것으로 판명될 것이다. 그러므로 "정말로 중요한 것은 기후 혼돈을 중지시키는 것이 아니다" — 정말로 중요한 것은 이야기를 만들어내는 것이며, 그리고 우리가 기후 혼돈에 접근해 가고 있다는 이야기들은 [우리의 현대 위기를] 볼 수 없게 하는 하나의 오락, 기분 전환, 신화이다.111

예를 들면, 반세기 지난 지금에도 우리는 상당한 정치적 에너지와 외교적 자본이 어떤 국제 기후체제를 구축하기 위한 노력에 투입되고 있음을 일상적으로 목격한다. 그런데 우리는 왜 그런 정치적 에너지와 외교적 자본이 새천년 개발 목표들을 달성하는 데에도 투입되고 있음을 목격하지 못하는가?112

---

110. Mike Hulme, "Four Meanings of Climate Change," 42.
111. 같은 글, 53. 이것은, 예를 들면, Mike Hulme, *Why We Disagree About Climate Change*, 361~2에서 전개된 논변의 외삽이다.
112. 같은 글, 54.

우리는 그런 기발한 의견의 출처를 누군가에게 전가하기를 망설여야 한다. 그런데 그 주장의 논리적 귀결은 기후의 장기적인 안정화를 위해 너무나 많은 노력이 실행되고 있다는 것이다. 좋은 기후를 상상하는 행위가 중요한 것이라면, 어떤 정상회담 – 또는 기후 캠프, 또는 투자철회 운동, 또는 공정한 전환을 위한 계획 – 도 사실상 시간 낭비임이 틀림없다. 그리고 정말로 흄은 긴급한 완화책의 필요성을 일관되게 누그러뜨렸고, 심지어 너무나 위계적이고 하향식이라는 이유로 〈교토 의정서〉를 비난했다.[113]

이런 부류의 구성주의자들은 다른 사람들이 문제를 지나치게 단순화하고, 위험을 지나치게 부풀리고, 복잡성을 간과하며, 과도한 경각주의를 퍼뜨린다고 비난하는 경향이 있다. 그들은 지식의 부침에 큰 관심을 기울이는 반면에 경제의 구조에는 그다지 관심이 없다.[114] 종종 그들은 부인론적 담론으로부터 적절한 거리를 유지하지 못한다. 그러므로 기후연구 공동체에서 인문학과 사회과학의 대변인으로 자처하는 노엘 카스트리는, "인식적 불확실성이 확연하다"라는 주장, IPCC 보고서

---

113. Hulme, *Why We Disagree About Climate Change*, 297, 311~2. 추가적으로 Robert J. Antonio and Brett Clark, "The Climate Change Divide in Social Theory," 341~3을 보라.
114. 이에 대한 탁월한 개관은 Antonio and Clark, "The Climate Change Divide in Social Theory"를 보라.

들은 "현재 과학자들이 인공적 온난화가 일어나고 있다고 비교적 확신하고 있다는 인상"을 "지나치게 자신 있게" 창출하는 잘못을 저지른다는 주장, 그리고 미디어는 계속해서 부인론자들에게 방송 시간을 부여해야 한다는 주장을 제기하는 것으로 기록되어 있다.[115] 이 언표들은 부정확할 뿐만 아니라 그보다 더 부정적인 영향도 미친다.

다른 한편으로, 직서주의적 구성주의는 우리가 자연을 활용하여 무엇이든 우리가 원하는 작업을 어느 정도 실행할 수 있다는 입장에 경도되는데, 왜냐하면 외부적 자연은 전혀 존재하지 않고 오직 우리 자신이 구축한 자연이 존재할 뿐이기 때문이다. 닐 스미스에게 외부적 자연이라는 관념은 매우 불쾌하다. 그 이유는 "그것이 비인간 객체들과 과정들을 인간이 언젠가 굴복해야 하는 확고한 장벽으로 만드는" 반면에 그의 이론에서는 그런 장벽들이 명백히 제거되기에 인간은 결코 아무것에도 굴복할 필요가 없기 때문이다.[116] 이런 성향의 구성주의자들이 즐겨 제기하는 한 가지 정치적 요구는 **민주화**에 관한 것이다. 우리는 무엇이든 자신이 원하는 것을 할 수 있지만, 무엇을 함께 해야 할지를 현재보다 더 민주적으로 결정해야 한

---

115. Castree, *Making Sense of Nature*, 257~8, 242.
116. 스미스의 주장은 Noel Castree and Bruce Braun, "The Construction of Nature and the Nature of Construction," 7에 요약되어 있다.

다.117 폴 와프너는 〈350.org〉 운동[기후 변화 대응을 위한 국제적인 시민운동]을 불가능한 목표의 조달자 — 우리는 350ppm으로 돌아갈 수 없다, "기후 안정성은 도달할 수 없는 것이다" — 로 치부하고,118 그 대신에 민주적 숙의를 옹호한다. "대기는 선호하는 탄소 농도 수준이 없다. 인간이 나아가야 하는 자연적 이상은 없다. 오히려 우리는 우리 자신의 정책 목표와 방향에 대하여 합의해야 한다."119 그런데 생물물리학적 세계에 건너거나 존중해야 할 아무 경계도, 아무 명령도, 아무 신호도 없다면, 어떤 근거에 의거하여 우리는 입수 가능한 선택지들 중에서 선택해야 하는가?

마찬가지로, 제데다이아 퍼디는 현행의 "신자유주의적 인류세"를, 자연이라고 일컬어지는 것의 구성이 "정치적으로 모든 사람의 작업"인 "민주주의적 인류세"로 대체하기를 원한다.120 아마르티야 센의 말 — "지금까지 어떤 민주주의도 기근을 겪은 적이 없다" — 을 인용하면, 그는 재난이 그런 인류세에서 회피될

---

117. 예를 들면 Smith, "Nature at the Millenium," 50 ; Neil Smith, "Nature as Accumulation Strategy," 34를 보라. 민주화에 관한 이런 구성주의적 관념에 대한 탁월한 비판은, 예를 들면, John Bellamy Foster and Brett Clark, "Marx's Universal Metabolism of Nature and the Frankfurt School," 130을 보라.
118. Wapner, *Living Through the End of Nature*, 174.
119. Paul Wapner, "The Changing Nature of Nature," 47.
120. Purdy, *After Nature*, 48~9. 예를 들면 같은 책, 271을 참조.

수 있다고 시사한다.[121] 그런데 그것은 기후변화의 한 가지 중요한 양태를 간과하는 것처럼 보인다. 지구 온도의 힘에 의해, 제도가 민주적이든 그렇지 않든 간에, 상당히 더 더운 세계에서는 더 많은 기근이 생겨날 것이다. 평등주의적 적응은 최악의 영향을 개선할 수 있을지도 모르지만, 세계가 완전한 민주주의 세계일지라도 이산화탄소 배출이 계속해서 허용되는 한에서 세계는 여전히 어느 시점에 매우 굶주리게 될 것이다. 그런 위험을 최소화하기 위한 첫 번째 전제조건은 평소 생활방식의 해체인데, 이는 어떤 민주주의적 형식을 요구할 것이지만 그것으로 환원될 수 없는 정치적 내용의 문제이다.

스티븐 보걸은 민주화를 강조하는 또 하나의 인물이다. 그는 비인간 권력에 관한 어떤 이야기도 민주주의적 과정을 파괴하는 행위라고 생각한다. "우리 너머에 '자연'이 존재한다고 믿는 것"은 "우리가 무엇을 해야 하는지 알아낼 필요성을 회피하는" 것이다.[122] 그런데 물론 사실은 정반대이다. 우리 외에 아무것도 없다면 알아낼 것도 전혀 없다 — 적어도 생태정치의 부문에서는 그러하다. 여기서 직서주의적 구성주의는 영화 비

---

121. 센의 말은 반전될 수 있을 것이다. 지금까지 어떤 민주주의도 해저 행성이나 몹시 건조한 행성에서 번성한 적이 없다.
122. Vogel, *Thinking Like a Mall*, 93. 보걸의 민주화 프로그램은 또한 Vogel, *Against Nature*를 보라.

평가들에게 실제 영화를 보는 행위를 그만두고 단지 서로 바라보기만 함으로써 현대 영화에 대한 비평을 규정하라는 권고와 유사한 것처럼 들린다. 하나의 민주주의 의회는 자신의 창 바깥의 무언가와 관계를 맺고 있을 때만 분별 있는 결정을 내릴 수 있다. 그 의회가 존재하는 유일한 것이라면 그것의 민주주의는 공허하게 들릴 것이다. 지구온난화에 대하여 부인론적이지 않은 모든 노선은 인간의 기호를 염두에 두지 않는 힘과 인과력을 인식해야 한다. 우리는 민주주의 법령으로 해양의 열팽창을 폐기할 수는 없다. 그런 까닭에 우리는 우선 지구온난화에 관한 정보를 얻어야 한다. 또한 그런 까닭에 모든 화석연료를 채굴하여 연소시키려는 생각은 부적절한 것이다. 우리가 이런 주장을 제기할 수 있는 이유는 자연이라는 범주를 실제로 염두에 두고 있기 때문이다. 이것은 결코 자연이 규범적 가치의 원천이거나 그 자체로 도덕적 중재자라는 점을 수반하지 않는다. 또다시 소퍼에 따르면, 자연은 인간 행위의 결과를 결정할 수 있을 것이지만 "어떤 특정한 생활방식도 존재방식도 승인하지 않는다."[123] 자연은 우리에게 알려진 화석연료 매장량을 모두 연소시키는 것이 올바른 행위인지 아니면 극악무도한 행위인지 말해주지 않는다. 그 문제에 대하여 궁리

---

123. Soper, "Disposing Nature or Disposing of It," 8.

하는 일은 인간에게 달렸지만, 자연에서 수집된 서술적 정보에 의거하여 이루어진다. 자연적인 것을 사회적인 것으로 내재화함으로써 생태민주주의를 위한 구성주의적 프로그램은 무력해진다.

직서주의적 구성주의는 우리가 무엇이든 할 수 있다는 견해에 경도된다면, 앞서 알게 되었듯이 신유물론은 아무것도 행해질 수 없는 개골창으로 나아간다. 여기서 "인간의 행위자적 효험성의 한계"는 격찬을 받는다.[124] 또는, 제시카 슈미트가 한 시론의 서두에서 진술하는 대로, "복잡하고 서로 연결되어 있으며 지구화된 오늘날의 세계는 우리에게 주로 한 가지 사실을 말하는 것처럼 보인다. 우리가 살아가도록 매여져 있는 이 세계는 더는 우리의 것이 아니다. 여전히 인간들이 그것의 주요한 '추동자'로 여겨지지만 인간들의 형성 능력은 실질적으로 축소된 것처럼 보인다."[125] 그것은 슈미트와 그 동료들이 존재론으로 장식하는 무력함이다. 무력해지는 것을 즐기는 법을 배워라.

라투르 자신의 경우에 상황은 약간 더 복잡해진다. 라투르의 '정치생태학'에 대한 어떤 탁월한 비판에서 레베카 레이브는

---

124. Coole and Frost, "Introducing the New Materialisms," 14. [쿨·프로스트, 『서론』.]
125. Schmidt, "The Empirical Falsity of the Human Subject," 174.

그것이 노동자들보다 팩스 기계들의 자기조직화를 고무할 가능성이 더 많다는 결론을 내린다. "'팩스 기계들이여 단결하라, 너희가 잃을 것은 단지 전기 코드뿐'이지 않은가?"[126] 그런데 라투르와 그의 신봉자들은 행위성을 하늘 아래의 모든 객체에 연장하는 것이 정치화 과정에 이바지할 것이라는 가정을 중요시한다 ― 결국 사물은 정치적인 것의 권역에 편입될 수 있을 것이다. 그런데 오히려 그 결과는 정반대이다. 우리가 유럽의 국경 장벽이 자기 자신을 위해 이민자 신체를 차단한다고 말한다고 해서, 그것이 정치적 존재자로 더 잘 인식되는가? 화석연료가 스며들고 지구를 가장 무거운 하중으로 짓누르는 모든 테크노매스[인공적 객체들의 질량]technomass는 그런 프로그램에 의해 자체의 정치적 실체가 비워지게 될 것이다. 마찬가지로, 라투르는 구조가 장애가 된다는 점을 부인함으로써 자신이 개입 현장을 개방하고 있다고 상상한다. 하지만 또 하나의 신랄한 비판에서 벤저민 노이스가 지적했듯이 "이런 '국소적' 행위성의 팽창은 어떤 게임 조건도 바꾸지 못하고 그것에 이의를 제기하지도 못하는 무능력을 대가로 치르고서 이루어진다."[127] 구조

---

126. Lave, "Reassembling the Structural," 218. 그 사례와 슬로건은 일레인 하트위크에게서 차용되었다.

127. Noys, "The Discreet Charm of Bruno Latour," 203. Noys, *The Persistence of the Negative*, 85~6을 참조.

를 해체하는 행위를 금지당한 행위성은 강화되지 않고 오히려 제한받게 된다.

"십오 년 동안 라투르를 개인적으로 알고 지낸" 그레이엄 하먼은 우리에게 자신이 그의 정치학을 체계화하고 대중화하는 임무를 띠고 있다고 알려주는데, "(유권자와 시민, 뉴스 독자로서의) 라투르는 진보적 성향을 지닌 정치적으로 자비로운 프랑스 중도파 인물"이거나 또는 "정치적 권역에 생명 없는 존재자들을 추가하는, 자유주의적 성향의 홉스주의자"라고 "나는 어느 정도 자신 있게 말할 수 있다"고 하먼은 말한다.[128] 뜨거워지는 세계에서 더 자비로운 프랑스 중도파들, 특히 홉스주의적 성향의 인물들이 필요한 까닭이 있을까? 라투르는 서양의 중도파에 이념적 자양분을 제공하는 데 자신의 경력 생활을 보냈다. 사실상 그의 필생의 작업은 지난 반세기 동안 이루어진 가장 정교한 반맑스주의적 구성물 중 하나로 해석될 수 있는데, 갱신된 혁명적 동요의 전망에 대한 두려움의 경련을 결코 완전히 억제하지는 못하지만 말이다.[129] 라투르는 "해방 정치에의 심취"[130]에 대한 전투를 그만두지 않고 독자에게 우리가 아

---

128. Harman, *Bruno Latour*, 5. [하먼, 『브뤼노 라투르』.]
129. Noys, "The Discreet Charm of Bruno Latour"; Noys, *The Persistence of the Negative*.
130. Latour, *Reassembling the Social*, 52.

무튼 할 수 있는 최대의 것은 "실천의 작은 확대"[131]라는 점을 각인시키는 일을 그만두지 않을 것이다. 그런데 지금 우리에게 필요한 것은 실천의 매우 거대한 변화이다.

그런데 라투르의 정치학에는 하먼이 전혀 은폐하지 않는 더 유해한 한 가지 측면, 즉 그의 홉스주의-더하기-사물이 있다. 개코원숭이 이야기의 교훈은 깊게 뿌리 박힌 기술들의 리바이어던이 우리를 혼돈으로부터 구해낼 것이라는 점이다. 그것이 없다면 인간은 유인원처럼 무정부 상태에 빠져들 것이고, 그러므로 우리는 기술-리바이어던을 높이 평가하고, 소중히 여기며, 통합시키는 아버지 형상을 대하는 것처럼 그것을 대하는 방법을 배워야 한다. 산업적 기술은 안정성을 향한 진보의 지표이다.[132] "이로부터 제도에 대한 우리의 일차적 태도는 그것을 비판하거나 파괴하기보다는 오히려 그것을 구축하고 확장하는 것이어야 한다는 점이 당연히 도출된다."[133] 그리고 라투르가 홉스에 추가한 것을 고려하면, 이런 태도는 제도의 **물질적 하부구조**에 주로 겨냥되어야 한다. 네트워크에 대한 비판은 "핵심을 놓치는"데,[134] 즉 "모든 초월성은 평화를 위협할 것"이라는

---

131. Latour, *We Have Never Been Modern*, 48. [라투르, 『우리는 결코 근대인이었던 적이 없다』.]
132. Strum and Latour, "Redefining the Social Link," 792~3 ; Latour, "On Technical Mediation," 47을 보라.
133. Harman, *Bruno Latour*, 31. [하먼, 『브뤼노 라투르』.]

점을 놓친다.[135] 승리를 거둔 기술들에 대한 라투르의 긍정적 태도에 관한 설명에서 하먼은 또 하나의 오래된 사례 – 1970년대에 전국의 차량을 전기차로 전환하려는 프랑스 전력공사의 시도가 실패하고, 르노가 그 도전을 격퇴하며 석유의 우위성을 재확인하면서 대승리를 거둔 사례 – 를 다시 사용한다.[136] 그리하여 그것은 인간 공동체들을 결합하는 접착제로서의 역할을 수행하고 평화의 보증자로서 존중받을 만한 성공적인 기술의 일례로 여겨진다. 라투르가 결국, 무엇보다도 천연가스를 지속가능성에 이르는 길로 내세우는 브레이크스루 인스티튜트의 편에, 녹색 정치의 스펙트럼에서 기술 낙관주의의 극단에 위치한 분파의 편에 선다는 사실은 놀랍지 않다.[137] 화석 하부구조를 분쇄하는 것은 추정컨대 그의 기호에 맞지 않을 것이다.

자연은 실재적이다. 자연과 사회는 대립자들의 통일체를 형성한다. 사회는 구성된다. 행위성은 생기 없는 물질에서 찾아볼 수 없고 오히려 사회적 힘을 구현하는 필수 기술을 잠재적으로 겨냥할 수 있는 인간 집합체들 사이에서 여전히 나타날

---

134. 같은 책, 17.
135. 같은 책, 19.
136. 같은 책, 27. 원래 사례와 그것이 홉스주의-더하기-사물의 전개에 사용된 점에 대해서는, 특히 Callon and Latour, "Unscrewing the Big Leviathan," 287~93을 보라.
137. Bruno Latour, "Love Your Monsters"을 보라.

것이다. 이것들은 행위주의적 이론의 필수적인 전제들에 속한다. 혼종주의와 그것의 두 갈래를 거부하는 것은 어떤 온건한 제3의 길 혹은 중도를 주장하는 문제가 아니다. 그것은 생태적 투쟁 정신에 대한 이론적 기초를 회복시키는 것과 관련되어 있다.

5장

소유의 위험에 관하여 :
폭풍을 추적하기에 대한 소묘

대안으로서의 역사유물론

최고의 성서와 마찬가지로, 역사유물론의 전통은 방대한 일군의 양립 불가능한 해석을 고무할 만큼 풍성하다. 신유물론이 '구'유물론을 몰아내고자 하더라도, 카스트리, 스미스, 그리고 보걸 같은 구성주의적 사상가들은 맑스주의적 기획에 다양한 정도의 충성을 공언하고 선별적 인용문들(포이어바흐, 벚나무, 산호섬에 관한 부분들)로 자신들의 주장을 뒷받침한다. 맑스주의자이면서도 잘못 생각할 가능성은 현저하다. 창시자들에 대한 주해는 이론의 미덥지 않은 토대이다. 외부 증거가 판결을 내려야 한다. 사실상 맑스의 전집에서 나타나는 비정합성은 맑스가 파리 수고[『경제학-철학 수고』]에서 제시된 자연에 대한 명쾌한 구성주의로부터 성숙한 저작들에서 제시된 전면적인 실재론으로 전환했다는 증거이다 ㅡ『실천의 철학 : 맑스, 루카치, 그리고 프랑크푸르트학파』에서 앤드루 핀버그가 그렇게 주장한다. 그 청년 헤겔주의자는 자연을 인간 노동과 역사적 실천의 생산물로 간주하기를 원했었지만, 곧 그렇지 않다는 사실을 더 잘 알게 되었다.[1] 그 단절은 『독일 이데올로기』에서 일어났는데, 이 책에서는 양면성이 여전히 나타나는

---

1. 예를 들면 Andrew Feenberg, *The Philosophy of Praxis*, 43~9, 121을 보라.

한편, 역사유물론에 대한 참신한 관점이 구상되고 있다.

> 모든 인간 역사의 첫 번째 전제는 살아 있는 개인들의 현존임이 당연하다. 그러므로 가장 먼저 확인되어야 할 사실은 이 개인들의 신체적 조직과 그 결과로 그들이 나머지 자연과 맺은 관계이다. 물론, 여기서 우리는 인간의 실제적인 신체적 본성(자연)에 대해서도, 인간이 처해 있는 자연적 조건 – 지질학적·지리적·기후적 조건 등 – 에 대해서도 깊이 파고들 수 없다. 모든 역사적 저술은 이런 자연적 토대와 더불어 역사의 과정에서의 인간 행위를 통한 그 토대의 수정에서 출발해야 한다.[2]

인간은 기후적 조건 안에 처해 있으며, 후속적으로 인간은 역사의 과정을 거쳐 그 조건을 수정한다. 이 테제는 기후위기에 대처하기 위한 우리의 목적을 달성하는 데 가장 유망한 도식을 제공한다. 그런데 무슨 일이 일어나든 간에 "외부적 자연의 우선성은 여전히 공격받지 않는다."[3]

그다음에 『정치경제학 비판 요강』에서는 애매모호한 점이 거의 남아 있지 않게 된다. 노동하는 주체가 자연을 마주칠 때

---

2. Karl Marx and Friedrich Engels, *The German Ideology*, 37. [카를 마르크스·프리드리히 엥겔스, 『독일 이데올로기』.]
3. 같은 책, 46. [같은 책.]

"이 조건은 그의 생산물이 아니라 그에게 주어진 것으로서 발견된다 — 그와 별개로 하나의 자연적 존재자로서 그에게 전제되어 있다."[4] 이것은 역사유물론이 신봉해야 하는 견해인데, 왜냐하면 핀버그가 인정하듯이 그것은 옹호될 수 있는 유일한 견해이기 때문이다.[5] 그 마주침은 매 세대에서 새롭게 반복된다. 자신의 가장 가까운 성인들을 바라보는 모든 아기는 자신을 둘러싸고 있는 객체들의 물리성, 마찰, 중력, 빛과 어둠에 맞서 싸워야 하며, 그리고 그와 그의 동시대인들이 후속적으로 자연의 이런 측면들과 그 밖의 측면들을 아무리 완벽하게 조종하고, 조작하고, 개조하며, 외관상 제압하게 되더라도 그들은 예전에 그 속에서 그들이 걷고 노동했던 외부 환경의 물질성에서 벗어날 수 없다. 몇몇 주변 환경은 결코 그들이 만든 것이 아닐 것이다.

첫 번째 역사적 사실은 그런 주변 환경들에서 계속해서 살아가는 행위이다. 간단한 일련의 일차적 욕구 — 최소한의 음식물

---

4. Marx, *Grundrisse*, 488. [맑스, 『정치경제학 비판 요강 II』.] 예를 들면 "노동의 주요한 객관적 조건은 노동의 생산물로서 나타나지 않고 오히려 이미 자연으로서 존재한다"(같은 책, 485 [같은 책])라는 구절을 참조.
5. 예를 들면 Feenberg, *The Philosophy of Praxis*, 123, 129, 136. 이 주장과 더불어 『실천의 철학』에서 나타난 보겔의 해석에 대한 명시적 거부를 고려하면, 기묘하게도 핀버그는 『몰처럼 생각하기』를 "우리 시대의 환경철학"(Vogel, *Thinking Like a Mall*, 뒤표지)으로 격찬한다.

섭취, 따뜻한 몸, 휴식 – 는 충족되어야 하고, 그리하여 음식물과 의복, 거처가 일상적으로 갱신되지 않는다면 몸은 해체될 것이다.[6] 배고픔, 갈증, 몸의 떨림, 피로는 인간 의지와 독립적인 물질적 구조들과 과정들의 작용이지만, 종의 모든 구성원의 신체들 속에 자리하고 있다. 가장 기본적인 신체적 욕구들을 구성하는 것은 자연이다. 물론, 그 욕구들을 충족시키고 계속 살아가기 위한 일반적 형태는 노동이다. 노동은 인간의 신체적 조직이 온전히 남아 있게 되는 실천이다. 노동은 몸과 외부 물질 사이의 물질대사^{Stoffwechsel}를 조절하는데, 이는 그것이 아무리 창의적인 것이 되더라도, 그것이 드론을 제작하거나 칩을 이식하는 데 어떤 지능을 적용하더라도 노동은 오직 자연으로부터 잠재적 과정들을 도출하고 법칙들을 고안할 수 있을 뿐이라는 것을 뜻한다. 맑스는 대단히 중요하고 명확한 표현으로 다음과 같이 진술한다. "우리가 유용한 노동의 총량을 제거하면",

> 어떤 물질적 기체基體가 언제나 남아 있게 된다. 이 기체는 인간의 개입 없이 자연에 의해 제공된다. 인간이 생산에 관여할 때 그는 단지 자연 자체가 행하는 것처럼 나아갈 수 있을 뿐인데,

---

6. 이것의 논거는 John Bellamy Foster and Paul Burkett, "The Dialectic of Organic/Inorganic Relations,"; Joseph Fracchia, "Beyond the Human-Nature Debate"이다.

즉 인간은 단지 재료의 형태를 바꿀 수 있을 뿐이다. 더욱이, 이런 변경 작업에서도 인간은 끊임없이 자연력의 도움을 받는다. 그러므로 노동은 물질적 부, 즉 그것이 생산하는 사용가치의 유일한 원천은 아니다. 윌리엄 페티가 말하듯이, 노동은 물질적 부의 아버지이고 토지[지구]는 그 어머니이다.[7]

여기서 조각들이 제대로 들어맞는다 — 자연에 대한 실재론적이고 반순수주의적인 정의定義, 노동과 지구 사이의 구분, 끊어질 수 없는 결속.

그런데 노동에 대한 이런 집중은 사실상 구식인 것처럼 보일 수 있을 것이다. 신유물론자들은 우리로 하여금 모든 측면에 있어서 **생명** 자체의 물질성에 대한 우리의 감성을 재정향하도록 할 것인데, 요컨대 그들에 따르면 생명은 그 밖의 어떤 것보다 더 주요한 것이 아니다.[8] 그런데 뜨거워지는 세계에서는

---

7. Marx, *Capital I*, 133 [마르크스, 『자본론 I-상』]. 강조가 첨가됨. 추가적으로 John Bellamy Foster, *Marx's Ecology* [존 벨라미 포스터, 『마르크스의 생태학』]; Paul Burkett, *Marx and Nature*; John Bellamy Foster and Paul Burkett, *Marx and the Earth*; Alfred Schmidt, *The Concept of Nature in Marx* [알프레드 슈미트, 『마르크스의 자연 개념』]; Feenberg, *The Philosophy of Praxis*, 149; Ted Benton, "Ecology, Socialism and the Mastery of Nature"를 보라. 칩 이식은 Rory Cellan-Jones, "Office puts chips under staff's skin"을 보라.
8. 이런 성향에 대한 매우 적절한 비판은 White, Rudy, and Gareau, *Environments, Natures and Social Theory*, 140~1을 보라.

노동에 물질적 흐름의 중심점으로서의 특권을 부여할 좋은 이유가 있다. 대규모 화석연료 연소의 발흥은 놀이, 성, 수면, 여가, 철학적 사색, 또는 심미적 평가의 권역에서 생겨나지 않았고, 오히려 정확히 그리고 명백히 노동의 권역에서 생겨났다. 그런데 노동이 태양과 달처럼 고정된 어떤 종류의 인간 현존의 영원한 양식이라면 그런 일이 어떻게 가능하겠는가? 그런 일이 가능한 이유는 노동이 『정치경제학 비판 요강』에서 인간 생태학에 관한 단상으로 일컬어질 수 있을 것에서 개관된 변증법적 현장, 즉 영구적인 것과 역동적인 것, 주어진 것과 일시적인 것의 현장이기 때문이다.9

모든 노동, "모든 생산은 일정한 사회 형태 내에서 이를 매개로 하여 이루어지는 개인에 의한 자연의 전유이다"라고 맑스는 규정한다.10 인간이 사적 언어로 말할 수 없는 것과 마찬가지로 인간의 신체는 홀로 자신의 물질대사를 조절할 수 없다. 인간은 공동체적 존재자로서 행해야만 한다. 그러므로 나머지 자연에 대한 어떤 한 인간의 관계는 그가 다른 인간들과 맺은 관계들을 통해서 매개된다. 어떤 기본적이고 동어반복적인 의미에서 모든 노동은 소유를 통해서 실현되지만 – 자연의 어떤

---

9. 이 단상의 핵심은 Marx, *Grundrisse*, 485~98에 제시되어 있다. [맑스, 『정치경제학 비판 요강 II』.]
10. Marx, *Grundrisse*, 87. [맑스, 『정치경제학 비판 요강 I』.]

부분이 주체에 의해 전유된다 — 그 소유가 어떤 **형태**를 취할지는 결코 확고하게 정해져 있지 않다. 처음에 인간은 본질적으로 집합적 소유 형태를 갖춘 가족, 종족, 또는 부족의 일원으로서 동물을 사냥하고 물고기를 잡았으며 토지를 경작했다. 그다음에 역사의 국면에 돌입했다.

> 설명을 필요로 하거나 어떤 역사적 과정의 결과인 것은, 살아서 활동하는 인류와 그들이 자연과 갖는 물질대사적 교환의 자연적·무기적 조건들의 통일, 따라서 인류에 의한 자연의 전유가 아니라, 오히려 인간 현존의 이런 무기적 조건들과 이런 활동적 현존 사이의 **분리**, 임노동과 자본의 관계에서만 완벽하게 정립되는 분리이다.[11]

거듭해서, 『자본』에서도 『정치경제학 비판 요강』에서도 맑스는 자연과 사회 사이의 뚜렷한 경계선을 고수한다. 사적 소유의 창출, 직접적인 생산자와 생산수단 사이의 분열, 자본 축적은 자연의 행위도 메커니즘도 아니다. 그것들은 "모두 자연에 의해 결정되지 않고 사회에 의해 정립된 관계들이다."[12] 대조 효과와

---

11. 같은 책, 489. [맑스, 『정치경제학 비판 요강 II』.]
12. 같은 책, 276. [맑스, 『정치경제학 비판 요강 I』.]

구체적 분석을 위해 그런 이진 대립쌍에 의존함으로써 자본에 관한 맑스주의적 이론은 상황이 모호하게 된 순간을 해명할 것이다. 자본이 어떻게 환경 파괴를 초래했는지에 관한 어떤 이론도 마찬가지일 것이다. "자연은 어떤 기계도, 어떤 기관차, 철로, 전신, 자동 노새도 만들어내지 않"고,13 "더는 생산적이지 않고 오히려 파괴적인 힘"14이 된 모든 그런 것도 만들어내지 않는다 — 어떤 특수한 형태의 사회가 만들어낸다. 달리 말해서, "다양한 인간 종족에서 은행가로 직접 이행하거나 또는 자연에서 증기기관으로 직접 이행하는 것이 불가능한 것과 마찬가지로, 노동에서 자본으로 직접 이행하는 것도 불가능하다."15

일단 역사가 개시된 다음에는 물질대사적 교환의 궤적을 결정하는 것은 정말로 관계들이다. 어떤 관계들일까? 무엇보다도 소유관계들인데, 왜냐하면 그것들이 인간들의 노동 방식, 노동의 목적, 도구와 원료를 구성하기 때문이다. 사회적 소유관계들은 인간들이 상호관계들을 **통해서** 나머지 자연과 관계를 맺는 중심축을 형성한다.16 물질적 세계 속 여타의 종과 마

---

13. 같은 책, 706. [맑스, 『정치경제학 비판 요강 III』.]
14. Marx and Engels, *The German Ideology*, 60. [마르크스·엥겔스, 『독일 이데올로기』.]
15. Marx, *Grundrisse*, 259 [맑스, 『정치경제학 비판 요강 I』]. 강조가 첨가됨.
16. 물론, 이 해석은 생산력에 대한 소유관계의 우위성을 강조하는 정치적 맑스주의와 그 밖의 경향들에 동조한다. 인간생태학의 중심축으로서의 소유에 관

찬가지로 인간종은 영구적으로 자연과 결부되어 있지만, 그 결합의 본성은 결코 자연적이지 않다. 신체가 옷으로 덮여야 한다면, 그 요구가 충족될 수 있는 도구, 솜씨, 형태, 가족 단위, 공급사슬, 관리 구조, 그 밖의 배치체들의 다양성은 끝이 없다. 자연 속에서, 자연과 더불어, 그리고 자연을 통해서 살아가야만 하는 인간들은 거의 무한히 다양한 방식으로 해낼 수 있다.[17] 그런 완전한 불가분성과 완전한 가변성의 변증법이 현재 재앙의 원천일 뿐만 아니라 모든 가설적인 미래 축복의 원천이기도 하다.

영어에서 'property'는 두 가지 별개의 양태 — '재산'과 '성질' — 가 융합된 그런 낱말 중 하나이다('power'[권력/동력]와 'right'[옳음/권리]가 또 다른 사례들이다). ('egendom'[재산]과 'egenskap'[성질]이 분리되는 스웨덴어에서는 그런 융합이 일어나지 않았으며, 'maalekiat'[재산]와 'vijegi'[성질]라는 낱말들을 갖춘 현대 페르시아어에서도 그러하다.) 그러므로 우리는 소유 관계가 사회의 창발적 속성이라고 말해야 한다. 종 구성원들을 서로 관계를 맺어야 하는 직접적인 생산자들과 착취자들로 나누

해서는 Hailwood, *Alienation and Nature in Environmental Philosophy*, 155, 158, 172를 참조.

17. Ted Benton, "Biology and Social Theory in the Environmental Debate," 43~4 ; Soper, "Disposing Nature or Disposing of It," 8.

는 체계적인 조작을 통한 물질대사의 조직은, 전체의 층위에서 창발하는 속성으로, 구성 신체들의 재생산을 위한 어떤 규칙들을 부과하고 그들로 하여금 단독 상태의 경우와 달리 행동하도록 강요하기에 구성 신체 중 어떤 것에도 귀속시킬 수 없다. 그것은 물리학 또는 화학 또는 생물학의 언어로 이해될 수 없고, 모듈들의 단순한 응집체에서 비롯될 수도 없다. 소유관계는 자연 속에 현존하지 않는다. 자연 속 어떤 것도 어떤 특수한 인간 집단이 봉건적 소유관계를 갖게 될지 또는 자본주의적 소유관계를 갖추게 될지, 아니면 노예 기반 소유관계 또는 포스트자본주의적 소유관계 또는 그 밖의 구상할 수 있는 변양태를 갖추게 될지를 결정할 수 없다. 그런데 이 관계는 그것의 지배를 받는 사람들이 비인간 자연과 관계를 맺는 방식을 결정한다. 그것은 독자적으로 인과력을 발휘한다. 그것은 하향식 인과관계를 초래한다.

예를 들면, 자본주의적 소유관계는 사람들로 하여금 시장에서 자신의 제품들을 판매하고 그것들을 제조할 때 경쟁에서 뒤지지 않게 최소한 평균 생산성을 유지하도록 강요한다. 또한 그 관계는 물질적 생산량의 증가 패턴을 형성한다.[18] 그런 일이

---

[18]. 이것의 논거는 Malm, *Fossil Capital*, 279~92 [말름, 『화석 자본』]에서 전개된 정치적 맑스주의에 대한 해석이다.

일어날 때 인과관계는 아래로 깊이 내려가서 예전에 인간종 자체를 출현시킨 진화의 층위들에 이르게 된다. 맑스와 엥겔스는 민물의 사례를 거론한다. 물고기에 필수적인 민물은

> 강이 산업에 봉사하도록 만들어지자마자, 강이 염료와 그 밖의 폐기물들로 오염되고 강에서 증기선들이 운행되자마자, 또는 강물이 간단한 배수로 인해 물고기가 [그 속에서] 자신의 [삶을 제대로 영위하는] 현존 매질을 박탈당할 수 있는 운하로 우회되자마자 더는 적절한 현존 매질이 아니다.[19]

물water 자체 — 그리고 더 기본적인 것은 존재하지 않는다 — 는 더는 물고기에 적합하지 않은데, 왜냐하면 역사적 사슬의 꼭대기에 자리하는 산업이 그것을 변형시켰기 때문이다. 인과관계의 화살은 아래로 나아간다. 이와 유사하지만 맑스와 엥겔스가 예측할 수 없었던 논리에 따라 생물권 자체는 언젠가 더는 적절한 현존 매질이 아니게 될 것이다. 왜냐하면, 공교롭게도 증기선의 시대 이후로, 그것의 화석 기체가 산업에 봉사하도록 만들어졌기 때문이다. "산업에 봉사하도록 만들어진"이라는 중

---

19. Marx and Engels, *The German Ideology*, 66. [마르크스·엥겔스, 『독일 이데올로기』.]

대한 어구는, 영속적인 물질대사 조건이 모든 잘못된 단추를 누르는 형태로 압착되는 역사적 사건, 즉 노동의 연대기에서 출현한 전환점을 특징짓는다. 그리고 그 사건과 관련하여 자연적인 것은 전혀 없다.

19세기에 자연은 갑자기 스스로 변화하지 않았고, 따라서 선례에 따라 이산화탄소의 연기를 내뿜음으로써 자연을 변화시킨 것은 사회였음이 틀림없다. 자연은 자신의 일부인 인간으로 환원될 수 없다. 인간은 자신의 일부인 자연으로 환원될 수 없다. 지구온난화 같은 것이 전개될 수 있는 것은 바로 그런 차이-속-통일의 틈새에서이다. 모든 대응책은 바로 그 불안정한 발단지를 점거할 것이다.

인간이 자본을 부화孵化할 수 있었던 방법

온난화 조건에 대하여 자본을 비난하기보다는 오히려 인류를 비난하는 행위가 잘못인 것과 마찬가지로, 호모 사피엔스 사피엔스 이외의 어떤 종이 자본주의적 생산양식을 고안했다고 생각하는 것은 터무니없을 것이다. 개코원숭이도 그렇게 하지 못했을 것이고, 오소리도 박쥐도 그렇게 하지 못했을 것이다. 그렇다면 정확히 무엇이 인간과 비인간 동물을 분리하는가? 포스트휴머니스트들은 몇 가지 오래된 답변 – 특히 인간은 도구를 사용하는 반면에 그 밖의 동물은 사용하지 않는다는 관념 — 에 대한 반박을 그 물음을 폐기할 이유로 이용하지만, 그것은 성급한 행위이다. 일반적으로는 자본주의의 생태학적 악영향과 특정적으로는 화석연료의 대규모 연소 사태를 고려하면, 어떻게 해서 인간종만이 지구에 이렇게 할 수 있었는지(인간이 동물보다 **훨씬** 우월하다는 견해와 융합될 수 없음이 명백한 의문)를 이해하는 것은 흥미로운 일일 것이라고 짐작된다. 그런데 여기서 우리는 그 유서 깊은 수수께끼를 철저히 탐구하지는 않을 것인데, 적어도 그것이 추상화 역량과 관련이 있다고 추정할 수는 있다.

동물은 사물에 관하여 생각한다는 기초적 의미에서 지향성을 보유하고 있다 — 자케트는 자신의 수조 속 물고기가 아침에 먹이가 공급되리라 기대한다고 언급하고,[20] 맑스는 "말이 독자적인 머리를 지니고 있다"라고 주장한다.[21] 그러므로 동물은 마음을 부여받은 것으로 여겨져야 하고, 그리하여 기본적 형태의 행위성(어쩌면 앤더슨의 첫 번째 층위 어딘가에 자리하는 행위성)도 부여받은 것으로 여겨져야 한다.[22] 그런데 인간은

---

20. Jacquette, *The Philosophy of Mind*, 158~60, 182~6 (Frankfurt, "The Problem of Action," 31을 참조).
21. Marx, *Capital I*, 497. [마르크스, 『자본론 I-하』.]
22. 추가적으로, 예를 들면, Hans-Johann Glock, "Animal Agency"를 보라. 이 주제에 관한 맑스와 엥겔스의 견해들의 급진성은 Foster and Burkett, *Marx*

자신의 생각, 그리고 중요하게도 타자들의 생각에 관해 사고할 수 있는 특별한 능력을 갖추고 있는 것처럼 보인다. 인간은 "나는 비가 내리고 있다고 믿는다"와 "비가 내리고 있다"라는 명제들 및 그것들과 동종의 동등한 생각들을 구분할 수 있고, 참일 수도 있거나 참이 아닐 수도 있는 집합적 믿음들을 채택하고, 사물들을 조망하기 위한 기호들을 공유하고, '메타-표상'과 복합적 형태들의 집합적 지향에 관여하며, 개와 돌고래가 좀처럼 성취할 수 없는 추상화 수준에 도달한다(돌고래 중에는 어떤 포스트-돌고래주의자도 없다, 기타 등등).[23] 적어도 앤더슨의 두 번째 및 세 번째 층위의 행위성은 오로지 인간만이 갖추고 있다.

몇몇 동물은 도구를 사용한다. 대다수 종은 도구를 사용하지 않지만, 그 현상은 곤충에서 영장류에 이르기까지 생물 분류군을 가로질러 꽤 널리 분포되어 있다. 2016년 9월에 과학자들은, 통나무의 갈라진 틈에서 먹이를 채집할 때 막대를 능숙히 사용하는 하와이 까마귀를 그 목록에 추가했다.[24] 도구

---

and the Earth, 44에 제시되어 있다.

23. Michael Tomasello and Hannes Rakoczy, "What Makes Human Cognition Unique? From Individual to Shared to Collective Intentionality"; Derek C. Penn, Keith J. Holyoak, and Daniel J. Povinelli, "Darwin's Mistake."
24. Christian Rutz, Barbara C. Klump, Lisa Komarczyk et al., "Discovery of Species-wide Tool Use in the Hawaiian Crow."

를 제작하는 동물은 거의 없지만, 그런 동물도 있기는 하다. 그런데 인간이 나무와 돌과 머리카락과 뼈와 금속과 그 밖의 기체들 사이에서 선택할 때처럼 매우 다양한 재료로 도구를 제작하는 동물은 전혀 없다. 어떤 동물도 여러 요소들이 기능적으로 통합된 복합 도구 – 손잡이, 칼날, 부착물을 갖춘 칼 – 를 제조하지 않고, 게다가 어쩌면 가장 중요한 사실은 인간이 밧줄을 만들기 위해 가죽을 재단하는 얇은 조각을 만드는 경우처럼 다른 도구를 생산하기 위한 도구를 생산하는 동물은 전혀 없다는 점일 것이다. 이런 구분들은 최신 연구에 의거하고 있지만, 주지하다시피 과학 이론은 틀릴 수 있기에 그 구분들 역시 여전히 틀릴 수가 있다.[25]

또한 동물은 자신의 창조물을 먼 거리를 가로질러 운반하지도 않고 나중에 사용하기 위해 저장하지도 않으며 돌로 도구를 제작하지도 않는다 – 그런 것처럼 보인다. 돌처럼 단단하고 다루기 어려운 재료를 가공하려는 선택은 일련의 추상적

---

25. Richard W. Byrne, "The Manual Skills and Cognition that Lie Behind Hominid Tool Use"; Kathleen R. Gibson, "Tool Use, Language and Social Behavior in Relationship to Information Processing Capacities"; Peter C. Reynolds, "The Complementation Theory of Language and Tool Use,"; Robert Aunger, "What's Special About Human Technology?"; Christophe Boesch, "Ecology and Cognition of Tool Use in Chimpanzees"; Gavin R. Hunt, Russell D. Gray, and Alex H. Taylor, "Why Is Tool Use Rare in Animals?."

심상을 물질에 투사할 수 있는 능력을 현시한다 — 이는 건축가를 특징짓는 지향성이다. 사실상 그 분야의 전문가들은 유인원과 인간이 상당히 다른 방식들로 도구에 관계한다는 가설을 제시했다. 유인원은 영구적으로 명백한 물리적 행동유도성 — 이 막대는 흰개미를 끄집어내는 데 사용될 수 있다 — 에 집중하는 경향이 있는 반면에, 인간은 타인들이 보여주는 대로 도구가 달성하도록 고안된 목표를 보고 힌트를 얻는다.26 인간종은 제조하거나 사용하면서 도구를 주시할 때 "자연스럽게 물리적 정보보다 사회적 정보를 캐묻는 경향"이 있는데, 요컨대 그것이 무엇을 위해 의도되었는지 묻고 "사회적 적합성에 의해 추동되는 어떤 특정한 행동 목표를 달성하는" 과정을 모방하는 방법을 알게 된다.27 또는, 어쩌면 "집중적인 협동을 고무하는 사회적 관계들"이 인간에 의한 도구 제작의 "중추적인 측면일 것"인데,28 그리하여 종의 구성원들은 강요받지 않은 채로 참

---

26. April M. Ruiz and Laurie R. Santos, "Understanding Difference in the Way Human and Non-Human Primates Represent Tools"; Matthew V. Caruana, Francesco d'Errico, and Lucinda Backwell, "Early Hominin Social Learning Strategies Underlying the Use and Production of Bone and Stone Tools."

27. Ruiz and Santos, "Understanding Difference in the Way Human and Non-Human Primates Represent Tools," 130.

28. Caruana, d'Errico, and Backwell, "Early Hominin Social Learning Strategies Underlying the Use and Production of Bone and Stone Tools," 270.

신한 해결책을 구상할 수 있게 되며, 그리고 그들의 상상력이 지구를 뒤덮고, 가장 완강한 재료도 처리하며, 세대에 걸쳐 혁신을 전달할 수 있게 된다. 이 가설이 확증된다면, 영장류학 ― 라투르가 한때 행위자-네트워크 이론을 고정시키고자 한 분야 ― 은 매우 근본적인 사회주의적 실재론에 적합할 것이다.

마지막으로, 언어의 어떤 면모들에 근접하는 동물이 있다. 그런데 오직 인간만이 복잡한 언어적 코드들을 일상적으로 사용한다. 과학자들은 매우 열심히 노력했지만 지금까지 그들은 유인원들로 하여금 우리는 당연한 것처럼 구사하는 추상적인 문법 구조와 수만 개의 낱말을 습득하도록 유도해 내지 못했다. 더욱이, "지시 신호로 추정되는 최선의 동물 사례들과 달리 인간 언어의 대다수 낱말은 특정한 기능(예를 들면, 경고의 울부짖음, 먹이 알림)과 연관되어 있지 않고 오히려 인간이 품을 수 있는 거의 모든 개념과 연계될 수 있다" ― 이는 유의미한 단위체들이 무한히 다양한 방식의 표현으로 결합될 수 있는 인간 언어의 개방적 특질이다.[29]

그런 추상화 층위들을 조합하면 우리는 인간이 어떻게 자본주의적 소유관계들에 대한 두 가지 전제조건 ― 일부 사람이

---

29. Marc D. Hauser, Noam Chomsky, and W. Tecumseh Fitch, "The Faculty of Language," 1576 (강조가 첨가됨). 예를 들면 Penn, Holyoak, and Povinelli, "Darwin's Mistake," 121~2 ; Newton, *Nature and Sociology*, 73을 참조.

독점할 수 있는 생산수단과 어떤 것과도 교환 가능한 보편적 등가물 – 을 발전시킬 수 있었는지를 이해하기 시작할 수 있다.[30] 다양한 부품이 회집된 도구들, 배포되고 비축된 도구들, 다른 도구들을 생산하기 위해 생산된 도구들, 급속하게 발전될 수 있는 도구들과 더불어 어떤 물질적 객체도 대신하고 그 어떤 것에도 대립되지 않는 하나의 텅 빈 기호인 화폐가 자본으로 알려져 있는 마법적 비약秘藥의 두 가지 기본적인 성분이다. 인간에게 고유하다는 점이 명백한 물질적·상징적 추상화 역량이 없다면 그 비약은 필시 부글부글 끓기 시작하지 못했을 것이다.

그러므로 자본은 호모 사피엔스 사피엔스의 생물학적으로 불가피한 운명이 되지 않는다는 것은 말할 필요가 없다.[31] 오히려, 그것은 (마지막 순간에) 자신의 우발적인 목적을 위해 종에 내재하는 어떤 잠재력들을 활용한 집단 행위자들에 의해 역사적으로 조성된 과정으로 여겨져야 한다(토지의 상품화를 겪는 지주들을 생각하라). 앞서 대략적으로 개관된 것은 인간이 어떻게 해서 바로 그때 자본처럼 강력한 것을 생성할 수 있었는지에 관한 물음에 대해, 답변의 어떤 실마리를 제공할 따름이다. 어떤 다른 동물도 자본을 생성할 수 없다(다행히도 – 그랬

---

30. 화폐에 관해서는, 예를 들면, Hornborg, *Global Magic*, 39, 72를 보라.
31. 같은 책, 163; Hornborg, "Artifacts Have Consequences, Not Agency," 11을 참조.

다면 상황이 어떠했을까?). 비길 데 없는 "기술언어적 가소성"을 부여받은 채로 근본적으로 "자연에 의해 과소결정되는" 인간은 나머지 자연과 갖는 물질대사를 자신이 원하는 거의 모든 방식으로, 또는 적어도 그 밖의 어떤 종도 근접하지 못하는 역사적 풍성함과 다양성을 나타내는 방식으로 배치할 수 있다 ─ 단지 한 가지 유형의 관계들이 상당히 확고하게 인간을 장악했을 뿐이다(그 상황에 대해서 어쩌면 인간은 어떤 형이상학적 층위에서 책임을 져야만 할 것이다).[32] 그런데 자본을 가능하게 만든 바로 그 잠재력들이 자본을 초월하기 위해 구상 가능한 유일한 자원이다. 인간 마음의 추상성을 고려하면 인간은 이런 식으로 살면 안 된다고 믿게 될 수 있음이 명백하다.

결합체들의 증식에 관하여

모든 생산력은, 아니 모든 인공물은 사회적인 것과 자연적인 것의 결합체로 여겨질 수 있다. '혼종'에 관한 이야기는 생략되어야만 하는데, 왜냐하면 그 용어는 혼종화된 범주들의 제거와 관련된 함의를 획득했기 때문이다. 맑스주의적 어법에 따

---

32. Newton, *Nature and Sociology*, 80 ; Soper, "The Humanism in Posthumanism," 366.

르면, '결합체'는 불균등성, 움직임, 역동적인 비평형, 내부 모순에 대한 암시가 풍부하다. 그것은 결합된 요소들이 존속하고 서로 지속적으로 반응할 것이라는 점을 시사한다.

    이집트의 어떤 한 피라미드를 생각하자. 이 경우에는 지금까지 노예 노동, 고대의 다신교적 신앙 체계, 국가 제도가 오랫동안 변치 않는 석재, 중력, 마찰, 지하의 낮은 온도, 그리고 자연의 다른 면모들과 결합되어 있었다. 또는, 수직의 수차水車는 봉건 영주의 지주적 특권을 경사면을 따라 흘러내리는 물의 특성과 결합시킨다. 사회적 성분이 작동하지 않은 지 오래되었더라도 현존하는 인공물은 그것을 더 잘 이해하기 위해 그런 식으로 분석될 수 있다. 그러한 분석은 초기의 사냥 도구와 가축까지 거슬러 올라가서 실행될 수 있다. 사실상 고된 노동으로 쇠약해지거나 또는 문신으로 장식된 인간의 신체 자체는 그런 분석에 민감하다. 고문과 약물치료와 중독 등의 가능성이 사회적인 것이 온갖 다양한 방식으로 작용할 수 있는 신체의 본성에 의해 구성된다. 어떤 한 노예의 낙인이 찍힌 신체는 소유관계와 육체적 본성이 결합될 수 있는 방식에 대한 궁극적인 실례일 것이다.

    결합체를 생성할 때 인간 행위자들은 그들의 목적을 위해 어떤 자연적 관계들 – 또는 '물질적 기체들' – 을 이용한다. 노동할 때 그들은 그들의 의지와 독립적인 인과력들에 대한 지식을 갖춘 상태에서 그것들에 적응하고, 편승하며, 그것들을 동원해야 한다. 스마트폰은 그것이 전혀 구성하지도 않고 변경하지도 않는 실리콘의 본성에 따라 작동한다. 멀리 떨어진 행성들을 변형하기와 같은 가장 대담한 프로메테우스주의적 계획조차도 생산되지 않은 사물들에 의존함으로써만 성공을 거둘 수 있을 것이다.[33] 이것은 인간 현존의 불가피한 공리이다. 그런데 결합체들이 구체화할 때 지구의 어떤 면모가 바뀌게 된다. 들판이 개간되고, 직물이 직조되고, 하천의 방향이 바뀌고, 바위가 폭파되고, 전력이 전송된다. 결합체들이 증식하면 그것들은 지울 수 없을 자국 — 말하자면, 사회적인 것들의 흔적 — 을 남긴다. 그런 의미에서 그것들은 생명권의 역사화 또는 **사회화**를 낳지만, 그 과정은 일방적으로만 진전되지는 않는다. 그것은 더 깊은 물질적 기체를 이제 사회가 자리하게 되는 기반으로서 사회에 통합함으로써 진전하며, 따라서 이런 의미에서 결합체들의 증식은 사회적 삶의 **자연화**에 영향을 미친다 — 요컨대 사회적인 것과 자연적인 것의 상호 침투가 점증하는 사태가 초래된다.

그런데 자본주의적 소유관계들은 전대미문의 크기와 강도

---

33. 이것의 논거는 Ted Benton, "Marxism and Natural Limits," 70~3 ; Benton, "Ecology, Socialism and the Mastery of Nature," 61~2, 66 ; Newton, *Nature and Sociology*, 41~2 ; Soper, "Disposing Nature or Disposing of It," 7~11 ; Hailwood, *Alienation and Nature in Environmental Philosophy*, 137~8 이다.

를 갖춘 생산력의 발전을 이끌어냄으로써 태고에 일어난 지구 대기의 산소화만큼 급격한 단절을 초래한다. 브뤼노 라투르는 "우리가 어떤 안정적인 사회적 관계를 찾아낼 때마다 이런 상대적 내구성이 유지되는 것은 몇 가지 비인간이 도입된 덕분이다"라고 주장한다.[34] 그런데 가톨릭교회나 핵가족이 그다지 오랫동안 지속하지 않은 이유는 그것들이 의존할 다수의 새로운 인공물이 발명되었기 때문이다. 모든 관계가 비인간 물질을 동원할 때 부단히 생산적인 것은 아니다. 이윤 추구라는 영구 운동 덕분에 자본주의적 소유관계들은 이런 측면에서 그 밖의 모든 관계를 능가하며, 바로 이런 까닭에 자본주의적 소유관계들은 안정되는 동시에 여타의 알려진 관계보다 더 불안정해진다. 자본주의적 소유관계들이 지배하는 체제 아래에서는 마찬가지로 광범위하게 이루어지는 자연의 극심한 사회화 과정과 물질적 기체가 사회적 삶의 얼개로 침투하는 과정이 나란히 진전된다. 이런 사태로 인해 우리가 차분한 느낌이나 자신만만한 느낌이 들게 되지는 않는다. 그것은 온갖 방식의 새로운 위험을 도입한다. 여기서 '자연화'는 공고화 과정이라기보다는 오히려 불안정화 과정을 가리킨다. 모든 것은 여타의 모든 것과 연결되어 있기에 자연적 기체는 사회적 관계들의 전체

---

34. Latour, "Technology is Society Made Durable," 111.

권역에 접속되고, 그리하여 그 기체의 활용은 가장 뜻밖의 곳에서 의도하지 않은 결과들의 연쇄를 촉발할 수 있을 것이다. 결합체들은 자연적인 것에 대한 사회적인 것의 지배력을 확대하는 만큼 자연적인 것을 사회적인 것의 아래에 그리고 내부에 자리하게 하는데, 그리하여 어떤 자발적으로 생성된 폭파 장치들을 밀반입한다.

화석 경제가 도래하기 전에 인간은 수천 년 동안 물과 바람의 흐름과 더불어 노동했는데, 요컨대 그 흐름들의 활동에 순응하면서 그것들의 분포와 변동을 최대한 활용했다. 화석에너지는 모든 것을 변화시켰으며, 특히 기계와 운반체를 추진시키도록 동원될 때 가장 극적으로 변화시켰다.[35] 질적으로 새로운 일단의 결합체가 생성되었고, 그 기능성은 주어진 것으로 간주되어야 했던 다양한 자연적 관계 – 지하 매장물의 지리적 위치, 그것의 고정된 공급량(과거 광합성의 유산), 대기 중 산소의 현존, 잠재적 에너지를 방출할 수 있는 연소의 역능, 기타 등등 – 에 의존했다. 폭풍이 생겨나기 시작한 것은 바로 그때였다. 왜냐하면 인간은 그때까지 현존하는 동안, 인간의 힘이 지구의 기후에 전혀 영향을 미치지 못하는 것처럼, 지구의 기후가 신의 영역에

---

35. Malm, *Fossil Capital*[말름, 『화석 자본』]을 보라. 물론, 화석에너지 이전의 에너지원, 예컨대 나무와 동물도 포함된다.

속하는 것처럼, 또는 역사상 나중에는 그 범위가 너무 방대하고 너무 비활성적이며 점진적이어서 인간의 행위에 의해 교란되지 않는 익명의 힘과 인과력의 영역에 속하는 것처럼 살았었다. 그런데 화석 경제의 생산력은 기후를 점화시킬 수 있는 것으로 판명되었다.

도시적 편견을 지닌 구성주의자들은 때때로 한 가지 수사적 물음을 제기한다. 당신의 창문 너머로 밖을 내다보고 주변 세계를 수용한다면 당신은 어디에서 자연을 찾아낼 수 있는가?[36] 그런데 사이먼 헤일우드는 올바르게도 "비인간 자연이 전적으로 제거된 장소는 전혀 없다"라고 대응하면서 다음과 같이 환기시킨다. 지구온난화가 풍요로운 핵심 지역의 거주자들 — 예컨대, 불길에서 달아나는 캘리포니아의 교외 거주자들 — 에게 가져다주는 충격과 놀라움의 순간들로 인해 우리는, 언제나 매우 일시적일 따름일지라도, 자연으로부터 고립된 가장 인공적인 지역들도 지구온난화의 꼭대기에 자리하고 있음을 깨닫는다.[37] 그것들의 운명은 이전의 모든 변양태보다 더 많은 자연을, 더 철저히, 더 파괴적으로 내재화한 자본주의적 소유관계들을 통해서 구축되었다. 그 영역은 단지 결합체로 끝나지

---

36. 예를 들면 Wapner, *Living Through the End of Nature*, 110을 보라.
37. Hailwood, *Alienation and Nature in Environmental Philosophy*, 184.

않는다. 또한 그것은 사회의 갈라진 틈새로 흘러들어서 독자적인 법칙과 박자로 움직인다. 그리고 기후변화 자체는 이 부분의 이야기의 끝이 아닐 것이다.

매우 최근까지 "태양에서 방사된 복사에너지의 유입은 절대적으로 조절할 수 없다"라는 점이 당연시될 수 있었다.[38] 인간이 유입되는 햇빛의 양을 관장할 수 있다고 누가 생각했겠는가? 그렇지만 현재는 후기 자본주의가 필요한 조치를 취함으로써 '태양복사 관리'solar radiation management(이하 SRM) — 장차 실행될 것처럼 보이는 지구공학의 한 형태 — 를 개시할 수 있는 일단의 생산력을 보유하고 있음이 명백하다. 일견 SRM 기술은 자연적인 것의 최종 사회화, 생명권의 궁극적인 포섭, 자연의 절대적 종말인 것처럼 보인다. 하지만 모든 드러나는 지표는 오히려 그 기술이 모순을 어떤 새로운 파열점을 향해 밀어붙일 것이라는 점을 시사한다. 또한 SRM 기술은 다른 물질적 기체들 — 가장 명백하게도, 태양광선을 차단할 수 있는 능력을 갖춘 입자들 — 에 의존함으로써 일단의 다른 자연적 관계들과 연계될 수 있을 것인데, 그리하여 사회적인 것의 표면을 훨씬 더 큰 미지의 영역들을 가로질러 확대할 것이다(현행 연구는 몇 가지 위험 요소를 밝혀내었다 — 예컨대, 계절풍의 붕괴, 강우량의

---

38. Benton, "Marxism and Natural Limits," 68.

일반적 감소, 탈구된 날씨 체계들, 오존 고갈의 급증, 치명적인 공기 오염, 광합성의 파괴, 입자 유입이 중지되는 경우에 나타날 지구의 튐김 현상 등이 있다).[39] SRM 기술은 결코 자연을 제거하지 못할 것이며, 단지 자연을 과도하게 지배하고자 하는 사회에 위기를 고조시킬 뿐이다. 그리고 자본의 역사가 한 결합체에서 그다음 결합체로 계속 나아감에 따라 위험 요소들은 궤적을 따라 쌓이고, 벤야민에 따르면, 잔해의 더미는 "하늘까지 치솟고 있다. 우리가 진보라고 일컫는 것은 바로 이러한 폭풍을 두고 하는 말이다."[40]

추정컨대 결합체들의 유사한 연쇄는 다수의 다른 생태적 압력점에 대하여 추적될 수 있을 것인데, 식량위기와 생명공학의 다양한 양태가 떠오른다. 그렇다면 여기서 관련된 역설적 상황들이 예상될 것이다. 1962년에 출판된 고전 『맑스의 자연 개념』에서 알프레드 슈미트는 자연의 불가피성을 거듭해서 강

---

39. 날씨 체계들의 탈구 현상에 초점을 맞춘 한 가지 신중한 분석은 Mike Hulme, *Can Science Fix Climate Change? A Case Against Climate Engineering*을 보라. 가장 놀랍게도, 테드 벤튼은 『뉴 레프트 리뷰』에 실린 그의 획기적인 논문들 중 두 번째 논문에서 지구공학에 관한 현재의 논의를 예상했는데, 그때 그는 태양복사의 유입이 결국 조절될 수 있을 것이라고 주장했다 ─ 하지만 "상호작용하는 힘들의 엄청난 복잡성"으로 인해 태양복사를 지배하고자 하는 그런 시도들은 정반대의 사태로 전환될 소지가 다분할 것이다(Benton, "Ecology, Socialism and the Mastery of Nature," 65).
40. Walter Benjamin, *Selected Writings, Volume 4, 1938-1940*, 392.

조한다. 자연은 사회적 유체에 용해되어 "사라지는 외양" 이외에는 "인간과 그 의식에 대한 발생적 우선성을 유지한다."[41] 어떤 생산력을 떠올리든 간에 자본주의 역사가 끝나는 시점에도 자연은 사라지지 않을 것이다. 오히려 자연은 "인간의 모든 개입을 이겨낸다."[42] 힘이 자연을 더 깊이 자를수록 더욱더 자연은 언제나 더 높은 단계에서 드러나고 "인간에게 외재적인 추상적 즉자로 응결된다" — 예상되었듯이, 이는 역사화된 자연의 역설이다.[43]

이것은 결합체에 대한 **변증법적** 분석이다. 이 분석은 생산력, 그 밖의 인공물들과 인간의 신체를 넘어 역사적 국면들, 자본주의 성장의 단계들, 그것들에 의해 야기된 생물물리학적 과정들, 그리고 그 두 요소를 혼합하는 거시적 또는 미시적 규모의 거의 모든 여타 존재자 또는 발전으로 확장될 수 있다. 가장 중요하게도, 기후변화의 과정에 적용될 때 그런 분석은

---

41. Schmidt, *The Concept of Nature in Marx*, 29 [슈미트, 『마르크스의 자연 개념』]. 추가적으로, 예를 들면, 같은 책, 26~7, 63~4, 69, 95~8, 137~40을 보라. 그렇지만 슈미트의 저작은 맑스의 전집에서 제시된 구성주의와 실재론의 비정합적인 면모들을 더 높은 수준으로 재생산한다. 전자의 사례들은, 예를 들면, 같은 책, 35, 46, 50, 55, 60, 71, 86, 119, 154~8을 보라. 슈미트와 그 애매모호한 점들에 대한 면밀하고 계몽적인 독해는 Foster and Clark, "Marx's Universal Metabolism of Nature and the Frankfurt School"을 보라.
42. 같은 책, 89. [같은 책.]
43. 같은 책, 82 [같은 책]. Raymond Williams, *Culture and Materialism*, 106~13을 참조.

실재적 긴장관계들을 부각할 수 있고, 치명적인 수용과 나선형 하향 구조에 민감할 수 있으며, 자연적인 것과 사회적인 것이 "그 경계가 결정되어야 하고 실재적 차이를 유예하지 않는 변증법적 관계"에 갇혀 있다고 주장할 수 있다.[44] 왜 그 경계를 결정하는가? 전략적 개입을 위한 지점들을 식별하기 위해서이다. 우리의 현재 국면에서 이것은, 주어진 것으로 간주되어야 하는 것과 관련하여 우리가 변화시킬 수 있는 것이다.

신체로서의 자연과 더불어 역사를 만들기

몇몇 인류학자는 사회적인 것과 자연적인 것 사이에 아무 경계도 설정되지 않고 태양과 산山에 완전한 지향성이 귀속되며 돌이 영혼을 지니는 문화들을 지적한다. 게다가 그들은 그런 물활론적 존재론들이 인간의 역사에서 만연했다고 생각한다. 그런데 그런 사실 자체는 그들의 견해를 거의 뒷받침하지 못한다. 자신의 문화가 아닌 모든 문화의 엄청난 다양성을 고려하면, 그것들의 믿음들을 기꺼이 수용하는 태도는 모든 것이 참인 동시에 거짓이고 어떤 것도 참도 아니고 거짓도 아닌

---

44. Marx, *Grundrisse*, 109 [맑스, 『정치경제학 비판 요강 I』]. 여기서 맑스는 생산력과 생산관계의 변증법에 관해 이야기하고 있다.

경사면 아래로 우리를 이끈다. 더욱이, 사회와 자연 사이의 근대적 구분이 실재적 이접과 불균형 – 자본에 의해 도입되었고 이제는 자본의 권력이 모든 문화를 가로질러 확장하는 곳마다 펼쳐지는 삶의 실태 – 을 등록한다는 것이 실제로 사실일 수도 있다. 온난화 조건은 그것의 기원이 아무리 지역적일지라도 더할 나위 없이 보편적이다. 흐린 하늘 아래에서 두 개의 극, 사회와 자연이 어떻게 해서 기능 장애를 일으킬 정도로 통합되었는지를 성찰하는 것은 원칙적으로 모든 사람(어쩌면 특히 헌신적인 물활론자들)이 반드시 해야 하는 합당한 작업이다. 이런 기후는 구체적인 국면에 대한 구체적인 분석을 요구하는데, 여기서 "구체적인 것이 구체적인 이유는 그것이 많은 결정決定의 집적체, 즉 다양한 것들의 통일체이기 때문이다."[45]

그리고 그런 분석의 목적은 저항 또는 더 바람직하게는 혁명적인 생태적 실천에 반영되는 것이어야 한다. 여기서 우리는 주체도 객체도 없다면 그 목적을 달성할 수 없다. 오직 인간만이 여전히 생태적 역사를 만들 수 있을 것이지만, 인간은 자신이 원하는 대로 그렇게 할 수는 없다. 자신이 선택한 환경이 아니라 오히려 이미 현존하는 환경 아래에서, 과거로부터 주어

---

45. 같은 책, 101 [같은 책]. Collier, *Critical Realism*, 117, 255~7 [콜리어, 『비판적 실재론』]을 참조.

지고 전달된 환경 아래에서 그렇게 할 수 있을 따름이다. 자연적 관계들에 의해 부과된 한계가 행위의 매개변수들을 형성한다. 그리하여 혁명적인 생태적 실천의 목표는 사회적 관계들을 통제하며, 불안정화의 위험 요소들을 제거하기 위해 그것들을 해체하고 다른 관계들로 대체하는 것이다. 맑스 역시 마찬가지로 권고하고 있다고 해석될 수 있다. 왜냐하면 『정치경제학 비판 요강』의 코뮤니즘적 '인간'의 경우에 그 목표는 "자신의 역사를 하나의 과정으로 파악하는 것이고 (자연에 대한 실천 권력으로서도 현시되는) 자연을 자신의 신체로 인식하는 것이다."[46] 어쩌면 기후운동에서도 유사한 일이 진행 중일 것이다.

예를 들면 〈350.org〉를 살펴보자. 제임스 한센과 그 밖의 과학자들에 의해 인류에게 안전한 수준으로 판별된 대기 중 이산화탄소 농도[350ppm]를 가리키는 브랜드명을 갖춘 이 조직은, 빌 맥키벤의 정신적 영도 아래, 투자철회 운동, 인민 기후 행진, 키스톤 XL 송유관에 대한 (명백히 단기적인) 승리, 2016년 이후로 전개된 전 지구적인 화석연료 '자제' 주간들의 직접 행동에서 볼 수 있듯이 기후 행동주의의 최근 발전에서 주된 역할을 수행했다. 자연을 신체로 인식하고 역사를 과정으로 파악하기로 결정함으로써 〈350.org〉는 정치적인 것을 사

---

46. Marx, *Grundrisse*, 542. [맑스, 『정치경제학 비판 요강 II』.]

회에 단호히 위치시키고, 더 특정하게는 화석연료 산업을 목표로 삼고서 정치적인 것을 경제에 위치시킨다. 그것은 기후변화를 탈자연화하고 정치화하기 위한 상당히 효과적인 해법이었던 것처럼 보인다. 우리 시대에는 여태까지 정치의 검토 사항에서 제외된 금융자본의 회로조차도 의문시되었다. 왜 어떤 사람들은 화석연료의 채굴로부터 이익을 보는가? 이런 이익은 어떻게 해서 계속해서 급상승할 수 있게 되는가? 더 많은 돈이 지하에서 – 그 지하도의 끝까지 – 흐르지 못하게 차단되어야만 하지 않을까? 화석연료가 경제에서 완전히 방출되도록, 에너지에 대한 모든 투자가 공적 통제 아래 놓여야만 하지 않을까?

앞서 검토된 대안 이론들보다 여기서 개관된 변증법적 이론이, 기후운동 – 그것이 울타리를 부숴버리든 자치단체 당국에 청원하든 간에 – 의 현실적 실천에 내포된 가정들에 더 잘 부합한다. 그런 운동은 이론 없이도 성장할 수 있음이 명백하다. 그런데 여기서 최소한 언급되어야 하는 것은, 서양의 자본주의 핵심부에서도 여태까지 기후 행동가들이 슬로건·현수막·미학·생각하기와 읽기에서 지속적으로 맑스주의와 아나키즘과 그것들의 다양한 수렴적·발산적 경향들로부터는 영감을 이끌어낸 반면에 구성주의·라투르주의·신유물론·포스트휴머니즘 등에는 무관심했다는 사실은 다소 계시적임이 틀림없다는 점이다.[47] 그 운동이 여전히 화석 경제를 해체하는 데 필요한 임계질량에 전혀 접근하지 못하고 있다는 사실은 이론적 효용성을 가늠할 기준으로서의 그것의 용도를 감소시키지 않는다. 기후운동은 여전히 약하고 분산되어 있다 — 이것은 주요하게는 노동계급의 조직화를 비롯한 대다수 다른 사회 운동 역시 그러하다는 사실과 관련되어 있을 것이다. 그런데 오히려 우리가 직면하고 있는 이런 상황은 우리로 하여금 가능한 모든 방식으로 기후운동에 합류하여 그 운동을 지원할 동기를 제공한다. 왜냐하면 아무튼 무언가가 더 좋은 방향으로 전환될 수 있으려면 많은 행위가 필요할 것이기 때문이다.

---

47. 기후운동에 관한 한 가지 훌륭한 개관은 Matthias Dietz and Heiko Garrelts, *Routledge Handbook of the Climate Change Movement*를 보라. 그 운동의 바이블이라고 주장할 수 있는 유일한 책인 [나오미] 클라인의 『이것이 모든 것을 바꾼다』는 생태맑스주의에 광범위하게 의존하고, 기술 낙관주의를 이유로 라투르를 질책하며(278~9쪽), 핵심적인 신유물론 또는 구성주의 사상가들을 염두에 두지 않는다.

6장

대립쌍의 효용에 관하여 :
양극화를 찬양하며

물질대사 균열 이론을 옹호하며

21세기에 접어든 이후로 환경 문제에 대한 한 가지 맑스주의적 탐구 노선, 즉 물질대사 균열 이론이 창의성과 생산성에서 여타의 노선을 압도했다. 폴 버킷, 마리나 피셔-코왈스키, 그리고 그 밖의 많은 사람으로부터 비롯된 중대한 기여와 더불어 존 벨라미 포스터와 그의 동료 리처드 요크 및 브렛 클라크에 의해 전개된 그 노선은 다음과 같이 고도로 축약된 방식으로 요약될 수 있다. 자연은 생물물리학적 과정들과 순환들로 이루어져 있다. 사회도 그러하다. 인간의 신체는 [삶을 영위하기 위해] 비인간 자연과의 물질대사 교환 과정에 참여해야 한다. 그 교환은 무엇이든 어떤 당사자에게 특정적으로 유해할 필요는 없다. 그렇지만 역사에 걸쳐서 인간으로 하여금 자신의 물질대사를 조직하게 한 관계들은 파괴되고 강제로 재배열될 수 있었기에 그것들은 이런 변화로 불이익을 받는 사람들을 해쳤을 뿐만 아니라 동시에 자연의 과정들과 순환들도 교란했다. 어떤 물질대사 균열이 개시되었다.

포스터의 선구적인 주해를 통해서 증류된 그 이론은 『자본』의 제3권에서 자본주의적 소유관계들이 어떻게 "생명의 자연법칙 자체에 의해 규정된 사회적 물질대사의 상호의존적 과정에 회복할 수 없는 균열을 초래하는"지에 대한 맑스의 논평을 창의적으로 이용한다.[1] 다양한 방식으로 조작됨으로써 그 이론은 전 지구적 질소 순환의 불균형에서 기후변화에 이르기까지 모든 것을 설명했다.[2] 그것은 자연적인 것과 사회적인 것의 파괴적인 결합체들을 추적하는 방법이다. 물질대사 균열 분석의 최근 역작인 『상품의 비극 : 해양, 어업, 그리고 수산 양식』에서 스테파노 B. 롱고, 레베카 클로센, 그리고 브렛 클라크는 "생태학적 우려 사항은 생태계들 자체에서 기인하여 내부적으로 파생된 문제가 아니라 오히려 사회적 추동자들에 의해 외부적으로 산출된 문제이다"라는 자명하지만 종종 잊히는 전제에서 출발한다.[3] "예를 들면 해양은 스스로 오염되지 않고, 인간이 해양을 오염시킨다."[4] 그렇지만 그런 비극이 가능한 이유는 단지 "인간 사회가 지구의 물질대사 속에 현존하"기 때문

---

1. Karl Marx, *Capital : Volume III*, 949. [카를 마르크스, 『자본론 III-하』.]
2. 그 이론이 형식화되고 적용되는 두 가지 핵심 저작은 Foster, *Marx's Ecology* [포스터, 『마르크스의 생태학』]와 John Bellamy Foster, Brett Clark, and Richard York, *The Ecological Rift*이다. 물질대사 균열 학파에서 비롯된 기후변화와 화석에너지에 관한 가장 주목할 만한 몇 가지 논문은 Brett Clark and Richard York, "Carbon Metabolism" ; Richard York, "Do Alternative Energy Sources Displace Fossil Fuels?" ; Richard York, "Asymmetric Effects of Economic Growth and Decline on CO_2 Emissions" ; Brett Clark, Andrew K. Jorgenson, and Daniel Auerbach, "Up in Smoke" ; Kelly Austin and Brett Clark, "Tearing Down Mountains"이다.
3. Stefano B. Longo, Rebecca Clausen, and Brett Clark, *The Tragedy of the Commodity*, x.
4. 같은 곳.

이다.[5] 어업 – 원초적 형태의 물질대사 – 의 경우에는 증기선들을 갖춘 기업들이 새로운 수준의 규모로 물고기를 잡을 수 있었던 19세기 중엽에 어떤 극적인 변화가 발생했다. 그때 이후로, 특히 전후 시기 이후로 전 지구적 어류 자원은 치명적인 압력을 받게 되었다. 지중해의 참다랑어에서 북서 태평양의 연어에 이르기까지 어류 재생산 순환의 균열은 도처에서 나타났는데, 이는 기업과 상품의 요소들이 물과 혼합되는 방식에서 초래된 결과였다. 이것이 이 책에서 앞서 제시된 모든 가르침을 따르는 이론과 방법처럼 들린다면, 그 이유는 21세기의 어떤 생태맑스주의도 반드시 그것들의 어깨 위에 서 있기 때문이다.

그렇지만 최근에 물질대사 균열 학파는 제이슨 W. 무어로부터 지속적인 공격을 받았다. 『생명의 그물 속 자본주의』로 완결되는 일련의 시론에서 무어는 포스터와 그 동료들이 데카르트주의적 이원론의 원죄를 다시 저지른다는 점을 예증하고자 한다. 그들의 유죄에 대한 증명은 무엇보다도 그들이 접속사들을 선택한 사실에 자리하고 있다. 그들은 자연 및^{and} 사회에 관해, 권역들 사이의^{between} 상호작용에 관해, 생태 체제를 갖춘 것으로서의 자본에 관해 이야기한다. 무어는 '및'을 '속'^{in}으로 대체하기를 원한다. 자연-속-노동, 자연-속-자본, 기타 등

---

5. 같은 책, 23. 강조가 첨가됨.

등이어야 한다 ─ 자연/사회를 어떤 간극에 의해 분리된 두 개의 반구로 간주하는 세계관을 드러내는 그릇된 다리인 '및'은 절대 허용되지 말아야 한다. 마찬가지로, 우리는 무엇이든 어떤 두 사물 사이의 물질대사에 관해 이야기하지 말아야 하고 오히려 언제나 '통해서'through라는 낱말을 사용해야 한다. 그리고 가장 본질적으로, 자본주의는 어떤 생태 체제를 갖추고 있는 것이 아니라, 하나의 생태 체제이다. 이런 일련의 접속사 대체물, 즉 하이픈으로-연결하기와 관용구들의 이른바 비非데카르트주의적 언어 게임의 유출물들을 전개함으로써 무어는 그의 '세계생태론'을 하나의 뛰어난 변증법적 틀로 제시하며, 이것은 강단의 급진 생태학 공동체의 일부로부터 격찬을 받는다.6

새로운 용어법 이외에 그것의 분석적 이점이 무엇으로 이루어져 있는지는 애초에 불분명하다. 예컨대, 무어는 자연과 사회 사이의 관계를 서술하기 위해 '상호작용'이라는 낱말을 사용한다는 이유로 포스터와 그 동료들을 비난하는데, 왜냐하면 이것은 자연과 사회가 우선 분리될 수 있다 ─ 두 사물이 상호작용하려면 그것들은 먼저 분리되어 있어야 한다 ─ 고 잘못 전

---

6. 특히 Jason W. Moore, "Transcending the Metabolic Rift"; Jason W. Moore, "Toward a Singular Metabolism"; Jason W. Moore, *Capitalism in the Web of Life* [제이슨 W. 무어, 『생명의 그물 속 자본주의』]를 보라. 여태까지 이루어진 무어에 대한 가장 체계적인 비판은 Kamran Nayeri, " 'Capitalism in the Web of Life' ─ A Critique"이다.

제하기 때문이다. 오히려 그는 우리가 그 둘이 어떻게 "함께 어우러지는"지 물어야 한다고 제안한다.7 그런데 그런 어구의 선택에 대해서도 당연히, 정확히 동일한 비판이 제기될 수 있다. 두 조각이 함께 어우러지려면 그것들은 먼저 두 가지 상이한 조각이어야 한다. 무어 자신은 "인간 및 비인간 자연", "토양 및 일꾼" 같은 어구들에서 잘못된 접속사를 구사할 수밖에 없는 것처럼 보이는데, 어쩌면 그 이유는 영구적인 속-하이픈의 언어는 가독성이 떨어지기 때문일 것이다.8 그것은 어떤 실재적인 개념적 문제도 해결하지 못할 것임이 확실하다.

도대체 왜 이런 표현법을 구사하는가? 자세히 살펴보면, 무어는 데카르트적 유산을 초월하는 데 필요한 요건을 근본적으로 오해한 것처럼 보인다. 『생명의 그물 속 자본주의』에서 지겹도록 반복되는 그런 종류의 한 문장에서 그는 다음과 같이 선언한다. "데카르트적 시각 – '노동 및 자연의 착취'9 – 대신에 나는 두 가지 형태의 자연-속-노동으로 시작할 것이다."10 그런데 '노동 및 자연'을 언급하는 것과 관련하여 데카르트주의적인 것은 전혀 없다. 포스터 등이 노동과 자연이 상이한 실

---

7. Moore, *Capitalism in the Web of Life*, 47. [무어, 『생명의 그물 속 자본주의』.]
8. 예를 들면 같은 책, 228, 291, 293. [같은 책.]
9. Foster, Clark, and York, *The Ecological Rift*, 80. 강조가 첨가됨.
10. Moore, *Capitalism in the Web of Life*, 230. [무어, 『생명의 그물 속 자본주의』.]

체들로 구성되어 있다거나 또는 별개의 권역들에 자리하고 있다고 생각한다면, 그리하여 그중 하나가 나머지 다른 하나에 준거를 두지 않은 채로 분석될 수 있다면, 그들은 데카르트주의자일 것이다 ― 이는 자본주의적 모더니티의 역사에서 매우 흔한 인식이지만 물질대사 균열 학파가 가르치는 것의 정반대에 해당한다. 포스터 자신이 반박하는 대로 "사회를 지구 시스템 전체로부터 분리되는 것이자 그것으로 환원될 수 없는 것으로 간주하는 동시에 그것의 기본적인 부분으로 간주하는 견해에는 아무 모순도 없다. 그런 접근법을 〔데카르트적 의미에서〕 '이원론적' 접근법이라고 일컫는 것"은 "당신의 심장이 당신 몸의 중추적인 부분이자 독특한 면모들과 기능들을 갖춘 별개의 기관이라는 점을 부인하는 것에 비견된다."[11] 여기서 무어가 행하는 것은 단지 실체 및 속성 일원론의 유혹에 굴복하는 것일 뿐이다.

그렇다면 그 무미건조한 의미론적 궤변 아래에는 자연과 사회가 아무튼 서로 구분되어야 하는지에 대한 실질적인 의견 불일치가 존재한다. 바로 여기서 우리는 무어의 이론 프로젝트의 핵심 ― 맑스주의적 외양을 갖춘 무분별한 혼종주의 ― 을 찾아낸다. 그는 닐 스미스와 브뤼노 라투르 같은 사상가들의 '철학

---

11. John Bellamy Foster and Ian Angus, "In Defense of Ecological Marxism." 추가적으로 John Bellamy Foster, "Marxism in the Anthropocene"를 보라.

적 승리'를 자본주의 발전 이론에 편입하는 과업을 맡았는데, 이제는 친숙하기 마련인 다음과 같은 가설에서 착수한다. "낡은 언어 – 자연/사회 – 는 쓸모없게 되어 버렸다. 실재는, 우리가 우리 눈앞에서 전개되고 가속되며 증폭되는 실제 변화를 추적하는 데 도움을 줄 수 있는 그 대립쌍의 역량을 압도했다."[12] '세계생태론'의 목표는 모든 관련된 구분에 대한 용매로서 작용하는 것이다. "이런 견지에서 서술하면, 도시와 농촌, 부르주아와 프롤레타리아, 그리고 무엇보다도 사회와 자연의 외관상 견고성은 녹기 시작한다."[13] 무어는 계급들 사이의 대립조차도 (언어로) 폐기할 방법을 찾아내었다.

여기에는 여러 판본의 혼종주의가 혼합되어 있다. 자연 생산 이론의 영향을 크게 받은 무어는 사회적 관계들에 대한 "존재론적 우선성"[14]을 갖는 것으로서의 "인류와 독립적으로 작동하는 자연"[15], 외부적 한계, 그리고 생물물리학적 흐름에 대

---

12. Moore, "Toward a Singular Metabolism," 14 ; Moore, *Capitalism in the Web of Life*, 5 [무어, 『생명의 그물 속 자본주의』]. 화이트 등은 혼종주의적 생태 맑스주의를 전개하려는 무어의 야망을 공유하고서 포스터 등에 대하여 매우 유사한 비판을 제기한다(예를 들면 White, Rudy, and Gareau, *Environments, Natures and Social Theory*, 104, 152를 보라).
13. Moore, "Toward a Singular Metabolism," 15.
14. Moore, *Capitalism in the Web of Life*, 180. [무어, 『생명의 그물 속 자본주의』.]
15. 같은 책, 6. [같은 책.]

한 언급들에 반대하는데, 그리하여 그는 다시 곧장 막다른 골목에 이르게 된다. "우리에게는 기후변화 같은 사태가 준독립적인 사회적 차원과 자연적 차원에서 분석될 수 있다는 관념이 필요 없다."[16] 만약에 그런 관념이 필요 없다면, 우리는 기후변화 사태를 분석하려는 생각을 품을 필요가 전혀 없다. 반대 방향으로 미끄러지는 무어는 물질적 전회의 용어법을 채택하여 행위성을 "인간 자연과 비인간 자연의 특정한 다발의 **관계적 특성**"으로 규정하고,[17] 물과 석유를 "실재적인 역사적 행위자"로 분장시키고,[18] 기후 자체에 행위성을 귀속시키고, 자본주의는 "다양한 종에 의해 공동생산된"다고 말하며,[19] 그리고 논리적으로 영국에서 석탄 구성체는 "역사적 변화의 주체"라고 주장한다.[20] 물론 그런 석탄 구성체는, 어떤 유의미한 견지에서도, 영국이나 그 밖의 모든 곳에서 일어난 사태의 주체가 아니며, 그리하여 그 상황은 석탄을 '행위성'을 보유하는 '행위소'라고 일컬음으로써 더 뚜렷해지지는 않는다. 무어의 독특한 성취는 이중 붕괴인 것으로 판명되는데, 그의 견해는 다음과 같이

---

16. 같은 책, 85. [같은 책.]
17. 같은 책, 37. [같은 책.]
18. 같은 책, 36. [같은 책.]
19. 같은 책, 4. [같은 책.]
20. 같은 책, 196. [같은 책.]

요약된다. "자본주의는 자연을 형성한다. 자연은 자본주의를 형성한다."[21] 이 두 명제 중 어느 것도 참이지 않다. 자본주의는 결단코 자연을 형성하지 않는다. 자연은 확실히 자본주의를 형성하지 않는다. 설명되어야 하는 것은 그 둘 사이의 철저한 부조화이며, 그리고 그것이 물질대사 균열 이론이 매우 일관되게 중시하는 것이다.

그런 이중 붕괴는 부분적으로 변증법을 대립관계를 부각하기보다는 오히려 전체론을 성취하기 위한 방법으로 간주하는 견해에서 비롯된다. 여기서 레빈스와 르원틴의 다음과 같은 충고를 염두에 두는 것이 유익할 것이다. "전체론에는 세계의 연결성을 강조하지만 부분들의 상대적 자율성을 무시하는 일방성이 있다."[22] 그 일방성의 결과 중에는 부분들이 보이지 않게 된다는 점이 있다. 무어는 "'사회' 같은 것이 현존한다"[23]라는 믿음을 의문시하면서 "엔트로피는 가역적이고 순환적이다"[24]라고 넌지시 주장하는데, 열역학 제2법칙에 따르면 엔트로피는 결코 그렇지 않은 것으로 분명히 규정되지만 말이다. 사회의 법칙도 자연의 법칙도 전혀 없다면, 더 연구할 게 무엇

---

21. 같은 책, 8. [같은 책.]
22. Richard Lewontin and Richard Levins, *Biology under the Influence*, 107.
23. Moore, "Transcending the Metabolic Rift," 8.
24. Moore, *Capitalism in the Web of Life*, 97 (84쪽을 참조). [무어, 『생명의 그물 속 자본주의』.]

이 있겠는가?

다른 한편으로, 무어가 사회적인 것과 자연적인 것이라는 대립쌍의 필요성을 수용하는 것처럼 보이는 징후적 구절들이 있다. 자본주의가 실제로 생명의 그물에 (또는 생명의 그물 속에서) 행하는 것에 관해 구체적인 내용을 말해야 할 때, 역사유물론의 설명 모형은 전문용어의 틈새로 사라진다. 그런데 무어는 장기 16세기의 어떤 사회들이 사람들 사이의 새로운 일단의 관계로서의 가치 법칙을 발전시켰다고 주장하는데, 이 법칙은 그 사람들이 비인간 자연과 관계를 맺은 방식에서 완전한 전환을 초래했다. 인간 역사에서 최초로 "그 법칙은 노동 생산성에 우선권을 부여하고, 그리하여 미*자본화된 자연을 그 재생산은 도외시한 채로 동원한다."[25] 게다가 "화폐와 노동 시간에 전제를 둔 문명은 매우 다른 종류의 시간을 내보이는"데,[26] 이런 시간에 의거하여 자본은 물질적 실재를 "자신의 형상대로 그리고 자신의 리듬에 따라서"[27] 개조하고자 했다 ─ 이는 또다시 소유관계들에서 비롯되는, 자연 변화에 대한 충동이다. 그다음에 무어는 "생물권의 유한한 특질과 자본의 요구의 무한한 특질 사이"[28]의 충돌을 식별할 수 있었다. 또는 "자

---

25. 같은 책, 60. [같은 책.]
26. 같은 책, 234. [같은 책.]
27. 같은 책, 235. [같은 책.]

연은 유한하다. 자본은 무한한 것에 전제를 두고 있다"[29] ─ 그러므로 생태위기가 초래된다. 그리하여 또다시 주제들이 일괄적으로 주어진다 ─ 예컨대, 이원성, 분리와 연접, 대립적인 고유한 속성들의 귀속, 자본이 본질적으로 광포해져야 하는 이유에 관한 분별 있는 논변 등이 있다.

혼종주의는, 한편으로 자본주의 사회에 내재적인 운동 법칙 및 관계와 다른 한편으로 자연에 내재적인 운동 법칙 및 관계 사이의 어떤 대치에도 저항한다. 그런데 맑스주의자들이 환경에 관한 글을 쓸 때 그들은 그 극들 사이의 자기적 대립에 이끌리게 된다. 예컨대, 맑스주의적 생태페미니즘의 가장 위대한 고전 『자연의 죽음:여성, 생태학, 그리고 과학혁명』(외양과는 대조적으로 자연의 죽음에 관한 어떤 테제도 포함하고 있지 않은 책)을 살펴보자. 1980년에 출판된 이 획기적인 연구서에서 캐럴린 머천트는 공경과 존경을 받아야 하는 어머니, 때때로 자비롭고 때때로 분노하는 유기적 생명체로서의 자연에 관한 구상에서 최대의 효율로 조작되고 통제되어야 하는 생기 없는 죽은 객체로서의 자연에 관한 구상으로 이행한 역사적 전환을 추적한다. 그 전환은 유럽, 특히 잉글랜드에서 일어난

---

28. 같은 책, 112. [같은 책.]
29. 같은 책, 87. [같은 책.]

사회적 소유관계들의 변천을 통해 이루어졌다. 14세기를 기점으로 잉글랜드의 지배계급은 농업의 자본주의적 배치를 향해 이행했고, 습지에서 물을 빼내었고, 들판에 울타리를 쳤고, 숲을 개간했고, 채굴에 대한 금기를 제거했으며, 농노를 자본가로서의 영주에게 대립하는 노동자로서 자리매김했다.[30] 그 과정에서 대단히 소중한 어떤 것들이 파괴되었다.

『자연의 죽음』은 "자연적 및 문화적 하위체계들"이 "역동적으로 상호작용하면서" 발전한다는 가설에서 시작된다.[31] 추정컨대 무어는 이런 가설을 탐탁지 않게 여길 것이지만, 그 가설 덕분에 머천트는 어떤 특정한 시점에 나타나는 모순을 식별할 수 있게 된다. "특히 중요한 것은 환경의 질이, 생계 목적을 위한 자연 자원의 농노제적 통제에서 이윤 목적을 위한 자본주의적 통제로의 이행으로부터 영향을 받은 방식에 관한 물음이다."[32] 자본주의적 유형의 소유관계들은 환경의 질과 대립하는 힘을 강화시킨다. "신흥 자본주의 시장경제에 구축된 것은 장기적으로 환경을 희생하고서 성취된 **거침없이 가속하는 팽창과 축적의 힘이다**"[33] — 예를 들면 습지에서는 펌프와 풍차가 가동됨

---

30. Carolyn Merchant, *The Death of Nature*, 43~68 [캐롤린 머천트, 『자연의 죽음』]. 머천트의 탁월한 견해는 로버트 브레너에게 많은 신세를 지고 있다.
31. 같은 책, 43. [같은 책.]
32. 같은 곳.
33. 같은 책, 51 [같은 책]. 강조가 첨가됨.

에 따라 그때까지 풍부했던 야생 생명이 붕괴했다. 새로운 관계들과 그 내장된 팽창력에 적합하지 않은 자연에 관한 낡은 구상을 폐기하게 한 것은 이런 획기적인 전환이었다. 그리하여 더욱더 많은 사람이 자연을 소유되고 정복되어야 하는 자원의 저장고로 간주하게 되었다. 자연은 여전히 여성과 광범위하게 연관되어 있었기에 이것은 여성의 신체를 남성 권력의 폭력적인 메커니즘 아래 더 적극적으로 종속시키는 사태로 전환되었다 — 이는 머천트가 전개한 논변의 가장 잘 알려진 측면이다. 그 책의 마무리 부분에서 머천트는 현시대의 환경 재난을 집중적으로 다루면서 그 이후로 생태맑스주의의 밑천이 된 한 가지 전략적 제안을 개진한다. 우리에게는 "경제적 우선순위의 혁명"이 필요하다.[34]

또는, 다른 한 가지 실례를 살펴보자. 뒤늦게나마 생물다양성 위기를 둘러싼 논쟁에의 맑스주의적 개입을 보여준 탁월한 책인 『멸종 : 근원적 역사』에서 애슐리 도슨은 "자본은 더 빠른 속도로 확장되어야 한다. 그렇지 않으면 자본은 위기에 빠진다"라고 주장한다.[35] 확장 과정에서 "자본은 지구의 더 많은 것을 상품화하여 세계에서 그 다양성과 다산성을 빼앗는"

---

34. 같은 책, 295. [같은 책.]
35. Ashley Dawson, *Extinction*, 12. [애슐리 도슨, 『멸종』.]

데,[36] 결국 생명의 그물에 구멍을 내어 헤아릴 수 없는 결과를 초래한다.[37] "대형동물의 멸종이 생태계 전체에 미치는 연쇄 효과에 대한 생물학자들의 이해는 아직 걸음마 단계에 불과하다."[38] 한 가지 창발적 속성은 그 밖의 창발적 속성들의 총체와 충돌한다. 이것은 생태위기에 대한 필연적이고 근본적인 형태의 맑스주의적 견해인데, 그것은 다른 추동자들을 배제하지는 않지만 자본주의적 관계 특유의 면모, 즉 생물물리학적 자원 흡수의 영구적인 팽창에 대한 충동에 주목한다. 이런 속성은 자연에서 찾아볼 수 없다. 그런 속성을 지녔던 모든 생명체는 엄청나게 부적응적인 것이기에 재빨리 멸종했을 것이다. 자본은 오로지 지구의 자연에 대한 완전한 지배권을 확립함으로써 21세기까지 유지될 수 있었다. 그런데 자본은 영원히 지속될 수는 없다.

진행 중인 여섯 번째 대멸종 사태는 여기서 개관된 그런 종류의 분석에 특별히 적합한 사례처럼 보인다. 그러므로 영국 보수당이 공약한, 분주한 런던 상아 시장에 대한 일제 단속의 장기 지연이 아프리카의 코끼리들을 도살하고 그 상아들을 영국으로 밀수입하는 범죄 집단들에 지속적인 동기를 제공했다

---

36. 같은 책, 13. [같은 책.]
37. 같은 책, 16. [같은 책.]
38. 같은 책, 24 [같은 책]. 추가적으로, 예를 들면, 같은 책, 42~5, 53을 보라.

는 강한 증거는 있지만, 그 코끼리들이 절벽에서 뛰어내리거나 대량 자살을 저지른다는 표지는 전혀 없다.[39] 파괴되고 있는 생물다양성은 인간의 창조물도 아니고 벌어지고 있는 생태적 재난을 촉발한 행위성의 원천도 아니다. 그런 환경적 쟁점뿐만 아니라 여타의 쟁점에 관해서도 우리는 오직 속성 이원론을 실천함으로써 생태맑스주의적 함의를 품은 진술을 표명할 수 있을 뿐이다.

대립쌍의 가치

그렇지만 어떤 한 부류의 학자들의 경우에는 여전히 대립쌍의 용해보다 더 높은 정도의 환희란 있을 수 없다. 최고의 쾌락과 기쁨은 그들이 다음과 같이 말할 수 있을 때 생겨난다. "당신이 둘이라고 생각한 그 두 범주는 하나이다 ― 그리하여 나는 그것들이 통일되었다고 공표한다!" 이것은 제이슨 W. 무어와 이 책에서 언급되었던 그 밖의 많은 이론가 ― 어쩌면 누구보다도 라투르, 또한 해러웨이 ― 를 고무시킨 지적 탐욕인데, 브라이도티는 궁극적인 대립쌍을 겨냥한다. 허리케인 카트리나와

---

39. Jamie Doward, "Tories' Failure to Halt Ivory Trade 'Risks Extinction of Elephants'."

오스트레일리아의 산불 같은 사건들은 "삶과 죽음 사이의 구분을 정말로 흐린다."[40] 물론 그 사건들은 결코 그런 것이 아니다. 여기서 우리는 "양극성의 정치를 회피하기"[41]에 대한 갱신된 요구와 "대립적 사고방식에 대한 [공공연한] 반감"[42]을 찾아낸다. 그렇다면 또한 혼종주의는 용해주의의 극단적인 경향으로 간주될 수 있다.

이것은 분석 도구에 영향을 미친다. 『메리엄-웹스터 사전』이 규정하듯이, '분석'이란 "그 부분들, 그것들이 행하는 것, 그리고 그것들이 서로 관련된 방식에 관해 알아내야 할 것에 대한 주의 깊은 연구"이다.[43] 그것은 "전체를 그 구성 부분들로 분리하는 것", "어느 물질의 성분들을 식별하거나 분리하는 것" 등을 뜻한다.[44] 분석은 면도날을 필요로 한다. 그런데 용해주의 운동의 결과는 그 면도날들이 차례로 무뎌지고 마모된다는 것이다. 해러웨이가 용해를 위한 시기가 무르익은 것으로 나열한 몇 가지 대립쌍 ─ 자기/타자, 거울/눈eye, 마음/몸, 실재/외양, 옳

---

40. Braidotti, *The Posthuman*, 112 [브라이도티, 『포스트휴먼』]. 추가적으로, 예를 들면, 같은 책, 115, 134를 보라.
41. Desblache, "Hybridity, Monstrosity and the Posthuman in Philosophy and Literature Today," 246.
42. Coole and Frost, "Introducing the New Materialisms," 8.
43. Merriam-Webster, merriam-webster.com.
44. 같은 곳.

음/그름, 진실/환상, 토대/상부구조, 노예/주인, 부자/빈자 ― 을 고려하자.45 그런 대립쌍들이 모두 용해되었을 때에도 어떤 엄밀한 분석이 여전히 수행될 수 있을까? 그렇지만 그것들은 사물들에 관한 글쓰기 분야에서 작동하기에 용해주의자들은 다른 대립쌍들 ― 예컨대, 무어의 경우에는 '데카르트적 이원론' 대 '세계생태론', 또는 라투르의 경우에는 '근대인들' 대 여타의 모든 사람 ― 을 설정할 수밖에 없는데, 여기서 모든 악은 그들이 공격하기로 선택하는 모형들에 못지않게 포괄적으로 (종종 보다 더 포괄적으로) 한쪽에 배치된다.46 그렇다면 혼종주의적 용해주의는 또 하나의 수행적 모순이며, 창을 내리고 돌격하면서 가능한 한 많은 분석 도구를 파괴하고자 하는 것이다.

이것은 산문에도 영향을 미친다. 테리 이글턴이 주지하듯이, "모든 것을 포괄하려고 시도한 어떤 용어도 결국 특수한 그 어떤 것도 뜻하지 않을 것인데, 왜냐하면 기호들은 그 차이들 덕분에 작동하기 때문이다."47 용해주의자들은 구분하기와

---

45. Haraway, *Manifestly Haraway*, 11. 36, 57, 59, 96 [해러웨이, 『해러웨이 선언문』]. 지금까지 자신의 도구에 대한 파괴 행위에 학자들만큼 관여한 어떤 다른 집단이 있었는지 궁금하다.
46. 이것의 논거는 Terry Eagleton, *The Illusions of Postmodernism*, 25~6 [테리 이글턴, 『포스트모더니즘의 환상』]이다. 최근에 이루어진 브뤼노 라투르의 반복 작업은 세계를 각기 다른 15가지의 '존재양식'으로 분할하기로 결정했다 (Latour, *An Inquiry into Modes of Existence* [라투르, 『존재양식의 탐구』]를 보라).

의 전쟁을 벌이면서 드물지 않게 의미가 비워진 산문, 즉 붙잡을 무언가를 영구적으로 기다리고 있어야 하는 가련한 독자에게 버려진 질척한 찌꺼기로 귀결된다. 라투르는 그 장르의 거장이다.[48] 『자연의 정치』 같은 책은 진흙탕 속 난장판이다. 일반적인 신유물론적 시론은 다음과 같은 문장들을 서술한다.

> 반면에, 코라적choratic 독서는 (대다수 학술적 독서를 포함하는) 문학 행위가 그 매체의 행동유도성, 그 독자의 감각계, 그리고 그것이 이전되면서 코라적 평면의 난입으로 변형될 때 생겨나는 보급의 변형으로 이루어진 물질적 구성 속에서 수행된다고 단언함으로써 개시된다.[49]

그런 텍스트 덩어리들이 난해하다는 것은 아니다. 오히려 그것들은 거의 의도적으로 명제적 내용을 결여하고 있는 것처럼 보이며, 그리하여 초심자로 하여금 이 학자들이 정말로 무언가 말하기를 원하는지 또는 그저 장난치고 있을 뿐인지를 묻게 만든다. 기분을 상쾌하게 하는 분노를 표출하는 인류학자 엘

---

47. Eagleton, *The Illusions of Postmodernism*, 103. [이글턴, 『포스트모더니즘의 환상』.]
48. 두 가지 실례는 이 책의 4장, 각주 21(219쪽)과 108(258~259쪽)을 보라.
49. Sheldon, "Form/Matter/Chora," 216.

렌 헤르츠는

> 오늘날 인류학적 '대화'에서 터무니없는 언동을 수반하는 엉터리 표현이 아주 많이 떠돌고 있다는 결론을 피하기가 어렵다는 것을 [깨닫는다]. 더욱이, 이런 몽매주의를 매우 손쉽게 부추기는 황제의-새-옷 증후군을 인식하지 않기는 불가능하다. 자신이 정말 이해하지 못한다는 것을 공개적으로 인정하기를 원하는 사람이 누가 있겠는가?[50]

대다수 정치생태학과 현대 이론 일반의 경우에도 사정은 마찬가지이다. 엉터리 표현은 대중과도 전위와도 거의 공명하지 않는다. 학술적 몽매주의에 반대하는 논변은 지난 삼사십 년 동안 빈번하게 제기되었으며, 그리고 불행하게도 그 필요성은 아직 사라지지 않았다. 우리는 자연과 사회가 더 많이 번져서 회색 얼룩을 형성할수록 그 필요성이 커질 것이라고 과감히 예측할 수 있다.

마지막으로, 용해주의는 정치적 영향을 미친다. 애초에 그것은 사회적·환경적 질병의 근원을 관념의 권역에 자리하게 하는 경향이 있다. 해러웨이는 구분의 붕괴가 "지배의 매트릭

---

50. Ellen Hertz, "Pimp My Fluff," 147.

스에 균열을 낸다"[51]라고 믿고, 플럼우드는 반이원론적 이론이 "억압의 개념적 구조의 토대를 흔들"[52] 수 있다고 믿는다.[53] 무어도 마찬가지의 성향을 나타낸다. 무어는 자연/사회라는 대립쌍이 모든 질병의 근원이며, 그 자체로 "자본주의의 발흥에 근본적인" 것이라고 생각한다.[54] 그런데 권력은 관념적 이분법에서 비롯되지 않는다. 권력의 본성은 훨씬 더 현세적이며, 그것을 추적하여 제거하는 작업은 망치와 낫을 모두 필요로 할 것이다. 언어의 경직성과 그것의 유동화 전망에 최면이 걸린 학자들은, 이글턴이 주장하듯이, "진정한 정치적 교착 상태의 환상적인 전치"에 몰입한다.[55] 자연과 사회를 용해하고 싶은 현행의 욕망은 그의 논점을 예시하는 더할 나위 없는 실례이다. 마찬가지로 승화되는 것은 사물들을 구분하는 바로 그 실천과 관련하여 폭력적이고 억압적인 것이 존재한다는 믿음이다.[56]

---

51. Haraway, *Manifestly Haraway*, 53. [해러웨이, 『해러웨이 선언문』.]
52. Plumwood, *Feminism and the Mastery of Nature*, 1.
53. 그런 믿음들에 대한 비판은 Newton, *Nature and Sociology*, 35~7; Pellizzoni, "Catching up with Things? Environmental Sociology and the Material Turn in Social Theory," 4를 참조.
54. Jason W. Moore, "The Rise of Cheap Nature," 87.
55. Eagleton, *The Illusions of Postmodernism*, 6. [이글턴, 『포스트모더니즘의 환상』.]
56. 무어가 공식적으로 표명한 몇 가지 진술은 모든 유형의 구분이 부르주아적이라는 점을 가리키는 것처럼 보인다. "물질대사 균열 분석의 사용가치/교환가치 대립쌍과 신고전주의적 추리의 효용/교환 대립쌍 사이의 분석적 차이를

우리의 더러운 현실은 사뭇 다른 방향을 가리킨다. (2017년의 경우처럼) 여덟 명의 개인 – 그 수는 대기 중 이산화탄소 농도가 증가하는 속도만큼 빠르게 줄어들고 있는 것처럼 보인다 – 이 인류 절반이 지닌 부에 해당하는 만큼의 부를 소유하고 있을 때, 우리는 구분선을 긋지 않을 수가 없다.[57]

이산화탄소 배출 현상이 그런 양극성과 얼마나 철저히 연계되어 있는지는 COP 21을 위해 배포된 두 가지 보고서에 의해 부각되었다. 인간종의 10분의 1이 현재 소비에서 비롯되는 모든 배출량의 절반을 차지하는 한편, 인간종의 절반은 그 배출량의 10분의 1을 차지한다. 상위 1퍼센트의 부자는 하위 10퍼센트의 빈자보다 대략 175배 큰 탄소발자국을 갖고 있다. 미국, 룩셈부르크, 그리고 사우디아라비아의 상위 1퍼센트 부자의 이산화탄소 배출량은 가장 가난한 온두라스인들, 모잠비크인들, 또는 르완다인들의 배출량보다 2천 배나 더 많다. 1820년 이후로 축적된 이산화탄소의 지분도 비슷하게 편향되어 있다.[58] 부의 정점과 인간 현존을 뒷받침하는 조건 사이의 모순

식별하기는 종종 어렵다"(Moore, "Toward a Singular Metabolism," 14). 물론 전자의 대립쌍은 자본에 관한 맑스의 이론 전체를 관통한다.

57. Larry Elliott, "World's Eight Richest People Have Same Wealth as Poorest 50%."
58. Lucas Chancel and Thomas Piketty, *Carbon and Inequality*; Oxfam, "Extreme Carbon Inequality."

이 파국적 강도에 도달하고 있는 이런 세계에서, 비판적 학자들의 본능은 대립쌍들을 용해하는 것이 아니라 오히려 대립쌍들의 각 항에 귀속되는 몫을 분명히 밝히고 힘을 모으기 위해 더 급진적인 양극화를 향해 노력하는 것임이 틀림없다. 양극성의 정치와 대립적 사고방식이 회피된다면 우리의 행로는 거침없이 심연으로 빠져들 것이다. 점점 더 해로운 영향을 미치는 지배 계급에 맞선 정치적 투쟁은 대립쌍들로 가득 찬 설명서를 필요로 한다.

최근에 디페시 차크라바르티가 펼친, 기후변화를 정의 쟁점들로부터 단절하자는 운동 ─ 브뤼노 라투르에게 헌정된 운동 ─ 에서 우리는 한 가지 다른 논변을 맞닥뜨리게 된다. 지구 온난화는 인간종 이외의 종들에 매우 파괴적인 영향을 미치기에 우리는 더는 인간 정의를 위한 투쟁을 가장 우선시할 수 없다는 것이다. 동물을 위해 인간종 내부의 양극화는 옆으로 치워놓자.[59] 그런데 호모 사피엔스 사피엔스 중 가장 부유한 여덟 명 또는 1퍼센트의 구성원이 내일 사라진다면, 지구의 설치류 동물, 곰, 새, 그리고 나비가 가장 운이 좋은 종에 속함이 틀림없을 것이다 ─ 단지 그것들은 그런 일이 일어나게 할 역량이 없을 뿐이다. 인간 피라미드의 꼭대기에 연소 자원이 집중된

---

59. Dipesh Chakrabarty, "Humanities in the Anthropocene."

기괴한 사태는 모든 생물체에 대한 재앙이다. 한 가지 효과적인 기후 정책은 상위 1~10퍼센트의 완전한 몰수일 것이다. 그 정책은 한 방에 이산화탄소 총배출량을 절반까지 줄일 수 있을 것이고 전 지구적 전환을 위한 자금을 몇 번이나 반복하여 지원할 수 있을 것이다. 인간들 중 일부가 그런 조치를 유도해야 할 것이다. 그런데 그런 조치로 인해 그 1퍼센트 이외의 인간들이 얻는 바는 동물들이 얻는 바와 그다지 차이가 없을 것이다. 왜냐하면 동물들은 주관적으로 침묵할 수 있을 것이지만, 동물들의 객관적 이해관계는 그 1퍼센트의 인간에 적대적인 사람들의 이해관계와 가지런히 맞물려 있기 때문이다. 다른 종들도 우리의 해방을 기다린다.

골드만삭스의 조명

그렇다면 물질대사 균열에 대한 싸움은 별 볼 일 없는 소동처럼 보일 것이다. 그런데 또한 환경 파괴의 어떤 측면들이 매우 중요한 관심사인지에 대하여 곡예사적 여흥을 넘어서는 두 번째 분열 쟁점이 있다. 포스터와 그 동료들이 종종 제2세대 생태맑스주의의 핵심으로 간주된다면, 무어는 생태적 문제가 자본의 작업을 방해하는 방식을 강조하는 제1세대의 핵심 사상가인 제임스 오코너를 상기시킨다. 자본이 상품을 과잉생산하는 경향을 지니고 있다면('제1모순'), 그것은 그에 못지않게 높은 이윤율을 위해 생태적 조건을 과소생산하는 – 고갈시키고, 지나치게 약탈하고, 파괴하는 – 경향이 있다('제2모순').[60] 이 모형에 맞서서 물질대사 균열 이론은 두 가지 주장을 제기한다. (1) 환경 파괴의 가장 심각한 결과는 **자본가 계급이 아니라** 자본 축적 순환의 외부에 있는 사람들과 그 밖의 종들을 괴롭힌다. 그리고 (2) 모든 증거는 자본이, **지구를 수탈함으로써 번성할 수 있다는** 점을 시사한다 – 물론 영원히 수탈할 수는 없고, 기후변화 같은 위기들이 잠재적으로 완화될 수 있는 결정적인 시기 동안 그럴 수 있을 뿐이다.[61] 그런데 무어가 보기에는 당연하게도 그런 주장은 데카르트주의적인 경향이 있다. 자연과 사회 사이의 어떤 분열의 흔적도 제거하려는 열정을 지닌 무어는 오코너를 부활시키고 그의 제2모순을 어쩌면 일종의 내부주의로 일컬어지는 것이 최선일 자본주의와 환경에 관한 일반 이론으로 다듬는다.[62]

---

60. James O'Connor, *Natural Causes*를 보라. 무어는 Moore, "Transcending the Metabolic Rift," 12~5에서 오코너에게 진 빚을 인정하지만, 무슨 이유에서인지 Moore, *Capitalism in the Web of Life* [무어, 『생명의 그물 속 자본주의』]에서는 그 점을 언급하지 않는다.
61. John Bellamy Foster, *The Ecological Revolution*, 201~12에서 제시된, 오코너의 이론에 대한 탁월한 비판을 보라.
62. 생태적 한계는 자본에 대하여 외부적이지 않고 오히려 내부적이라고 진술되는데, "우리는 내부라는 낱말을 방법론적 전제로서 언급하고 있다"(Moore,

요컨대, 그 이론은 이렇게 진술한다. 이윤율이 높아지기 위해서는 자연 – 이 경우에는 식량, 노동력, 에너지, 그리고 원료로서 이해되는 자연 – 이 저렴해야 한다. 환경 파괴를 통해서 이 '네 가지 저렴한 것'의 하나 이상이 비싸지며, 이 사태는 이윤율에 하방 압력을 가하게 된다. 그리하여 진정한 **자본주의 위기**가 생겨난다. 그런데 이렇게 해서 무어는 물질적 기체들의 가격을 사회생태적 주요 벡터 – 글쎄, '조정'fitting이라고 일컬어질 벡터 – 로서 강조하게 된다. 그 결과, 예컨대 증기력으로의 전환은 석탄이 대체 연료들에 비해 상대적으로 저렴한 상황에 의해 초래되었다고 한다.63 이것은 경험적으로 시험 가능한 가설이다. 그리고 그것은 그 전환의 중요한 최전선들에서 입수된 잔존 데이터에 부합하지 않는 것으로 판명된다. 수차水車의 경우에는 증기력으로의 이행이 영국과 미합중국에서 완결된 지 오랜 시간이 지날 때까지 물이 증기보다 더 저렴했다.64 바다와 강의 경우에는 대영제국이 그것들을 증기선으로 채운 시기 전체에 걸쳐서 바람이 증기보다 더 저렴했다.65 전적으로 다른 요인들이 작동

Capitalism in the Web of Life, 101 [무어, 『생명의 그물 속 자본주의』].) 이것은 중대한 어휘 선택임이 명백하다.

63. Moore, *Capitalism in the Web of Life*, 92, 104 [무어, 『생명의 그물 속 자본주의』]; Jason W. Moore, "Cheap Food and Bad Climate," 36~7.
64. 이와 관련된 최전선의 자료는 Malm, *Fossil Capital* [말름, 『화석 자본』]을 보라.
65. 이와 관련된 최전선의 자료는 『화석 제국』이라는 제목의 연작에서 상세히

하고 있었다. 화석 경제의 역사는 가격 수준 이외의 많은 요인을 제대로 고려함으로써만 파악될 수 있을 뿐이다.[66]

그런데 훨씬 더 유해한 것은 무어가 오코너를 부활시키면서 초래하는 생태맑스주의적 시각의 협소화이다. 무어는 "어떤 데카르트적 의미에서의" 생태위기에는 관심이 없는데, 그것으로 그가 뜻하는 바는 이윤율과 무관하고, 자본가들 이외의 사람들이 겪으며, 축적 과정의 외부에 있는 양태들, 즉 실재를 다양한 부분들로 구획하는 어떤 종류의 분할을 가리킬 양태들이다.[67] 포스터와 그 동료들에 맞서 반론을 제기하면서 무어는 환경 파괴 자체 – 자본의 운명과 무관한 것으로서의 환경 파괴 – 에 집중된 주의를 비웃는다. "자본은 지구 등과 전쟁을 벌인다. 하지만 나는, 더 흥미로운 문제 – 그리고 실제로 더 적실한 문제 – 는 자연이 **최대한도를 넘게 되**"어서 이윤이 감소하기 시작하는 "방식이라고 주장하고 싶다."[68] 그러므로 제이슨 W. 무어의 관심을 끄는 기후변화의 유일한 양태는 농업위기에서부터

다루어질 것이다.

66. 그리고 가격 요인에만 몰두하게 되면 잘못된 예측이 이루어질 수밖에 없는데, 2014년에 무어는 "중동의 저렴한 석유"의 종말을 공표했다(Moore, "Toward a Singular Metabolism," 17).
67. Moore, *Capitalism in the Web of Life*, 125. [무어, 『생명의 그물 속 자본주의』.]
68. 같은 책, 113 [같은 책]. 추가적으로, 예를 들면, 같은 책, 5, 15, 27~9, 77, 100~1, 180, 292~5 [같은 책]; Moore, "The Rise of Cheap Nature," 113을 참조.

식량 가격의 상승, 임금 비용의 증가, 착취율의 감소, 그리고 이윤율의 하락으로 나아가는 화살이다. 뜨거워지는 세계에서 노동자들의 식량은 더 비싸질 것이다. 자본은 그들에게 더 많은 임금을 지불해야 할 것이다. 이윤이 감소할 것이다. 이런 한 가지 인과적 고리에 의거하여 무어는 다음과 같이 진술한다. "지구온난화는 인류에게 근본적인 위협을 제기할 뿐만 아니라, 더 **즉각적으로 그리고 더 직접적으로, 자본 자체에도 제기한다**."[69]

기후변화의 풍경을 간략히 검토하는 것은 그 진술을 반증하기에 충분할 것임이 틀림없다. 즉각적이고 직접적이며 근본적인 위협은 자본가들의 관심사가 아니다. 그 폭풍은 그 밖의 사람들의 삶을 휩쓸고 있다. 무어의 화살은 자본주의 발전에 대한 저렴한 식량의 역사적 중요성으로부터 연역된 추리에 기반을 두고 있지만, 현행 온난화 조건에서 무어의 화살의 현존은 여전히 증명되어야 한다. 일견, 이 낡은 리카르도주의적 법칙 — 식량 부족 → 높은 임금 → 낮은 이윤 → 자본주의의 위기 — 은 극단적인 날씨의 살인 현장으로부터 꽤 멀리 떨어져 있는 것처럼 보인다. 최근에 기후가 유발한 최악의 농업 재난 중 하나로서 2010년에 파키스탄에서 발생한 홍수 사태를 살펴보자. 이

---

69. Moore, "Cheap Food and Bad Climate," 42. 강조가 첨가됨. 이 논문에서는 그 고리에 대한 무어의 분석이 전개되는데, 이는 Moore, *Capitalism in the Web of Life* [무어, 『생명의 그물 속 자본주의』]의 10장과 중첩된다.

사태로 인해 2,000명의 사람이 사망했고 대략 1,000만 명의 사람이 이주했으며, 그 나라의 농부 중 70퍼센트 이상이 기대 소득의 절반 이상을 상실했고, 농경지와 가축이 사라졌고, 쌀 수입량이 급증했으며, 식량 가격이 급등했다.[70] 이것은 어떤 식으로든 이윤율에 대한 하방 압력으로 전환되었을까? 또는 그 희생자들의 대다수는 임금 수입마저도 없어서 생산직 노동자보다 더 불행할 정도로 자본의 중심 회로의 주변부에 있는 매우 가난한 사람들이었을까? 그리고 만약에 그들에게 임금 수입이 있었다면, 그것은 그들의 긴축 가계 예산을 보상할 정도로 상승되었을까? 게다가 만약에 그 결과로 일부 자본가들의 수입이 줄어들었다면, 그리고 그것이 사실상 이윤 위기를 초래하는 데 이바지했다면, 그것은 생태맑스주의자들이 이론적으로 그리고 정치적으로 중대한 어떤 사건을 직면하게 되는 국면일까? (그리고 여기서 우리는 그 밖의 종들이 겪은 손실은 언급하지 않았다.)

식량 가격의 상승이 미래의 어떤 시점에 이윤 하락을 초래할 수 있다면, 그것은 기근이 축적 과정에 관여하지 않는 수백만 명의 사람을 죽여 없앤 지 오랜 시간이 지나서야 그렇게 할 것이다. 나타난 표식들에 따르면 자본가 계급은 지구온난화로 인한 고통을 가장 마지막으로 겪을 것이고 도중에 지구온난

---

[70] FAO, *The Impact of Disasters on Agriculture and Food Security*.

화의 몇 가지 면모로부터 수익을 확보할 수 있을 것이다. 예컨대, 곡물을 열 스트레스에 적응시키기 위한 GMO 기술, 담수화 설비, 북극해 석유의 갑작스러운 입수 가능성, 재난 보험과 탄소 거래와 그 밖의 새로운 금융시장들, 군사 하드웨어, 값비싼 물―자연스럽게도 이전에 풍부했던 자원이 희소해질 때 수익의 잠재력은 향상된다―, 게다가 지구공학이라는 최종 프런티어가 있다.[71] 안나 플로우만은 무어의 고리와 대립하는 어떤 인과적 고리의 작동을 예증하였다. 기후변화는 갠지스-브라마푸트라 삼각주 같은 농촌 지역들에서 다카 같은 산업 도시들로의 이주를 가속화하고, 그리하여 노동 예비군의 보충이 자본에 대한 노동의 교섭 입지의 기반을 더욱더 약화함으로써 착취율과 이윤율의 상승이 초래된다.[72]

기후변화가 (부르주아 계급에서 가장 멀리 떨어진 사람들을 살해한 지 오랜 시간이 지난 후에) 궁극적으로 자본 축적을 억제할 것이라면 도중에 상쇄 경향이 있을 것임이 틀림없다. 수익성이, 공중에 매달린 다모클레스의 칼 아래 놓여 있다는 증거는 거의 없지만, 어떤 선진적인 생산수단도 갖추지 않

---

71. McKenzie Funk, *Windfall*이라는 탁월한 책을 보라.
72. Anna Plowman, *Could the Effects of Climate Change be Profitable? A Case Study of Climate Induced Migration into the Bangladeshi Readymade Garments Industry*; Anna Plowman, "Bangladesh's Disaster Capitalism."

은 사람들이 그런 처지에 놓이게 된다는 증거는 풍부하다.73 온난화 조건의 원형적 풍경은 벤 러너의 주인공이 폭풍으로 인해 거의 모든 조명이 꺼져버린 뉴욕시를 걸으면서 포착한 그 유명한 순간이다.

> 금융지구의 어두운 고층 건물들을 뚫고 동쪽에서 어떤 동물의 빛나는 눈처럼 밝은 빛이 보였다. 나중에 우리는 그것이 골드만삭스 건물임을 알게 될 것이다. 스카이라인에서 불이 켜진 소수의 건물 중 하나가 투자은행 기업인 사진들을 보라… 그것의 발전기들은 거대했음이 틀림없다. 아니면 그 발전기들은 특별히, 비밀 전력망에 접속되어 있었을까?74

또는, 나오미 클라인의 서술에 따르면, "이것이 우발사건인 이유는 세계에서 가장 부유한 국가의 가장 부유한 사람들이 자신은 괜찮을 것이라고, 다른 누군가가 가장 큰 위험을 감수할 것이라고, 기후변화가 자신의 현관에 도착하더라도 자신은 보살핌을 받을 것이라고 생각하기 때문이다."75 그들이 혼돈을

---

73. 작은 증거는, 예를 들면, Simon Dietz, Alex Brown, Charlie Dixon, and Philip Gradwell, " 'Climate Value at Risk' of Global Financial Assets"를 보라.
74. Lerner, *10:04*, 236~7.
75. Naomi Klein, "Let them Drown," 14.

겪게 내버려두라는 것이다.

세계생태로서의 자본주의에 관한 무어의 내부주의적 이론은 온난화 조건의 장면을 반전시킴으로써 그 장면의 초점을 인간에서 자본으로 이행시킨다. 그것은 **자본중심주의적인 이론**이다. 그것의 정치적 함의는, 우리는 기후가 초래하는 자본주의 생산양식의 임박한 붕괴를 열렬히 기대해야 한다는 것처럼 보인다. 무어는 우리가 덜 '파국주의적'이고 '종말론적'이면서 더 쾌활한 모습을 나타내기를 원한다. 지구온난화와 부수적 위기들은 그로 하여금 "(자본주의의 생존에 대하여) 회의적이고, 그리하여 (우리에 대하여) 낙관적"이게 만드는데, 그는 현 상황을 대다수 사람에게 황금시대의 도래를 예고한 로마의 멸망에 비유한다.[76] 그런데 그 비유에는 한 가지 결함이 있다. 로마는 화석연료에 기초하여 자기지속적인 성장을 필요로 하는 소유관계들을 갖추고 있지 않았다. 자본이 지구에 행하고 있는 것을 계속해서 행할 수 있게 된다면, 지구는 뒤에 오는 사람에게는 완전히 말라버린 채로 남아있게 될 것이다. 지구가 전 지구적 규모에서 무너져 내리고 있다는 몇 가지 징후가 나타나고 있다면, 비관적인 견해를 품는 것이 분별 있는 행위일

---

76. Moore, "Cheap Food and Bad Climate," 36 ; Moore, "Toward a Singular Metabolism," 17.

것이다. 이런 까닭에 우리는 전투적이고 부정적인 태도를 비타협적으로 견지해야 한다.[77]

무어의 자본중심적 내부주의가 견인력을 얻게 된다면, 그것은 급진 생태학과 기후운동에 타격을 입힐 수 있을 것인데, 특히 자본가 계급에 대하여 정향된 그것들의 핵심적인 규범적 칼날 ─ 당신들은 부유해지기 위해 이런 일을 행했고, 현재는 우리가 우리의 생명으로 그 대가를 치르고 있다 ─ 을 무디게 함으로써 말이다. 이 근거 있는 인식은 생태적 계급 증오의 토대이기도 한데, 어쩌면 뜨거워지는 세계에서 지극히 필요한 정서일 것이다. 자본가 계급은 자연력을 가난한 사람들을 죽이는 대량 살해자로 전환한 점 ─ 게다가 그 밖의 많은 위업 중에서 그 사실을 부인하는 태도를 확산시키고 산재한 폭탄들의 뇌관을 제거하려는 시도를 방해하는 점 ─ 에 대하여 마땅히 증오를 받을 만하다.

그러므로 무어는 데카르트주의적 생태맑스주의로 추정되는 것의 어떤 헤겔주의적 지양을 실행하기는커녕 크게 한 걸음 뒤로 물러섰다. 그렇다고 해서 물질대사 균열 학파가 통합적인 적록 이론을 추구하기 위해 따라야 할 최종 지침을 제공한다는 결론이 반드시 도출되는 것은 아니다. 역사유물론의 기록

---

77. Terry Eagleton, *Hope Without Optimism* [테리 이글턴, 『낙관하지 않는 희망』]과 『샐비지』라는 저널에서 전개된 시각을 보라.

은 맑스 자신이 저술한 것 이외의 자원들을 포함할 만큼 충분히 풍성하다. 모든 가치 있는 것의 두 가지 원천으로서의 노동과 지구에 관한 맑스의 언명들을 본보기로 삼음으로써 우리는 노동에 전적으로 몰입한 맑스주의자들에 의해 전개된 몇 가지 관념을 실험할 수 있을 것이며, 그리고 필요한 변경을 가하여 그것들을 지구에 적용할 수 있을 것이다. 그것이 이제 우리가 살펴볼 과업이다.

7장

통제하기 어려운 자연에 관하여 :
생태자율주의의 한 가지 실험

노동과 자연의 자율성

노동과 자연은 완전히 박탈될 수는 없는, 자본으로부터의 자율성을 보유한다. 둘 다 자본에 존재론적으로 선행하고, 자본보다 앞서 지상에 출현했다. 노동의 경우에는 그 역사가 인간 역사만큼 오래되었고, 독자적인 법칙들에 따라 작동하는 자연의 경우에는 그 역사가 지질학적 역사만큼 오래되었다. 그리고 이후에 다양한 지배계급 – 휘두를 수 있는 권력을 부르주아 계급보다 더 많이 지닌 지배계급은 지금까지 결코 없었다 – 이 그것들을 통제하려고 기를 쓰고 노력했지만, 그럼에도 불구하고 그 자율성은 그 화산들이 휴면 상태에 있는 것처럼 보였을 때에도 표면 아래에서 존속했다. 물론 노동의 자율성은 자율주의적 맑스주의에 의해 반세기 이상 동안 이론화되었다. 『맑스 너머의 맑스 : 정치경제학비판 요강에 대한 강의』에서 안토니오 네그리가 주장하듯이, 노동은 독자적인 자기생성적 역능 또는 힘 또는 이탈리아어로 ['잠재력'을 뜻하는] '뽀뗀짜'potenza이다.[1] 왜냐하면 그것은 인민의 삶과 구별 불가능한 것이기 때문이다. 지금까지 자본은 그런 뽀뗀짜를 생산하지 않았다. 그것은 인공물도 아니고 제조된 상품도 아니다. 그것은, 마음이나

---

1. Antonio Negri, *Marx Beyond Marx*. [안토니오 네그리, 『맑스 너머의 맑스』.]

목소리와 마찬가지로, 인간 신체의 재생산 순환의 결과로서, 따라서 이를테면 인간 신체가 자연에 속함으로써 발현되는 기능으로서 인간 신체 자체와 더불어 나타난다. 그러므로 노동은 자본에서 벗어난다. 노동의 현존, 노동이 영위하는 삶은, 자신의 권위를 거부할 수 있는 주체성의 잔류물과 언제나 마주치는 자본가의 손으로 완전히 이전될 수는 없다. 네그리는 "근본적인 소격疏隔, 자본의 발전으로부터 노동계급의 자율성"을 상정한다.[2]

실재론적 정의의 따름정리로서, 한 가지 이상의 의미에서 자연은 유사한 자율성을 갖추고 있다. 최근에 몇몇 환경철학자와 역사가는 그것을 분명히 하는 작업을 개시했다. 키콕 리는 자연의 자율성을 "원칙상 인간의 의욕 또는 지향성, 인간의 통제, 조작 또는 개입과 완전히 독립적으로 생성되고, 존속하며, 마침내 해체/붕괴함으로써 사라지는" 것으로 규정한다.[3] 더 간략히 서술하면, 자연이 자율적인 이유는 그것이 자신의 행동을 조절할 역량을 갖추고 있기 때문이다. 그것은 아우토스autos, 즉 자기와 노모스nomos, 즉 규칙 또는 법(칙)으로 구성된 '자율성'autonomy의 문자 그대로의 의미, 즉 스스로 자신의 법(칙)을

---

2. 같은 책, 101 [같은 책]. 예를 들면 Antonio Negri, *Factory of Strategy*, 10, 282를 참조.
3. Lee, "Is Nature Autonomous?," 59. 강조가 생략됨.

세우는 것이다.4 사례들에는 낙하하는 바위, 궤도 운동을 하는 별, 재생산하는 동물, 먹이를 잡는 포식자, 성장하는 식물, 부패하는 나무, 부식하는 절벽, 번쩍이는 번개, 자발적으로 형성되는 산맥이 있다. 그 모든 것과 그 밖의 많은 것이 그것들 주위에 인간이 돌아다니기도 전에 생겨났고, 나타났다가 사라지고 다시 나타났는데, 왜냐하면 그것들은 본질적으로 인간과 독립적이었고 독립적이기 때문이다.5 자본은 인간의 창조물이기에 그로부터 당연히 자연은 **본질적으로 자본과 독립적**이라는 결론, 자본의 생산·관리·지배와 독립적이라는 결론이 도출된다 — 이는 자본주의적 입장에서 바라보면 자본을 상당히 무기력하게 하는 여건이다.

그런데 자연의 자율성은 노동의 자율성과 결코 동일하지 않다. 여러 가지 차이점 중에서, [키콕] 리의 표현에 따르면, 자연의 자율성은 "결코 의식과 아무 관계도 없고, 따라서 이성과 자유가 도외시된다."6 그리하여 리는 인간의 자율성과 자연의 자율성 사이, 그리고 자연의 자율성과 일반적으로 칸트와 관련된 개념 사이에 뚜렷한 구분선을 긋는데, 칸트의 경우에 자

---

4. Thomas Heyd, "Introduction," 102 ; William R. Jordan, "Conclusion," 190~1.
5. Lee, "Is Nature Autonomous?," 59~60 ; Woods, "Ecological Restoration and the Renewal of Wildness and Freedom," 177.
6. Lee, "Is Nature Autonomous?," 59.

율성은 합리적인 법을 독자적으로 제정하는 개별적 의지를 가리킨다. 키콕 리는 고등동물이 의식을 지니고 있다는 점을 인정하는 한편, 인간 의식을 독특한 것으로, 칸트적 관념이 적절할 수 있을 유일한 것으로 간주한다. 리는 자연 전체에서 뇌가 없는 물질의 비중을 고려함으로써 (그가 가장 큰 관심을 기울이는) 자연의 자율성을 주로 무의식적인 것으로 규정한다. 자연은 거의 전적으로 사태를 향해 스스로 추동되고 독자적인 패턴을 생성하지만 마음이 없기에 사물에 관해 생각하지 않고 자신이 검토한 대안 중 하나에 따라 행동하지도 않는다. 예컨대 화산은 아무 의도 없이 분출한다.[7] 그러므로 이 경우에 적절한 표현은 행위성 없는 자율성일 것이다.

그런데 자본주의적 입장에서 바라보면 자본을 가장 무기력하게 하는 양태는 그것이 의도적으로 구축되었든 그렇지 않든 간에 통제 불가능성의 국면 자체일 것이다. 고요 또는 파업은 공히 자본주의 회로를 폐쇄할 수 있다. 여기서 자율성은 도덕적 역량을 나타내지 않고 오히려 자본이 자신의 역사 전체에 걸쳐서 분투해야 한다는 사실을 나타낸다. 자본의 관점에

---

7. Ned Hettinger, "Respecting Nature's Autonomy in Relationship with Humanity," 90; William Throop and Beth Vickers, "Autonomy and Agriculture," 102; Woods, "Ecological Restoration and the Renewal of Wildness and Freedom," 177.

서 노동과 자연을 자본에 선행하고, 자본 없이도 정말 잘 지속될 수 있고, 현존을 위해 자본을 필요로 하지 않으며, 흉작이든 집단 사직이든 언젠가 협력하기를 거부할 수도 있는 무언가로서 함께 묶는 것은 바로 그러한 사실이다. 칸트가 아니더라도, 자본의 관점에서 바라보면 노동과 자연은 상이하기보다는 오히려 유사할 것이다.

표지에 베수비오 화산 폭발 장면이 그려진 『자율적인 자연: 고대부터 과학혁명 시기까지 예측과 통제의 문제들』에서 캐럴린 머천트는 "예측 불가능하고 제멋대로이며 다루기 어려운" 힘, 생산되지 않은 탁월한 잠재력, "자동적"이고 "자기창조적"인 것으로서의 자연에 대한 인식들을 추적한다.[8] 노동의 경우와 마찬가지로 자연은 그것이 다른 것들과 관계를 맺게 된다는 이유로 자율성을 상실하지는 않는다. 노동과 자연은 둘 다 자신의 신체 전체에 걸쳐 낙인들이 새겨질 수 있는 동시에 자신의 핵심에서 자율성을 유지한다. 사실상 자율성은 바로 요구되지 않은 뜻밖의 되먹임에서, 대응하여 발휘되는 영향력에서 현시된다. 자율적임은 격리됨 또는 혼자임을 뜻하지 않는다. 오히려 자율성은 바로 또 다른 당사자와 결합될 때 전면에 드러난다.[9]

---

8. Carolyn Merchant, *Autonomous Nature*, 1, 161.
9. Heyd, "Introduction," 5 ; Hettinger, "Respecting Nature's Autonomy in Relationship with Humanity," 89, 92 ; Throop and Vickers, "Autonomy and

머천트는 "자율적인 체계로서의 자연이 행동하는 방식은 인간이 자연과 관련하여 행동하는 방식에 의존한다"라고 강조하며, 그리고 자본과 관련하여 노동의 경우에도 당연히 사정은 마찬가지라고 말할 수 있다.[10] 여기에 역설과 고리의 원천이 있다.

그렇다면 이런 의미에서의 자율성은 어떤 특정한 시간적 역동성을 지향한다. 네그리와 그 동료들의 경우에 노동의 자율성은 자본주의 발전의 외부 엔진이다. 자본은 노동자라는 낯선 존재자가 없다면 아무것도 해낼 수 없고, 그러므로 자본은 노동자를 쫓아가서 어떤 규율 체제에 종속시키고 통합시키고자 하며 노동자의 가장 주관적인 충동을 생산과정에 불필요한 것으로 만든다. 요컨대 자본은 언제나 완전 통제라는 신기루를 향해 움직인다 ─ 자본은 "분리에 부과된 규칙이다."[11] 자율주의자들은 이것이 기술 혁신을 유인하는 요인이라고 주장한다. 자동 기계류는 그것이 산 노동의 기여분 ─ 자본은 불가능하더라도 이것을 영으로 만드는 것을 선호한다 ─ 을 최소화함으로써 상품을 생산할 수 있도록 "노동계급 자율성의 모든 잔여"를 소멸시키고자 하는 희망에서, 노동자의 움직임을 자본의 물리적 조직 자체로 편입시키고자 하는 희망에서 도입된다.[12]

Agriculture," 101.
10. Merchant, *Autonomous Nature*, 150. 강조가 첨가됨.
11. Negri, *Marx Beyond Marx*, 133. [네그리, 『맑스 너머의 맑스』.]

또는, "자본의 역사는 자본가 계급이 자기 자신을 노동계급으로부터 해방하려는 연속적인 시도들의 역사이다"[13] — 또는, 모든 생산력은 "자본의 무기이다. 자본이 유용 노동의 새로운 조직, 또는 새로운 기술의 도입을 계획할 때 그런 계획들은 언제나, 노동계급 권력의 현재 수준을 해체하는 데 기여하는 그것의 역할에 의거하여 분석되어야 한다."[14]

이런 명제들 중 거의 모든 것에서 '노동'은 '자연'으로 대체될 수 있고, 그리하여 우리는 화석 경제의 역사에 대한 어떤 유용한 이정표들을 갖게 될 것이다. 자본은 자연이라는 낯선 존재자가 없다면 아무것도 해낼 수 없고, 그러므로 자본은 자연을 쫓아가서 어떤 규율 체제에 종속시키고 통합시키고자 하며 자연의 가장 통제하기 어려운 충동을 불필요한 것으로 만든다. 여기서 또한 자본은 분리에 부과된 규칙이다. 자동 기계류는, 자본으로 하여금 외부적 자연의 요동과 경련에 적응할 필요 없이 최대량의 상품을 생산할 수 있게 하는 적절한 육체적 형태를 자본에 제공하는 그런 식으로 자연의 자율성의 모든 잔여를 소멸시키고자 하는 희망에서, 질적 기체들의 잠재력을 활

---

12. Raniero Panzieri, "Surplus Value and Planning," 9.
13. Alberto Toscano, "Chronicles of Insurrection," 81.
14. Harry Cleaver, *Reading Capital Politically*, 132 [해리 클리버, 『자본을 어떻게 읽을 것인가』]. 예를 들면 Negri, *Factory of Strategy*, 17~9, 82를 참조.

성화시키고자 하는 희망에서 도입된다. 그러므로 자본의 역사는 자본가 계급이 자기 자신을 자연으로부터 해방하려는 연속적인 시도들의 역사이기도 하다 — 그런데 자율주의자들이 가르쳐주듯이, 바로 그런 이유로 인해 그것은 자체의 기반을 약화시키는 자기모순적인 기획인데, 왜냐하면 자본이 노동과 자연을 무너뜨리는 데 사용할 수 있는 유일한 무기는 당연히 노동과 자연이기 때문이다. 자본이 노동과 자연을 포섭하기 위한 새로운 기술을 도입할 때 그 힘은 그것이 통제하거나 추방하거나 흡수하거나 정리하려는 대상들이 아닌 또 다른 노동자들의 작업과 또 다른 기체들의 기능성에 바탕을 두고 있기 때문이다. 자율주의자들은 자본이 노동자들로부터 해방되고자 하지만 벗어날 수 없는 그들의 그물로 되돌아갈 뿐이라고 말한다.[15]

기계는 이런 불가능한 추구의 받침점이다. 우리는 자율주의자 라니에로 빤찌에리가 서술한 구절에서 '노동'을 '자연'과 바꾸는 행위를 시도할 수 있다.

> 자연에 대한 생산 메커니즘의 자본주의적 객체성은 기계의 기술적 원리에서 그 최적의 근거를 찾아낸다. 기술적으로 주어

---

15. 이런 논리에 대한 비길 데 없는 분석서는 Beverly Silver, *Forces of Labor* [비버리 실버, 『노동의 힘』]이다.

진 속력, 다양한 단계의 조율, 그리고 끊임없는 생산의 흐름은 '과학적' 필연성으로서 자연에 부과되며, 그것들은 최대량의 물질적 기체를 뽑아내려는 자본가의 결정에 완벽히 조응한다.[16]

그렇다면 기계는 노동 및 자연에 맞선 전쟁에서 선호되는 자본주의적 플랫폼 또는 회전 고리인데, 노동 및 자연의 격렬한 잠재력에 의존하지 않는 생산 메커니즘의 형태로 승리를 약속한다. 그저 단추를 누르거나 화면을 터치하라, 그러면 자본의 인공물들이 명령받은 작업을 철저히 고분고분하게 실행할 것이다. 기계는 다른 물질적 기체들(예컨대, 목화)을 더 잘 뽑아내기 위해 어떤 물질적 기체들(예컨대, 철)에 사로잡히게 된다. 하나의 결합체로서의 기계는 어떤 특정한 관계들을 어떤 특정한 객체들과 융합한다. 기계는 자신의 내부에서 자율성의 모든 흔적을 제거하기 위해 구축되는데, 요컨대 물질은 사물이 그 소유자의 확장된 팔이 될 때까지 재가공된다. 맑스는 "노동수단의 물질적 성질"이 "고정자본과 자본 일체에 적절한 현존으로 변형된"다고 말한다.[17] 물질은 완강할 수 있지만 행위성이

---

16. Panzieri, "Surplus Value and Planning," 9. 첫 번째 '자연'은 원문의 '노동자들'을, 두 번째 '자연'은 원문의 '노동자의 의지'를, 그리고 '물질적 기체'는 원문의 '노동력'을 대체했다.
17. Marx, *Grundrisse*, 692. [맑스, 『정치경제학 비판 요강 II』.]

전혀 없으며, 따라서 자본은 정말로 자신을 물질로 감싸고, 그것의 수동적인 살 속에 거주하며, 기계를 자본 자신의 "조야하게 감각적인 형태"로 가정할 수 있다 ― 사물의 매개를 통해서 권력을 투사할 수 있다.

그 객체화된 권력의 직접적인 대상은 어쩌면, 고전 자율주의가 말하곤 했듯이, 노동일 것이다. 기계는 자신의 규율을 노동자들에게 부과하고, 그들의 시간을 더 많이 짜내며, 착취율을 단계적으로 증가시킨다 ― 하지만 그 과정은 물질적 산출량의 가속화, 자연의 표준화된 형태로의 환원, 질서정연한 물질의 소산消散, 지구의 약탈·가공·파괴와 함께 진행된다. 생산성 향상은 노동과 자연 둘 다에 영향을 미친다. 『자본』에서 맑스가 기계에 대한 자신의 정교한 분석을 제시하는 곳은 "기계와 대공업"에 관한 장인데, 자본주의적 생산은 단지 "모든 부의 근원적 원천 ― 토지와 노동자 ― 의 기반을 동시에 약화시킴으로써" 발전할 뿐이라는 유명한 선언으로 그 장이 마무리된다.[18] 기계는 노동 및 자연에 대한 전유를 가속하고 통제를 강화하기 위한 결합체이다. 기계가 고장이 난다면, 그 이유는 자율적인 노동이나 자율적인 자연이 기계의 내부에서 다시 출현하여 톱니바퀴나 그 밖의 부품들을 함부로 조작하기 때문이

---

18. Marx, *Capital: Volume I*, 638. [마르크스, 『자본론 I-하』.]

다. 그다음에 자본은 새롭게 시도한다. 이것은 두 가지 낯선 존재자의 실질적 포섭 과정인데, 여기서 그것들은 총^{guns}과 표적의 역할을 동시에 수행한다.

그런데 어떤 기계도 그것이 없다면 아무것도 해낼 수 없는 한 가지 기체는 에너지이다. 기계는 "자신의 영혼을, 자신을 통해서 작용하는 역학적 법칙들 속"에 간직하고 있을 것이지만, "자신의 영구 운동을 지속하기 위해, 노동자가 식량을 소비하듯이, 석탄, 석유 등(도구적 물질)을 소비한다."[19] (모든 생산의 토대를 이루는) 에너지의 지형 위에서 자본은 먼저 태곳적부터 사용된 에너지원들 — 특히 수차의 경우에는 물, 그리고 해양과 강에서는 바람 — 을 마주쳤다. 그 에너지원들은 자연 풍경의 특정한 궤적을 따라 생겨났는데, 날씨가 그 생성의 흐름을 멈추게 할 수 있었다. 건조한 날들, 적도 무풍대, 그리고 하류 흐름은 상품의 제조와 운송을 멈추게 할 수 있을 것이다. 가장 근본적인 토대의 내부로부터 회로를 교란하는 그런 에너지는 고압적인 자율성을 명시적으로 나타내었고 자본을 자연의 볼모로 삼았다 — 그런데 외관상 자율성의 흔적조차도 없는 한 가지 대안, 즉 화석에너지가 있었다. 화석에너지의 실현은 그것이 없었더라면 화석연료가 절대 채굴되지 않았을 막대한 자본

---

19. Marx, *Grundrisse*, 693. [칼 맑스, 『정치경제학 비판 요강 II』.]

을 필요로 했는데, 그 결과 화석연료로부터 얻게 된 기계력은 자연과 무관한 공학 및 투자의 순전한 생산물이었다는 인상을 주었다. 그러므로 길고 복잡한 이야기를 극히 간단하게 요약하면, 선박뿐만 아니라 공장에서도 전환이 이루어졌다.[20] 화석에너지는 자본 자체에 고유한 동력인 것처럼 보였다. 자본은 자신의 추상적 회로의 내부에서는 어떤 운동에너지도 찾아낼 수 없었고 오히려 그것의 소재지를 자신의 외부에 있는 자연에 정위하고 그것을 자신의 기계적 설비로 유도해야 했다 ─ 그런데 에너지의 흐름, 또는 오늘날에는 재생에너지로 일컬어질 것은 끊임없이 제멋대로 분출되었다. 화석 자본은 분리에 부과된 규칙이다.

증기선으로 알려진 기계화된 운반체는 동일한 논리를 따랐다. 19세기의 두 번째 사반세기 이후로 대영제국이 증기선들을 강과 해양 고속도로로 파견했을 때, 이 경이로운 결합체들은 원료 ─ 면화, 아마, 비단, 팜유, 차, 설탕, 목재, 고무, 상아, 밀랍… ─ 를 흡입하고, 필요한 낯선 노동을 예속시키며, 그리고 물론 길을 막으려는 모든 어리석은 군사력을 무너뜨리는 데 있어서 구식의 범선들을 능가할 것이라는 기대를 불러일으켰다.

---

20. 공장에 대해서는 Malm, *Fossil Capital* [말름, 『화석 자본』]을 보라. "날씨는 자연이 나타내는 가장 통제하기 어려운 양태를 예시한다"(Merchant, *Autonomous Nature*, 93).

그런데 증기선들은 자신의 영구 운동을 지속하려면 석탄을 소비해야 했다. 자본이 증기를 자신의 기계들과 운반체들에 주입했을 때 그것은 자율적인 노동 – 특히 멀리 떨어진 들판과 단일 작물 농장에서의 노동 – 과 자율적인 자연 – 예컨대, 자본이 원한 원료의 입수 가능성이 지역과 계절에 의존한다는 사실에서 현시되듯이 – 에 강화된 권력/동력을 투사했다. 그리하여 매우 끈덕진 패턴이 새겨졌다. 지난 두 세기에 걸쳐 화석에너지는 자본가 계급이 노동과 자연의 구속으로부터 벗어나려는 연속적인 시도들에서 동원한 일종의 메타무기였는데, 요컨대 그것이 전적으로 지배하는 생산 메커니즘들의 세계를 구축했다. 또는, 클라인이 서술하는 대로,

> 그 이른 시기에 자연의 구속에서 벗어나게 해주겠다는 와트의 약속은 여전히 화석연료를 지탱하는 강력한 힘이다. 이 힘 덕분에 오늘날 다국적 기업들은 가장 저렴하고 가장 착취하기 쉬운 노동력을 찾아서 세계 전역을 뒤지고 다닐 수 있다. 옛날에는 장애물로 여겨졌던 자연적 면모들과 사건들 – 넓은 바다, 변화무쌍한 자연환경, 계절에 따른 기상 변동 – 이 이제는 사소한 골칫거리로도 여겨지지 않는다. 아니, 한동안은 그럴 것처럼 보였다.[21]

조만간에 잠재력이 반격한다는 것은 자율주의적 맑스주의의 신조이다. 자본이 자신이 마침내 노동에 대한 의존성에서 벗어났다고 믿을 때 이런저런 뒤꼍에서 무언가가 폭발한다. 그리고 여기서 우리는 기후변화라는 궁극적인 역풍 – 머천트가 언급하듯이 철저히 예측 불가능한 반격 – 을 맞닥뜨린다. "기후변화는 인위적으로 생산된 온실가스들에 응답하는 자율적인 자연에 대한 21세기의 대표적인 사례이다."[22] 또는, 저명한 기후과학자 월리스 브뢰커의 표현에 따르면, "지구의 기후 체계는 성난 짐승인 것으로 입증되었다. 자극을 받을 때 그것은 격렬히 반응할 수 있다."[23] 그렇다면 태양복사 관리SRM 기술은 바로 자율주의가 예측한 자본주의적 대응, 즉 사태를 진정시키기 위한 참신한 기술일 것이다. 그것은 전체 기후 체계를 하나의 기계인 것처럼 다루려는 시도일 것이다. 현재 지구공학 분야에서 가장 영향력이 있는 복음서 『다시 만들어진 행성 : 지구공학은 세계를 어떻게 바꿀 수 있는가』 – 그리고 이 책은 열정적으로 설교한다 – 에서 『더 이코노미스트』 편집자 올리버 모턴은 한결같이

---

21. Klein, *This Changes Everything*, 173~4 [클라인, 『이것이 모든 것을 바꾼다』]. 강조가 첨가됨.

22. Merchant, *Autonomous Nature*, 149. Lee, "Is Nature Autonomous?," 60을 참조.

23. W. S. Broecker, "Does the Trigger for Abrupt Climate Change Reside in the Ocean or in the Atmosphere?," 1522.

기계적 구조물로서의 지구에 관해 이야기한다.[24] "정밀하게"[25] 유도되어야 하는 "지구 시스템을 움직이기 위한 열쇠는 강력한 지렛대를 찾아내는 것이다."[26] 검댕을 하늘에 쏟아내는 비행기를 꿈꾸는 모턴은 이 "당당한 유토피아"와 "기술적 극치"가 자신의 눈앞에서 부상하는 것을 한시라도 빨리 보고 싶어 한다.[27] 거대한 빙상을 통제함으로써 지구 전체에 걸쳐 순환하는 기류의 경로를 변경하는 것에 대한 전망은 모턴을 열광시킨다.[28] 기계의 소유자가 그렇게 말한다.

그런 지구기계를 구상하는 근본적인 이유는 현재 수준의 자연의 자율성을 해체하려는 것임이 명백하다. 그러나 피해가 막심한 부작용에 대한 우려를 가볍게 떨쳐버리는 모턴조차도 이것은 헛된 노력이라는 사실을 인정한다. "기후 체계는, 당신이 그것을 조금 교란하면 당신에게서 멀리 떨어진 어딘가에서 다양한 응답이 나타날 수 있다고 예상되는 그런 식으로 작동한다."[29] 당분간 이것은 필시 인간이 조작할 수 있을 가장 크고, 가장 파악하기 어렵고, 가장 포섭하기 힘든 자율적인 체

---

24. Oliver Morton, *The Planet Remade*.
25. 같은 책, 81.
26. 같은 책, 51.
27. 같은 책, 345.
28. 같은 책, 347, 372.
29. 같은 책, 293.

계일 것이다. 지구공학으로 개조된 세계에서조차도 사회적인 것과 자연적인 것은, 모턴의 견해와는 달리, "불가분하게 결합된 것들도 분간할 수 없는 것들도" 아닌데, "그것들은 여전히 분리되어 있기에 언제나 의도하지 않은 것에 대한 여지가 있다" ― 지구공학은 분리에 부과된 또 하나의 규칙이자 미증유의 위험한 것으로 판명될 규칙이다.[30] 태양복사 관리 기술에 관한 연구와 논쟁의 현재 상황은 자연의 자율성에 대한 강한 증거를 제공한다. 우리는 그것이 실제로 입증되는 것을 볼 필요가 없다.

너희의 전쟁, 우리의 죽음

그렇다고 해서 자율주의적 맑스주의가 온전히 받아들여져야 한다는 결론이 당연히 도출되는 것은 아니다. 정치적 전략에 관한 물음은 제쳐두더라도, 자율주의적 맑스주의의 더 최근 형태들은 초(超)일원론, 혼종주의, 포스트휴머니즘, 그리고 막다른 지경에 처한 일단의 다른 이론을 향해 미끄러졌다. 노이스가 주장하듯이, 라투르의 평평한 네트워크들과 『제국』의 그것들 사이에는 어떤 상관관계가 있는데, 라투르와 마찬가지로

---

30. 같은 책, 372.

『제국』의 저자들은 어떤 중앙 권력도 인정하기를 몹시 싫어한다.31 다른 한편으로, 고전적 형태들의 자율주의는 노동계급 반란의 자연화 또는, 페리 앤더슨의 표현에 따르면, "작업 현장에서 비롯되는 용암의 다소 연속적인 흐름으로서의 프롤레타리아 계급 반란의 낭만화" 같은 나름의 다른 맹점들과 과장들을 지니고 있다.32 화산들은 언제나 분출하지는 않는다. 세계의 현재 상태가 시사하듯이, 연기가 나는 상황이 보다 더 일반적인 조건이다. 1960년대와 1970년대의 이탈리아 산업은 일반화하기에 부적절한 예외적으로 격렬한 전투 현장이었음에도, 그 경험을 이론화한 자율주의자들은 종종 "계급투쟁의 존재론화"의 덫에 빠져 버렸다.33 여기서 자본주의적 소유관계들은, 두드러진 소강상태도 도약도 없고 지속되는 계절들도 단절도 없는 영원한 서사시적 드라마로 표현된다.34

공교롭게도, 자연에 관해서도 무언가 유사한 것이 진술될 수 있을 것이다. 자연은 매 순간 자신의 자율성을 과시하지는

---

31. Noys, *The Persistence of the Negative*, 124. 포스트휴머니즘과 혼종주의에 대해서는, 예를 들면, Michael Hardt and Antonio Negri, *Empire*, 215~6 [마이클 하트·안토니오 네그리, 『제국』]을 보라.
32. Perry Anderson, *The New Old World*, 331.
33. Axel Kicillof and Guido Starosta, "Value Form and Class Struggle," 22.
34. Andreas Bieler, Ian Bruff, and Adam David Norton, "Acorns and Fruit," 27, 30~4.

않는다. 탄소라는 물질은 거의 두 세기 동안 완벽히 통제되고 있던 것처럼 보였다. 우리는 태양복사 관리 기술이 매끈하게 작동하고 그 반향이 작은 시기를 상상할 수 있다. 자연의 경우와 마찬가지로 노동의 경우에도 중대한 반격은, 추방되고 응축된 모순들이 폭발적인 통일체로 전면에 등장하는 **특정한 역사적 국면**에서 생겨난다 — 그런데 말할 필요도 없이 노동과 자연은 동시성에의 경향을 전혀 나타내지 않은 채로 독자적인 리듬을 따른다. 1960년대와 1970년대의 국면이 노동의 불타오름으로 특징지어진다면, 현재 우리는 자연의 격변에 의해 결정되는 국면으로 더 깊이 **빠져들고** 있는 것처럼 보인다. (우리는 그 분출들이 동시에 일어난다면 기후변화에 맞선 투쟁이 전개될 방식이 어떠할지에 대하여 추측할 수 있을 것이다.)

그렇다면 생태자율주의 — 만약 그런 것이 현존할 수 있다면 — 는 주로 중대한 위기에 관한 이론일 것이다. 그런데 그런 위기를 가능한 사태로 만드는 것은 바로, 노동의 경우와 마찬가지로, 자연의 자율성이 갖춘 **존재론적** 지위이다. 여기에 의도하지 않은 결과의 주원인, 즉 역사화된 자연의 역설을 추동하는 대항력이 있다. 더욱이, 자본이 자연을 다루는 방식 — 그리고 여기에 노동과의 두 번째 차이점이 있을 것이다 — 으로 인해 화산 활동의 영속적인 증가가 추세인 것처럼 보인다. 이것은 결코 환영할 만한 일이 아니다. 그리고 여기에 세 번째의 중대한 차이점이 있다. 우리는 초대형 폭풍을 연좌 농성과 결합된 파업을 응원하듯이 응원하지는 않는다.

노동의 타자는 자본이다. 자연의 타자는 사회이고, 그리하여 인류 전체이다. 자연은, 가설적으로라도, 결코 혁명의 주체일 수가 없다. 자연의 반격은 비주체적이고 무작위적이다. 자본가 계급과 그 동맹 계층들은 그 타격을 견뎌내기 위해 생물물리학적 자원에 대한 충분한 접근권을 축적했고, 이런 의미에서 자연의 속박에서 벗어나는 데 성공했다. 적어도 정치적으로 가장 큰 관심을 받는 바로 이 시기에 말이다. 집적할 돈이 전혀 없는 채로 생물물리학적 자원에 직접 기식하는 사람들(부르키나파소의 농부, 필리핀의 어부 가족)과 재산이 전혀 없는 사람들(알렉산드리아의 공장 노동자, 뉴욕의 노숙자)에게는 전깃불이 나가는 사태가 닥치더라도 자본가 계급과 그 동맹 계층들은 독자적인 거대 발전기들을 가동할 수 있다. 제이슨 W. 무어에게는 실례지만, 지구에 대한 자본주의적 전쟁은 '너희의 전쟁, 우리의 죽음'vos guerres, nos morts이라는 형태를 띤다. 클라인이 지적했듯이, 태양복사 관리 기술의 경우에도 사정은 마찬가지이다. 최악의 영향은 미합중국 사우스다코타주의 인민들이 아니라 남수단South Sudan의 인민들에게 닥칠 개연성이 크다. 필시 이런 까닭에 몇몇 부유한 백인은 그 기술에 대하여 매우 낙관적일 수 있을 것이다.[35] 객관적으로 말하자면, 이로부터 자연의 해방은 전 지구적 계급의 요구라는 결론이 당연히 도출된다.

자연의 해방을 지지하며

구성주의는 인류를 자연의 족쇄로부터 해방시키기를 원하는 반면에, 어떤 유서 깊은 맑스주의적 계보를 살펴보면 우리는 자연에 대한 족쇄가 인류에 대한 족쇄와 더불어 벗겨져야 한다는 관념을 찾아낼 수 있다. 프리드리히 엥겔스는 그 논리의 일부를 직감한 것으로 유명하다.

그렇지만 우리는 인간의 자연 정복을 이유로 지나치게 우쭐하지 말자. 왜냐하면 각각의 그런 정복은 우리에게 복수할 것이기 때문이다. 각각의 정복은 사실상 처음에는 우리가 기대한 결과를 낳지만, 두 번째 그리고 세 번째에는 너무나 흔히 첫 번째 결과를 상쇄할 따름인 전적으로 상이한 뜻밖의 결과를 낳는다.[36]

이런 사태는 여기서 우리가 자연의 자율성으로 상정한 것에

---

35. Klein, *This Changes Everything*, 275~6. [클라인, 『이것이 모든 것을 바꾼다』.]
36. Friedrich Engels, *Dialectics of Nature*, 291. [프리드리히 엥겔스, 『자연변증법』.]

서 비롯된다. 엥겔스는 자연을 예속시키려는 시도의 위험에 대한 몇 가지 오래된 사례 – 토지를 개간하면서 본의 아니게 그 지역을 건조시킨 지중해 지역의 농부들, 유럽에 감자를 수입하면서 무심코 결핵성 질환을 퍼뜨린 상인들 – 를 계속해서 언급한다. "그러므로 모든 단계에서 우리는 우리가 결코 이민족의 정복자처럼 자연을 지배하지 않는다는 사실을 상기하게 되"며, 그리고 우리가 그런 식으로 자연을 지배하고자 한다면 자연은 그런 식으로 지배당하지 않는다는 사실을 상기시키는 사건들이 어김없이 발생하기에 우리는 그 사건들을 처리해야 할 것이다.[37] 엥겔스의 사례들은 자연을 제압하려는 시도들과 그것들의 불행한 결합체들은 자본주의 생산양식에 선행한다는 점을 시사한다.[38] 화폐와 시장과 이기주의도 마찬가지이다. 이글턴의 표현을 다시 차용하자면, "자본주의를 그 밖의 역사적 삶의 형식과 구분하는 것"은 그것이 안정성을 가장 크게 위협하는 욕동들에 "직접 접속한다"라는 점인데, "끊임없는 침범이 그것의 본질이다."[39] 자연의 실질적 포섭은, 노동의 실질적 포섭과 마찬가지로, 더는 선택사항이 아니라 강력히 추진하기 위한 자원을 쌓

---

37. 같은 책, 292 [같은 책]. 포스터와 버킷은 유사한 추진력을 갖춘 채로 맑스 자신에게서 많은 인용문을 찾아내었는데, 예를 들면 Foster and Burkett, *Marx and the Earth*, 42를 보라.

38. Merchant, *Autonomous Nature*에서도 마찬가지로 서술된다.

39. Terry Eagleton, *On Evil*, 31. [테리 이글턴, 『악』.]

아두는 자본주의 체계 자체의 정언명령이다. 맑스는 부르주아 사회의 도래에 관하여 다음과 같이 적는다.

> 최초로 자연은 순전히 인류를 위한 대상, 순전히 유용한 물질이 되고, 더는 독자적인 권력으로 인정받지 않게 되며, 그리고 자연의 자율적인 법칙들에 대한 이론적 발견은 단지 자연을 소비 대상으로서든 또는 생산수단으로서든 간에 인간의 욕구에 예속시키기 위한 간지奸智로서 현시될 뿐이다.[40]

이런 세계관의 정신적 아버지는 데카르트라기보다는 오히려 프랜시스 베이컨이다. 급진적 정치생태학이 특별히 혐오하는 사람을 필요로 한다면, 헤일우드가 제안하듯이, 베이컨이 더 나은 후보자이다. 그 프랑스 철학자와 달리 베이컨은 신흥 화석 경제와 직접 연계되어 있었고 자연 지배를 자기 사상의 중핵으로 삼았다. 베이컨은 광부들을 자신의 돌격대로 간주했다. "이 구멍들과 구석들로 침투하기"에 대한 어떤 거리낌도 폐기되어야 했는데, 왜냐하면 "자연의 자궁에는 현재 알려진 어떤 것과도 아무런 친화성도 유사성도 없는, 탁월하게 유용한 신비스러운 것이 여전히 많이 들어 있기 때문이다."[41] 광부들, 방앗간 소유

---

40. Marx, *Grundrisse*, 410. [칼 맑스, 『정치경제학 비판 요강 II』.]

주들, 대장장이들, 그리고 그 밖의 실무자들의 조율된 노력을 통해서 마침내 자연은 "용역에 매이게" 되고 "노예"가 될 수 있었다.[42] 이것은, 『자연의 죽음』에서 머천트가 자세히 논증하듯이, 광산 소유주들, 제조업자들, 그리고 상인들의 신흥 계급에게 가장 적절한 세계관이었다.[43] 부르주아 계급의 이데올로기적 원죄는 이원론이라기보다는 오히려 포섭주의였다.

엥겔스와 맑스 다음에 20세기 중엽 맑스주의의 두 권위자인 에른스트 블로흐와 헤르베르트 마르쿠제는 이 관점을 더 발전시켰다. 테오도르 아도르노와 막스 호르크하이머는 파괴적 기술이 인간의 본성에 내재한다는 견해에 경도된 반면에, 『희망의 원리』에 수록된 기술 유토피아들에 관한 장에서 블로흐는 자본의 출현을 진정한 역사적 분기점으로 간주했다.[44] 18세기 어느 시점에 이를 때까지 혁신은 대체로 마법적·유기적 우주론들에 단단히 고정된 아마추어적 실험법 또는 연금술적 환상 도식들의 형태를 취했다. 광업의 진보는 지하에 거주하는 물의 정령들과 흡혈 악마들에 대한 믿음에 의해 좌절되었다. 그렇다면 또다시 "무언가를 발명하고자 하는 본연의 내

---

41. Merchant, *The Death of Nature*, 168~9에서 인용됨.
42. 같은 곳.
43. Merchant, *The Death of Nature*, 177, 185를 참조.
44. * Ernst Bloch, *The Principle of Hope: Volume 2*, 37장. [에른스트 블로흐, 『희망의 원리 3』.]

적 충동은 전혀 없다. 어떤 명령이 언제나 필요하다."⁴⁵ 더 구체적으로는 그것이 없었다면 산업혁명의 기계들이 "어떤 발명가의 마음속에도, 예를 들면 내적 소명으로부터, 떠오르지" 않았을 "사회적 명령"이 필요하다.⁴⁶ "로마의 관개 수로 설비, 중국의 종이와 (다만 불꽃놀이용으로 사용되었을 뿐인) 화약, 그리고 이집트의 기중기"가 아무리 놀랍고 주목할 만하더라도 "더 거대한 기술 기획들은 자본주의 아래에서 명령을 받고서야 또한 개시되었다."⁴⁷ 블로흐는 "일단 자본이 증기로 하여금 어떤 작업을 행하게 하는 데 관심을 기울이게 됨"으로써 (와트의 기관에 앞서 제작되어 실패로 돌아간 많은 기계 중 하나인) "파팽의 구식 압력솥이 어떻게 되었는지 보라"라고 말한다.⁴⁸ 베이컨이 증기기관과 그 밖의 기계적 경이들에 관해 때 이르게 상상했을 때, 그는 신생 부르주아 계급에 대한 확신을 명확히 표명했고 파국이라는 범주를 의식에서 제거함으로써 그 계급이 나아가는 길을 고르게 만들었다. 이것은 특히 지하 깊이 굴을 파는, 이전에는 두려웠던 활동과 관련되어 있었다.⁴⁹

---

45. 같은 책, 658. [같은 책.]
46. 같은 곳.
47. 같은 책, 646. [같은 책.]
48. 같은 책, 659. [같은 책.]
49. 같은 책, 655~7. [같은 책.]

여기에 단절이 있다. 자본의 시대에 자연은 교환가치의 저장고로서 인식되게 된다. 자연은 이윤의 물질적 기체로서 수탈당하고 약탈당하게 되며, 멸균된 초超추상적인 장갑을 낀 손으로 다루어지게 된다. "부르주아적 사유 전체는 그것이 다루는 물질로부터 분리되었다. 그것은, 브레히트가 말하듯이, 쌀에 결코 관심이 있지 않고 오히려 그것의 가격에 관심이 있을 따름인 경제에 바탕을 두고 있다."[50] 보편적 등가물의 상징적 구속복은 모든 것을 여타의 모든 것과 대체할 수 있도록 관리하는 '착취'와 '추상성'의 이중 운동으로 자연에 압착된다. 자본은 그 이전의 어떤 것보다 자연 속으로 더 깊이 밀고 들어가지만 "외부에서 그것을 작동시키는 자연력에 대하여 순전한 상품-관계, 애초부터 소외된 관계를 정립한다."[51] 그리하여 생명 전체는 이제 "전에는 결코 현존한 적이 없는 인공적 창조물들의 지대로 둘러싸이게"[52] 되는 한편 — 역설적이지만 논리적으로 — 이것은 물질적 세계를 폄하하고, 그것의 질적 속성들을 삭제하고, 그것과 지속적인 관계를 확립하기를 거부하고, 그것을 거칠게 다루며, 결코 "그것에 고유한 것에 관심을 두지"[53] 않는 기술

---

50. 같은 책, 666. [같은 책.]
51. 같은 책, 667. [같은 책.]
52. 같은 책, 627. [같은 책.]
53. 같은 책, 671 [같은 책]. 강조가 첨가됨.

형식에서 기인한다. 적절한 비유는 식민지 점령이다.

> 기술 전체에 관한 자본주의적 개념은… 우정이라기보다는 오히려 지배를, 친구의 심중이라기보다는 오히려 노예 감독자와 동인도회사의 심중을 나타낸다… 그러므로 지금까지 우리의 기술이 적 영토의 점령군처럼 자연에 정립된다는 점은 거듭해서 명백해지고, 그리하여 기술은 자연의 내부에 대하여 아무것도 알지 못한다.[54]

자본의 저주는 그것이 자연을 오직 식민지화함으로써, 자연을 정렬하여 축척의 굴뚝까지 행진시킴으로써만 활기 넘치는 자율성을 갖춘 자연의 구속에서 벗어날 수 있다는 것이다. 그리고 그 오랜 역사에 걸쳐 자본이 인간을 동일한 방식으로 취급함으로써 그렇게 작동한 사례들은 무수하다. 헤르베르트 마르쿠제는 "자연 역시 혁명을 기다린다!"라는 슬로건으로 그 두 줄을 묶었다.[55] 온난화 조건의 몰려드는 구름 아래에서 『반혁명과 반역』이라는 마르쿠제의 시론은 블로흐의 그 장과 더불어 맑스주의 정전에서 생태학에 관한 가장 통찰력 있는 언설에 속

---

54. 같은 책, 670, 696. [같은 책.]
55. Herbert Marcuse, *Counterrevolution and Revolt*, 74. [헤르베르트 마르쿠제, 『반혁명과 반역』.]

하는 것으로 해석된다. 자본주의는 "공격적인 과학적 방식으로" 자연에 접근하는데, "자연은 지배당하기 위해 존재하고, 자연은 가치중립적인 물질, 재료이다. 이런 자연 개념은 어떤 특정한 사회 형태와 관련된 본래적으로 역사적인 것이다."[56] 자본은 자연과 노동에 매달려서 그것들을 남김없이 흡입한다. 자연과 노동은 자본을 떨쳐버려야 한다. 둘 다 자치 역량을 갖추고 있으며, 모든 미래와 마찬가지로 자유의 미래를 달성할 가장 안전한 방법은 자신의 완전한 자치 – 바라건대, 지속가능성의 정의定義 – 를 시행하는 것이다.

그런데 자연의 해방은 자연 자체의 작업일 수가 없다(특히 그것이 인류의 해방과 부합한다면 말이다). 모든 생태정치는, 기본적이고 방법론적이며 그 자체로 상당히 무해한 방식으로, 인간중심적이어야 한다는 점을 기억하자. 마르쿠제는 그 점을 매우 분명하게 한다.

> 자연의 해방에 관한 관념은 우주 속에 그런 계획 또는 지향을 규정하지 않는다. 해방은 자연에 가해지는 인간의 가능한 계획이자 지향이다. 그렇지만 그 관념은 자연이 그런 과업을 감수할 수 있다는 점과 자연 속에는 왜곡되고 억압당한 힘들 – 인

---

56. 같은 책, 61. [같은 책.]

간의 해방을 뒷받침하고 향상시킬 수 있을 힘들 – 이 존재한다는 점을 규정한다. 자연의 이런 역량은 '우연', 즉 '맹목적인 자유'[또는 '행위성 없는 자율성']이라고 일컬어질 수 있을 것이다.[57]

그것은 모든 바람과 더불어 불고 모든 햇빛과 더불어 떨어진다. 자유로운 인간은 자신의 미래를 그런 힘들에 고정시킨다.

『승리』속의 자율성

라부안의 영국 석탄 식민지는 상업적 실패로 끝이 났다. 1846년에 이루어진 그 섬의 합병 이후에 대영제국은 광산 업무를 운영하고 근처 증기선들에 연료를 제공하기 위해 동부 군도 회사를 설립했지만, 곧 완강한 장애물, 즉 노동을 마주치게 되었다. 원주민들은 광산에서 일하는 것을 철저히 싫어했는데, 그들은 지하에 도착하자마자 몰래 도주했다. 그 회사는 고용계약을 맺은 중국과 인도 출신의 노동자들을 수입해야 했다. 그렇지만 그들 역시 믿음직하지 않은 것으로 판명되었다. 그 회사에 보고할 때마다 관리자들은 그들의 유치하고 무책임한 행실에 대하여 불평했다. 사업에 필요한 인원을 절반밖에 배치하

---

[57]. 같은 책, 66 [같은 책]. 강조가 첨가됨.

지 못하는 어려움으로 인해 라부안은 골칫거리가 되었고, 그리하여 1870년대 후반에 광산들은 폐쇄되었다.[58]

이런 대실패는 조지프 콘래드의 가장 저평가된 소설 『승리』의 배경을 이룬다.[59] 그 소설은 화석 경제의 이데올로기를 요약함으로써 시작된다.

> 이 과학 시대의 모든 학생이 알고 있듯이, 석탄과 다이아몬드 사이에는 매우 가까운 화학적 관계가 있다. 나는 그것이 일부 사람이 석탄을 '검은 다이아몬드'라고 일컫는 이유라고 믿는다. 이 상품들은 둘 다 부富를 나타낸다. 하지만 석탄은 휴대하기가 훨씬 더 불편한 형태의 재산이다. 그런 관점에서 바라보면, 개탄스럽게도 석탄은 집약적이지 않다. 아, 조끼 호주머니에 석탄 광산을 넣을 수 있었더라면 – 하지만 그것은 그럴 수 없다! 동시에 우리는 우리 시대, 즉 우리가 호텔의 화려함에 당황한 **여행객들처럼 불안감을 느끼면서 거주하는 시대의 최고 상품인 석탄에 매혹된다**.[60]

---

58. 자세한 내용은 Malm, "Who Lit this Fire? Approaching the History of the Fossil Economy"를 보라.
59. Francis, *Culture and Commerce in Conrad's Asian Fiction*, 165~7에서 앤드루 프랜시스는 그 소설에 등장하는 '삼부란'(Samburan)이라는 섬의 모델로서의 라부안에 대한 설득력 있는 논변을 전개한다.
60. Joseph Conrad, *Victory*, 9. 강조가 첨가됨.

우리는 "석탄은 그런 화려한 호텔을 심연 바로 위에 지은 최고 상품이다"라는 구절을 덧붙일 수 있으며, 뜨거워지는 세계에서 이런 표현들은 또 다른 층위의 의미를 띤다.[61] 그것들은 『승리』에 널리 퍼져 있는 일시성과 임박한 종말의 정조를 조성했다. 그 소설의 주인공은 스웨덴인으로 밝혀지는 하이스트Heyst인데, 서두에서 알게 되듯이, 그는 열대 군도의 대다수 석탄 광맥을 개인적으로 발견하였다. 군도 위를 질주하고 배를 뛰어오르고 내리면서 끊임없이 자신의 사업을 준비한 "그가 '이 지역을 위한 거대한 진전'에 관해 이야기하는 것을 군도에 거주하는 일백 명 이상의 사람이 들었다."[62] 특별히 설립된 열대지역 석탄회사의 관리자였던 그는 라부안을 모델로 하여 구상된 삼부란이라는 섬에 정주했는데, 소설에서 그 섬은 주요한 활동 무대로 설정되었다.

그 소설이 시작되는 순간 그 회사는 이미 해체되었다. 땅에는 어떤 석탄도 남지 않았다. 하이스트는 그 섬에서 광산이 폐쇄된 후에도 계속 머무른 중국인 계약직 노동자 왕Wang만을 동반한 채로 쓸쓸하고 비참한 은자의 삶을 영위한다. 이전의 '넘버 원'과 그의 노동자 사이의 위계는 모호하다. 왕Wang은 하

---

61. 추가적으로 Andreas Malm, " 'This Is the Hell That I Have Heard Of' "를 보라.
62. Conrad, *Victory*, 11. '하이스트'는 결코 스웨덴인 이름처럼 들리지 않는다.

이스트를 위해 요리하지만 즉흥적으로 사라졌다가 나타나는 불가사의한 능력을 갖추고 있다. '알푸로Alfuro족'이라는 토착민 출신의 여인과 결혼한 왕은 그녀와 함께 오두막에서 살면서 중앙 정착지에서 멀리 떨어진 한 뙈기의 땅을 경작한다. 하나의 경계선이 그 섬을 두 지역으로 나눈다. 이쪽에는 숲이 있고 저쪽에는 그 회사의 유적 – 몇 개의 방갈로, 갱도, "검은 나무 그루터기가 까맣게 그을린 채로 서 있는" 개간지, 버려진 창고들, "블랙 다이아몬드 베이"의 방파제 – 이 있다.[63] 반대편의 울창한 숲속에는 알푸로족이 살고 있다. 그 회사에 대한 그들의 저항을 나타내기 위해 그들은 영역의 경계에 나무 방책을 세웠다.

하이스트는 그럴듯한 말로 레나Lena라는 여인으로 하여금 그 섬에 와서 자신과 함께 살도록 유혹함으로써 삶의 새로운 목적을 찾아낸다. 그 소설의 대부분은 왕과 알푸로족을 배경으로 하고서 그 한 쌍의 남녀와 몇몇 다른 서양인 사이의 복잡한 줄거리를 전개한다(콘래드 소설에 전형적이게도 알푸로족 사람은 결코 한마디도 말하지 않는다). 그런데 하이스트는 부르주아 좀비의 외양을 하고 있다. 그는 자신의 회사, 자신의 에너지, 거대한 진전에 대한 자신의 믿음을 상실했다. 그 섬의 한쪽 지역을 산책하면서 레나는 하이스트에게 "존재하는 모든

---

63. 같은 책, 172.

것이 아래로 사라진 것처럼 보인다"라고 말한다. 그때 하이스트는 "대홍수에 관한 이야기 … 파괴된 세계에 대한 전망"을 떠올리게 된다.[64]

줄거리가 전개됨에 따라 유럽인 경쟁자의 두 부하가 하이스트에게 몰래 다가온다. 가장 위험한 순간에 왕은 방갈로로 몰래 들어가서 그의 유일한 권총을 갖고 달아난다. 그 늙은 노동자는 단박에 주인을 버리고 방책의 저쪽에 있는 알푸로족으로 이주하기로 결심했다. 그 사람들에 관해서 하이스트는 "그들이 온건하고 친절한 사람들이고 내가 총에 맞는 것을 대단히 만족스럽게 바라보았을 것"이라는 점을 알고 있다.[65] 신체적 안전이 절실한 하이스트는 왕에게 총을 돌려달라고 설득하고자 레나를 데리고서 방책까지 걸어 들어간다. 그들은 관엽 식물 군집에 접근하고 여러 개의 창날이 튀어나와 있는 것을 발견한다.

하이스트는 도시풍 어조로 설명했다. "이것은 문명의 행진을 방해하는 장애물이다. 저쪽의 가련한 사람들은 그것을 좋아하지 않았다. 왜냐하면 그들에게 그것은 나의 회사의 형태로,

---

64. 같은 책, 151.
65. 같은 책, 270.

몇몇 사람이 그것을 잘못된 확신으로 일컫곤 했듯이 거대한 진전의 형태로 현시되었기 때문이다. 내디딘 발은 뒤로 물려졌지만, 방책은 그대로 남아 있다."[66]

고지에 서 있는 왕은 웃음을 터뜨리면서 하이스트에게 권총을 돌려주기보다는 오히려 그를 쏠 것이라고 공표한다. 무장하지 않은 그 부부는 그들의 운명으로 되돌아간다. 마지막 부분에서 그들과 그 두 명의 부하는 모두 죽는다.

2015년에 『승리』가 펭귄 클래식으로 재발간되었을 때 독자들은 많은 비평가를 당혹스럽게 한 물음을 다시 제기했다. 이 소설에서 승자는 누구인가?[67] 그 소설에서 서양 진영에 속하는 네 명의 주요 인물이 죽는다는 사실을 고려하면 아무 승리도 찾아볼 수 없는 것처럼 보인다. 하지만 그것은 그들의 이면을 망각하는 것임이 당연하다. 승리는 돌아다니는 서양인도 없고 석유회사도 없는 섬을 물려받은 왕과 알푸로족에 속한다. 어떤 전략적 자산이 그들의 승리를 봉인하는가? 그 섬의 일부만이 개간되었을 뿐이다. 방책 너머에는 자율적으로 만발하여 섬사람들의 자율성을 증진시키고 뒷받침하는 자연이 있다. 회

---

66. 같은 책, 267.
67. Sam Jordison, "Who Is Joseph Conrad's Winner in Victory."

사 도구의 대상이 아닌 채로 그 자연은 자유롭게 독자적으로 발전할 수 있다. 그러므로 그 속에서 노동함으로써 살아가는 사람들도 마찬가지이다 – 자유롭게 물러나고, 침입자들을 물리치며, 평화롭게 그 섬의 과일을 골라 먹는다. 콘래드의 소설은, 석탄이 교란받지 않은 채로 남겨지고, 검은 다이아몬드가 전혀 수출되지 않고, 증기선의 요구가 전혀 없고, '넘버 원'이 사라지며, 개간지에서 나무가 다시 자라기 시작할 때 결국 승리하는 이중 자율성에 관한 이야기이다.

화석 경제의 대단원에 관한 환상소설로서의 『승리』는 자연스럽게도 진실이기에는 너무 좋은 이야기이다. 사실상, 지구를 물려받고, 그것을 방파제들과 철로들로 채우고, 주변의 식물군을 제거하며, 왕을 지하로 내몬 사람들은 오히려 하이스트와 그 후예들이었다. 그런데 단지 부정적일지라도 여기서 콘래드는 해방(또는 심지어 생존)의 조건을 극화한다. 알푸로족과 왕을 위한 섬, 그들만을 위한 섬, 그들을 광산으로 내몰고 나무를 벨 사람이 전혀 없는 섬 – 이것이 바로 승리의 모습일 것이다.

8장

결론 : 한 걸음 후퇴, 두 걸음 전진

내일의 하루 전날부터

이 책에서 지금까지 우리가 검토하고 폐기한 주요 관념들의 계보학을 살펴보면, 그 관념들은 우리를 포스트구조주의와 그 밖의 포스트모더니즘 사유의 오래된 리좀으로 다시 데리고 가는 것들이다. 더 일반적으로 말해서, 이 관념들이 자연과 역사와 그 중첩체들을 받아들이지 못하는 한, 그것들은 포스트모던적 조건의 분출물 또는 반영물이다. 그것들은 온난화 조건에서도 사라지기를 거부하는 어제로부터의 관념들이다.

더 구체적으로 말하자면, 자연의 이론적 말소는 자본이 자연을 가치 법칙 아래 포섭하려는 실제적 시도를 모방한다 ─ 사실상, 많은 반구성주의자가 주장했듯이, 전자를 그럴듯한 행위로 만드는 것은 후자이다.[1] 자연의 모든 부분을 이윤으로 전환하려고 노력하는 사회에서만 자연은 어떤 독립적인 현존도 갖추고 있지 않다는 관념이 뿌리를 내릴 수 있다. 스티븐 보걸의 경우에, 인간이 형성할 수 없는 자연으로 일컬어지

---

1. 예를 들면 Kidner, "Fabricating Nature"; Eileen Crist, "Against the Social Construction of Nature and Wilderness"; Plumwood, "Towards a Progressive Naturalism"; Plumwood, "The Concept of a Cultural Landscape"; Newton, *Nature and Sociology*, 41~2; Hailwood, *Alienation and Nature in Environmental Philosophy*, 57, 61, 64, 85.

는 어떤 영역이 존재한다고 주장하는 것은 "하나의 종교적 이념"을 설교하는 것에 지나지 않는다.[2] 그런데 자신이 신과 같기에 그 밖의 모든 것을 자신의 권력으로 대체할 수 있다고 믿는 지배계급 아래서만 그런 자연 개념이 공격적으로 종교적인 것처럼 보일 수 있다. 우리가 자연은 상품과는 다른 것이라고 확언해야 하는 현시대에 구성주의는 자본이 주도하는 시류에 영합한다.

한편, 신유물론은 정치적 행위성의 위기를 미덕으로 만드는 포스트모더니즘 전통을 지속시킨다.[3] 신유물론은, 동종의 이론들이 그렇듯이, 말하자면 1920년대와 1960년대의 산물이 아니라 [신자유주의 자본주의 이래로] 계속 이어지는 패배 국면의 산물임이 틀림없다. 구성주의는 자연을 거칠게 다루는 자본의 힘들을 반영하는 한편, 신유물론은 그 힘들에 대한 통제의 불가능성과 그것들을 제어하기 위한 모든 계획의 명백한 비현실성을 반영한다. 자본이 지구 자체보다 더 견고하고 단단한 것처럼 보일 때, 압도적인 사물-권력에 대한 감각이 쉽게 고조된다. 제인 베넷은 물질적/비인간 전회를 "오늘날 기업자본주의·신자유주의·종교-로서의-쇼핑 문화들에서 살아가고 있는 우

---

2. Vogel, *Thinking Like a Mall*, 238.
3. 이 전통에 관해서는 Eagleton, *The Illusions of Postmodernism*, 13~7을 참조. [이글턴, 『포스트모더니즘의 환상』.]

리를 둘러싸는 '사물들'의 거대한 더미들"로 정당화한다.[4] 이 더미들은 우리가 매혹적인 객체들 자체 – 상품들 – 에 "우리 사유의 가장 중요한 지위"를 부여하기를 요구한다.[5] 이와 관련하여 신유물론은 사물들에 행위성의 상속 당사자라는 영광을 부여함으로써 그것의 대다수 선행 이론보다 더 심대한 존재론적 성공을 거두었음이 확실하다. 자본주의 생산양식이 널리 퍼져 있는 사회들의 부富는 사물-왕王들의 거대한 집합체처럼 보인다.

혼종주의는 침범하는 데서 기쁨을 느낀다. 이글턴이 주지시키듯이, 자본주의는 "끊임없이 경계를 침범하고 대립자들을 용해하는" 체계이다.[6] 그런데 플럼우드 자신이 지적했듯이, 어떤 경계들은 우리가 존중하는 것이 더 나을 것이다. 석유 탐사를 위해 열대우림을 개척함으로써 자연적인 것과 사회적인 것 사이의 경계선이 흐릿해지는데, 그와 관련하여 축하할 일은 전혀 없다.[7] 혼종주의는 균질화하는 자본의 불도저에 대한 이론적 거울상이다.[8] 우리는 혼종주의를, [아홉 개의 원으로 나뉜 단

---

4. Bennett, "Systems and Things," 224.
5. 같은 곳.
6. Eagleton, *The Illusions of Postmodernism*, 133.
7. Plumwood, "Towards a Progressive Naturalism," 46.
8. Crary, *24/7*, 12~3을 참조. [크레리, 『24/7』.]

테의 지옥에서처럼] 환경의 지옥에 자리하는 몇 가지 원에서 마주치게 된다.

과거로의 시간 여행

모더니티는 시간이 전진한 시대였고 포스트모더니티는 시간이 정지해 있던 시대였다면, 시간이 후진하기 시작할 가능성은 언제나 있었다. 2015년 8월에 『가디언』이 보도한 한 기사에 따르면,

> 고통을 주는 햇빛에서 벗어나고자 하는 오사마 사예드와 그의 일곱 살 먹은 아들은 관목 숲 아래로 피난한다. "우리가 처해 있는 상황은 사람들이 물을 얻기 위해 항아리를 들고 물지게꾼을 기다려야 했던 과거로 되돌아간 것처럼 보입니다"라고 사예드는 말한다. 심각한 물 부족으로 인해 그와 더불어 이 작은 나일강 삼각주 마을에서 살아가는 5천 명의 농부는 빈번하게 중동의 가혹한 열파 가운데서 여러 시간 동안, 때때로 심지어 여러 날 동안 식수를 기다릴 수밖에 없었다.[9]

---

9. Mohamed Ezz and Nada Arafat, " 'We Woke Up in a Desert'."

우리는 역사가 인류에 가져다준 많은 혜택이 주로 애초에 그 혜택들 대부분을 받지도 못했던 사람들에게서 차례로 철회되리라 예상할 수 있다.

유토피아, 시뮬라크르, 디스토피아

세 가지 전형적인 심미적 양식 – 모던적 조건의 경우에는 유토피아, 포스트모던적 조건의 경우에는 시뮬라크르와 혼성모방과 그것들과 관련된 형태들, 뒤이어 온난화 조건의 경우에는 디스토피아 – 의 깔끔한 변증법적 도식을 작성하는 것은 매력적인데, 이 양식들은 진보-패배-재난의 상호연계된 역사적 국면들을 나타낸다. 대체로 미국 영화와 소설을 참조하는 E. 앤 카플란은 "유토피아 담론들이 이전의 심미적 시대들에서는 거의 볼 수 없었던 규모로 디스토피아 상상물들에 자리를 내주었다"라고 주장한다.[10] 모던적 디스토피아들 – [프리츠] 랑의 〈메트로폴리스〉, 오웰의 『1984』, 헉슬리의 『멋진 신세계』 – 의 저류는 포드주의와 전체주의에 대한 불안을 표현했고, 에일리언 침공 영화는 그 상상을 극한까지 확대한 한편, 카플란은 '전前트라우마' 형식이 붕괴를 모든 질서정연한 사회적 삶으로 확대하고 그 위

---

10. Kaplan, *Climate Trauma*, 8.

치를 소비자 근처의 장소와 시간으로 재정위하는 것을 과학의 극단적인 시나리오들과 연계하여 바라본다. 여기서는 "미래 시간이 주요한 주제"[11]이지만, 그 트라우마는 "미래가 전혀 없다"[12]라는 느낌에서 비롯된다.

그런데 그런 디스토피아가 온난화 조건의 한 가지 제한적인 양식에 불과할 가능성을 고려해야 할 이유는 적어도 네 가지가 있다. 첫째, 그것은 바로 코앞에 있거나 매우 이른 시기에 출현할 재난에 대한 예상에 의해 부추겨진다. 그런데 기후 파국이 일반화된 상태가 된다면 미래에 관한 그런 디스토피아 양식의 서사는 어떤 견인력을 유지할 것인가? 둘째, 기후운동과 그것의 다양한 동맹이 궤적에 어떤 실재적 자국을 남길 수 있으려면 그것들은 필시 유토피아적 충동을 소생시키고 재활용하며 우회시켜야 할 것이다 — 이는 클라인의 핵심 주장 중 하나이다. 셋째, 세계의 종말에 관한 환상영화들이 오늘날 할리우드에서는 유행이지만 발리우드와 놀리우드[나이지리아 영화산업]에서는 다소 드문 것처럼 보인다. 유토피아-시뮬라크르-디스토피아 도식은 서양 이외의 곳에서 이루어진 역사적 전개에 반드시 상응하지는 않는 서양의 특수한 연쇄에 바탕

---

11. 같은 책, 4.
12. 같은 책, 69.

을 두고 있을 것이다. 어쩌면 허리케인 샌디 같은 사건들은 가진 자들 사이에서 모든 것을 상실함에 관한 어떤 모호한 환상을 부추기는 데 정말로 충분할 것이다. (그리고 어쩌면 세계의 종말을 믿음직하게 연출하는 것은 여전히 가장 선진적인 매체 기술을 필요로 할 것이다.)

넷째, 포스트모던적 문화를 논하기에는 아직 이르다. 앞서 주장되었듯이, 그것은 결코 뜨거워지는 세계와 절대적으로 모순되는 것이 아닐 수 있고 오히려 그것을 더욱더 심화시킬 수 있을 것이다. 그렇다면 그 상황을 매우 탁월하게 요약하는 프레드릭 제임슨의 경구 – "자본주의의 종말보다 세계의 종말을 상상하는 것이 더 쉽다" – 는 교통이 끊임없이 이어지는, 포스트모던적 조건에서 온난화 조건으로의 교차로를 포착할 것이다. (물론 어떤 특정한 자본주의적 모더니티에서 비롯된) 그 둘 사이에는 상호배제적 관계가 있기보다는 오히려 병렬적 관계 또는 변증법적 관계가 있을 것이다. 그리고 어쩌면, 또다시, 자본주의 세계의 선진 지역들보다 가난한 지역들에서 뜨거워지는 세계에 대한 우려가 훨씬 더 무성한 한 가지 추가적인 이유는 그런 관계에서 비롯될 것이다. 부르키나파소의 목동 또는 나일강 삼각주의 농부는 주의를 분산시킴으로써 우려를 떨쳐버리게 할 스크린의 수가 더 적다. 역으로, 어쩌면 온난화 조건이 하나의 깨달음이라고 말하는 것은 잘못일 것이다. 오히려 어쩌면 그것은 근본적으로 파편화된 것, 한편으로는 부인과 도피 그리고 다른 한편으로는 깨달음과 고통으로 양분된 것이며, 그리고 부인과 도피가 깨달음과 고통의 지속을 보증한다.

퇴행의 형식들

최근 추세를 보면 알 수 있듯이, 온난화 조건은 생태적으로 그리고 정치적으로 퇴행의 시대를 정립하는 것처럼 보인다. 퇴행의 시대의 최대 병리 중 하나는, 선진 자본주의 국가들에서 기후변화는 거의 주목을 받지 못하는 한편으로 난민들, 이슬람교도들, 멕시코인들, 그 밖의 코드가 다른 다양한 타자에게 과도하게 많은 에너지가 투입된다는 점이다. 비위협적인 이민은 매일 신문 일 면을 장식하고 최고 논쟁거리인 반면에, 실제로 전개되고 있는 지구온난화의 거대한 위험은 가장 놀라운 기록이 보도될 때조차도 주목을 받기 어렵다. 이것은 우리 시대와 관련된 무작위적인 사실이 아니다. 레이철 E. 골드스미스와 그 동료들이 지적하듯이, 화석에너지는 체계에 전적으로 내재하는 파괴적인 것이지만, 이민자들과 그 밖의 타자들은 외부의 적으로 규정될 수 있고, 그리하여 더 편리한 공격 대상이 된다.[13] 기후위기라는 자극이 외국인 혐오증의 분출로 이어지는 어떤 무의식적 이행이 있는지 누가 알 수 있겠는가? 아무튼, 정치적 스펙트럼에서 녹색 세력 또는 적록 세력의 경우에는 극우 세력의 부상에 상응하는 것이 전혀 없다. 미래로부터의 방문객은 이런 부조리한 사태에 놀랄 것이다. 그런데 어쩌면 그 두 추세 사이에는 어떤 호혜성 또는 상동성 역시 존재할 것이다. 우익으로의 미끄러짐이 지구 온도 상승과 보조를 맞추어 가속되는 것처럼 보이는 국면들이 있다. 생태계들의 퇴화 – 예컨대, 해양에서 나타난 "점액 물질의 발흥", 즉 해파리와 유독성 조류의 증가, 산호초와 최상위 포식자의 감소 – 는 서양 정치의 현재 상태에 적절히 반영되어 있다.[14]

물론 극우파는 맨 먼저 모든 것이 날이 갈수록 악화되고 있는 상황을 몹시 슬퍼하고 잃어버린 영광에 눈물을 흘리면서 "X를 다시 위대하게 만들기"라는 보편적인 공식적 표현으로 전환한다. 퇴보주의적 시대정신을 증언하는 이 경향은 어김없이 최근 수십 년 사이에 이루어진 실제적 진보 – 젠더, 문화, 복지 부문들에서 이루어진 진보, 그리고 적어도 어떤 북유럽의 국가들에서 이루어진 백인 민족적 균질성의 뒤늦은 해체 – 를 공격하며, 그리하여 전 세계를 떠다니는 반동적인 점액 물질의 해일의 힘

---

13. Goldsmith, Feygina, and Jost, "The Gender Gap in Environmental Attitudes," 163.
14. Jeremy B. C. Jackson, "Ecological Extinction and Evolution in the Brave New Ocean."

을 축적한다. 이것은 기후 권역을 포함하는 퇴보의 첨단이다. 그 연계 관계들은 어떻게 구축되는가? 『기후위기, 정신분석, 그리고 급진 윤리학』에서 도나 M. 오린지는 이 뜨거워지는 세계를 떠도는 식민주의 역사의 유령들을 추적하는데, 요컨대 타자들의 노예화와 관련하여 처리되지 않은 역사는 특권을 누리는 백인들의 냉담함을 부추긴다고 주장한다. "우리 조상들의 범죄에 대한 무지, 그리고 우리 '백인들'이 계속해서 이런 범죄들로부터 살아가는 방식들에 대한 무지는 우리가 보지도 느끼지도 못하는 기후위기의 재난에 이미 노출된 사람들의 고통을 지속시킨다."[15] 그리고 이민자들로서 그리고 기후변화의 희생자들로서의 비백인들에 대한 범죄는 더한층 심해진다. 그다음에 어쩌면 두 평면 모두에서 현재를 공포에 몰아넣기 위해 귀환하는 어떤 역사적 축적물이 있을 것이다. 마지막으로 라부안의 장면을 고려해 보자. 그것은 화석 경제와 근대 인종차별주의의 공동 근원을 묘사하는가? 돈과 총을 가진 백인들이 편리하게도 보이지 않는 것으로 간주된 정글과 그 거주자들이 그들에게 유린당할 그들의 것이라는 믿음을 고백하는 순간을 묘사하는가? 식민주의적 공격성 — 블로흐의 "노예 감독자와 동인도회사" — 은 화석연료에 기반을 둔 자본주의적 기술에 대한 적절

---

15. Donna M. Orange, *Climate Crisis, Psychoanalysis, and Radical Ethics*, 39.

한 비유 이상의 것인가? 자연과 비백인들은 단일한 강력한 것의 지배를 받았는가? 그리고 만약 그렇다면 온난화 조건 역시 인종주의의 어떤 절정을 수반한다면 그것은 매우 기묘한 사태일까?

이런 의문들을 제쳐놓더라도, 지구온난화는 형성 중인 미래의 유일한 재난이 아님이 확실하다. 이토록 큰 규모의 온난화는 어떤 일반적이고 총체적인 궤적으로부터의 일탈 현상으로 상상할 수 없을 것이다. 그런 의미에서 그것은, 또다시 필요한 변경을 가하여, 아도르노의 저작에서 아우슈비츠가 표상하는 국면과 유사한 국면, 즉 사회 전체가 해체되는 파국으로서의 국면을 표상할 만하다.

긍정을 반대하며

온난화 조건은 긍정의 정치의 죽음을 초래한다.[16] 이제는 부정성이 우리의 유일한 가능성이다. 벤야민이 제시한 파괴적 성격의 어떤 판본이 회복되어야 한다.

---

16. 재난의 시대에 긍정의 정치에 대한 놀라운 일례는 Braidotti, *The Posthuman* [브라이도티, 『포스트휴먼』]이다. 라투르, 신유물론, 그리고 포스트휴머니즘을 가장 위대한 전형에 속하는 것으로 간주하는 긍정주의의 유행에 대한 탁월한 비판은 Noys, *The Persistence of the Negative*를 보라.

파괴적 성격은 사물의 질서에 대한 극복할 수 없는 불신의 정서를 가장 깊이 품고 있고 만사가 잘못될 수 있다고 인식할 준비가 언제나 되어 있는 역사적 인간의 의식을 지니고 있다… 그는 현존하는 것을 잔해로 환원한다 – 그 잔해를 위해서가 아니라 오히려 그것을 통해 나아가는 길을 위해서 말이다… 그의 속도를, 적어도 간접적으로, 좌우하는 것은 자연인데, 왜냐하면 그는 자연을 제압해야 하기 때문이다. 그렇지 않다면 자연은 파괴를 스스로 주재할 것이다.[17]

공포를 지지하며

서양의 평균적인 학자처럼 기후변화의 직접적인 위협에 처하지 않은 삶과 물질적 상황에 안전하게 자리 잡은 사람의 경우에 그 문제의 긴박한 위급성에 대한 의식을 유지하는 유일한 방식은 규칙적으로, 매주 또는 매일, 이 뜨거워지는 세계의 최전선에서 전해지는 뉴스를 접하는 것이다. 전 세계적으로 역대 기록상 가장 더운 달로 요약되는 2016년 7월에 기온은 페르시아만 근처 지역에서 거주 가능성의 한계까지 치솟았다. 바스라에서는 기온이 섭씨 54도에 이르렀다.[18] 스물여섯 살의 학

---

17. Walter Benjamin, *Selected Writings, Volume 2, part 2, 1931-1934*, 540~1.

생 자이납 구만은 『워싱턴 포스트』의 기자에게 여름철 내내 낮 동안에는 밖으로 나가는 것이 "불 속으로 걸어 들어가는 것"과 같으므로 집 밖에 나가지 않는다고 말했는데, "그것은 당신 신체의 모든 것 – 당신의 피부, 당신의 눈, 당신의 코 – 이 타기 시작하는 것 같습니다."[19] 2016년 11월에 볼리비아는 라파스La Paz시와 엘알토El Alto시의 물이 고갈되었을 때 비상사태를 선언했다. 건조한 시기에 도시들에 물을 공급하는 빙하가 축소되거나 사라짐으로써 저수지가 텅 비게 되었고, 따라서 국가는 물 배급제를 시행하고 지하수를 찾아서 미친 듯이 땅을 팔 수밖에 없었다. 사람들은 양동이를 들고 몇 시간씩 줄을 섰다.[20] [2016년] 7월과 9월에는 티베트의 두 빙하가 과학자들을 놀라게 한 내파 사건으로 인해 갑자기 붕괴했는데, 각각의 내파 사

---

18. Michael Slezak, "July 2016 Was World's Hottest Month since Records Began, Says Nasa"; Jason Samenow, "Two Middle East Locations Hit 129 Degrees, Hottest Ever in Eastern Hemisphere, Maybe the World."
19. Hugh Naylor, "An epic Middle East heat wave could be global warming's hellish curtain-raiser." 추가적으로 Jeremy S. Pal and Elfatih A. B. Eltahir, "Future Temperature in Southwest Asia Projected to Exceed a Threshold for Human Adaptability"; J. Lelieveld, Y. Proestos, P. Hadjinicolaou et al., "Strongly Increasing Heat Extremes in the Middle East and North Africa (MENA) in the 21st Century"를 보라.
20. John Rocha, "Shrinking glaciers cause state-of-emergency drought in Bolivia," Guardian, 28 November 2016. 추가적으로 Nick Buxton, Marisa Escobar, David Purkey and Nilo Lima, "Water Scarcity, Climate Change and Bolivia"를 보라.

건은 대략 10제곱킬로미터의 토지를 깨진 얼음과 흩어진 바위들로 뒤덮은 눈사태 현상을 촉발했다.[21] 2016년 말에 『가디언』은 모래에 완전히 뒤덮인 수단 동부 지역의 마을들에서 전송된 일련의 긴급 기사를 보도했다. 가뭄과 폭우가 교대로 나타남으로써 토양이 손상되고, 강의 수위가 낮아지고, 한때 비옥한 들판은 갈라진 땅으로 전환되며, 숲은 표류하는 사막으로 바뀐다. "밤에 주택이〔모래로〕뒤덮여서 그것을 파헤치고 빠져나가기 위해 아침까지 어둠 속에서 기다릴 수밖에 없는 상황일 때 특히 무섭습니다"라고 일흔 살의 하무드 엘-누르 함달라는 말했다.[22] 방글라데시 전역에서는 오히려 해수면 상승으로 인해 마을들이 버려진다. 쇄도하는 폭풍을 피하려고 네 번이나 자신의 집을 옮겨야 했던 세 자녀의 어머니인 스물여덟 살의 푸쉬포 라니 다스는 "바다가 우리를 괴롭히고 있습니다"라고 말했다.[23] "우리는 그것을 멈출 수 없습니다. 밀물 때에는 매번 물이 집 안에 들어오는데, 특히 우기에 그렇습니다."[24]

이 전쟁은 여전히 몹시 적게 보도되고 있다. 글로벌 남반

---

21. Kate Ravilious, "Climate Change likely Cause of Freak Avalanches."
22. Hannah McNeish, " 'We Have almost Been Buried' "; Hannah McNeish, "Farmers in Sudan Battle Climate Change and Hunger as Desert Creeps Closer."
23. Karen McVeigh, "On the Climate Change Frontline."
24. 같은 글.

구에 걸쳐 정착된 항구적인 기후 비상사태를 검토하는 『슬럼, 지구를 뒤덮다』 같은 책이나 〈만조〉 같은 영화는 여전히 없다. 그런데 과학적 결과는 계속해서 발표되고 있다. 2016년 9월 『네이처 클라이미트 체인지』에 발표된 한 연구는 모의실험과 역사 기록을 사용하여 전 지구적 밀 수확량이 지구 온도가 섭씨 1도 상승함에 따라 얼마나 많이 감소하는지를 계산했다. 평균 5.7퍼센트 감소하는 것으로 추산되었지만, 편차가 큰 것으로 밝혀졌다. 더운 나라들 ― 가난한 인류의 대부분이 거주하는 적도 지역 또는 그 부근의 나라들 ― 에서는 밀 수확량이 더 많이 감소할 것인데, 그 감소율이 프랑스에서는 대략 4퍼센트로 추산되는 데 비해서 남부 이집트에서는 11~20퍼센트로 추산된다.[25] 남극으로부터 과학자들은 일단의 새로운 발견 결과를 보고했다. 빙붕은 내륙의 빙하를 지지하고 그것이 바다로 미끄러져 들어가지 않도록 막지만, 그 표면에서 연못을 형성할 만큼 충분한 물이 녹는다면 물은 구멍 속으로 흘러 들어가서 빙붕을 관통하게 됨으로써 결국 빙붕이 파국적으로 파괴될 것이다. 남극반도에서는 이런 일이 여러 번 일어났으며, 이제 현장의 연구원들은 남극 대륙의 동부 지역에서도 유사한 과정이

---

25. Bing Liu, Senthold Asseng, Christoph Müller et al., "Similar Estimates of Temperature Impacts on Global Wheat Yield by Three Independent Methods."

진행 중임을 관측했다.[26] 토튼 빙붕은 3.5미터의 해수면 상승에 해당하는 양의 얼음을 간직하고 있다. 얼음 녹은 물과 따뜻한 바다는 아래에서 그 빙붕을 침식하고 있다.[27]

그리고 계속 진행된다. 몇몇 좌파 인사는 진보주의자들이 공포를 유발하지 말아야 한다 — 진보주의자들은 덜 '파국주의적'이고 '종말론적'이어야 한다 — 고 주장하지만, 우리가 기후 실재론의 원리들을 수용하고 과학에 대한 최신 정보를 얻게 된다면 입장이 바뀌게 된다. 도나 오린지는, 나치 독일에 의한 오스트리아의 합병이 임박한 사태를 직시하기를 거부하고 마지막 순간에 이르러서야 가족 중 여러 명이 죽게 내버려둔 채로 빈을 탈출했을 뿐인 지그문트 프로이트 자신의 고전적인 정신분석학적 당혹스러움을 지적한다. "우리의 기후 비상사태와의 유사성이 명백하다. 우리가 적절한 공포에 사로잡히지 않는다면, 우리는 제대로 급진적인 조치를 취할 수 없다."[28] 감히 공포를 느껴라. 그다음에 두 가지 선택지 — 이 체계에 대한 가장 강경하고 확고한 반대에 전념하는 것, 또는 모든 것이 하수구로 흘러가는 것을 지켜보는 것 — 사이에서 선택하라.

---

26. J. T. M. Lenaerts, S. Lhermitte, R. Drews et al., "Meltwater Produced by Wind-Albedo Interaction Stored in an East Antarctic Ice Shelf."
27. Stephen Rich Rintoul, Alessandro Silvano, Beatriz Pena-Molino et al., "Ocean Heat Drives Rapid Basal Melt of the Totten Ice Shelf."
28. Orange, *Climate Crisis, Psychoanalysis, and Radical Ethics*, 16.

하루를 마무리하기에는 너무 이른 시간

그렇다면 생존 전망을 극대화하려는 투쟁에서 무엇이 여전히 성취될 수 있을까? 섭씨 1.5도와 섭씨 2도의 방어선이 둘 다 무너진 것으로 판명되더라도 우리는 확인된 화석연료 매장량을 전부 연소시킴으로써 평균 기온이 섭씨 8도 상승하는 사태와는 여전히 멀리 떨어져 있다. 그 간극은 매우 위험한 기후와 거주 불가능한 기후 사이의 거리에 해당한다. 땅속의 화석연료가 채굴되는지 여부는 더는 중요하지 않다는 입장, 또는 미래의 무배출 조치는 아무 차이도 만들어내지 못할 것이라는 견해에 대한 오늘날의 과학적 뒷받침은 전혀 없을 것이다. 앞으로 수십 년 동안 저항이 돌진해야 할 두 가지 결승선은 '채굴 없음'과 '배출 없음'이다.[29] 그런데 그것들이 이루어지는 데에는 수십 년이 걸릴 것이며, 그리하여 그것들이 이루어지게 되더라도 최악의 상황을 방지할 승산이 있으려면 세계경제의 전면적인 탈탄소화가 거대한 규모의 탄소 흡수 기술과 결합되어야 한다는 것이다. 사실상 우리는 이미 기후 안정화를 위해, 예컨대 대기 중 이산화탄소 농도를 350ppm의 수준으로 되돌리기

---

29. 가능한 가장 짧은 시간에 세계경제에서 화석연료 사용을 중단시키는 방법에 대한 가장 설득력 있는 지침서는 Laurence L. Delina, *Strategies for Rapid Climate Mitigation*이다.

위해 그런 방법들이 요구되는 시점을 지났음이 명백하고, 따라서 그 방법들은 화석 경제의 완전한 해체에 추가적인 대책에 지나지 않더라도 자세히 고려되어야 한다. 어떤 규모의 탄소 흡수 기술이 실행 가능할지에 관해 논의하는 것은 이 책의 범위를 훨씬 넘어서지만, 이 기술은 향후 투쟁의 매개변수에 속한다. 이 작은 행성을 지속적으로 거주 가능한 곳으로 만들기 위해 모든 수단을 시도하고 사용해야 한다. 그것은 만찬회에서 이루어지지 않을 것이다. 매우 나쁜 시나리오가 실현된다면, 태양복사 관리 기술의 계획적인 단계적 폐지를 위한 투쟁의 우회로도 있어야 할 것이다. 어쩌면 기후의 안정화―그 후에는 자율적인 자연력들이 인간 문명을 위태롭게 하지 않은 채로 다시 한번 지배할 수 있다―는 대략 다음 몇 세기 동안 하나의 혁명적 기획으로 여겨질 것임이 틀림없을 것이다. 그동안에 유의미한 적응과 공정한 보상을 위해 벌여야 할 투쟁이 충분히 많이 있을 것인데, 요컨대 단지 중기적일지라도 온난화 조건은 사회적 균열을 심화하고 증식할 것이다.[30] 급진 정치를 그만두기에는 너무 이른 시간이다.

---

[30] 이 점에 관한 몇 가지 후속적인 사유는 Andreas Malm, "Revolution in a Warming World"를 보라.

전초기지를 철거하라

자연의 자율성이, 노예 상태로 있는 사람의 자율성을 포함하여 노동의 자율성과 마찬가지로, 제거될 수 없다는 사실은 자연을 포위하고 제압하려는 시도를 계속 추구하지 못하게 막을 이유가 된다. 자연의 존재론적 자율성을 없애거나 심지어 축소할 수 있는 사람은 전혀 없다. 그런데 (다른 종들은 물론이고) 인류에게 불건전한 반격을 유발하는 방식으로 자연을 지배하려고 시도할 수 있음은 명백하고, 따라서 순전히 인간중심적인 생존 본능은 비非포섭 정책의 근거가 되기에 충분함이 틀림없다. 인간은 자연과 결합해야 하기에 비포섭 정책은 곧 비관여 정책을 뜻할 수는 없지만 – 결정적인 에너지 권역에서 비포섭 정책은 분리에 부과된 자본주의적 규칙의 두 세기를 끝냄을 뜻하는데, 요컨대 화석연료에 의한 모든 포섭을 단념하는 것을 뜻한다. 그것은 고체 에너지를 더는 확충하지 않은 채로 자율적인 태양과 바람과 파도와 더불어 사는 것을 뜻한다.

그로 인해 일부 사람들은 초조해한다. 클라인은 다음과 같이 서술한다. "나는 자연에 적응하고자 하는 이런 욕구가 일부 사람들로 하여금 재생에너지 발전에 열정을 품게 하는 것이라는 점을 깨달았다. 대규모로 이루어지는 재생에너지 발전"

은 지구를 소유하는 부르주아적 습관이 상당히 견딜 수 없는 "겸허한 태도를 요구한다."[31] "태양, 바람, 그리고 파도의 힘은 활용될 수 있음이 확실하지만, 화석연료와 달리 그 힘들은 결코 완전히 소유될 수는 없"으며, 그리하여 그것들로의 전회는 "우리가 의존하는 자연 세계와 인류 사이에 맺어진 권력관계들의 근본적인 전환"을 예고할 것이다.[32] 그렇게 전환된 관계들은 자연의 자율성과 전적으로 부합한다. 그런데 우리는 누군가의 자율성을 존중하기 위해 모든 접촉에서 물러서고 협업에 대한 모든 요구를 중지할 필요는 없다. 우리는 우리 이웃을 노예로 삼지 않고도 그에게 오늘 밤에 우리를 위해 요리해 달라고 요청할 수 있다.[33]

중요한 것은 식민주의적 태도를 버리는 것이다. 언제나 유토피아주의적인 블로흐는 다음과 같이 설명한다. "기술의 맑스주의는 부당한 취급을 받은 금속들에 대한 박애가 아니라 오히려 착취자와 동물 조련사의 관점을 자연에 소박하게 적용하는 행위의 종언이다."[34] 그것은 금속들이 나타내는 자연력과의 동맹

---

31. Klein, *This Changes Everything*, 340. [클라인, 『이것이 모든 것을 바꾼다』.]
32. 같은 책, 340~1 [같은 책]. 같은 책, 175를 참조.
33. 예를 들면 Hettinger, "Respecting Nature's Autonomy in Relationship with Humanity," 89~93 ; Throop and Vickers, "Autonomy and Agriculture," 101~2에서 주장되었듯이 말이다.
34. Bloch, *The Principle of Hope : Volume 2*, 695. [블로흐, 『희망의 원리 3』.]

이자 그 자연력의 수용이다. "언제나 더 선진적이지만 언제나 더 외롭기도 한 전초기지로서의 기술은 자본주의가 스스로 밀어낸 오래된 자연 세계와의 접촉뿐만 아니라 기술 자체에 우호적인 자연의 요소와의 접촉도 결여하고 있다"라고 블로흐는 서술한다.35 어쩌면 그는 구체적으로 에너지 기술을 언급할 수 있었을 것이다. 이제 철거되어야 하는 것은 바로 그 전초기지이다.

신정론

빠르게 뜨거워지는 세계에서 모든 모더니즘적 신정론을 위한 여지는 빠르게 사라지고 있다. 기후과학은 평소 생활방식대로 삶을 영위하는 것이 무엇을 의미할지를 분명하게 만들었다. 지구온난화의 결과를 정당화할 수 있는 것이 과연 있을까? 물론 아무것도 없는데, 왜냐하면 그보다 더 나쁜 결과는 구상될 수 없기 때문이다. 지구온난화의 결과를 초래하는 부르주아 문명은 그 책임에서 벗어날 수 없으며, 그리고 역으로, 확고히 정립된 이 경로들의 종점은 다음과 같은 주장들을 위한 공간을 축소시킨다. "당연하게도, 자본주의는 지금까지 기록된 것 중에서 가장 참담한 불평등을 창출했고, 생계 공동체들과

---

35. 같은 책, 692. [같은 책.]

토착민들을 제거했고, 수십억 명의 인민을 실업자로 만들었으며, 수십억 명의 육체를 소진시켰지만, 결국에 그것은 (이전의 모든 역사가 부러워하는) 모더니티의 생활수준을 확산시켰고, 인류를 가난의 재에서 끄집어내었다." 자본주의는 인류를 불 속으로 던져 버렸다. 파국적인 기후변화의 황혼에서는 부르주아 시대에 발생한 이전의 모든 재난이 예시적인 것이 된다. 우연적이지 않게도, 벤 러너의 『10:04』은 앙겔루스 노부스Angelus Novus[새로운 천사]의 복제화를 포함하고 발터 벤야민에게서 인용한 다음의 제사로 시작한다. "모든 것이 지금과 같을 것이다. 단지 약간 다를 뿐이다."36

진보에 맞선 진보

온난화 조건에서 진정한 진보는 무엇을 뜻할 것인가? 아도르노의 표현에 따르면, "진보는 단계들의 꾸준한 상승에 대한 수긍이 아니라 매 단계에서 나타나는 퇴행에 대한 이런 저항이다."37 "왜냐하면 오늘날 진보는 사실상 총체적 파국의 방지와 회피를 의미할 따름이기 때문이다."38 그렇다면 어떤 의미에서

---

36. Lerner, 10:04, x. 또한 같은 책, 19, 54, 109를 보라.
37. Theodor Adorno, *History and Freedom*, 172.
38. 같은 책, 143.

또한 우리는 "진보는 그것이 끝장날 때 생겨난다"라고 말할 수 있을 것이다.[39] 우리가 처해 있는 이런 특수한 조건에서 진보를 새롭게 만드는 것, 전진하기 시작하는 것은 다양한 형태의 귀환 – 비非화석 에너지원, 더 낮은 이산화탄소 농도, 필시 지구공학 없는 세계 – 을 동시에 요구한다. 그것은 폭풍의 힘들에 대립하여 추는, '한 걸음 후퇴, 두 걸음 전진'의 새로운 춤일 것이다.

내파를 유발하라

벤야민은 "우리 세대의 경험, 즉 자본주의는 자연사하지 않을 것이라는 경험"을 표현한다.[40] 자본주의가 존속할지 여부는 여전히 미해결의 문제이다. 기후과학자들은 재생에너지 기술이 "기하급수적으로 대규모화"되어야 한다는 점을 알고 있고, "그런 '기술적 폭발'이 석탄, 석유, 그리고 천연가스에 의해 조장된 현재의 산업적 물질대사의 '유도된 내파'로 이어질 것"이라고 기대한다.[41] 이것에는 자본이 고정되고 천문학적인 양으로 순환하고 있는, 석탄, 석유, 그리고 천연가스를 채굴하기 위해 현

---

39. 같은 책, 153.
40. Benjamin, *The Arcades Project*, 667. [벤야민, 『아케이드 프로젝트』.]
41. Hans Joachim Schellnhuber, Stefan Rahmstorf, and Ricarda Winkelmann, "Why the Right Climate Target Was Agreed in Paris," 651.

재 운영되고 있는 현장들 – 보수적인 가정에 따르면 그 자체로 지구 온도를 섭씨 2도 이상 상승시키기에 충분한 축적 현장들 – 이 포함된다.[42] (반드시 기후과학자들의 전문 분야이지는 않은) 자본의 작용을 다소 이해하는 사람이라면 누구나 그런 유도된 내파가 무엇을 수반할지 추측할 수 있다.[43] 그것은 파괴적 성격으로서 작동하는 것일 텐데, 요컨대 그것은 아직 지평선에 나타나지 않은 역능들을 부여받은 정치운동 없이는 불가능할 것이다. 그런데 기후운동과 그 동맹들이 여전히 (새로운 것을 만드는 운동이 아니라) 철거하는 운동조차도 자처하기 힘들어한다는 사실이 그런 운동들을 포기할 이유는 아니다. 이론의 경우에 그것은 언제나 이런 기획에서 매우 한정된 역할만을 수행할 수 있을 뿐이다. 그런데 적어도 이론은 그런 기획의 걸림돌은 되지 말아야 한다.

---

42. Oil Change International, *The Sky's Limit*.
43. 셸른후버 등은 그 내파를 권고 정책의 목록으로 전환하려고 시도할 때 놀라운 소박성을 드러내는데, 모든 의도와 목적에 대하여 그들은 시장에 의존하고 시장이 만사를 잘 해결할 것이라고 믿는다(Schellnhuber, Rahmstorf, and Winkelmann, "Why the Right Climate Target Was Agreed in Paris," 652~3).

::감사의 글

　우선, 경외심을 불러일으킬 만큼 관대한 에너지를 지닌 서배스천 버젠에게 감사한다. 그는 현재 이루어지고 있는 다수의 맑스주의적 항해를 진전시키는 바람이기에 우리에게는 용龍이 필요하지 않다. 또한 존 메릭, 로지 워런, 그리고 버소Verso 출판사에 근무하는 그 밖의 모든 동지에게 감사한다. 이 텍스트는 세 명의 뛰어난 동지, 즉 알프 호른보리, 케이트 소퍼, 그리고 존 벨라미 포스터와 나눈 대화와 그들로부터 비롯된 영감을 통해서 발전되었는데, 그들은 모두 다양한 원고를 읽고 나서 소중한 논평을 제시했다. 리카드 바를레니우스와 하비 스쿨먼 역시 그러했다. 런던에서 개최된 '역사유물론' 학술회의의 청중, 룬드 대학교, 에식스 대학교, 그리고 골드스미스 대학교의 정치생태학 연구단은 이 책에서 전개된 논변의 몇 가지 부분에 응답하면서 결점들을 지적했다. 2015~17년 문화·권력·지속가능성CPS 석사학위 프로그램의 학생들은 2016년 봄학기에 그 쟁점들에 관한 토론에 열심히 참여했다. 이 책을 저술하고 있을 때 그들은 〈팔레스타인 인민 해방 전선〉PFLP의 농업 부문을 통해서 팔레스타인 농부들의 올리브 수확 작업을 지원하기, 영국에서 일백만 개의 기후 일자리 캠페인을 펼치기, 또는 에콰도르에서 석탄 채굴에 반대하는 집회에 참여하기 같은 실습 과정을 이수하려고 외국에 나가 있었다. 나는 그들과 같은 학생들을 가르치게 된 점에 대하여 감사하고 겸허한 마음을 갖게 된다. 마지막으로 중요하게도, 대단히 불행한 이 시대에 매일 미소 짓고 웃음을 터트릴 이유를 나에게 준 점에 대하여 쇼라 에스마일리안 말름과 라티파 에스마일리안 말름에게 감사한다.

:: 옮긴이 후기

1

이 책은 스웨덴 룬드 대학교에서 인간생태학을 가르치고 있는 맑스주의 생태학자이자 기후행동가인 안드레아스 말름이 2018년에 영국의 좌파 출판사 버소에서 출간한 『이 폭풍의 전개: 뜨거워지는 세계 속의 자연과 사회』를 한국어로 옮긴 것이다. 이 책을 출간하기 직전인 2016년에 말름은 도이처 기념상을 수상한 『화석 자본: 증기력의 발흥과 지구온난화의 기원』을 출판했다. 2020년에는 팬데믹, 기후변화, 그리고 자본주의의 연계성을 규명한 『코로나, 기후, 오래된 비상사태: 21세기 생태사회주의론』을 출간했다. 2021년에는 생태 붕괴에 적극 대처하는 기후운동의 전략을 다룬 『송유관을 폭파하는 방법: 불타는 세계에서 투쟁 학습하기』라는 책과, 기후위기의 시대에 극우파가 부상하는 정치적 현실을 경고한 『흰 피부, 검은 연료: 화석 파시즘의 위험에 관하여』를 출간했다. 2024년에는 또 다른 행동가 학자인 윔 카턴과 함께 임계온도 한계의 초월을 추동하는 세력들을 통렬하게 비판한 『초과: 어쩌다 세계는 기후 붕괴에 굴복하였는가』라는 책을 출간하였으며, 또한 기후 재난에 대한 지구공학적 해결책의 문제점과 관련하여 카틴과 함께 저술한 『기나긴 열기: 너무 늦은 시점에서의 기후정치』라는 책이 2025년 10월에 출간될 예정이다.

요컨대, 지금까지 안드레아스 말름은 기후행동가 학자로서 화석 자본주의와 기후변화의 연관성을 실천적·역사적·정치적 견지에서 파헤치는 저술 활동을 수행했다. 그의 이러한 경향을 참작하면, 동시대의 다양한 철학적 사유를 인류 문명의 종말로 귀결될 기후위기와 관련지어 이론적으로 검토한 『이 폭풍의 전개』는 이례적인 저서로 여겨진다.

2

19세기 초 화석연료에 기반을 둔 화석 경제와 화석 자본주의가 정립된 이후에 우리는 줄곧 화석연료 산업의 급속한 발전, 이산화탄소 배출량의 급격한 증가, 대기 중 이산화탄소 농도의 급격한 상승, 지구 온도의 가속적 상승, 빙하의 급격한 붕괴와 해수면의 가속적 상승을 직면하고 있다. 일반적으로 안정적인 기후를 나타낸 산업화 이전 시기, 이른바 충적세(홀로세) 시기와 달리, 현재 우리는 끊임없이 뜨거워지고 있는 지구에서 삶을 영위하게 되는 독특한 역사적 국면, 기후변화를 수반하는 '온난화 조건'으로 특징지어지는 이른바 '인류세' 국면에 처해 있다. 예컨대, 2024년은 지구 평균 기온이 산업화 이전보다 대략 1.6도 상승함으로써 '기후 재앙을 막는 마지노선'이라 불리는 '1.5도 선'이 처음으로 뚫린 해로 밝혀졌다(이런 점에서 '온난화 조건'은 '가열화 조건'으로 심화되었다). 그리하여 우리가 기후과학의 신뢰성을 의문시하고 기후변화의 실재를 부인하면서 '평소의 생활방식'을 고수한다면, '온난화 조건'에 의해 초래된 기후변화라는 최후의 폭풍이 인류 문명의 종말뿐만 아니라 생물 대멸종도 불러일으킬 것이라는 점은 자명하다. 인간에 의한 자연 지배, 자연 정복이 완결됨으로써 자연은 소멸되었다는 '자연의 종말' 테제가 만연하는 바로 이 시대에 자연은 맹렬히 귀환하여 인간의 문명 세계에 침입하면서 파괴적으로 반격하고 있다.

현재 우리가 당면하고 있는 이런 현실과 관련하여, 말름이 주장하듯이, "이론은 빠르게 뜨거워지는 세계에서 가장 긴급한 과업인 것처럼 보이지 않는다." 오히려, 전 지구적으로 기후변화 부인론이 확산하고 권위주의적인 극우파 정권이 부상하는 문화적·정치적 현실을 감안하면, 우리는 "조직된 집단적인 전투적 저항" 운동을 펼칠 수밖에 없는 국면에 처해 있다.

지금 해야 할 유일하게 유의미한 것은, 다른 모든 것은 내버려

두고 화석연료의 연소를 물리적으로 차단하고, 타이어의 바람을 빼고, 차도를 막고, 플랫폼을 포위하며, 광산을 공격하는 것이라는 몸이 근질거리는 느낌이 있다. … 이제는 대결할 때이다.

3

그렇다면 기후위기를 극복하기 위해 반자본주의적 대응 태세를 긴급히 확립할 것을 긴박한 어조로 촉구하는 말름이 "자연/사회 접합에서 회자되는 이론 중 몇 가지를 기후변화의 견지에서 면밀히 검토하려고 시도한" 까닭은 무엇일까? 말름은, "어떤 이론들은 [기후위기의] 상황을 더 분명하게 할 수 있는 반면에 그 밖의 다른 이론들은 상황을 모호하게 할 수도 있다는 믿음을 품고" 있다. 말름에 따르면, 이론은 기후운동의 기획에서 한정된 역할을 수행할 수 있을 뿐이지만, "적어도 이론은 그런 기획의 걸림돌은 되지 말아야 한다."

지구의 기후가 비교적 안정적으로 유지되었던 시기와 달리 확연한 기후변화가 나타나게 되는 산업화 이후 시기를 본질적으로 특징짓는 것은 탄소 기반 화석연료를 에너지원으로 활용하는 화석 자본의 등장이다. 산업화 이전 시기 탄소의 자연적 물질대사 과정은 인간의 사회적 물질대사 과정과 맞물려 균형

상태를 이룸으로써 대기 중 이산화탄소 농도가 대략 280ppm으로 유지되었다. 반면에, 산업화 이후 시기에는 화석연료를 연소시키는 화석 자본의 사회적 물질대사 과정을 거쳐 대기에 배출되는 이산화탄소의 양이 급증함에 따라 이에 연동된 자연적 물질대사 과정의 상태가 새로운 평형을 향해 이행하게 되었고, 그 결과 지구 온도가 급격히 상승하면서 두드러진 기후변화를 나타내는 '온난화 조건'이 확립되었다. 예컨대, 2024년 말 대기 중 이산화탄소 농도는 대략 420ppm에 이르렀고, 지구 평균 기온은 산업화 이전보다 대략 1.6도 상승하였다. 다시 말해서, 인류가 직면하고 있는 현행 기후위기의 촉발 원인은 자연적인 것이 아니라 사회적인 것, 즉 이윤 획득을 위해 이산화탄소를 배출하는 화석 자본주의 체계이다. 화석 자본주의 체계가 사회적 물질대사의 조절판을 돌리면, 자연적 물질대사는 그 변화에 조응하여 기후변화를 심화시키고 있을 뿐이다.

과학적 사실에 기반을 둔 이런 논변은 자연(적인 것)과 사회(적인 것)의 분리에 근거하고 있다. 그런데 최근에는 자연과 사회가 어떤 의미에서도 별개의 영역으로 구성되지 않는다는 이론이 유행하고 있는데, 그중에서도 특히 포스트모니즘적 구성주의, 라투르의 혼종주의, 포스트휴머니즘적 신유물론이 다수의 사람에게 두드러진 영향력을 발휘하고 있다. 이들 이론에 따르면, 자연은 사회적으로 '구성되'기에 사회와 구분될 수 없거나, 또는 자연과 사회는 경계가 완전히 사라진 혼종을 이루기에 구분될 수 없거나, 또는 자연은 그저 어떤 독립적인 현존도 갖추고 있지 않다. 이 책에서 말름은, 구성주의, 혼성주의, 신유물론 같은 부류의 이론들이 자연과 사회를 실체적으로 또 속성적으로 융합함으로써 기후변화의 책임 소재를 불분명하게 만들 뿐만 아니라 기후변화의 실재를 부인하는 입장을 뒷받침할 수도 있다는 논변을 설득력 있게 전개한다. 따라서 이들 이론은 기후위기와 관련하여 우리로 하여금 무력하게 만들거나 절망적인 패배주의에 사로잡히게 할 것이다.

그러므로 자연과 사회의 상호작용에서 기인한 온난화 조건에 대처하는 데 적절한 이론은 자연과 사회의 물질적 실체는 동일하더라도 자연적 속성과 사회적 속성은 구분될 수 있다는 테제를 이론의 근간으로 삼아야 한다. 다시 말해서, 현재 진행 중인 기후변화의 근본 원인은 화석 자본주의 체계의 사회적 물질대사라는 것과 그런 사회적 개입에 조응하여 작동하는 자연적 물질대사에 의해 기후변화라는 폭풍이 전개되고 있다는 것을 분명히 해야 한다. 우리가 기후위기를 돌파할 수 있는 최선의 방안은 화석 자본주의 체계를 종식시키고 이산화탄소 배출량을 감축하여 대기 중 이산화탄소 농도를 안정화함으로써 자연적 물질대사의 귀결로서 나타나는 기후를 안정화하는 것이라고 말름은 주장한다. 이 책에서 말름은, 사회적 물질대사와 자연적 물질대사의 균열을 메꿀 수 있는 생태맑스주의를 이런 방안을 고무할 수 있는 가장 바람직한 이론으로 제시한다.

4

자본주의가 발달할수록 기후위기가 더욱더 심화되는 작금의 긴급한 현실을 감안하면, 말름이 언명하듯이, "라투르보다 레닌이 더 필요하다. 이것이 온난화 조건이 요구하는 것이다." 그런데 또한 여기서 우리는, 인간의 사고방식과 가치관을 형성하는 사상의 변화는 개인의 행동양식에 영향을 미침으로써 궁극적으로 사회와 세상을 바꿀 수 있다는 철학적 통찰을 떠올릴 수 있다. 주지하다시피, 우리가 자연, 사회, 그리고 기후변화에 관하여 생각하는 방식이 우리가 기후정의를 위해 행동하는 방식에 영향을 미침이 확실하다. 슬라보예 지젝이 권고하듯이, 우리는 잠시 행동을 멈추고 화석 자본주의 체제의 본질과 작동 원리를 곰곰이 고찰하면서 기후변화라는 폭풍을 극복하고 세계를 변화시킬 바람직한 사상이 무엇인지 냉철하게 고민해야 할 필요가 있다.

2025년 6월 1일
김효진

:: 참고문헌

Adorno, Theodor, *History and Freedom: Lectures 1964-1965* (Cambridge: Polity, 2008).
Almog, Joseph, "Dualistic Materialism 1," in *The Waning of Materialism*, ed. Robert C. Koons and George Bealer (Oxford: Oxford University Press, 2010), 349~64.
Alvarez, Maria and John Hyman, "Agents and their Actions," in *Philosophy of Action: An Anthology*, ed. Jonathan Dancy and Constantine Sandis (Chichester: Wiley-Blackwell, 2015), 33~47.
Anderson, Perry, *Arguments within English Marxism* (London: Verso, 1980).
─── , *The New Old World* (London: Verso, 2009).
Anscombe, G. E. M., "Intention," in *Philosophy of Action: An Anthology*, ed. Jonathan Dancy and Constantine Sandis (Chichester: Wiley-Blackwell, 2015), 107~12.
Antonio, Robert J. and Brett Clark, "The Climate Change Divide in Social Theory," in *Climate Change and Society: Sociological Perspectives*, ed. Riley E. Dunlap and Robert J. Bruell (Oxford: Oxford University Press, 2015), 333~68.
Archer, Margaret, *Being Human: The Problem of Agency* (Cambridge: Cambridge University Press, 2010).
Arias-Maldonado, Manuel, "Let's Make It Real: In Defense of a Realistic Constructivism," *Environmental Ethics*, vol. 33 (2011): 377~92.
Asdal, Kristin, "The Problematic Nature of Nature: The Post-Constructivist Challenge to Environmental History," *History and Theory*, vol. 42 (2003): 60~74.
Aunger, Robert, "What's Special About Human Technology?," *Cambridge Journal of Economics*, vol. 34 (2010): 115~23.
Austin, Kelly and Brett Clark, "Tearing Down Mountains: Using Spatial and Metabolic Analysis to Investigate the Socio-Ecological Contradictions of Coal Extraction in Appalachia," *Critical Sociology*, vol. 38 (2012): 437~57.
Barad, Karen, "Posthumanist Performativity: Toward an Understanding of How Matter Comes to Matter," *Signs: Journal of Women in Culture and Society*, vol. 28 (2003): 801~31.
Beerling, David, *The Emerald Planet: How Plants Changed Earth's History* (Oxford: Oxford University Press, 2007).
Benjamin, Walter, *The Arcades Project* (Cambridge: Harvard University Press, 2002). [발터 벤야민, 『아케이드 프로젝트』, 조형준 옮김, 새물결, 2005.]
─── , *Selected Writings, Volume 2, part 2, 1931-1934* (Cambridge, MA: Harvard University Press, 2005).
─── , *Selected Writings, Volume 4, 1938-1940* (Cambridge, MA: Harvard University Press,

2006).

Bennett, Jane, *Vibrant Matter : A Political Ecology of Things* (Durham, NC : Duke University Press, 2010). [제인 베넷, 『생동하는 물질 : 사물에 대한 정치생태학』, 문성재 옮김, 현실문화, 2020.]

_____, "A Vitalist Stopover on the Way to a New Materialism," in *New Materialisms : Ontology, Agency, and Politics*, ed. Diana Coole and Samantha Frost (Durham, NC : Duke University Press, 2010), 47~69. [다이애나 쿨·사만타 프로스트 엮음, 『신유물론 패러다임 : 존재론, 행위자 그리고 정치학』, 박준영·김종갑 옮김, 그린비, 2023.]

_____, "Systems and Things : On Vital Materialism and Object-Oriented Philosophy," in *The Nonhuman Turn*, ed. Richard Grusin (Minneapolis : University of Minnesota Press, 2015), 223~39.

_____, "Ontology, Sensibility and Action," response in Bonnie Washick and Elizabeth Wingrove, "Politics that Matter : Thinking about Power and Justice with the New Materialists," Contemporary Political Theory, vol. 14 (2015) : 82~89.

Bennett, Jonathan, "Shooting, Killing and Dying," in *Philosophy of Action : An Anthology*, ed. Jonathan Dancy and Constantine Sandis (Chichester : Wiley-Blackwell, 2015), 21~5.

Bennett, Tony and Patrick Joyce, *Material Powers : Cultural Studies, History and the Material Turn* (London : Routledge, 2010).

Benton, Ted, "Marxism and Natural Limits : An Ecological Critique and Reconstruction," *New Left Review I*, vol. 178 (1989) : 51~86.

_____, "Ecology, Socialism and the Mastery of Nature : A Reply to Reiner Grundmann," *New Left Review I*, vol. 194 (1992) : 55~74.

_____, "Biology and Social Theory in the Environmental Debate," in *Social Theory and the Global Environment*, ed. Ted Benton and Michael Redclift (London : Routledge, 1994).

Bhaskar, Roy, *The Possibility of Naturalism : A Philosophical Critique of the Contemporary Human Sciences* (London : Routledge, 1998).

_____, *A Realist Theory of Science* (London : Verso, 2008).

_____, *Reclaiming Reality : A Critical Introduction to Contemporary Philosophy* (London : Routledge, 2011).

Bieler, Andreas, Ian Bruff, and Adam David Norton, "Acorns and Fruit : From Totalization to Periodization in the Critique of Capitalism," *Capital and Class*, vol. 34 (2010) : 25~37.

Bloch, Ernst, *The Principle of Hope : Volume 2* (Cambridge, MA : MIT Press, 1995). [에른스트 블로흐, 『희망의 원리 2·3』, 박설호 옮김, 열린책들, 2004.]

Boesch, Christophe, "Ecology and Cognition of Tool Use in Chimpanzees," in *Tool Use in Animals : Cognition and Ecology*, ed. Crickette M. Sanz, Josep Call, and Christophe Boesch (Cambridge : Cambridge University Press, 2013), 21~47.

Braidotti, Rosi, *The Posthuman* (Cambridge : Polity, 2013). [로지 브라이도티, 『포스트휴먼』, 이경란 옮김, 아카넷, 2015.]

Bratman, Michael, "Two Faces of Intention," in *Philosophy of Action : An Anthology*, ed. Jonathan Dancy and Constantine Sandis (Chichester : Wiley-Blackwell, 2015), 130~44.

Broecker, W. S., "Does the Trigger for Abrupt Climate Change Reside in the Ocean or in the Atmosphere?," *Science*, vol. 300 (2003): 1519~22.

Bunge, Mario, *Emergence and Convergence: Qualitative Novelty and the Unity of Knowledge* (Toronto: University of Toronto Press, 2003).

Burkett, Paul, *Marx and Nature: A Red and Green Perspective* (London: Macmillan, 1999).

Buxton, Nick, Marisa Escobar, David Purkey and Nilo Lima, "Water Scarcity, Climate Change and Bolivia: Planning for Climate Uncertainties," Stockholm Environment Institute, Discussion Brief, 2013, sei-international.org.

Byrne, Richard W., "The Manual Skills and Cognition that Lie Behind Hominid Tool Use," in *The Evolution of Thought: Evolutionary Origins of Great Ape Intelligence*, ed. Anne E. Russon and David R. Begun (Cambridge: Cambridge University Press, 2004): 31~44.

Callon, Michel and Bruno Latour, "Unscrewing the Big Leviathan: How Actors Macro-Structure Reality and How Sociologists Help Them to Do So," in *Advances in Social Theory and Methodology: Toward an Integration of Micro- and Macro-sociologies*, ed. K. Knorr-Cetina and A. V. Cicourel (Boston: Routledge and Kegan Paul, 1981), 277~303.

Campbell, Bruce M. S., "Nature as Historical Protagonist: Environment and Society in Pre-Industrial England," *The Economic History Review*, vol. 63 (2010): 281~314.

Capstick, Stuart, Lorraine Whitmarsh, Wouter Poortinga et al., "International Trends in Public Perceptions of Climate Change Over the Past Quarter Century," *WIREs Climate Change*, vol. 6 (2015): 35~61.

Carrigan, Mark, "Can We Have a 'Turn' to End All Turns?," https://markcarrigan.net, 13 July 2014.

Carrington, Damian, "2016 Hottest Year Ever Recorded and Scientists Say Human Activity to Blame," *Guardian*, 18 January 2017.

Caruana, Matthew V., Francesco d'Errico, and Lucinda Backwell, "Early Hominin Social Learning Strategies Underlying the Use and Production of Bone and Stone Tools," in *Tool Use in Animals: Cognition and Ecology*, ed. Crickette M. Sanz, Josep Call, and Christophe Boesch (Cambridge: Cambridge University Press, 2013), 242~85.

Castree, Noel, "The Return of Nature?," *Cultural Geographies*, vol. 19 (2012): 547~552.

―――, *Making Sense of Nature: Representation, Politics and Democracy* (Abingdon: Routledge, 2014).

―――, "Marxism and the Production of Nature," *Capital and Class*, vol. 24 (2000): 5~36.

―――, "The Production of Nature," in *A Companion to Economic Geography*, ed. Eric Sheppard and Trevor J. Barnes (Oxford: Blackwell, 2000), 275~89.

―――, "Capitalism and the Marxist Critique of Political Ecology," in *The Routledge Handbook of Political Ecology*, ed. Tom Perreault, Gavin Bridge, and James McCarthy (London: Routledge, 2015), 279~92.

―――, "Unfree Radicals: Geoscientists, the Anthropocene, and Left Politics," *Antipode*, vol. 49 (2017): 52~74.

Castree, Noel and Bruce Braun, "The Construction of Nature and the Nature of Construction : Analytical and Political Tools for Building Survivable Futures," in *Remaking Reality : Nature at the Millennium*, ed. Bruce Braun and Noel Castree (London : Routledge, 1998), 3~42.

Castree, Noel, William M. Adams, John Barry et al., "Changing the Intellectual Climate, *Nature Climate Change*, vol. 4 (2014) : 763~8.

Cellan-Jones, Rory, "Office puts chips under staff's skin," *BBC News*, 29 January 2015.

Chakrabarty, Dipesh, "Humanities in the Anthropocene : The Crisis of an Enduring Kantian Fable," *New Literary History*, vol. 47 (2016) : 377~97.

Chancel, Lucas and Thomas Piketty, *Carbon and Inequality : From Kyoto to Paris*, Paris School of Economics, 3 November 2015.

Cheah, Pheng, "Non-Dialectical Materialism," in *New Materialisms : Ontology, Agency, and Politics*, ed. Diana Coole and Samantha Frost (Durham, NC : Duke University Press, 2010), 70~91. [다이애나 쿨·사만타 프로스트 엮음, 『신유물론 패러다임 : 존재론, 행위자 그리고 정치학』, 박준영·김종갑 옮김, 그린비, 2023.]

Chibber, Vivek, *Postcolonial Theory and the Spectre of Capital* (London : Verso, 2013).

Ciplet, David, J. Timmons Roberts, and Mizan R. Khan, *Power in a Warming World : The New Global Politics of Climate Change and the Remaking of Environmental Equality* (Cambridge, MA : MIT Press, 2015).

Clark, Brett and Richard York, "Carbon Metabolism : Global Capitalism, Climate Change, and the Biospheric Rift," *Theory and Society*, vol. 34 (2005) : 391~428.

Clark, Brett, Andrew K. Jorgenson, and Daniel Auerbach, "Up in Smoke : The Human Ecology and Political Economy of Coal Consumption," *Organization and Environment*, vol. 25 (2012) : 452~69.

Clark, Jonathan L., "Labourers or Lab Tools? Rethinking the Role of Lab Animals in Clinical Trials," in *The Rise of Critical Animal Studies : From the Margins to the Centre*, ed. Nik Taylor and Richard Twine (Abingdon : Routledge, 2014), 139~64.

Clark, Peter U., Jeremy D. Shakun, Shaun A. Marcott et al., "Consequences of Twenty-First-Century Policy for Multi-Millennial Climate and Sea-Level Change," *Nature Climate Change*, vol. 6 (2016) : 360~9.

Clayton, Susan, Patrick Devine-Wright, Paul C. Stern et al., "Psychological Research and Global Climate Change," *Nature Climate Change*, vol. 5 (2015) : 640~6.

Cleaver, Harry, *Reading Capital Politically* (Edinburgh : AK Press, 2000). [해리 클리버, 『자본을 어떻게 읽을 것인가』, 조정환 옮김, 갈무리, 2018.]

Coll, Steve, *Private Empire : ExxonMobil and American Power* (London : Penguin, 2012).

Collier, Andrew, *Critical Realism : An Introduction to Roy Bhaskar's Philosophy* (London : Verso, 1994). [앤드류 콜리어, 『비판적 실재론 : 로이 바스카의 과학철학』, 이기홍·최대용 옮김, 후마니타스, 2010.]

Collins, Arthur W., "Action, Causality, and Teleological Explanation," in *Philosophy of Action : An Anthology*, ed. Jonathan Dancy and Constantine Sandis (Chichester : Wiley-Blackwell, 2015), 315~32.

Conrad, Joseph, *Victory* (London: The Book Society, 1952).

Coole, Diana, "Agentic Capacities and Capacious Historical Materialism," *Millennium: Journal of International Studies*, vol. 41 (2013): 451~69.

Coole, Diana and Samantha Frost, "Introducing the New Materialisms," in *New Materialisms: Ontology, Agency, and Politics*, ed. Diana Coole and Samantha Frost (Durham, NC: Duke University Press, 2010), 1~43. [다이애나 쿨·사만타 프로스트 엮음, 『신유물론 패러다임: 존재론, 행위자 그리고 정치학』, 박준영·김종갑 옮김, 그린비, 2023.]

Copernicus Climate Change Service, "Earth on the Edge: Record Breaking 2016 Was Close to 1.5°C Warming," https://climate.copernicus.eu, 5 January 2017.

Crane, Tim, "The Mental Causation Debate," *Proceedings of the Aristotelian Society*, vol. 69 (1995): 1~23.

Crary, Jonathan, *24/7: Late Capitalism and the Ends of Sleep* (London: Verso, 2013). [조너선 크레리, 『24/7: 잠의 종말』, 김성호 옮김, 문학동네, 2014.]

Crist, Eileen, "Against the Social Construction of Nature and Wilderness," *Environmental Ethics*, vol. 26 (2004): 5~24.

Cronon, William, "The Uses of Environmental History," *Environmental History Review*, vol. 17 (1993): 1~22.

Dancy, Jonathan and Constantine Sandis, eds., *Philosophy of Action: An Anthology* (Chichester: Wiley-Blackwell, 2015).

Daston, Lorraine, ed., *Biographies of Scientific Objects* (Chicago: University of Chicago Press, 2000).

Davidson, Donald, "Agency," in *Philosophy of Action: An Anthology*, ed. Jonathan Dancy and Constantine Sandis (Chichester: Wiley-Blackwell, 2015), 10~20.

―――, "Intending," in *Philosophy of Action: An Anthology*, ed. Jonathan Dancy and Constantine Sandis (Chichester: Wiley-Blackwell, 2015), 119~29.

Dawson, Ashley, *Extinction: A Radical History* (New York: O/R Books, 2016). [애슐리 도슨, 『멸종』, 추선영 옮김, 두번째테제, 2021.]

Delina, Laurence L., *Strategies for Rapid Climate Mitigation: Wartime Mobilisation as a Model for Action?* (London: Routledge, 2016).

Demeritt, David, "What is the 'Social Construction of Nature'? A Typology and Sympathetic Critique," *Progress in Human Geography*, vol. 26 (2002): 767~90.

Desblache, Lucile, "Hybridity, Monstrosity and the Posthuman in Philosophy and Literature Today," *Comparative Critical Studies*, vol. 9 (2012): 245~55.

Descartes, René, *Meditations and Other Metaphysical Writings* (London: Penguin, 2003). [르네 데카르트, 『제일철학에 관한 성찰』, 이현복 옮김, 문예출판사, 2021.]

Dietz, Matthias and Heiko Garrelts, eds., *Routledge Handbook of the Climate Change Movement* (London: Routledge, 2014).

Dietz, Simon, Alex Brown, Charlie Dixon, and Philip Gradwell, "'Climate Value at Risk' of Global Financial Assets," *Nature Climate Change*, vol. 6 (2016): 676~9.

Doward, Jamie, "Tories' Failure to Halt Ivory Trade 'Risks Extinction of Elephants'," *Guard-

ian, 27 August 2016.
Dukes, Jeffrey S., "Burning Buried Sunshine : Human Consumption of Ancient Solar Energy," *Climatic Change*, vol. 61 (2003) : 31~44.
Eagleton, Terry, *The Illusions of Postmodernism* (Oxford : Blackwell, 1996). [테리 이글턴, 『포스트모더니즘의 환상』, 김준환 옮김, 실천문학사, 2000.]
_____, *On Evil* (New Haven : Yale University Press, 2010). [테리 이글턴, 『악 : 우리 시대의 악과 악한 존재들』, 오수원 옮김, 이매진, 2015.]
_____, *Hope Without Optimism* (New Haven : Yale University Press, 2015). [테리 이글턴, 『낙관하지 않는 희망』, 김성균 옮김, 우물이있는집, 2016.]
Edwards, Jason, "The Materialism of Historical Materialism," in *New Materialisms : Ontology, Agency, and Politics*, ed. Diana Coole and Samantha Frost (Durham, NC : Duke University Press, 2010), 281~98. [다이애나 쿨・사만타 프로스트 엮음, 『신유물론 패러다임 : 존재론, 행위자 그리고 정치학』, 박준영・김종갑 옮김, 그린비, 2023.]
Edward, Mark, "From Actor Network Theory to Modes of Existence : Latour's Ontologies," *Global Discourse*, vol. 6 (2016) : 1~7.
Elder-Vass, Dave, "Searching for Realism, Structure and Agency in Actor Network Theory," *The British Journal of Sociology*, vol. 59 (2008) : 455~73.
_____, *The Causal Power of Social Structures : Emergence, Structure and Agency* (Cambridge : Cambridge University Press, 2010).
_____, *The Reality of Social Construction* (Cambridge : Cambridge University Press, 2012).
_____, "Disassembling Actor-network Theory," *Philosophy of the Social Sciences*, vol. 45 (2015) : 101~21.
Elliott, Larry, "World's Eight Richest People Have Same Wealth as Poorest 50%," *Guardian*, 16 January 2017.
Engels, Friedrich, *Dialectics of Nature* (New York : International Publishers, 1940). [프리드리히 엥겔스, 『자연변증법』, 한승완・이재영・윤형식 옮김, 새길아카데미, 2012.]
Escobar, Arturo, "After Nature : Steps to an Antiessentialist Political Ecology," *Current Anthropology*, vol. 40 (1999) : 1~30.
Evans, Richard J., *In Defence of History* (London : Granta, 2000). [리처드 J. 에번스, 『역사학을 위한 변론』, 이영석 옮김, 소나무, 1999.]
Evanoff, Richard, "Reconciling Realism and Constructivism in Environmental Ethics," *Environmental Values*, vol. 14 (2005) : 61~81.
Ezz, Mohamed and Nada Arafat, "'We Woke Up in a Desert' : The Water Crisis Taking Hold across Egypt," *Guardian*, 4 August 2015.
FAO (Food and Agriculture Organization of the United Nations), *The Impact of Disasters on Agriculture and Food Security* (2015).
Feenberg, Andrew, *The Philosophy of Praxis : Marx, Lukács and the Frankfurt School* (London : Verso, 2014).
Felski, Rita, "Introduction," *New Literary History*, vol. 47 (2016) : 215~29.
Fischer, E. M. and R. Knutti, "Anthropogenic Contribution to Global Occurrence of

Heavy-Precipitation and High-Temperature Extremes," *Nature Climate Change*, vol. 5 (2015): 560~5.

Fleming, James R., "Climate, Change, History," *Environment and History*, vol. 20 (2014): 577~86.

Foster, John Bellamy, *Marx's Ecology: Materialism and Nature* (New York: Monthly Review Press, 2000). [존 벨라미 포스터, 『마르크스의 생태학: 유물론과 자연』, 김민정·황정규 옮김, 인간사랑, 2016.]

──, *The Ecological Revolution: Making Peace with the Planet* (New York: Monthly Review Press, 2009).

──, "Marxism in the Anthropocene: Dialectical Rifts on the Left," *International Critical Thought*, vol. 6 (2016): 393~421.

Foster, John Bellamy and Ian Angus, "In Defense of Ecological Marxism: John Bellamy Foster Responds to a Critic," *Climate and Capitalism*, climate andcapitalism.com, 6 June 2016.

Foster, John Bellamy and Paul Burkett, "The Dialectic of Organic/Inorganic Relations," *Organization and Environment*, vol. 13 (2000): 403~25.

Foster, John Bellamy and Paul Burkett, *Marx and the Earth: An Anti-Critique* (Leiden: Brill, 2016).

Foster, John Bellamy and Brett Clark, "Marx's Universal Metabolism of Nature and the Frankfurt School: Dialectical Contradictions and Critical Syntheses," in *Changing Our Environment, Changing Ourselves: Nature, Labour, Knowledge and Alienation*, ed. James S. Ormrod (London: Palgrave Macmillan, 2016), 101~35.

Foster, John Bellamy, Brett Clark, and Richard York, *The Ecological Rift: Capitalism's War on the Earth* (New York: Monthly Review Press, 2010).

Fracchia, Joseph, "Beyond the Human-Nature Debate: Human Corporeal Organisation as the 'First Fact' of Historical Materialism," *Historical Materialism*, vol. 13 (2005): 33~62.

Francis, Andrew, *Culture and Commerce in Conrad's Asian Fiction* (Cambridge: Cambridge University Press, 2015).

Frankfurt, Harry G., "The Problem of Action," in *Philosophy of Action: An Anthology*, ed. Jonathan Dancy and Constantine Sandis (Chichester: Wiley-Blackwell, 2015), 26~32.

Frow, John, "Matter and Materialism: A Brief Pre-History of the Present," in *Material Powers: Cultural Studies, History and the Material Turn*, ed. Tony Bennett and Patrick Joyce (Abingdon: Routledge, 2010), 25~37.

Funk, McKenzie, *Windfall: The Booming Business of Global Warming* (New York: Penguin, 2014).

Gibb, Sophie C., "Mental Causation," *Analysis Reviews*, vol. 74 (2014): 327~38.

Gibson, Kathleen R., "Tool Use, Language and Social Behavior in Relationship to Information Processing Capacities," in *Tools, Language and Cognition in Human Evolution*, ed. Kathleen R. Gibson and Tim Ingold (Cambridge: Cambridge University Press, 2008): 251~69.

Gillett, Carl, *Reduction and Emergence in Science and Philosophy* (Cambridge : Cambridge University Press, 2016).

Glock, Hans-Johann, "Animal Agency," in *A Companion to the Philosophy of Action*, ed. Timothy O'Connor and Constantine Sandis (Chichester : Wiley-Blackwell, 2010), 384~92.

Goldsmith, Rachel E., Irina Feygina, and John T. Jost, "The Gender Gap in Environmental Attitudes : A System Justification Perspective," in *Research, Action and Policy : Addressing the Gendered Impacts of Climate Change*, ed. Margaret Alston and Kerri Whittenbury (Dordrecht : Springer, 2013), 159~71.

Gould, Stephen Jay, *The Structure of Evolutionary Theory* (Cambridge, MA : Harvard University Press, 2002).

Greenbaum, J. S., D. D. Blankenship, D. A. Young et al., "Ocean Access to a Cavity Beneath Totten Glacier in East Antarctica," *Nature Geoscience*, vol. 8 (2015) : 294~8.

Gregersen, Nils Henrik, ed., *From Complexity to Life : On the Emergence of Life and Meaning* (Oxford : Oxford University Press, 2003).

Hacking, Ian, *The Social Construction of What?* (Cambridge : Harvard University Press, 1999).

Hailwood, Simon, *Alienation and Nature in Environmental Philosophy* (Cambridge : Cambridge University Press, 2015).

Hamilton, Clive, "In Defence of an Anthropocentrism for the Anthropocene," lecture at Lund University, 7 June 2016.

Hansen, Frode, "Siv skal ta klima-bløfferne," *Verdens Gang*, 28 March 2008.

Hansen, J., M. Sato, P. Hearty et al., "Ice Melt, Sea Level Rise and Superstorms : Evidence from Paleoclimate Data, Climate Modeling, and Modern Observations that 2°C Global Warming Could be Dangerous," *Atmospheric Chemistry and Physics Discussion*, vol. 16 (2015) : 3761~812.

Haraway, Donna J., "The Promises of Monsters : A Regenerative Politics for Inappropriate/d Others," in *Cultural Studies*, ed. Lawrence Grossberg, Cary Nelson, and Paula A. Treichler (New York : Routledge, 1992), 295~336.

─────, *Manifestly Haraway* (Minneapolis : University of Minnesota Press, 2016). [도나 해러웨이, 『해러웨이 선언문』, 황희선 옮김, 책세상, 2019.]

Harman, Graham, *Bruno Latour : Reassembling the Political* (London : Pluto, 2014). [그레이엄 하먼, 『브뤼노 라투르 : 정치적인 것을 다시 회집하기』, 김효진 옮김, 갈무리, 2021.]

─────, "Demodernizing the Humanities with Latour," *New Literary History*, vol. 47 (2016) : 249~74.

Hardt, Michael and Antonio Negri, *Empire* (Harvard : Harvard University Press, 2000). [마이클 하트·안토니오 네그리, 『제국』, 윤수종 옮김, 이학사, 2001.]

Hauser, Marc D., Noam Chomsky, and W. Tecumseh Fitch, "The Faculty of Language : What Is It, Who Has It, and How Did It Evolve?," *Science*, vol. 298 (2002) : 1569~79.

Heath, Yuko and Robert Gifford, "Free-Market Ideology and Environmental Degradation : The Case of Belief in Climate Change," *Environment and Behavior*, vol. 38 (2006) : 48~71.

Hegerl, Gabriele C., "Use of Models and Observations in Event Attribution," *Environmental Research Letters*, vol. 10, no. 7 (2015) : 071001.

Heil, John, *Philosophy of Mind: A Contemporary Introduction* (New York : Routledge, 2013).

Hertz, Ellen, "Pimp My Fluff : A Thousand Plateaus and Other Theoretical Extravaganzas," *Anthropological Theory*, vol. 16 (2016) : 146~59.

Herron, John, "Because Antelope Can't Talk : Natural Agency and Social Politics in American Environmental History," *Historical Reflections*, vol. 36 (2010) : 33~52.

Hettinger, Ned, "Respecting Nature's Autonomy in Relationship with Humanity," in *Recognizing the Autonomy of Nature*, ed. Thomas Heyd (New York : Columbia University Press, 2005), 86~98.

Heyd, Thomas, "Introduction : Recognizing the Autonomy of Nature : Theory and Practice," in *Recognizing the Autonomy of Nature*, ed. Thomas Heyd (New York : Columbia University Press, 2005), 1~22.

Hornborg, Alf, "Technology as Fetish : Marx, Latour, and the Cultural Foundations of Capitalism," *Theory, Culture and Society*, vol. 31 (2014) : 119~40.

―――, "The Political Economy of Technofetishism : Agency, Amazonian Ontologies, and Global Magic," *HAU: Journal of Ethnographic Theory*, vol. 5 (2015) : 35~57.

―――, "The Political Ecology of the Technocene : Uncovering Ecologically Unequal Exchange in the World-System," in *The Anthropocene and the Global Environmental Crisis: Rethinking Modernity in a New Epoch*, ed. Clive Hamilton, François Gemenne, and Christophe Bonneuil (Abingdon : Routledge, 2015), 57~69.

―――, *Global Magic: Technologies of Appropriation from Ancient Rome to Wall Street* (Basingstoke : Palgrave Macmillan, 2016).

―――, "Artifacts Have Consequences, Not Agency : Toward a Critical Theory of Global Environmental History," *European Journal of Social Theory*, vol. 20 (2017) : 95~110.

Hornsby, Jennifer, "Agency and Actions," in *Philosophy of Action : An Anthology*, ed. Jonathan Dancy and Constantine Sandis (Chichester : Wiley-Blackwell, 2015), 48~62.

Hornsey, Matthew J., Emily A. Harris, Paul G. Bain, and Kelly S. Fielding, "Meta-Analysis of the Determinants and Outcomes of Belief in Climate Change," *Nature Climate Change*, vol. 6 (2016) : 622~6.

Hughes, J. Donald, *What Is Environmental History?* (Cambridge : Polity, 2006). [도널드 휴즈, 『환경사란 무엇인가?』, 최용찬 옮김, 앨피, 2022.]

Hulme, Mike, *Why We Disagree About Climate Change: Understanding Controversy, Inaction and Opportunity* (Cambridge : Cambridge University Press, 2009).

―――, "Four Meanings of Climate Change," in *Future Ethics: Climate Change and the Apocalyptic Imagination*, ed. Stefan Skrimshire (London : Continuum, 2010), 37~58.

―――, *Can Science Fix Climate Change? A Case Against Climate Engineering* (Cambridge : Polity, 2014).

Humphreys, Paul, "How Properties Emerge," in *Emergence : Contemporary Readings in Philosophy and Science*, ed. Mark A. Bedau and Paul Humphreys (Cambridge, MA : MIT

Press, 2008), 111~26.

Hunt, Gavin R., Russell D. Gray, and Alex H. Taylor, "Why Is Tool Use Rare in Animals?," in *Tool Use in Animals: Cognition and Ecology*, ed. Crickette M. Sanz, Josep Call, and Christophe Boesch (Cambridge: Cambridge University Press, 2013), 89~118.

Huntingford, Chris and Lina M. Mercado, "High Chance that Current Atmospheric Greenhouse Concentrations Commit to Warmings Greater than 1.5°C Over Land," *Nature Scientific Reports*, vol. 6 (2016): 30294.

Jackson, Jeremy B. C., "Ecological Extinction and Evolution in the Brave New Ocean," *Proceedings of the National Academy of Sciences*, vol. 105 (2008): 11458~65.

Jacquette, Dale, *The Philosophy of Mind: The Metaphysics of Consciousness* (London: Continuum, 2009).

Jameson, Fredric, *Postmodernism, or, The Cultural Logic of Late Capitalism*, (London: Verso, 1991). [프레드릭 제임슨, 『포스트모더니즘, 혹은 후기자본주의 문화 논리』, 임경규 옮김, 문학과지성사, 2022.]

_____, "The End of Temporality," *Critical Inquiry*, vol. 29 (2003): 695~718.

_____, *Late Marxism: Adorno, Or, The Persistence of the Dialectic* (London: Verso, 2007). [프레드릭 제임슨, 『후기 마르크스주의』, 김유동 옮김, 한길사, 2000.]

_____, *The Cultural Turn: Selected Writings on the Postmodern, 1938-1998* (London: Verso, 2009),

_____, "The Aesthetics of Singularity," *New Left Review*, vol. 92 (2015): 101~32.

Jaworski, William, *Philosophy of Mind: A Comprehensive Introduction* (Chichester: Wiley-Blackwell, 2011).

Jenkins, Keith, *On 'What Is History?': From Carr and Elton to Rorty and White* (London: Routledge, 1995).

_____, *Refiguring History: New Thoughts on an Old Discipline* (London: Routledge, 2003).

Johnson, Jim, "Mixing Humans and Nonhumans Together: The Sociology of a Door-Closer," *Social Problems*, vol. 35 (1988): 298~310.

Jordan, William R., "Conclusion: Autonomy, Restoration and the Law of Nature," in *Recognizing the Autonomy of Nature*, ed. Thomas Heyd (New York: Columbia University Press, 2005), 189~206.

Jordison, Sam, "Who Is Joseph Conrad's Winner in Victory," *Guardian*, 20 October 2015.

Joughin, Ian, Benjamin Smith and Brooke Medley, "Marine Ice Sheet Collapse Potentially Under Way for the Thwaites Glacier Basin, West Antarctica," *Science*, vol. 344 (2014): 735~8.

Joyce, Patrick and Tony Bennett, "Material Powers: Introduction," in *Material Powers: Cultural Studies, History and the Material Turn*, ed. Tony Bennett and Patrick Joyce (Abingdon: Routledge, 2010), 1~21.

Jubien, Michael, "Dualizing Materialism," in *The Waning of Materialism*, ed. Robert C. Koons and George Bealer (Oxford: Oxford University Press, 2010).

Jylhä, Kirsti M. and Nazar Akrami, "Social Dominance Orientation and Climate Change

Denial : The Role of Dominance and System Justification," *Personality and Individual Differences*, vol. 86 (2015) : 108~11.

Jylhä, Kirsti M., Clara Cantal, Nazar Akrami and Taciano L. Milfont, "Denial of Anthropogenic Climate Change : Social Dominance Orientation Helps Explain the Conservative Male Effect in Brazil and Sweden," *Personality and Individual Differences*, vol. 98 (2016) : 184~7.

Kaplan, E. Ann, *Climate Trauma : Foreseeing the Future in Dystopian Film and Fiction* (New Brunswick : Rutgers University Press, 2016).

Kauffman, Stuart and Philip Clayton, "On Emergence, Agency, and Organization," *Biology and Philosophy*, vol. 21 (2006) : 501~21.

Kenshur, Oscar, "The Allure of the Hybrid : Bruno Latour and the Search for a New Grand Theory," *Annals of the New York Academy of Sciences*, vol. 775 (1995) : 288~97.

Kidner, David, "Fabricating Nature : A Critique of the Social Construction of Nature," *Environment and Ethics*, vol. 22 (2000) : 339~57.

Kicillof, Axel and Guido Starosta, "Value Form and Class Struggle : A Critique of the Autonomist Theory of Value," *Capital and Class*, vol. 31 (2007) : 13~40.

Kim, So Young and Yael Wolinsky-Nahmias, "Cross-National Public Opinion on Climate Change : The Effects of Affluence and Vulnerability," *Global Environmental Politics*, vol. 14 (2014) : 79~106.

Kirsch, Scott and Don Mitchell, "The Nature of Things : Dead Labor, Nonhuman Actors, and the Persistence of Marxism," *Antipode*, vol. 36 (2004) : 687~705.

Klein, Naomi, *This Changes Everything : Capitalism vs the Climate* (London : Penguin, 2014). [나오미 클라인, 『이것이 모든 것을 바꾼다 : 자본주의 대 기후』, 이순희 옮김, 열린책들, 2016.]

──, "Let them Drown : The Violence of Othering in a Warming World," *London Review of Books*, 2 June 2016.

Knobe, Joshua, "Intentional Action and Side Effects in Ordinary Language," in *Philosophy of Action : An Anthology*, ed. Jonathan Dancy and Constantine Sandis (Chichester : Wiley-Blackwell, 2015), 158~60.

Koddenbrock, Kai Jonas, "Strategies of Critique in International Relations : From Foucault and Latour towards Marx," *European Journal of International Relations*, vol. 21 (2015) : 243~66.

Kroedel, Thomas, "Dualist Mental Causation and the Exclusion Problem," *Nous*, vol. 49 (2015) : 357~75.

Lacis, Andrew A., Gavin A. Schmidt, David Rind, and Reto A. Ruedy, "Atmospheric CO_2 : Principal Control Knob Governing Earth's Temperature," *Science*, vol. 330 (2010) : 356~9.

Lacis, Andrew A., James E. Hansen, Gary L. Russell et al., "The Role of Long-Lived Greenhouse Gases at Principal LW Control Knob that Governs the Global Surface Temperature for Past and Future Climate Change," *Tellus B*, vol. 65 (2013) : 19734.

Laclau, Ernesto and Roy Bhaskar, "Discourse Theory vs Critical Realism," *Alethia*, vol. 1

(1998) : 9~14.

Latour, Bruno, *The Pasteurization of France* (Cambridge, MA : Harvard University Press, 1988). [브뤼노 라투르, 『프랑스의 파스퇴르화』, 이상원 옮김, 한울, 2024.]

―――, "How to Write The Prince for Machines as well as for Machinations," in *Technology and Social Change*, ed. Brian Elliott (Edinburgh : Edinburgh University Press, 1988), 20~43.

―――, "Technology is Society Made Durable," *The Sociological Review*, vol. 38 (1990) : 103~31.

―――, *We Have Never Been Modern* (Cambridge, MA : Harvard University Press, 1993). [브뤼노 라투르, 『우리는 결코 근대인이었던 적이 없다』, 홍철기 옮김, 갈무리, 2009.]

―――, "On Technical Mediation : Philosophy, Sociology, Genealogy," *Common Knowledge*, vol. 3 (1994) : 29~64.

―――, "On the Partial Existence of Existing and Nonexisting Objects," in *Biographies of Scientific Objects*, ed. Lorraine Daston (Chicago : University of Chicago Press, 2000), 247~69.

―――, *The Politics of Nature : How to Bring Sciences into Democracy* (Cambridge, MA : Harvard University Press, 2004).

―――, "Why Has Critique Run Out of Steam? From Matters of Fact to Matters of Concern," *Critical Inquiry*, vol. 30 (2004) : 225~48.

―――, *Reassembling the Social : An Introduction to Actor-Network Theory* (Oxford : Oxford University Press, 2005).

―――, *On the Modern Cult of the Factish Gods* (Durham, NC : Duke University Press, 2010).

―――, "Politics of Nature : East and West Perspectives," *Ethics and Global Politics*, vol. 4 (2011) : 71~80.

―――, "Love Your Monsters : Why We Must Care for Our Technologies As We Do Our Children," *Breakthrough Institute*, thebreakthrough.org, Winter 2012.

―――, *An Inquiry into Modes of Existence : An Anthropology of the Moderns* (Cambridge, MA : Harvard University Press, 2013). [브뤼노 라투르, 『존재양식의 탐구 : 근대인의 인류학』, 황장진 옮김, 사월의책, 2023.]

―――, *Facing Gaia : Six Lectures on the Political Theology of Nature*, bruno-latour.fr/, 2013, accessed 29 February 2016 (link since disabled, lectures to be published by Polity Press).

―――, "Agency at the Time of the Anthropocene," *New Literary History*, vol. 45 (2014) : 1~18.

―――, "Fifty Shades of Green," *Environmental Humanities*, vol. 7 (2015) : 219~25.

―――, *Reset Modernity!* (Cambridge, MA : MIT Press, 2016).

―――, "Anthropology at the Time of the Anthropocene — A Personal View of What Is to Be Studied," lecture at the American Association of Anthropologists, Washington, 2014, brunolatour.fr/, accessed 5 July 2016.

―――, "On Some of the Affects of Capitalism," lecture at the Royal Academy, Copenhagen, 2016, bruno-latour.fr/, accessed 5 July 2016.

―――, "Why Gaia Is Not a God of Totality," *Theory, Culture and Society*, vol. 34 (2017) : 61~82.

Lave, Rebecca, "Reassembling the Structural : Political Ecology and Actor-Network Theory," in Perreault et al., *Handbook*, 213~23.

Lenaerts, J. T. M., S. Lhermitte, R. Drews et al., "Meltwater Produced by Wind-Albedo Interaction Stored in an East Antarctic Ice Shelf," *Nature Climate Change*, vol. 7 (2017) : 58~62.

LeCain, Timothy James, "Against the Anthropocene : A Neo-Materialist Perspective," *International Journal for History, Culture and Modernity*, vol. 3 (2015) : 1~28.

Lee, Keekok, "Is Nature Autonomous?," in *Recognizing the Autonomy of Nature*, ed. Thomas Heyd (New York : Columbia University Press, 2005), 54~74.

Lehner, Flavior, and Thomas F. Stocker, "From Local Perception to Global Perspective," *Nature Climate Change*, vol. 5 (2015) : 731~5.

Le Page, Michael, "Five Metres and Counting," *New Scientist*, vol. 226 (2015) : 13~9.

Lerner, Ben, *10:04* (London : Granta, 2014).

Levins, Richard and Richard Lewontin, *The Dialectical Biologist* (Cambridge, MA : Harvard University Press, 1985).

Lewontin, Richard and Richard Levins, *Biology under the Influence : Dialectical Essays on Ecology, Agriculture and Health* (New York : Monthly Review Press, 2007).

Lelieveld, J., Y. Proestos, P. Hadjinicolaou et al., "Strongly Increasing Heat Extremes in the Middle East and North Africa (MENA) in the 21st Century," *Climatic Change*, vol. 137 (2016) : 245~60.

Lievens, Matthias and Anneleen Kenis, "Social Constructivism and Beyond : On the Double Bind between Politics and Science," *Ethics, Policy and Environment*, vol. 21 (2017) : 81~95.

Liu, Bing, Senthold Asseng, Christoph Müller et al., "Similar Estimates of Temperature Impacts on Global Wheat Yield by Three Independent Methods," *Nature Climate Change*, vol. 6 (2016) : 1130~7.

Lo, Alex Y. and Alex T. Chow, "The Relationship Between Climate Change Concern and National Wealth," *Climatic Change*, vol. 131 (2015) : 335~48.

Longo, Stefano B., Rebecca Clausen, and Brett Clark, *The Tragedy of the Commodity : Oceans, Fisheries, and Aquaculture* (New Brunswick : Rutgers University Press, 2015).

Luisi, Pier Luigi, *The Emergence of Life : From Chemical Origins to Synthetic Biology* (Cambridge : Cambridge University Press, 2006).

Lycan, William G., "Is Property Dualism Better Off Than Substance Dualism?," *Philosophical Studies*, vol. 164 (2013) : 533~42.

Mackie, Penelope, "Property Dualism and Substance Dualism," *Proceedings of the Aristotelian Society*, vol. 111 (2011) : 181~99.

Malle, Bertram F., "Intentional Action in Folk Psychology," in *A Companion to the Philosophy of Action*, ed. Timothy O'Connor and Constantine Sandis (Chichester : Wiley-Blackwell, 2013), 357~65.

Malm, Andreas, *Det är vår bestämda uppfattning att om ingenting görs nu kommer det att vara för sent* (Stockholm : Atlas, 2007).

―, *Fossil Capital : The Rise of Steam Power and the Roots of Global Warming* (London : Verso, 2016). [안드레아스 말름, 『화석 자본 : 증기력의 발흥과 지구온난화의 기원』, 위대현 옮김, 두번째테제, 2023.]

_____, "Who Lit this Fire? Approaching the History of the Fossil Economy," *Critical Historical Studies*, vol. 3 (2016) : 215~48.

_____, "Revolution in a Warming World : Lessons from the Russian to the Syrian Revolution," in *Socialist Register 2017 : Rethinking Revolution*, ed. Leo Panitch and Greg Albo (London : Merlin Press, 2016), 120~42.

_____, " 'This Is the Hell That I Have Heard Of' : Some Dialectical Images in Fossil Fuel Fiction," *Forum for Modern Language Studies*, vol. 53 (2017) : 121~41.

Mann, Michael E., and Tom Toles, The Madhouse Effect : How Climate Change Denial is Threatening Our Planet, Destroying Our Politics, and Driving Us Crazy (New York : Columbia University Press, 2016). [마이클 E. 만·톰 톨스, 『누가 왜 기후변화를 부정하는가 : 거짓 선동과 모략을 일삼는 기후변화 부정론자들에게 보내는 레드카드』, 정태영 옮김, 미래인, 2017.]

Marcuse, Herbert, *Counterrevolution and Revolt* (Boston : Beacon, 1972). [헤르베르트 마르쿠제, 『반혁명과 반역』, 박종렬 옮김, 풀빛, 1984.]

Marquart-Pyatt, Sandra, Aaron M. McCright, Thomas Dietz, and Riley E. Dunlap, "Politics Eclipses Climate Extremes for Climate Change Perceptions," *Global Environmental Change*, vol. 29 (2014) : 246~57.

Martin, Keir, "Knot-work not Networks, or Anti-anti-antifetishism and the ANTipolitics Machine," *HAU : Journal of Ethnographic Theory*, vol. 4 (2014) : 99~115.

Marx, Karl, *Capital : Volume I* (London : Penguin, 1990). [카를 마르크스, 『자본론 I-상·하』, 김수행 옮김, 비봉출판사, 2015.]

_____, *Capital : Volume III* (London : Penguin, 1991). [카를 마르크스, 『자본론 III-상·하』, 김수행 옮김, 비봉출판사, 2015.]

_____, *Grundrisse* (London : Penguin, 1993). [칼 맑스, 『정치경제학 비판 요강 I·II·III』, 김호균 옮김, 그린비, 2007.]

Marx, Karl and Friedrich Engels, *The German Ideology* (New York : Prometheus, 1998). [카를 마르크스·프리드리히 엥겔스, 『독일 이데올로기』, 김대웅 옮김, 두레, 2015.]

McCright, Aaron M. and Riley E. Dunlap, "Cool Dudes : The Denial of Climate Change Among Conservative White Males in the United States," *Global Environmental Change*, vol. 21 (2011) : 1163~72.

McCright, Aaron M., Riley E. Dunlap, and Sandra T. Marquart-Pyatt, "Political Ideology and Views about Climate Change in the European Union," *Environmental Politics*, vol. 25 (2016) : 338~58.

McCright, Aaron M., Sandra T. Marquart-Pyatt, Rachael L. Shwom et al., "Ideology, Capitalism, and Climate: Explaining Views about Climate Change in the United States," *Energy Research and Social Science*, vol. 21 (2016) : 180~9.

McDowell, John, "Acting as One Intends," in *Philosophy of Action : An Anthology*, ed. Jonathan Dancy and Constantine Sandis (Chichester : Wiley-Blackwell, 2015), 145~57.

McKibben, Bill, *The End of Nature* (London : Viking, 1990). [빌 맥키벤, 『자연의 종말』, 진우기 옮김, 양문, 2005.]

McMurry, Andrew, "Media Moralia : Reflections on Damaged Environments and Digital Life," in *The Oxford Handbook of Ecocriticism*, ed. Greg Garrard (Oxford : Oxford University Press, 2014).

McNeish, Hannah, " 'We Have almost Been Buried' : The Sudanese Villages Being Swallowed by Sand," *Guardian*, 17 November 2016.

─── , "Farmers in Sudan Battle Climate Change and Hunger as Desert Creeps Closer," *Guardian*, 19 December 2016.

McVeigh, Karen, "On the Climate Change Frontline : The Disappearing Fishing Villages of Bangladesh," *Guardian*, 20 January 2017.

Mele, Alfred R., "Intention," in *A Companion to the Philosophy of Action*, ed. Timothy O'Connor and Constantine Sandis (Chichester : Wiley-Blackwell, 2010), 108~13.

Merchant, Carolyn, *The Death of Nature : Women, Ecology and the Scientific Revolution* (San Francisco : HarperCollins, 1980). [캐럴린 머천트, 『자연의 죽음』, 전유찬·이윤숙·전우경 옮김, 미토, 2005.]

─── , *Autonomous Nature : Problems of Prediction and Control from Ancient Times to the Scientific Revolution* (New York : Routledge, 2016).

Milfont, Taciano L., Petar Milojev, Lara M. Greaves and Chris G. Sibley, "Socio-Structural and Psychological Foundations of Climate Change Beliefs," *New Zealand Journal of Psychology*, vol. 44 (2015) : 17~30.

Millar, Susan W. S. and Don Mitchell, "The Tight Dialectic : The Anthropocene and the Capitalist Production of Nature," *Antipode*, vol. 49, no. S1 (2017) : 75~93.

Mooney, Chris, "Scientists Are Floored by What's Happening in the Arctic Right Now," *Washington Post*, 18 February 2016.

Moore, Brendan, "Climate Change Skepticism in the UK Independence Party," *Environmental Europe*, http://environmentaleurope.ideasoneurope.eu, 2 March 2015.

Moore, Jason W., "Transcending the Metabolic Rift : A Theory of Crisis in the Capitalist World-Ecology," *The Journal of Peasant Studies*, vol. 38 (2011) : 1~46.

─── , "Toward a Singular Metabolism : Epistemic Rifts and Environment-Making in the Capitalist World-Ecology," *New Geographies*, vol. 6 (2014) : 10~9.

─── , *Capitalism in the Web of Life* (London : Verso, 2015). [제이슨 W. 무어, 『생명의 그물 속 자본주의』, 김효진 옮김, 갈무리, 2020.]

─── , "Cheap Food and Bad Climate : From Surplus Value to Negative Value in the Capitalist World-Ecology," *Critical Historical Studies*, vol. 2 (2015) : 1~43.

─── , "The Rise of Cheap Nature," in *Anthropocene or Capitalocene? Nature, History, and the Crisis of Capitalism*, ed. Jason W. Moore (Oakland : PM Press, 2016), 78~115.

Morton, Oliver, *The Planet Remade : How Geoengineering Could Change the World* (London : Granta, 2015).

Morton, Timothy, "An Object-Oriented Defense of Poetry," *New Literary History*, vol. 43 (2012) : 205~24.

─── , *Hyperobjects : Philosophy and Ecology after the End of the World* (Minneapolis : University of Minnesota Press, 2013). [티머시 모턴, 『하이퍼객체: 세계의 끝 이후의 철학과 생태학』, 김지연 옮김 현실문화, 2024.]

———, "They Are Here," in *The Nonhuman Turn*, ed. Richard Grusin (Minneapolis: University of Minnesota Press, 2015), 167–92.

Murphey, Murray G., *Truth and History* (Albany: SUNY Press, 2009).

Nash, Linda, "The Agency of Nature or the Nature of Agency?," *Environmental History*, vol. 10 (2005): 67~9.

Nayeri, Kamran, "'Capitalism in the Web of Life' — A Critique," *Climate and Capitalism*, climateandcapitalism.com, 19 July 2016.

Naylor, Hugh, "An epic Middle East heat wave could be global warming's hellish curtain-raiser," *Washington Post*, 10 August 2016.

Negri, Antonio, *Marx Beyond Marx: Lessons on the Grundrisse* (New York: Autonomedia, 1991). [안토니오 네그리, 『맑스 너머의 맑스: 정치경제학비판 요강에 대한 강의』, 윤수종 옮김, 새길아카데미, 2020.]

———, *Factory of Strategy: 33 Lessons on Lenin* (New York: Columbia University Press, 2014).

Neslen, Arthur, "French National Front Launches Nationalist Environmental Movement," *Guardian*, 18 December 2014.

Newton, Tim, *Nature and Sociology* (London: Routledge, 2007).

Norgaard, Kari-Marie, *Living in Denial: Climate Change, Emotions, and Everyday Life* (Cambridge, MA: MIT Press, 2011).

Norrington, Brad, "Think Tank Secrets," *The Sydney Morning Herald*, 12 August 2003.

———, "The global warming sceptics," *The Age*, 27 November 2004.

Noys, Benjamin, *The Persistence of the Negative: A Critique of Contemporary Continental Theory* (Edinburgh: Edinburgh University Press, 2012).

———, "The Discreet Charm of Bruno Latour," in *(Mis)readings of Marx in Continental Philosophy*, ed. Jernej Habjan and Jessica Whyte (Basingstoke: Palgrave Macmillan, 2014), 195~210.

O'Brien, Lilian, *Philosophy of Action* (Basingstoke: Palgrave Macmillan, 2015).

O'Connor, James, *Natural Causes: Essays in Ecological Marxism* (New York: Guilford Press, 1998).

O'Connor, Timothy and John Ross Churchill, "Nonreductive Physicalism or Emergent Dualism? The Argument from Mental Causation," in *The Waning of Materialism*, ed. Robert C. Koons and George Bealer (Oxford: Oxford University Press, 2010).

Oil Change International, *The Sky's Limit: Why the Paris Climate Goals Require a Managed Decline of Fossil Fuel Production*, priceofoil.org, September 2016.

Orange, Donna M., *Climate Crisis, Psychoanalysis, and Radical Ethics* (London: Routledge, 2017).

Otter, Chris, "Locating Matter: The Place of Materiality in Urban History," in *Material Powers: Cultural Studies, History and the Material Turn*, ed. Tony Bennett and Patrick Joyce (Abingdon: Routledge, 2010), 38~59.

Otto, Friederike, Geert Jan van Oldenborgh, Jonathan Eden et al., "The Attribution Question," *Nature Climate Change*, vol. 6 (2016): 813~6.
Oxfam, "Extreme Carbon Inequality," *Oxfam Media Briefing*, 2 December 2015.
Pal, Jeremy S. and Elfatih A. B. Eltahir, "Future Temperature in Southwest Asia Projected to Exceed a Threshold for Human Adaptability," *Nature Climate Change*, vol. 6 (2016): 197~200.
Panitch, Leo and Sam Gindin, *The Making of Global Capitalism: The Political Economy of American Empire* (London: Verso, 2012).
Panzieri, Raniero, "Surplus Value and Planning: Notes on the Reading of 'Capital'," in *The Labour Process and Class Strategies* (London: Conference of Socialist Economists, 1976), 4~25.
Paolo, Fernando S., Helen A. Fricker, and Laurie Padman, "Volume Loss from Antarctic Ice Shelves is Accelerating," *Science*, vol. 348 (2015): 327~31.
Pellizzoni, Luigi, "Catching up with Things? Environmental Sociology and the Material Turn in Social Theory," *Environmental Sociology*, vol. 2 (2016): 312~21.
Penn, Derek C., Keith J. Holyoak, and Daniel J. Povinelli, "Darwin's Mistake: Explaining the Discontinuity between Human and Nonhuman Minds," *Behavioral and Brain Sciences*, vol. 31 (2008): 109~78.
Peters, Glen, "The 'Best Available Science' to Inform 1.5 °C Policy Choices," *Nature Climate Change*, vol. 6 (2016): 646~9.
Peterson, Anna, "Environmental Ethics and the Social Construction of Nature," *Environmental Ethics*, vol. 21, no. 4 (1999): 339~57.
Pfister, Patrik L. and Thomas F. Stocker, "Earth System Commitments Due to Delayed Mitigation," *Environmental Research Letters*, vol. 11 (2016): 014010.
Plowman, Anna, *Could the Effects of Climate Change be Profitable? A Case Study of Climate Induced Migration into the Bangladeshi Readymade Garments Industry*, master's thesis in human ecology, Lund University, 2015.
―――, "Bangladesh's Disaster Capitalism," *Jacobin*, 22 January 2016.
Plumwood, Val, *Feminism and the Mastery of Nature* (London: Routledge, 1993).
―――, *Environmental Culture: The Ecological Crisis of Reason* (London: Routledge, 2002).
―――, "Towards a Progressive Naturalism," in *Recognizing the Autonomy of Nature*, ed. Thomas Heyd (New York: Columbia University Press, 2005), 25~53.
―――, "The Concept of a Cultural Landscape: Nature, Culture and Agency in the Land," *Ethics and the Environment*, vol. 11 (2006): 115~50.
Pollini, Jacques, "Bruno Latour and the Ontological Dissolution of Nature in the Social Sciences: A Critical Review," *Environmental Values*, vol. 22 (2013): 25~42.
Proctor, James D., "The Social Construction of Nature: Relativist Accounts, Pragmatist and Critical Realist Responses," *Annals of the Association of American Geographers*, vol. 88 (1998): 352~76.
Purdy, Jedediah, *After Nature: A Politics of the Anthropocene* (Cambridge MA: Harvard Uni-

versity Press, 2015).

____, "The New Nature," reply to respondents, *Boston Review*, vol. 41, no. 1 (2016) : 28~9.

Ravilious, Kate, "Climate Change likely Cause of Freak Avalanches," *Guardian*, 4 December 2016.

Reynolds, Peter C., "The Complementation Theory of Language and Tool Use," in *Tools, Language and Cognition in Human Evolution*, ed. Kathleen R. Gibson and Tim Ingold (Cambridge : Cambridge University Press, 2008) : 407~28.

Rignot, E., J. Mouginot, M. Morlighem et al., "Widespread, Rapid Grounding Line Retreat of Pine Island, Thwaites, Smith, and Kohler glaciers, West Antarctica, from 1992 to 2011," *Geophysical Research Letters*, vol. 41 (2014) : 3502~9.

Rintoul, Stephen Rich, Alessandro Silvano, Beatriz Pena-Molino et al., "Ocean Heat Drives Rapid Basal Melt of the Totten Ice Shelf," *Science Advances*, 16 December 2016.

Rocha, John, "Shrinking glaciers cause state-of-emergency drought in Bolivia," *Guardian*, 28 November 2016.

Rolston III, Holmes, "Nature for Real : Is Nature a Social Construct?" in *The Philosophy of the Environment*. ed. T. D. J. Chappell (Edinburgh : Edinburgh University Press, 1997), 33~64.

Rønneberg, Kristoffer, "Frp vil stenge grensen," *Aftenposten*, 7 April 2008.

Ruiz, April M. and Laurie R. Santos, "Understanding Difference in the Way Human and Non-Human Primates Represent Tools : The Role of Teleological-Intentional Information," in *Tool Use in Animals : Cognition and Ecology*, ed. Crickette M. Sanz, Josep Call, and Christophe Boesch (Cambridge : Cambridge University Press, 2013), 119~33.

Rutz, Christian, Barbara C. Klump, Lisa Komarczyk et al., "Discovery of Species-wide Tool Use in the Hawaiian Crow," *Nature*, vol. 537 (2016) : 403~7.

Samenow, Jason, "Two Middle East Locations Hit 129 Degrees, Hottest Ever in Eastern Hemisphere, Maybe the World," *Washington Post*, 22 July 2016.

Sandvik, Hanno, "Public Concern Over Global Warming Correlates Negatively with National Wealth," *Climatic Change*, vol. 90 (2008) : 333~41.

Sayes, Edwin, "Actor-Network Theory and Methodology : Just What Does It Mean to Say that Nonhumans Have Agency?," *Social Studies of Science*, vol. 44 (2014) : 134~149.

Schellnhuber, Hans Joachim, Stefan Rahmstorf, and Ricarda Winkelmann, "Why the Right Climate Target Was Agreed in Paris," *Nature Climate Change*, vol. 6 (2016) : 649~53.

Schlesinger, William H., "Requiem for a Grand Theory," *Nature Climate Change*, vol. 3 (2013) : 697.

Schmidt, Alfred, *The Concept of Nature in Marx* (London : Verso, 2009). [알프레드 슈미트, 『마르크스의 자연 개념』, 김경수 옮김, 두번째테제, 2020.]

Schmidt, Jessica, "The Empirical Falsity of the Human Subject : New Materialism, Climate Change and the Shared Critique of Artifice," *Resilience : International Policies, Practices and Discourses*, vol. 1 (2013) : 174~92.

Searle, John, "Reductionism and the Irreducibility of Consciousness," in *Emergence : Con-

temporary Readings in Philosophy and Science, ed. Mark A. Bedau and Paul Humphreys (Cambridge, MA : MIT Press, 2008).

Sedghi, Ami, "Climate Change Seen as Greatest Threat by Global Population," *Guardian*, 17 July 2015.

Sewell, William H. Jr., *Logics of History : Social Theory and Social Transformation* (Chicago : Chicago University Press, 2005).

Sheldon, Rebekah, "Form/Matter/Chora : Object-Oriented Ontology and Feminist New Materialism," in *The Nonhuman Turn*, ed. Richard Grusin (Minneapolis : University of Minnesota Press, 2015), 193~222.

Silberstein, Michael and John McGeever, "The Search for Ontological Emergence," *The Philosophical Quarterly*, vol. 49 (1999) : 182~200.

Silver, Beverly, *Forces of Labor : Workers' Movements and Globalization since 1870* (Cambridge : Cambridge University Press, 2003). [비버리 실버, 『노동의 힘 : 1870년 이후의 노동자운동과 세계화』, 백승욱·윤상우·안정옥 옮김, 그린비, 2005.]

Slezak, Michael, "Revealed : First Mammal Species Wiped Out by Human-Induced Climate Change," *Guardian*, 14 June 2016.

─────, "July 2016 Was World's Hottest Month since Records Began, Says Nasa," *Guardian*, 16 August 2016.

Smil, Vaclav, *The Earth's Biosphere : Evolution, Dynamics, and Change* (Cambridge, MA : MIT Press, 2003).

─────, *Energy in Nature and Society : General Energetics of Complex Systems* (Cambridge, MA : MIT Press, 2008).

Smith, Neil, "The Production of Nature," in *FutureNatural : Nature, Science, Culture*, ed. George Robertson et al. (London : Routledge, 1996), 35~54.

─────, "Nature at the Millenium : Production, and Re-enchantment," in *Remaking Reality : Nature at the Millenium*, ed. Bruce Braun and Noel Castree (London : Routledge, 1998), 274~6.

─────, "Nature as Accumulation Strategy," in *Socialist Register 2007 : Coming to Terms with Nature*, ed. Leo Panitch and Colin Leys (London : Merlin Press, 2006), 16~36.

─────, *Uneven Development : Nature, Capital, and the Production of Space*, 3rd ed. (Athens : University of Georgia Press, 2008). [닐 스미스, 『불균등발전 : 자연, 자본, 공간의 생산』, 최병두·성원·최영래·이영아·최영진 옮김, 한울, 2017.]

Solé, Richard V. and Jordi Bascompte, *Self-Organization in Complex Ecosystems* (Princeton : Princeton University Press, 2006).

Solow, Andrew R., "Extreme Weather, Made by Us?" *Science*, vol. 349 (2015) : 1444~5.

Soper, Kate, *What is Nature? : Culture, Politics and the Non-Human* (Oxford : Blackwell, 1995).

─────, "Nature/'nature'," in *FutureNatural*, ed. George Robertson, Melinda Mash, Lisa Tickner et al. (London : Routledge, 1996), 22~34.

─────, "Of OncoMice and Female/Men : Donna Haraway on Cyborg Ontology," *Capitalism*

Nature Socialism, vol. 10 (1999) : 73~80.

―――, "Unnatural times? The Social imaginary and the future of nature," *Sociological Review*, vol. 57 (2009) : 222~35.

―――, "Disposing Nature or Disposing of It: Reflections on the Instruction of Nature," in *The Ideal of Nature: Debates about Biotechnology and the Environment*, ed. Gregory E. Kaebnick (Baltimore : Johns Hopkins University Press, 2011), 1~16.

―――, "The Humanism in Posthumanism," *Comparative Critical Studies*, vol. 9 (2012) : 365~78.

Stanley, Samantha K., Marc S. Wilson, and Taciano L. Milfont, "Exploring Short-Term Longitudinal Effects of Right-Wing Authoritarianism and Social Dominance Orientation on Environmentalism," *Personality and Individual Differences*, vol. 108 (2017) : 174~7.

Steinberg, Ted, "Down to Earth : Nature, Agency, and Power in History," *The American Historical Review*, vol. 107 (2002) : 798~820.

Steward, Helen, "Moral Responsibility and the Concept of Agency," in *Philosophy of Action: An Anthology*, ed. Jonathan Dancy and Constantine Sandis (Chichester : Wiley-Blackwell, 2015), 382~92.

Steyn, Mark, *America Alone: The End of the World as We Know It* (Washington D.C. : Regnery, 2006).

Stott, Peter, "Weather Risks in a Warming World," *Nature Climate Change*, vol. 5 (2015) : 516~7.

―――, "How Climate Change Affects Extreme Weather Events," *Science*, vol. 352 (2016) : 1517~8.

Stoutland, Frederick, "The Ontology of Social Agency," in *Philosophy of Action: An Anthology*, ed. Jonathan Dancy and Constantine Sandis (Chichester : Wiley-Blackwell, 2015), 164~76.

Strum, S. S. and Bruno Latour, "Redefining the Social Link : From Baboons to Humans," *Social Science Information*, vol. 26 (1987) : 783~802.

Sutter, Paul S., "The World with Us : The State of American Environmental History," *The Journal of American History*, vol. 100 (2013) : 97~8.

Szerszynski, Bronislaw, "Reading and Writing the Weather : Climate Technics and the Moment of Responsibility," *Theory, Culture and Society*, vol. 27 (2010) : 9~30.

Szerszynski, Bronislaw and John Urry, "Changing Climates : Introduction," *Theory, Culture and Society*, vol. 27 (2010) : 1~8.

Takayabu, Izuru, Kenshi Hibino, Hidetaka Sasaki et al., "Climate Change Effects on Worst-Case Storm Surge : A Case Study of Typhoon Haiyan," *Environmental Research Letters*, vol. 10 (2015).

Tan, Ivy, Trude Storelvmo, and Mark D. Zelinka, "Observational Constraints on Mixed-Phase Clouds Imply Higher Climate Sensitivity," *Science*, vol. 352 (2016) : 224~7.

Telegrambyrå, Tidningarnas, "SD-politiker : SMHI bedriver propaganda," *Aftonbladet*, 10 January 2017.

Tempest, Kate, *Let Them Eat Chaos* (London : Picador, 2016).

Throop, William and Beth Vickers, "Autonomy and Agriculture," in *Recognizing the Autonomy of Nature*, ed. Thomas Heyd (New York : Columbia University Press, 2005), 99~118.

Times Higher Education, "Most Cited Authors of Books in the Humanities, 2007," timeshighereducation.com, 26 March 2009.

Tokarska, Katarzyna B., Nathan P. Gillett, Andrew J. Weaver et al., "The Climate Response to Five Trillion Tonnes of Carbon," *Nature Climate Change*, vol. 6 (2016) : 851~5.

Tomasello, Michael and Hannes Rakoczy, "What Makes Human Cognition Unique? From Individual to Shared to Collective Intentionality," *Mind and Language*, vol. 18 (2003) : 121~47.

Toscano, Alberto, "Chronicles of Insurrection : Tronti, Negri and the Subject of Antagonism," *Cosmos and History*, vol. 5 (2009) : 76~91.

Tranter, Bruce and Kate Booth, "Scepticism in a Changing Climate : A Cross-National Study," *Global Environmental Change*, vol. 33 (2015) : 154~64.

Trenberth, Kevin E., John T. Fasullo, and Theodore G. Shepherd, "Attribution of Climate Extreme Events," *Nature Climate Change*, vol. 5 (2015) : 725~30.

Trexler, Adam, "Integrating Agency with Climate Critique," *symploke*, vol. 21 (2013) : 221~37.

─── , *Anthropocene Fictions : The Novel in a Time of Climate Change* (Charlottesville : University of Virginia Press, 2015).

Trotsky, Leon, *The History of the Russian Revolution, Volume One* (London : Sphere, 1967). [레온 트로츠키, 『레온 트로츠키의 러시아 혁명사-상』, 최규진 옮김, 풀무질, 2003.]

United Nations Framework Convention on Climate Change, "Adoption of the Paris Agreement," 12 December 2015 (unfccc.int에서 입수할 수 있음).

Urban, Mark C., "Accelerating Extinction Risk from Climate Change," *Science*, vol. 348 (2015) : 571~3.

van Eeckhout, Laetitia, "Winds of Climate Change Blast Farmers' Hopes of Sustaining a Livelihood in Burkina Faso," *Guardian*, 7 July 2015.

Vidal, John, " 'Extraordinarily Hot' Arctic Temperatures Alarm Scientists," *Guardian*, 22 November 2016.

Vogel, Steven, *Against Nature : The Concept of Nature in Critical Theory* (New York : State University of New York Press, 1996).

─── , "Why 'Nature' Has No Place in Environmental Philosophy," in *The Ideal of Nature : Debates about Biotechnology and the Environment*, ed. Gregory E. Kaebnick (Baltimore : Johns Hopkins University Press, 2011), 84~97.

─── , *Thinking Like a Mall : Environmental Philosophy after the End of Nature* (Cambridge, MA : MIT Press, 2015).

Volk, Tyler, "Natural Selection, Gaia, and Inadvertent By-Products," *Climatic Change*, vol. 58 (2003) : 13~19.

─── , "Real Concern, False Gods," *Nature*, vol. 440 (2006) : 869~70.

Wapner, Paul, *Living Through the End of Nature : The Future of American Environmentalism* (Cambridge : MIT Press, 2013).

―――, "The Changing Nature of Nature: Environmental Politics in the Anthropocene," *Global Environmental Politics*, vol. 14 (2014), 36~54

Wark, McKenzie, *Molecular Red: Theory for the Anthropocene* (London: Verso, 2015).

Watson, James, "Bring Climate Change Back from the Future, *Nature*, vol. 534 (2016): 437.

Weart, Spencer R., *The Discovery of Global Warming* (Cambridge, MA: Harvard University Press, 2003).

―――, *The Discovery of Global Warming: Revised and Expanded Edition* (Cambridge, MA: Harvard University Press, 2008).

White, Damian F., Alan P. Rudy, and Brian J. Gareau, *Environments, Natures and Social Theory* (London: Palgrave, 2016).

White, Hylton, "Materiality, Form, and Context: Marx contra Latour," *Victorian Studies*, vol. 55 (2013): 667~82.

Williams, Raymond, *Culture and Materialism* (London: Verso, 2005).

Wimsatt, William C., "Aggregativity: Reductive Heuristics for Finding Emergence," in *Emergence: Contemporary Readings in Philosophy and Science*, ed. Mark A. Bedau and Paul Humphreys (Cambridge, MA: MIT Press, 2008), 99~110.

Winkelmann, Ricarda, Anders Levermann, Andy Ridgwell and Ken Caldeira, "Combustion of Available Fossil Fuel Resources Sufficient to Eliminate Antarctic Ice Sheet," *Science Advances*, 11 September 2015.

WMO, "WMO confirms 2016 as hottest year on record, about 1.1°C above pre-industrial era," https://public.wmo.int, 18 January 2017.

Wolfe, Cary, *What Is Posthumanism?* (Minneapolis: University of Minnesota Press, 2010).

Won, Chiwook, "Overdetermination, Counterfactuals, and Mental Causation," *Philosophical Review*, vol. 123 (2014): 205~29.

Woods, Mark, "Ecological Restoration and the Renewal of Wildness and Freedom," in *Recognizing the Autonomy of Nature*, ed. Thomas Heyd (New York: Columbia University Press, 2005), 170~88.

World Meteorological Organization, "2015 Is Hottest Year on Record," public.wmo.int, 25 January 2016.

Xue, Kai, Mengting M. Yuan, Zhou J. Shi et al., "Tundra Soil Carbon Is Vulnerable to Rapid Microbial Decomposition under Climate Warming," *Nature Climate Change*, vol. 6 (2016): 595~600.

York, Richard, "Do Alternative Energy Sources Displace Fossil Fuels?," *Nature Climate Change*, vol. 2 (2012): 441~3.

―――, "Asymmetric Effects of Economic Growth and Decline on CO_2 Emissions," *Nature Climate Change*, vol. 2 (2012): 762~4.

Yuhas, Alan, "Inside the Largest Earth Science Event: 'The Time Has Never Been More Urgent'," *Guardian*, 15 December 2016.

Zimmerman, Dean, "From Property Dualism to Substance Dualism," *Proceedings of the Aristotelian Society Supplementary*, vol. 84 (2010): 119~50.

:: 인명 찾아보기

ㄱ
골드스미스, 레이철 E.(Goldsmith, Rachel E.) 235, 385, 386
구만, 자이납(Guman, Zainab) 390
굴드, 스티븐 제이(Gould, Stephen J.) 123
기브, 소피 C.(Gibb, Sophie C.) 113

ㄴ
내시, 린다(Nash, Linda) 175
네그리, 안토니오(Negri, Antonio) 342~343, 347~348, 358
노르가드, 카리-마리(Norgaard, Kari-Mari) 239, 240
노이스, 벤저민(Noys, Benjamin) 214, 247, 258, 268, 269, 357, 358, 388

ㄷ
다스, 푸쉬포 라니(Das, Pushpo Rani) 391
다윈, 찰스(Darwin, Charles) 229
단테(Dante) 5
던랩, 라일리(Dunlap, Riley) 233~235, 237, 238
데카르트, 르네(Descartes, René) 88~93, 95, 111, 112, 363
도슨, 애슐리(Dawson, Ashley) 320

ㄹ
라투르, 브뤼노(Latour, Bruno) 78~82, 88, 95, 102, 106, 131, 143, 144, 148, 154~158, 164, 165, 169, 170, 172~174, 194, 197, 208, 210~224, 227, 228, 238, 239, 245~251, 254~260, 267~271, 290, 295, 305, 313, 322, 324, 325, 329, 357, 388, 408, 410
람세스 2세(Ramses II) 211, 212
랑, 프리츠(Lang, Fritz) 382
러너, 벤(Lerner, Ben) 9, 14, 15, 17, 337, 399
러브록, 제임스(Lovelock, James) 223
레닌, 블라디미르(Lenin, Vladimir) 208, 410
레빈스, 리처드(Levins, Richard) 123, 152, 316
레오폴드, 알도(Leopold, Aldo) 63
레이브, 레베카(Lave, Rebecca) 258, 267, 268
롱고, 스테파노 B.(Longo, Stefano B.) 309
르원틴, 리처드(Lewontin, Richard) 123, 152, 316
르케인, 티머시 제임스(LeCain, Timothy James) 162, 163, 166, 191, 192
리, 키콕(Lee, Keekok) 60, 343~345, 355
린젠, 리처드(Lindzen, Richard) 242

ㅁ
마르쿠제, 헤르베르트(Marcuse, Herbert) 364, 367, 368
마틴, 조지 R. R.(Martin, George R. R.) 99
말름, 라티파 에스마일리안(Malm, Latifa Esmailian) 403
말름, 쇼라 에스마일리안(Malm, Shora Esmailian) 403
맑스, 칼(Marx, Karl) 5, 78, 104, 121, 152, 153, 246, 247, 256, 274~281, 284, 286, 300, 301, 303, 308, 309, 328, 340, 350~352, 362~364
맥도웰, 존(McDowell, John) 153, 167, 169, 176
맥머리, 앤드루(McMurry, Andrew) 26
맥크라이트, 애런(McCright, Aaron) 233~235, 237
맥키벤, 빌(McKibben, Bill) 56~63, 74, 84, 303
머천트, 캐럴린(Merchant, Carolyn) 318~320, 346, 347, 353, 355, 362, 364

메릭, 존(Merrick, John) 402
모턴, 올리브(Morton, Olive) 355~357
모턴, 티머시(Morton, Timothy) 196, 206
무어, 제이슨 W.(Moore, Jason W.) 310~317, 319, 322, 324, 327, 328, 330~334, 336, 338, 339, 360

ㅂ

바를레니우스, 리카드(Warlenius, Rikard) 402
바스카, 로이(Bhaskar, Roy) 47, 122, 124, 207, 225~228, 231
버라드, 캐런(Barad, Karen) 138, 154, 155
버젠, 서배스천(Budgen, Sebastian) 402
버킷, 폴(Burkett, Paul) 277, 278, 286, 308, 362
베넷, 제인(Bennett, Jane) 144~146, 155, 162, 165, 173, 193, 195, 196, 379
베이컨, 프랜시스(Bacon, Francis) 363, 365
벤야민, 발터(Benjamin, Walter) 13, 78, 299, 388~389, 399, 400
벤튼, 테드(Benton, Ted) 278, 282, 294, 298, 299
보걸, 스티븐(Vogel, Steven) 61~67, 69, 71, 73, 210, 232, 265, 274, 276, 378, 379
부시, 조지 W.(Bush, George W.) 155, 240
브라이도티, 로지(Braidotti, Rosi) 197, 201, 322, 323, 388
브레너, 로버트(Brenner, Robert) 319
브레히트, 베르톨트(Brecht, Bertolt) 366
브뢰커, 월리스(Broecker, Wallace) 355
블로흐, 에른스트(Bloch, Ernst) 364, 365, 367, 387, 397, 398
비어트, 스펜서 R.(Weart, Spencer R.) 227~229
빤찌에리, 라니에로(Panzieri, Raniero) 348~350

ㅅ

사예드, 오사마(Sayed, Osama) 381
세이스, 에드윈(Sayes, Edwin) 144, 156

센, 아마르티야(Sen, Amartya) 264
셸른후버, 한스 요아힘(Schellnhuber, Hans Joachim) 400, 401
소퍼, 케이트(Soper, Kate) 48, 51, 54, 57, 68, 117, 133, 204, 205, 266, 282, 292, 294, 402
슈미트, 알프레트(Schmidt, Alfred) 126, 278, 299, 300
슈미트, 제시카(Schmidt, Jessica) 190, 191, 267
스미스, 닐(Smith, Neil) 52~55, 64, 72, 73, 109, 263, 264, 274, 313
스웰, 윌리엄 H.(Sewell, William H.) 69
스쿨먼, 하비(Schoolman, Harvey) 402
스타우틀랜드, 프레더릭(Stoutland, Frederick) 149, 179, 181
스테인, 마크(Steyn, Mark) 241, 242
스텐게르스, 이자벨(Stengers, Isabelle) 170
스튜어드, 헬렌(Steward, Helen) 148, 165, 166
스트럼, 셜리(Strum, Shirley) 245, 249, 270

ㅇ

아도르노, 테오도르(Adorno, Theodor) 26, 364, 388, 399
아렌트, 한나(Arendt, Hannah) 155
아처, 마가렛(Archer, Margaret) 177
알바레즈, 마리아(Alvarez, Maria) 169, 171
앤더슨, 페리(Anderson, Perry) 153, 177, 178, 182, 187, 207, 286, 287, 358
에번스, 리처드 J.(Evans, Richard J.) 41
에이미스, 마틴(Amis, Martin) 240
엘더-바스, 데이브(Elder-Vass, Dave) 48, 50, 118, 120, 124, 176, 213, 226, 232, 258
엥겔스, 프리드리히(Engels, Friedrich) 246, 275, 281, 284, 286, 361, 362, 364
옌센, 시브(Jensen, Siv) 242
오린지, 도나 M.(Orange, Donna M.) 387, 393
오바마, 버락(Obama, Barack) 236
오브라이언, 릴리안(O'Brien, Lilian) 149, 161,

182

오웰, 조지(Orwell, George) 382
오코너, 제임스(O'Conner, James) 330, 331, 333
오터, 크리스(Otter, Chris) 140, 194, 255
와트, 제임스(Watt, James) 354, 365
와프너, 폴(Wapner, Paul) 48, 61, 83, 84, 264, 297
왓킨스, 클레어 바에(Watkins, Claire Vaye) 232
요크, 리처드(York, Richard) 308, 309, 312
울프, 캐리(Wolfe, Cary) 200, 203
워런, 로지(Warren, Rosie) 402
이글턴, 테리(Eagleton, Terry) 324, 325, 327, 339, 362, 379, 380

ㅈ

자케트, 데일(Jacquette, Dale) 49, 93, 95, 98~101, 150, 151, 252, 286
제임슨, 프레드릭(Jameson, Fredric) 6~9, 14, 22~24, 27, 32, 56, 384
젠킨스, 키스(Jenkins, Keith) 41
존슨, 짐(Johnson, Jim) 252
지젝, 슬라보예(Žižek, Slavoj) 410
질레트, 칼(Gillett, Carl) 118~121, 123, 181

ㅊ

차크라바르티, 디페시(Chakrabarty, Dipesh) 329

ㅋ

카스트리, 노엘(Castree, Noel) 44~47, 50, 53, 64, 72, 135, 228, 262, 263, 274
카턴, 윔(Carton, Wim) 404, 405
카플란, E. 앤(Kaplan, E. Ann) 20, 21, 134, 382
캐리건, 마크(Carrigan, Mark) 197
캠벨, 브루스 S.(Campbell, Bruce S.) 198, 199
콘래드, 조지프(Conrad, Joseph) 370~372, 375
콜리어, 앤드루(Collier, Andrew) 47, 122, 124, 229, 231, 302
콜, 스티브(Coll, Steve) 185, 186
쿠푸(Khufu) 68
쿨, 다이애나(Coole, Diana) 138, 139, 145, 267, 323
크레리, 조너선(Crary, Jonathan) 24, 380
클라인, 나오미(Klein, Naomi) 28, 40, 305, 337, 354, 355, 360, 361, 383, 396, 397
클라크, 브렛(Clark, Brett) 262, 264, 300, 308, 309, 312
클로센, 레베카(Clausen, Rebecca) 309
키플렛, 데이비드(Ciplet, David) 128, 183

ㅌ

타르가르옌, 대너리스(Targaryen, Daenerys) 99
템페스트, 케이트(Tempest, Kate) 5, 26
트럼프, 도널드(Trump, Donald) 30, 96, 99, 121, 184, 185, 188, 236, 240, 243
트렉슬러, 애덤(Trexler, Adam) 142, 172, 173, 195
트로츠키, 레온(Trotsky, Leon) 86
틸러슨, 렉스(Tillerson, Rex) 120, 121, 185, 186

ㅍ

파스퇴르, 루이(Pasteur, Louis) 210, 212, 216
파팽, 드니(Papin, Denis) 365
패라지, 나이절(Farage, Nigel) 243
퍼디, 제데다이아(Purdy, Jedediah) 74, 75, 84, 264
페티, 윌리엄(Petty, William) 278
펠스키, 리타(Felski, Rita) 238
포스터, 존 벨라미(Foster, John Bellamy) 264, 277, 278, 286, 300, 308~314, 330, 331, 333, 362, 402
포이어바흐, 루트비히(Feuerbach, Ludwig) 274
푸코, 미셸(Foucault, Michel) 78, 203, 205

인명 찾아보기 **435**

프랜시스, 앤드루(Francis, Andrew) 37, 370
프랭크퍼트, 해리 G.(Frankfurt, Harry G.) 148, 286
프로이트, 지그문트(Freud, Sigmund) 70, 393
플라톤(Plato) 90, 170
플럼우드, 발(Plumwood, Val) 48, 55, 60, 68, 72, 89, 90, 93~95, 153, 158, 327, 378, 380
플로우만, 안나(Plowman, Anna) 336
피셔-코왈스키, 마리나(Fisher-Kowalski, Marina) 308
핀버그, 앤드루(Feenberg, Andrew) 274, 276, 278
필립스, 멜라니(Phillips, Melanie) 242

ㅎ

하먼, 그레이엄(Harman, Graham) 78, 82, 194, 195, 202, 215, 216, 220, 227, 249, 258, 269~271
하이먼, 존(Hyman, John) 169, 171
하트위크, 일레인(Hartwick, Elaine) 268
한센, 제임스(Hansen, James) 17, 126, 303
함달라, 하무드 엘-누르(Hamdallah, Hamud El-Nour) 391
해러웨이, 도나(Haraway, Donna) 47, 200, 322~324, 326, 327
해밀턴, 클라이브(Hamilton, Clive) 171, 202, 232, 233, 259
해킹, 이언(Hacking, Ian) 48, 69, 70
헉슬리, 올더스(Huxley, Aldous) 382
헤르츠, 엘렌(Hertz, Ellen) 326
헤일우드, 사이먼(Hailwood, Simon) 54, 55, 72, 105, 204, 282, 294, 297, 363, 378
헤일, 존(Heil, John) 93, 96, 112
호르크하이머, 막스(Horkheimer, Max) 364
호른보리, 알프(Hornborg, Alf) 108, 109, 169, 204, 252, 253, 255, 256, 291, 402
혼스비, 제니퍼(Hornsby, Jennifer) 148, 169, 176

홉스, 토머스(Hobbes, Thomas) 247, 270
화이트, 데미언 F.(White, Damian F.) 82, 83, 102, 124, 204, 258, 278, 314
후쿠야마, 프랜시스(Fukuyama, Francis) 61
흄, 마이크(Hulme, Mike) 261, 262, 299
히친스, 크리스토퍼(Hitchens, Christopher) 240

:: 용어 찾아보기

ㄱ

가뭄(drought) 46, 127, 198, 232, 391
가상고치(virtual cocoon) 25
가이아(Gaia) 223, 259
가자(Gaza) 87
강화 고리(loop of reinforcement) 259
개념적 지도(conceptual map) 31
개발도상국(developing country) 33
결정론(determinism) 193
결합체(combination) 84, 86, 87, 91, 105~107, 114, 132, 292~294, 296, 297, 299, 300, 309, 350, 351, 353, 362
결핵균(tuberculosis bacterium) 211
경각주의(alarmism) 242, 262
경관(landscape) 83
계급투쟁(class struggle) 358
계절 순환(seasonal cycle) 13
『골드 페임 시트러스』(*Gold Fame Citrus*, 왓킨스) 232
과거(past) 5, 6, 12~15, 17, 20~22, 24, 29, 35, 41~44, 47, 56, 65, 134, 172, 207, 217, 238, 296, 302, 381
과정(process) 8, 9, 27, 28, 32, 38, 46, 51, 57, 65, 68~70, 73, 107, 109, 115, 127~129, 132, 133, 144, 152, 155, 163, 173, 177, 184, 190, 207, 219, 226, 229, 241, 244, 256, 257, 263, 265, 268, 275, 277, 280, 289, 291, 294, 295, 300, 303, 308, 319, 320, 333, 335, 347, 351, 352, 392, 403, 407, 408
과학(science) 16, 72, 100, 213, 216, 222, 225, 226, 232~240, 288, 370, 383, 393
과학자(scientist) 15, 17, 18, 40, 62, 79, 96, 119, 171, 203, 210~212, 215, 216, 221~224, 228~230, 233, 234, 263, 287, 290, 303, 355, 390, 392, 400, 401
과학적 객관성(scientific objectivity) 219
과학적 불확실성(scientific uncertainty) 219
과학적 합의(scientific consensus) 17, 222, 234
관계적 행위성(relational agency) 169
관념론(idealism) 62, 246
관념론적 구성주의(idealist constructionism) 64, 139, 210, 261
교외(suburbs) 8, 297
교토 의정서(Kyoto Protocol) 262
교환가치(exchange-value) 327, 366
구름(cloud) 11, 13, 57, 125, 129, 130, 141, 194, 367
구성(construction) 47, 48, 64~66, 69~71, 76, 87, 89, 115, 117, 118, 122, 128, 193, 217, 264, 283, 323, 325
구성요소(component) 52, 118~122, 128, 132, 212
구성주의(constructionism) 30, 48, 50, 61, 62, 64~66, 68, 71~73, 76, 139, 142, 210, 219, 222, 228, 260, 263, 265, 267, 274, 300, 304, 305, 361, 379, 408, 409
구축(building) 66, 69
구축된 환경(built environment) 61, 63
국민전선(Front National) 243
국제관계(international relation) 86
국제연합(United Nations, UN) 125, 129, 243
권력(power) 38, 120, 121, 139, 174, 187, 189, 193, 215, 218, 234, 236, 237, 239, 244, 246, 247, 249, 254~258, 265, 282, 302, 303, 320, 327, 342, 348, 351, 354, 358, 363, 379, 402
권력관계(power relation) 248, 253, 397
권위주의(authoritarianism) 244, 406
균일한 현재(homogeneous present) 24

근대적 헌정(modern constitution) 88, 143
글로벌 남반구(global South) 238, 391
기계류(machinery) 347, 348
『키니린 열기 · 너무 늦은 시심에서의 기후정치』(*The Long Heat : Climate Politics When It's Too Late*, 카턴·말름) 405
기술결정론(technical determinism) 248
기자(Giza) 66, 68
기저 온난화(basal warming) 13
기후(climate) 11, 19, 24, 28, 29, 31, 32, 35, 52, 53, 55, 56, 68~70, 76, 84, 126~132, 164, 166, 173, 182, 183, 189, 190, 194, 195, 197~199, 218, 219, 221~225, 228~232, 237~240, 242~244, 257, 259, 261, 262, 264, 296, 297, 302~304, 315, 330, 334, 338, 355, 356, 383, 387, 392~395, 402, 405~407, 409
기후과학(climate science) 34, 55, 129, 172, 195, 197, 220, 222, 225, 226, 228~231, 234, 236~239, 242, 398, 406
기후변화(climate change) 10, 11, 13, 15, 16, 18, 21~23, 27, 29, 30, 33, 40, 46, 53~56, 61, 72, 83, 94, 124, 126, 128, 129, 131, 132, 135, 142, 146, 157, 163, 172, 182~185, 188, 190, 192, 193, 196, 203, 216, 220, 225, 226, 228, 231, 233, 235~237, 239, 241~244, 265, 298, 300, 304, 309, 315, 329, 331, 333, 334, 336, 337, 355, 359, 385, 387, 389, 399, 404~410
『기후변화 : 사실들』(*Climate Change : The Facts*, IPA) 242
『기후변화에 관한 국제연합 기본협약』(*UN Framework Convention on Climate Change*, UNFCCC) 243
기후변화에 관한 정부간 협의체(Intergovernmental Panel on Climate Change, IPCC) 226, 262
기후 부인론(climate denialism) 222, 238, 240
기후 비상사태(climate emergency) 392, 393

기후 사기(climate hoax) 218, 242
기후소설(climate fiction) 23, 231, 232
기후 실재론(climate realism) 224, 231, 239, 244, 259, 393
기후운동(climate movement) 61, 188, 189, 303~305, 339, 383, 401, 404, 407
『기후위기, 정신분석, 그리고 급진 윤리학』(*Climate Crisis, Psychoanalysis, and Radical Ethics*, 오린지) 387, 393
기후정치(climate politics) 142, 187, 190, 195, 196
기후 체계(climate system) 19, 126, 127, 164, 197, 355, 356
『기후 트라우마 : 디스토피아적 영화에서 미래를 예견하기』(*Climate Trauma : Foreseeing the Future in Dystopian Film*, 카플란) 20, 21, 27, 134, 382
긴급성(urgency) 105, 108

ㄴ

『나 홀로 미국 : 우리가 알고 있는 세계의 종말』(*American Alone : The End of the World as We Know It*, 스테인) 240
날씨(weather) 10~14, 18, 22, 24, 55~57, 142, 188, 299, 334, 352, 353
남극(Antarctica) 16, 181, 224, 225, 230, 392
내파(implosion) 390, 400, 401
네 가지 저렴한 것(four cheaps) 332
『네오』(*Neo*) 242
『네이처』(*Nature*) 19
『네이처 클라이미트 체인지』(*Nature Climate Change*) 392
네트워크(network) 8, 200, 210, 211, 213~215, 238, 255, 270, 357
노동(labour) 13, 58, 62, 64, 70, 118, 152, 154, 227, 246, 274, 276~279, 281, 285, 293, 310, 312, 336, 340, 342~344, 346~351, 353~355, 359, 360,

362, 368, 369, 396
노동계급(working class) 305, 343, 347, 348, 358
『논고』(Tractatus, 비트겐슈타인) 213
뇌(brain) 95, 97~101, 111, 118, 159, 206, 345
뉴노멀(new normal) 11, 20
『뉴 레프트 리뷰』(New Left Review) 6, 299
『뉴 사이언티스트』(New Scientist) 17
뉴올리언스 세컨드 라인 퍼레이드(New Orleans second line parade) 179
뉴욕(New York) 9~11, 25, 32, 337, 360
뉴질랜드(New Zealand) 235
니체주의(Nietzscheanism) 214

ㄷ

『다시 만들어진 행성 : 지구공학은 세계를 어떻게 바꿀 수 있는가』(The Planet Remade : How Geoengineering Could Change the World, 모턴) 355, 356
다원론(pluralism) 124, 125
단위체(unit) 120, 124, 290
담론(discourse) 40~42, 45, 47, 48, 63, 138, 262, 382
담론적 구성물(discursive construction) 42, 47
담론적 실천(discursive practice) 231
대영제국(British Empire) 35, 36, 43, 248, 332, 353, 369
대칭성(symmetry) 170, 251
『더 이코노미스트』(The Economist) 355
『더 이코노믹 히스토리 리뷰』(The Economic History Review) 198
『데일리 메일』(Daily Mail) 242
데카르트주의(Cartesianism) 84, 89~91, 93, 100, 103, 104, 110, 138, 158, 310, 312, 313, 331, 339
도구(tool) 174, 185, 212, 249, 250, 253, 281, 282, 286~289, 291, 293, 323, 324, 375
도덕적 책임(moral responsibility) 166, 195

도이처 기념상(Deutscher Memorial Prize) 404
『독일 이데올로기』(The German Ideology, 맑스·엥겔스) 274, 275, 281, 284
동력(power) 140, 282, 353, 354
동물(animal) 152, 153, 199, 200, 203, 205, 206, 225, 280, 285~288, 290, 291, 296, 321, 329, 330, 337, 344, 345, 397
동시성(synchronicity) 359
동전(coin) 104, 115
되먹임 고리(feedback loop) 164
디스토피아(dystopia) 382, 383
디지털 미디어(digital media) 26
『뜨거워지는 세계에서의 권력 : 새로운 전 지구적 기후변화 정치와 환경 불평등의 재구성』(Power in a Warming World : The New Global Politics of Climate Change and the Remaking of Environmental Inequality, 키플렛 등) 128, 183

ㄹ

라부안(Labuan) 35~37, 42, 43, 47, 76, 110, 146, 171, 173, 176, 180, 186, 189, 248, 255, 369~371, 387
러시아(Russia) 86, 125, 207
루사티아(Lusatia) 180
〈리버스 브라스 밴드〉(Rebirth Brass Band) 178

ㅁ

『마르크스의 자연 개념』(Concept of Nature in Marx, 슈미트) 278, 300
마음(mind) 26, 44, 46, 48, 88~93, 95, 97, 98, 100, 111, 112, 115, 121, 150, 152, 159, 161, 171, 176, 256, 286, 292, 323, 342, 345, 365, 403
〈만조〉(High Tide) 392
『맑스 너머의 맑스 : 정치경제학비판 요강에 대한 강의』(Marx Beyond Marx : Lessons on the

Grundrisse, 네그리) 342, 347
맑스주의(Marxism) 140, 145, 146, 247, 281, 283, 304, 342, 355, 357, 364, 367, 397, 404
매장량(reserve) 181, 200, 394
『멋진 신세계』(*Brave New World*, 헉슬리) 382
『메트로폴리스』(*Metropolis*) 382
멸종(extinction) 203, 321
『멸종:근원적 역사』(*Extinction: A Radical History*, 도슨) 320
모더니즘(modernism) 23, 398
모더니티(modernity) 23, 80, 313, 381, 384, 399
목표(goal) 19, 81, 99, 141, 147, 153, 154, 157~162, 166, 171, 176~179, 182, 187, 189, 196, 223, 247, 248, 250, 252, 264, 289, 303, 304, 314
〈몬트리올 의정서〉(Montreal Protocol) 107
몰입(immersion) 25
『몰처럼 생각하기 : 자연의 종말 이후 환경철학』(*Thinking Like a Mall: Environmental Philosophy after the End of Nature*, 보걸) 62, 64~66, 73, 265, 276, 379
몸(body) 30, 86, 88, 90~92, 95, 97, 100, 111, 113, 121, 150, 199, 277, 313, 323, 407
몽유(sleepwalking) 26, 172
무관심(indifference) 94, 236
『무엇의 사회적 구성?』(*The Social Construction of What?*, 해킹) 48, 69, 70
문화 논리(cultural logic) 23
문화적 전회(cultural turn) 40, 138, 197
문화적 현재(cultural present) 8
물(water) 10, 17, 46, 65, 76, 87, 108, 117, 122, 126, 143, 156, 167, 168, 284, 293, 296, 310, 315, 319, 332, 336, 352, 364, 381, 390~392
물질(matter) 29, 36, 40, 52, 60, 64~68, 87, 100, 102, 111, 116, 117, 138~141, 144, 145, 153~156, 158, 166, 190, 193, 194, 204, 210, 246, 247, 250, 251, 254, 271, 277, 289, 295, 323, 345, 350~352, 359, 363, 366, 368, 386

물질대사(Stoffwechsel, metabolism) 30, 121, 277, 279~281, 283, 285, 292, 308~311, 313, 316, 327, 330, 331, 339, 400, 407~410
물질대사 균열(metabolic rift) 30, 308~310, 313, 316, 327, 330, 331, 339
물질대사 균열 이론(metabolic rift theory) 308, 316, 331
물질성(materiality) 98, 138, 139, 143, 145, 276, 278
물질적 과정(material process) 127
물질적 전회(material turn) 139, 141, 143, 147, 172, 175, 196, 197, 315
물질적 하부구조(material infrastructure) 270
『물질적 힘들 : 문화연구, 역사, 그리고 물질적 전회』(*Material Powers: Cultural Studies, History and the Material Turn*) 139
〈미국지구물리학회〉(American Geophysical Union) 171
미디어(media) 26, 233, 234, 263
『미디어 모랄리아 : 파괴된 환경과 디지털적 삶에 대한 성찰』(*Media Moralia: Reflections on Damaged Environments and Digital Life*, 맥머리) 26
미시시피(Mississippi) 157
미합중국(United States of America, USA) 23, 33, 184, 185, 236, 237, 258, 332, 360
민주주의(democracy) 264~266
민주화(democratisation) 263~265
밀 수확량(wheat yield) 392

ㅂ

바스라(Basra) 389
반구성주의자(anti-constructionist) 378
반실재론(anti-realism) 44
『반혁명과 반역』(*Counterrevolution and Revolt*, 마르쿠제) 367
방글라데시(Bangladesh) 33, 391

방법론적 혼종주의(methodological hybridism) 84, 110
배출량 감축(emission reduction) 183, 217
〈백 투 더 퓨처〉(Back to the Future) 9
변증법(dialectics) 58, 103, 256, 257, 279, 282, 300, 301, 304, 311, 316, 382, 384
보르네오(Borneo) 36, 65, 180
보수적인 백인 남성(conservative white men) 233, 234
보조금(subside) 128, 129
복합체(compound) 83
볼리비아(Bolivia) 390
부르주아(bourgeois) 229, 233, 314, 327, 336, 342, 363~366, 372, 397~399
부르키나파소(Burkina Faso) 32, 33, 191, 360, 384
부인(denial) 23, 27, 90, 94, 129, 182, 233, 234, 238, 239, 244, 385
부인론자(denialist) 221, 222, 228, 233, 237, 263
『부인하면서 살기: 기후변화, 감정, 그리고 일상생활』(Living in Denial: Climate Change, Emotions, and Everyday Life, 노르가드) 239, 240
부정성(negativity) 388
북극(Arctic) 19, 23, 127, 142, 175, 186
분석(analysis) 8, 132, 142, 145, 230, 237, 245, 246, 257, 281, 293, 299, 300, 302, 309, 321, 323, 324, 327, 334, 351
『불균등발전: 자연, 자본, 공간의 생산』(Uneven Development: Nature, Capital, and the Production of Space, 스미스) 52, 54, 73
불평등(inequality) 248, 256, 398
브라질(Brazil) 33, 235
브레이크스루 인스티튜트(Breakthrough Institute) 271
『브뤼노 라투르: 정치적인 것을 다시 회집하기』(Bruno Latour: Reassembling the Political, 하먼) 82, 195, 202, 215~217, 220, 227, 249, 258, 269, 270
브리티시컬럼비아(British Columbia) 45
비난(blame) 112, 139, 195, 242
비사회적 자연(non-social nature) 55
비상사태(emergency) 10, 178, 390, 392, 393
비인간 행위성(non-human agency) 164, 173
비판(critique) 48, 60, 83, 93, 112, 115, 142, 205, 214, 218, 224, 230, 238, 258, 259, 264, 267, 268, 270, 278, 311, 312, 314, 327, 331, 388
비판적 동물연구(critical animal studies) 152
비판적 실재론(critical realism) 225, 227, 228
『비환원』(Irreductions, 라투르) 214
빙모(ice cap) 127
빙붕(ice shelf) 127, 392, 393
빙상(ice sheet) 16, 127, 181, 356
빙하(glacier) 16, 17, 142, 173, 176, 186, 224, 230, 231, 390, 392, 405

ㅅ

사건(event) 10~12, 18, 21, 23, 30, 34, 41, 42, 55, 70, 71, 100, 101, 108, 110, 112, 113, 128, 148~150, 155, 163, 165~168, 188, 198, 224, 229, 252, 285, 323, 335, 337, 354, 362, 384, 390
사유(thought) 31, 69, 78, 82, 91, 96~100, 111, 197, 210, 213, 225, 366, 378, 380, 395, 405
사이보그(cyborg) 200
『사이언스』(Science) 129
『사적 제국: 엑손모빌과 미국의 권력』(Private Empire: ExxonMobil and American Power, 콜) 185, 186
사회(society) 23, 29, 40, 44, 51, 54, 55, 58, 59, 72, 73, 76, 78~84, 88, 89, 91, 93~95, 98, 101, 103, 105, 108~110, 111, 114, 116, 118, 120, 122~125, 128, 131~134, 154, 169, 172, 190, 198, 218, 229, 238, 245, 246, 260, 271, 279~282, 285, 294, 298, 299, 302, 304, 305, 308~311, 313, 314,

316~318, 326, 327, 331, 360, 363, 368, 378, 380, 388, 407~410
사회 이론(social theory) 40, 44, 51
사회적 관계(social relation) 102, 105, 123, 129, 132, 133, 154, 172, 177, 182, 250, 259, 289, 295, 303, 314
사회적 구성(social construction) 48, 70
사회적 물질대사(social metabolism) 308, 407~409
사회적 삶(social life) 23, 49, 62, 294, 295, 382
사회적 상호작용(social interaction) 245, 250
사회적 생산(social production) 227, 229
사회적 속성(social property) 114, 115, 117, 409
사회적 위계(social hierarchy) 235, 248
사회적인 것(the social) 30, 53, 79, 80, 82, 94, 107, 110, 116, 124, 131, 140, 198, 252, 258, 267, 292~294, 296, 298, 301, 309, 317, 357, 380, 408
사회적 힘(social power) 52, 271
사회화(socialisation) 140, 294, 295, 298
산업적 물질대사(industrial metabolism) 400
『상품의 비극 : 해양, 어업, 그리고 수산 양식』(Tragedy of the Commodity : Oceans, Fisheries, and Aquaculture, 롱고 외) 309
새천년 개발목표(Millennium Development Goals, MDGs) 261
『샐비지』(Salvage) 339
『생동하는 물질 : 사물에 대한 정치생태학』(Vibrant Matter : A Political Ecology of Things, 베넷) 144, 145, 155, 173
생명(life) 100, 168, 269, 278, 308, 317, 321, 339, 366
『생명의 그물 속 자본주의』(Capitalism in the Web of Life, 무어) 310~312, 314, 316, 331~334
생물권(biosphere) 40, 50, 93, 127, 145, 201, 284, 317
생물다양성 위기(biodiversity crisis) 320
생물물리학적 세계(biophysical world) 264

생산관계(relation of production) 110, 116, 139, 301
생산력(productive force) 139, 281, 292, 295, 297, 298, 300, 301, 348
생존(survival) 35, 131, 207, 233, 338, 375, 394, 396
생태맑스주의(ecological Marxism, eco-marxism) 305, 310, 314, 320, 322, 330, 333, 335, 339, 410
생태민주주의(ecological democracy) 267
생태위기(ecological crisis) 30, 94, 107, 166, 219, 220, 318, 321, 333
생태자율주의(ecological autonomism) 359
생태 체제(ecological regime) 310, 311
생태 파괴(ecological ruin) 199
생태페미니즘(ecological feminism) 318
서남극 빙상(West Antarctic ice sheet) 16
석유(oil) 12, 34, 108, 180~182, 186, 192, 194, 196, 206, 233, 271, 315, 333, 336, 352, 374, 380, 400
석탄(coal) 12, 35~37, 43, 47, 50, 60, 65, 68, 76, 110, 142, 145, 146, 163, 164, 168, 171~174, 176, 177, 180~182, 192, 194, 195, 248, 254, 315, 332, 352, 354, 369~371, 375, 400, 403
세계생태론(world-ecology) 311, 314, 324
소말리아(Somalia) 242
소비(consumption) 37, 43, 194, 195, 328, 363
소유관계(property relation) 58, 120, 281~283, 290, 293~295, 297, 308, 317, 319, 338, 358
소유권(proprietary right) 253
속성(property) 92, 94, 97, 98, 100~103, 105, 108, 110~120, 122~125, 131, 143, 149, 154, 156, 157, 162, 167, 175, 176, 178, 199, 206, 229, 282, 283, 313, 318, 321, 322, 366, 409
속성 다원론(property pluralism) 124
속성 이원론(property dualism) 92, 95, 97, 100, 101, 103~105, 110~115, 124, 125, 154, 199, 206, 322

속성 일원론(property monism) 95, 101, 156, 313

『송유관을 폭파하는 방법: 불타는 세계에서 투쟁 학습하기』(How to Blow Up a Pipeline : Learning to Fight in a World on Fire, 말름) 404

쇼핑몰(shopping mall) 63, 128

수증기(water vapor) 10, 11

수행적 모순(performative contradiction) 75, 204, 324

숲(forest) 43, 45, 50, 53, 79, 103, 104, 110, 123, 146, 150, 319, 372, 381, 391

스발바르(Svalbard) 57

스웨덴(Sweden) 235, 242, 243, 404

〈스타트렉〉(Star Trek) 192

스탠딩록 수 부족(Standing Rock Sioux tribe) 180

『슬럼, 지구를 뒤덮다』(Planet of Slums, 데이비스) 392

『승리』(Victory, 콘래드) 369~371, 374, 375

시뮬라크르(simulacrum) 382, 383

『시어리, 컬처 앤드 소사이어티』(Theory, Culture and Society) 40

시초 축적(primitive accumulation) 181, 185, 257

식량 가격(food price) 334, 335

식민주의(colonialism) 387, 397

신뢰(trust) 238

신유물론(new materialism) 30, 140, 144, 146, 147, 153, 156, 158, 162, 163, 169, 190, 191, 193, 195, 196, 200, 260, 267, 274, 304, 305, 379, 380, 388, 408, 409

신정론(theodicy) 398

신체(body) 32, 48, 120~122, 173, 193, 211, 245, 250, 253, 268, 277, 279, 282, 283, 293, 300, 301, 303, 308, 320, 343, 346, 390

실재론(realism) 43, 47, 73, 218, 224, 225, 227, 228, 231, 239, 244, 253, 254, 259, 274, 290, 300, 393

『실재론적 과학론』(A Realist Theory of Science, 바스카) 47, 124, 225~228, 231

실재론적 인식론(realist epistemology) 212

『실천의 철학: 맑스, 루카치, 그리고 프랑크푸르트학파』(The Philosophy of Praxis : Marx, Lukács and the Frankfurt School, 핀버그) 274, 276, 278

실체 이원론(substance dualism) 89~91, 93, 94, 101, 104, 109, 112, 113

실체 일원론(substance monism) 94, 95, 97, 104, 105

『심리철학: 의식의 형이상학』(The Philosophy of Mind : The Metaphysics of Consciousness, 자케트) 49, 93, 95, 99, 100, 151, 252, 286

심적 속성(mental property) 97, 98, 100, 111~113, 115

심적 인과관계(mental causation) 112

ㅇ

아나키즘(anarchism) 304

아차팔라야(Atchafalaya) 157

아타카마(Atacama) 57

『아틀라스』(Atlas Shrugged, 랜드) 186

아프가니스탄(Afghanistan) 242

『악세스』(Axess) 242

알베도(albedo) 127

야수니 우림(Yasuní rainforest) 180

약한 범심론(weak panpsychism) 158

어업(fishing) 310

언어적 코드(linguistic code) 290

얼음(ice) 17, 126, 127, 129, 130, 170, 171, 182, 391, 393

에너지(energy) 128, 154, 194, 195, 203, 261, 296, 298, 304, 309, 332, 352~354, 372, 385, 396, 398, 400, 402, 407

에콰도르(Ecuador) 180, 403
엑손모빌(ExxonMobil) 121, 132, 185, 186, 242
역능(power) 127, 155, 296, 342, 401
역량(capacity) 99, 149, 153, 158, 162, 167, 176, 177, 202, 204, 205, 216, 219, 286, 291, 314, 329, 343, 345, 368, 369
역사서술학(historiography) 41, 43
역사유물론(historical materialism) 92, 102~104, 139, 140, 146, 153, 195, 196, 247, 251, 274~276, 317, 339, 402
『역사의 논리: 사회 이론과 사회적 전환』(*Logics of History: Social Theory and Social Transformation*, 스웰) 69
「역사의 종말?」(The End of History?, 후쿠야마) 61
역사철학(philosophy of history) 42
『역사학을 위한 변론』(*In Defence of History*, 에반스) 41
역사화된 자연(historicised nature) 125, 133, 170, 300, 359, 382
영구동토층(permafrost) 130, 132
영국(United Kingdom, UK) 33, 36, 37, 42, 43, 110, 171, 177, 242, 243, 248, 254, 255, 315, 321, 332, 369, 402, 404
영국 독립당(UK Independence Party) 243
『영국 맑스주의 내부의 논쟁』(*Arguments within English Marxism*, 앤더슨) 153, 178, 207
영국 왕립 해군(Royal Navy) 36, 43, 177, 248
영혼(soul) 92, 97, 301, 352
영화(film) 9, 20, 21, 23, 265, 266, 382, 383, 392
오존층(ozone layer) 51, 79, 80, 83, 106
온난화 조건(warming condition) 6, 22, 23, 26, 27, 32~35, 133, 201~203, 208, 230, 233, 259, 285, 302, 334, 337, 338, 367, 378, 382~385, 388, 395, 399, 406, 408~410
온실가스(greenhouse gas) 129, 142, 355
완전체(whole) 129, 132

「왜 비판은 김이 빠졌는가?」(Why Has Critique Run Out of Steam?, 라투르) 217, 218
용해주의(dissolutionism) 323, 324, 326
『우리는 결코 근대인이었던 적이 없다』(*We Have Never Been Modern*, 라투르) 78~81, 103, 106, 194, 270
우익 권위주의(right-wing authoritarianism) 244
우주적인 것(the cosmic) 116
우파(the right) 236, 237
『워싱턴 포스트』(*Washington Post*) 390
『월스트리트 저널』(*Wall Street Journal*) 217
웨스테로스(Westeros) 99
유니언 스퀘어(Union Square) 10
유토피아(utopia) 151, 356, 364, 382, 383
육지(land) 11, 12, 19
응집체(aggregation) 120, 283
의도하지 않은 결과(unintended consequence) 162~166, 173, 179, 195, 296, 359
의식적 경험(conscious experience) 96
의인화(anthropomorphism) 155, 198
의학(medicine) 212
『이것이 모든 것을 바꾼다: 자본주의 대 기후』(*This Changes Everything: Capitalism vs. Climate*, 클라인) 40, 305, 355, 361, 397
이데올로기(ideology) 135, 184, 229, 235, 240, 370
이라크(Iraq) 155, 173, 186
이민(immigration) 23, 385
이산화탄소(CO_2) 12, 13, 15, 19, 37, 40, 57, 60, 62, 72, 109, 118, 119, 125, 126, 128~130, 132, 134, 142, 145, 164, 183, 188, 195, 206, 224, 226, 231, 265, 285, 303, 328, 330, 394, 400, 405, 408, 409
이슬람 공포증(Islamophobia) 240~242
이슬람 국가(Islamic State) 33
이원론(dualism) 59, 60, 88~95, 97, 100, 101, 103~105, 109~115, 124, 125, 154, 199, 206, 310,

313, 322, 324, 364
이윤율(profit rate) 331~336
이중 일원론(double monism) 101, 104, 105, 110, 143
인간 노동(human labor) 152, 274
인간의 독특성(human distinctiveness) 204
인간 행위성(human agency) 44, 164, 165, 173, 175, 177, 187, 197, 199, 202
인과적 상호작용 문제(causal interaction problem) 94, 100, 112
인류세(anthropocene) 162, 192, 264, 406
『인류세 픽션들: 기후변화 시대의 소설』(*Anthropocene Fictions: The Novel in a Time of Climate Change*, 트렉슬러) 172
인식적 오류(epistemic fallacy) 46, 47, 213
인위적 인과관계(anthropogenic causation) 54
인종차별주의(racism) 96
일본(Japan) 33
일원론(monism) 94, 95, 97, 101, 103~105, 110, 112, 143, 156, 313, 357

ㅈ

자동적 차원(intransitive dimension) 227, 230
『자본』(*Capital*, 맑스) 5, 151, 246, 280, 308, 351
자본세(Capitalocene) 192, 223, 224
자본중심주의(capitalocentrism) 338
『자연에 반대한다 : 비판 이론의 자연 개념』(*Against Nature: The Concept of Nature in Critical Theory*, 보걸) 61, 210
『자연을 이해하기 : 표상, 정치, 그리고 민주주의』(*Making Sense of Nature: Representation, Politics and Democracy*, 카스트리) 44
『자연의 정치 : 과학을 민주화하는 방법』(*The Politics of Nature: How to Bring the Sciences into Democracy*, 라투르) 81, 219, 325
『자연의 종말』(*The End of Nature*, 맥키벤) 56, 74, 424

『자연의 종말을 겪기』(*Living through the End of Nature: The Future of American Environmentalism*, 와프너) 48
『자연의 죽음 : 여성, 생태학, 그리고 과학혁명』(*The Death of Nature: Women, Ecology and Scientific Revolution*, 머천트) 318, 319, 364, 425
『자연이란 무엇인가? : 문화, 정치, 그리고 비인간』(*What Is Nature?: Culture, Politics and the Non-Human*, 소퍼) 51
『자연 이후 : 인류세를 위한 정치』(*After Nature: A Politics for the Anthropocene*, 퍼디) 74
자연적 관계(natural relation) 105, 125, 127, 129, 133, 293, 296, 298, 303
자연적 속성(natural property) 114, 115, 117, 409
자연적인 것(the natural) 7, 8, 30, 53, 72, 79, 80, 82, 94, 107, 110, 116, 124, 131, 267, 285, 292, 294, 296, 298, 301, 309, 317, 357, 380, 408
자연화(naturalisation) 70, 231, 294, 295, 358
자율성(autonomy) 124, 316, 342~348, 350, 352, 356~359, 361, 367, 369, 374, 375, 396, 397
『자율적인 자연 : 고대부터 과학혁명 시기까지 예측과 통제의 문제들』(*Autonomous Nature: Problems of Prediction and Control from Ancient Times to the Scientific Revolution*, 머천트) 346
자율주의(autonomism) 341, 342, 347, 349, 351, 355, 357~359
장기지속(longue durée) 257
재난(disaster) 190, 192, 237, 264, 320, 322, 334, 336, 382, 383, 387, 388, 399, 405
재생에너지(renewable energy) 128, 353, 396, 400
저항(resistance) 31, 34, 35, 107, 180, 183, 184, 189, 191, 302, 372, 394, 399, 406
『전 지구적 마술 : 고대 로마에서 월스트리트까지 사용된 전유 기술들』(*Global Magic: Tech-*

nologies of Appropriation from Ancient Rome to Wall Street』, 호른보리) 252
전 지구적 환경 변화(global environmental change, GEC) 72
전체론(holism) 316
절대적 일원론(absolute monism) 103
점진론(gradualism) 229, 230
『정치경제학 비판 요강』(Grundrisse, 맑스) 104, 122, 275, 279, 280, 303
정치생태학(political ecology) 144, 267, 326, 363, 402, 412
정치적 무의식(political unconscious) 27
정치적 행위성(political agency) 379
정치화(politicisation) 268, 304
제21차 유엔기후변화협약 당사국총회(COP 21) 18~20, 184, 328
『제국』(Empire, 하트·네그리) 332, 357, 358, 418
조성(composition) 126
존재론적 지위(ontological status) 46, 213, 359
존재양식(mode of existence) 207, 324
『존재양식의 탐구: 근대인의 인류학』(An Inquiry into Modes of Existence: An Anthropology of the Moderns, 라투르) 80, 131, 222, 223, 324, 422
종교(religion) 84, 85, 177, 241, 379
좌파(the left) 194, 237~239, 393, 404
준객체(quasi-object) 81, 132, 194
중첩체(imbrication) 378
〈즐거운 기분〉(Feel Like Funkin's Up) 178, 179
증강현실(augmented reality) 27, 206
증기선(steamboat) 35, 36, 145, 146, 171, 248, 254, 255, 284, 310, 332, 353, 354, 369, 375
지구공학(geoengineering) 28, 206, 298, 299, 336, 355, 357, 400, 405
지구냉각화(global cooling) 46
지구온난화(global warming) 11, 12, 23, 27~29, 32, 40, 41, 43, 46~48, 54, 55, 62, 80, 127~129, 132, 133, 142, 162, 168, 169, 172, 193~196, 204, 217, 220, 224~226, 228, 230, 234, 240, 243, 258, 266, 285, 297, 329, 334, 335, 338, 385, 388, 398, 404
『지구온난화의 발견』(The Discovery of Global Warming, 비어트) 227
지속가능성(sustainability) 271, 368, 402
지식(knowledge) 23, 97, 213~216, 220, 221, 225~228, 233, 235, 237, 262, 293
지향성(intentionality) 98, 100
직서주의적 구성주의(literalist constructionism) 64, 65, 71, 210, 263, 265, 267
직접 행동(direct action) 31, 303
진보(progress) 42
진실(truth) 168
짐바브웨(Zimbabwe) 180
집합체(collective) 81, 106, 118, 123, 179, 189, 271, 380

ㅊ

착취(exploitation) 312
창발(emergence) 100, 117~120, 122, 123, 124, 175
창발적 속성(emergent property) 100, 102, 118, 122, 131, 178, 199, 282, 321

ㅋ

『코로나, 기후, 오래된 비상사태: 21세기 생태사회주의론』(Corona, Climate, Chronic Emergency: War Communism in the Twenty-First Century, 말름) 404
콜롬비아(Colombia) 46
퀸스(Queens) 10
클레이요쿼트 사운드(Clayoquot Sound) 45
키스톤 XL 송유관(Keystone XL pipeline) 184, 257, 303

ㅌ

타동적 차원(transitive dimension) 227, 230
타락(Fall) 38
『타임스 하이어 에듀케이션』(*Times Higher Education*) 78
탄소 순환(carbon cycle) 68, 109, 110, 171
탈탄소화(decarbonization) 16, 394
태만(negligence) 94
태양광(sunlight) 298
태양복사(solar radiation) 298, 299, 355, 357, 359, 360, 395
태양복사 관리(solar radiation management) 298, 355, 357, 359, 360, 395
토튼 빙붕(Totten Ice Shelf) 393
통일체(unity) 85, 106~108, 132, 219, 271, 302, 359
퇴보주의적 시대정신(declensionist zeitgeist) 386
퇴행(retrogression) 385, 399
퇴화(devolution) 386
티베트(Tibet) 390

ㅍ

파생적 지향성(derivative intentionality) 252, 254
파시즘(fascism) 98, 244, 404
파키스탄(Pakistan) 46, 242, 334
팔레오세-에오세 극열기(Paleocene-Eocene Thermal Maximum) 229
『페미니즘과 자연 지배』(*Feminism and the Mastery of Nature*, 플럼우드) 93
평소의 생활방식(business as usual) 406
『포스트모더니즘, 혹은 후기자본주의 문화 논리』(*Postmodernism, or, The Cultural Logic of Late Capitalism*, 제임슨) 7, 8, 420
포스트모더니티(postmodernity) 6~9, 22, 24, 27, 29, 69, 381
포스트휴머니즘(posthumanism) 30, 199~202, 204, 206, 223, 224, 249, 304, 357, 358, 388, 408
『포스트휴머니즘이란 무엇인가?』(*What Is Posthumanism?*, 울프) 200
『포스트휴먼』(*The Posthuman*, 브라이도티) 197, 201, 323, 388, 412
폭력(violence) 34, 83
폭풍(storm) 9~11, 13, 20~22, 29, 30, 32~34, 49, 55, 98, 127, 132, 134, 188, 190, 225, 231, 259, 296, 299, 334, 337, 360, 391, 400, 406, 409, 410
프랑스(France) 13, 81, 82, 103, 155, 211~216, 243, 251, 254, 258, 269, 271, 363, 392, 422
『프랑스의 파스퇴르화』(*The Pasteurization of France*, 라투르) 81, 82, 103, 155, 211, 213~216, 251, 254, 258, 422
프랑크푸르트학파(Frankfurt School) 61, 274
프리트라우마(pretrauma) 21
필리핀(Philippines) 11, 32, 191, 360

ㅎ

하이옌(Haiyan) 11
하향식 인과관계(downward causation) 283
해수면 상승(sea level rise) 15, 17, 25, 34, 203, 241, 391, 393
행동유도성(affordance) 289, 325
행위성(agency) 44, 106, 140~144, 146, 147, 149~151, 153~159, 162, 164~167, 169~175, 177, 182, 187, 189, 190, 193, 194, 196~199, 202, 206, 207, 210, 229, 253, 256, 268, 271, 286, 287, 315, 322, 345, 350, 369, 379, 380
행위소(actant) 138, 144~146, 155, 156, 165, 166, 195, 215, 218, 251, 257, 315
행위자(agent) 29, 44, 69, 70, 110, 141, 143, 144, 146~151, 155, 156, 158~169, 172~174, 176, 178~180, 182, 183, 187, 193, 196, 197, 206, 212, 223, 229, 267, 291, 293, 315
행위자-네트워크 이론(Actor-Network Theo-

ry) 30, 143, 172, 246, 290
행위철학(philosophy of action) 148, 152, 161
『행위철학』(*Philosophy of Action*, 오브라이언) 161
『행위철학 선집』(*Philosophy of Action: An Anthology*, 댄시샌디스) 148
현실성(actuality) 379
현재(present) 6, 8, 12, 18, 20, 22~24, 35, 43, 56, 59, 63, 65, 73, 86, 121, 134, 179, 183, 187, 199, 207, 298, 339, 348, 356~359, 363, 386, 387, 400
〈혼돈을 먹게 해〉(Let Them Eat Chaos) 5
혼성모방(pastiche) 382
혼종(hybrid) 79, 80, 82, 83, 85, 132, 199, 292, 409
혼종주의(hybridism) 78, 82~84, 86~88, 90, 91, 95, 104, 107, 110, 124, 129, 144, 210, 260, 272, 313, 314, 318, 323, 324, 357, 358, 380, 408
혼합주의(syncretism) 84, 85
혼합체(imbroglio) 30
화석 경제(fossil economy) 28, 32, 35, 37, 38, 43, 55, 70, 76, 109, 132, 141, 145, 172, 189, 207, 257~260, 296, 297, 305, 333, 348, 363, 370, 375, 387, 395, 405
화석연료(fossil fuel) 12, 18, 22, 30~32, 34, 37, 43, 65, 127~129, 132, 163, 166, 168, 169, 171, 172, 174, 179~181, 184, 189, 194, 197, 201, 206, 225, 226, 257, 266, 268, 279, 286, 303, 304, 338, 352~354, 387, 394, 396, 397, 405, 407, 408
화석 자본(fossil capital) 180, 184, 185, 189, 240, 257, 353, 407, 408
『화석 자본: 증기력의 발흥과 지구온난화의 기원』(*Fossil Capital: The Rise of Steam Power and the Roots of Global Warming*, 말름) 13, 38, 181, 249, 257, 283, 296, 332, 353, 404, 423
『화석 제국』(*Fossil Empire*, 말름) 332
『환경들, 자연들, 그리고 사회 이론』(*Environments, Natures and Social Theory*, 화이트 등) 82

『환경문화: 이성의 생태적 위기』(*Environmental Culture: The Ecological Crisis of Reason*, 플럼우드) 93
환경사(environmental history) 141, 175, 197, 199, 419
환경위기(environmental crisis) 28
환경주의(environmentalism) 45, 48, 61, 63, 239
『환경철학에서 소외와 자연』(*Alienation and Nature in Environmental Philosophy*, 헤일우드) 54
환경 파괴(environmental degradation) 281, 330~333
환원주의(reductionism) 119, 120
회의주의(scepticism) 237
회집체(assemblage) 138, 144~146, 213, 228
휴머니즘(humanism) 206
『희망의 원리』(*Principle of Hope*, 블로흐) 364
『흰 피부, 검은 연료: 화석 파시즘의 위험에 관하여』(*White Skin, Black Fuel: On the Danger of Fossil Fascism*, 말름) 404
힘(force, power) 13, 14, 22, 27~29, 31, 42, 45, 51, 52, 72, 91, 106, 131, 133, 134, 139, 142, 155, 165, 173, 185, 193, 194, 202, 214~216, 222, 228, 236, 240, 247, 265, 266, 271, 281, 296, 297, 299, 300, 319, 329, 342, 346, 349, 354, 368, 369, 379, 386, 397, 400

기타

『10:04』(레너) 9, 399
『24/7: 잠의 종말』(*24/7: Late Capitalism and the Ends of Sleep*, 크레리) 24, 380, 415
350.org 264, 303
『1984』(오웰) 382